어린이집/유치원/초등학교/놀이학교 알림장 쉽게쓰기 **PART2**

알림장 사례집 & 공지사항 + 투표 예시 모음집

사례272 & 예시120

KB214016

알림장 주요 포인트 분석

다양한 알림장 사례

현장에서 유용한 전달내용

안녕하세요. 영유아교육 전문가 조은쌤 박조은입니다.

소통은 관계의 시작이자 발전의 핵심입니다. 어린이집과 유치원에서 교사와 부모 간의 소통은 아이들의 성장을 함께 도모하는 가장 중요한 기초가 됩니다. 매일 혹은 정기적으로 주고 받는 알림장을 통해 아이들의 하루를 부모와 공유하고, 아이의 작은 변화에도 귀를 기울이며 부모와 공감대를 형성하는 과정은 아이의 행복한 하루를 만들어가는 첫걸음입니다.

교사의 세심한 관찰과 진심이 담긴 메시지는 부모에게 신뢰를 주고, 부모의 피드백과 협력은 교사에게 큰 힘이 됩니다. 이런 상호작용은 단순한 정보 전달을 넘어, 아이의 성장과 행복을 위한 공동체를 만들어가는 중요한 역할을 하게 되지요.

아이의 하루 속에서 반짝이는 순간들을 기록하며 부모와 함께 나누는 일은 교사로서의 기쁨이자 사명입니다. 알림장은 단순한 업무가 아닌 아이를 중심으로 한 사랑의 연결고리이며, 이를 통해 아이들은 더욱 안전하고 따뜻한 환경에서 자라날 수 있을 것입니다.

하지만 어느 순간 알림장을 작성하는 시간이 어렵고 고민이 되며 소통을 위한 도구였던 본래의 의미가 퇴색해 버린 듯 할 때가 있습니다. 아이들을 아끼고 사랑하는 마음이 고스란히 전해지는 것으로 충분 할텐데, 매일 같이 작성해야 하는 알림장이 부담이 되고, 무슨 글로 채워야 하나 고민이 되기도 합니다.

현장에서 아이들과 함께 울고 웃으며 고군분투하는 선생님들께 깊은 존경과 응원의 마음을 전하며, 이 책이 조금이나마 도움이 되길 바랍니다.

어린이집과 유치원이라는 공간은 단순히 아이들을 돌보는 곳이 아니라, 아이들의 성장과 발달이 시작되고 미래의 가능성이 싹트는 터전이라고 생각합니다. 그 중심에서 아이들의 작은 손을 잡고, 한 걸음 한 걸음 인내와 사랑으로 이끌어 주시는 선생님, 감사합니다.

아이 하나하나의 감정과 필요를 이해하고, 부모님의 기대와 걱정을 조율하며, 동료들과 협력하는 과정이 때로는 고되고 어려울 수 있겠지요. 그럼에도 불구하고 아이들의 밝은 웃음과 사소한 행동 하나하나에도 보람을 느끼며 오늘도 헌신하는 선생님들, 언제나 여러분의 앞날을 응원하고 축복합니다.

이 책으로 하여금, 선생님들의 업무가 보다 수월해지기를, 알림장이 성숙한 학부모의 참여와 이해를 이끌어 낼 수 있는 도구로써 자리매김하기를 바랍니다. 대한민국의 부모님들이 교육 현장의 어려움과 교사의 역할을 존중하고 신뢰하며, 교사는 오롯이 아이들의 행복한 성장을 도모하는데에만 집중할 수 있는 최선의 교육 환경이 펼쳐지는 날이 오기를 기대합니다.

오늘도 선생님의 헌신과 사랑으로 아이들이 웃을 수 있음을 기억해 주세요.

조은쌤 박조은 드림

* 본 알림장의 예시는 기관과 반 등의 상황을 고려하여 수정하여 사용해 주시기 바랍니다.
* 다양한 상황에 대한 예시를 최대한 담고자 하였습니다. 1년의 운영 과정 중 자주 사용할 만큼 예시 위주로 구성하여 작성한 예시 임을 참고해 주세요.
* 본 책을 구입하고 활용한 후기를 지혜쌤 후기게시판에 남겨주시고, 우측의 QR코드로 접속하셔서 구글폼을 작성해세요. 추가 사례 샘플 50가지를 PDF로 발송해 드리겠습니다. (후기 인증시 : 사진 첨부 필수, 구입 활용 후기 내용 최소 6줄 이상)

현장에서 바로 적용하는 따뜻한 소통의 비법, 원장과 교사를 위한 알림장 가이드

책 소개

어린이집과 유치원의 원장님과 선생님들을 위한 "현장에서 바로 적용하는 따뜻한 소통의 비법, 원장과 교사를 위한 알림장 가이드"는 학부모와의 신뢰를 쌓고 아이들의 성장을 지원하는 데 필수적인 소통 도구인 알림장을 효과적으로 작성하는 방법을 272가지의 알림장 사례와 공지사항, 투표 예시 120가지를 통해 안내합니다. 이 책은 신뢰를 얻을 수 있는 부모-기관간의 소통을 중시하며, AI가 제공하지 못하는 감성적인 소통의 중요성을 강조합니다. 실제 현장에서 검증된 사례와 실용적인 팁을 통해 누구나 쉽게 적용할 수 있는 가이드를 제공합니다.

주요 내용

✓ 다양한 알림장 사례: 일상적인 소식부터 놀이 전달, 행사, 특별한 상황까지 현장에서 있을 수 있는 여러 가지 사례를 다루어 바로 적용할 수 있는 최적화된 알림장 내용을 제공합니다.

✓ 알림장 주요 포인트 분석: 각 알림장의 내용에는 주요 포인트를 함께 다루고 있어, 각 기관과 반의 상황에 적용할 때 참고할 수 있습니다.

✓ 효과적인 소통 사례: 학부모와의 관계를 안정적으로 구축하고 신뢰를 얻는 방법, 소통을 강화하는 방법을 다양한 사례글을 통해 제시합니다.

✓ 시간 절약과 효율성: 바쁜 일상 속에서도 효율적으로 알림장을 작성할 수 있는 노하우를 제공합니다.

책의 장점

- AI가 작성하는 똑같은 글은 NO! 따뜻한 마음을 전하는 소통 방식을 통한 학부모의 신뢰 강화
- 실제 현장에서 바로 활용할 수 있는 실용적인 사례와 함께 후기 이벤트를 통해 더 다양한 사례, 그리고 AI를 활용할 수 있는 프롬프트 예시 등 제공
- 누구나 쉽게 이해하고 따라할 수 있도록 직관적으로 구성된 단계별 가이드
- 알림장 작성뿐만 아니라 공지사항과 투표 등 다양한 소통 도구를 통합적으로 관리와 활용

구매를 권장하는 이유

"현장에서 바로 적용하는 따뜻한 소통의 비법, 원장과 교사를 위한 알림장 가이드"는 단순한 정보 전달을 넘어, 학부모와의 진정한 소통을 가능하게 합니다. 교사로서의 전문성을 신장하고 신뢰를 얻는 구체적인 도움을 받을 수 있습니다. 이 책을 통해 원장님과 선생님들은 더욱 따뜻하고 신뢰 있는 관계를 형성하며, 아이들의 행복한 성장을 지원할 수 있을 것입니다.

지금 바로 이 책을 통해 소통의 기술을 배우고, 현장에서 바로 활용해 보세요!

목차

CHAPTER 01
알림장 사례 및 예시

CHAPTER 02
기본 예시 외 추가 알림장 예시

▣ 원아 관련 상황

▣ 소풍 및 견학

◙ 요리 실습 및 활동

* 조은쌤 알림장 후기 이벤트 및 추가 PDF 신청 방법 *

◙ 교사의 특별한 상황

알림장
사례 및 예시

CHAPTER 01

알림장 사례 및 예시

01 새 학기 시작

안녕하세요! ^^ OO반 교사 OOO입니다. 드디어 설레이는 새 학기가 시작되었습니다.
우리 OO반 친구들 처음에는 조금은 낯선 듯한 모습이었지만 금세 웃음을 보이며 잘 지내주었어요.
새로 입소한 친구들과도 인사를 나누며, 우리 반을 둘러보고, 재미있는 놀잇감도 탐색해 보았어요.

우리 OO반 친구들의 모습이 정말 사랑스러워요.^^ 친구들과 함께 놀이하기도 하고, 선생님에게 다가와 안아 달라고 표현하기도 합니다. 선생님이랑 인형놀이, 까꿍 놀이, 블록 놀이를 하며 즐거운 오전 시간을 보냈답니다. 또 좋아하는 끼적이기를 하는 친구들, 클레이 놀이를 하는 친구들과도 다양한 이야기를 나누어 보았어요. 우리반 교실에서 지켜야 할 약속들도 하나씩 알아보았답니다.^^

아직은 새로운 환경에 조심스러워 하는 친구들도 있지만, 하루하루 지내다 보면 정말 잘 적응해 나갈 거라 생각합니다. 부모님께서도 어린이집/유치원을 긍정적으로 인식할 수 있도록 좋은 이야기 많이 해주세요.^^

혹시 등원 시 어린이집/유치원에 가는 걸 어려워 하는 친구가 있다면 저에게 살짝 전화 주세요! 우리 친구들이 즐거운 모습으로 등원하고, 씩씩하게 부모님과 인사 나눌 수 있도록 열심히 도와주고 또 함께 하겠습니다.

3월 1~2주는 적응을 우선으로 하여 우리 반 친구들과 서로 알아가고, 또 선생님과 친해지는 시간을 가져보려고 해요. 또 좋아하는 여러 가지 놀잇감을 가지고 놀이해 볼 예정입니다. 우리 반 친구들이 좋아하는 놀이가 있다면 전달해 주세요! 새 학기 안정적으로 시작할 수 있도록 적극적으로 협조해 주시고 관심 보여주셔서 감사합니다.

우리반 친구들과의 새 학기를 응원해주세요! 저 역시 언제나 밝고 따뜻한 모습으로 우리 친구들과의 행복한 원생활을 계획하고 실행해 나가겠습니다.

새 학기 안내 사항입니다.

1. 등원 시간은 10시 이전으로 부탁드립니다. 오전 놀이를 통해 서로 친밀감을 느끼고 새로운 교실에서의 생활을 적응해 나갈 수 있도록 아이들에게 격려의 말씀 많이 전해주세요!

2. 유선 상담은 3월 동안 주 1회 정도 계획하고 있습니다. 댓글에 통화가 가능한 시간대를 적어주시면, 참고하여 연락드리겠습니다.^^

   * 아이들의 새 학기 생활에 궁금한 점이 있으시면 댓글로 상담 요청 부탁드려요!

3. 새로 기관에 입소하는 친구들의 경우, 엄마와 함께 원에 있는 시간 동안 서서히 친구들, 선생님과 가까워질 수 있도록 적응 기간 동안 좀 더 면밀히 대화를 나누며 적응을 진행하도록 하겠습니다.

4. 새 학기 안내 자료 배부되었습니다. 참고하시고 궁금한 점 있으시면 알림장을 통해 문의해 주세요!^^ 수요 조사서, 원아 서식 및 등본, 예방 접종 증명서, 건강 검진서를 준비하신 후 다음주 월요일까지 보내주시기 바랍니다!

5. 투약의뢰의 경우 오전 일과 중에는 확인이 어려울 수 있으니, 꼭 등원 전 9시 30분까지 미리 보내주시기 바랍니다.^^

우리 00반 친구들과의 새 학기가 기대됩니다.
항상 건강하고 즐겁게 원 생활을 해나갈 수 있도록 응원해주세요.^^ 감사합니다!

 KEYPOINT

새 학기에는 챙겨야 할 것들이 많아요! 동의서, 조사서 등 누락되지 않도록 구비 서류에 대해 안내해 주시고, 기본적인 약속과 수칙도 정리해서 전달해주세요. 오리엔테이션 자료는 너무 내용이 많아서 학부모님들이 꼼꼼히 읽고 기억하는 데에 어려움이 있을 수 있으니 한번 더 요약해서 안내해 주시는 것이 좋습니다.

02 부모님과 함께 적응기간 중

안녕하세요! 0000년 한해동안 사랑스러운 우리 00반 친구들과 함께 할 00반 교사입니다.
오리엔테이션을 통해 인사드리고, 오늘 첫 인사를 드리게 되었네요! 정말 반갑습니다.^^
그리고, 분주했던 오늘 차분히 아이들과 교실에 들어오셔서 함께 시간을 보내주셔서 감사합니다.
오늘부터 형님반이 되어, 새로운 시작을 하게 된 우리 00이들, 하원 후에는 기분이 어땠을까 궁금합니다.

오늘의 첫 만남이 설레이기도 하고 살짝 긴장이 되기도 했었어요. "혹시나 우리 친구들이 낯선 마음에 울음을 터뜨리진 않을까? 엄마, 아빠가 보고 싶어서 불안해 하진 않을까?"하는 생각이 있었거든요.

다행히 시간이 지나며 점차 편안한 모습을 보이기 시작하고, 엄마, 아빠가 안계시니 선생님에게 다가와 안아달라고 표현하며 우리 반 교실을 둘러보고 놀이하는 우리 친구들이었어요.

가끔, 눈물을 훌쩍이기도 했지만 이 과정도 나중엔 즐겁고 예쁜 추억이 될거라 생각합니다.
우리 친구들의 마음을 빠르게 알아차리고 포근하게 안아주는 따뜻한 00반 선생님이 되겠습니다!

새 학기 첫날인 오늘부터 3월 한달동안은 새로운 환경에 적응을 하고 어린이집/유치원 일과를 배워나가는 시간을 가져보려고 합니다.

3월은 우리 친구들의 바람직한 성장과 발달에 가장 중요한 기초가 되는 시기랍니다. 저 역시 이 시간을 통해 아이들에 대해 좀 더 자세히 알게 될 수 있을 거라 생각합니다. 또한 앞으로 우리 00반의 운영 계획에 대해서도 체계적으로 마련할 수 있을 거에요.

새 학기 적응을 하는 우리 친구들의 마음을 자주 나누어 주시고, 부모님도 어린이집/유치원에 궁금한 점이 있으시다면 언제든 편안한 마음으로 물어봐 주세요!
아직은 예전 친구들, 선생님들이 그리울 수 있어요! 이 또한 예쁜 마음이고 좋았던 감정을 소중하게 생각하는 마음이니, 걱정 마시고 충분히 공감해 주세요.^^

우리 친구들에게 행복하고 즐거운, 그리고 안전한 환경을 제공하며 언제나 부모님과 진심으로 소통하는 교사가 되겠습니다. 우리 친구들이 새로운 환경에 편안하게 적응해 나갈 수 있도록 도와주겠습니다! 가정에서도 우리 친구들 응원해주시고, 격려해주세요.^^
매일 매일 웃음 소리가 끊이질 않는 우리 00반을 기대하며 오늘 알림장을 마무리 합니다. 감사합니다!

 KEYPOINT

아이들의 적응 기간은 부모님께도 매우 긴장되고 중요한 시기입니다. 기관에 잘 적응하고 있는 과정에 대해 안내를 해주시고, 조급해 하지 않고, 아이들에 대해 관심을 가지며, 잘 지도하고 있는 전문적인 모습을 보여주세요!

03 새 학기 인사

안녕하세요! 학부모님^^
앞으로 우리 00반 사랑둥이들과 함께 지낼 OOO 교사입니다. 오늘은 우리 00반 친구들과 새로운 시작을 하는 3월의 첫날입니다!

부끄럽고 쑥스러운 듯한 표정을 하면서도 교실을 둘러보는 친구들이었어요. 긴장한 모습을 보이기도 했지만, 선생님의 따뜻한 미소와 격려에 금세 마음을 열고 씩씩하게 새 날을 시작할 수 있었습니다. 새로운 놀잇감에 환한 미소를 보이기도 하고 선생님이 준비한 예쁘고 멋진 교실 환경에 즐거워 하며 뛰어놀기도 합니다.

아직은 어색하고 불편한 마음이 있을 수도 있지만, 서두르지 않고 우리 00반 친구들의 마음이 좀 더 편안해질 수 있도록 차근차근 다가가는 선생님이 되겠습니다.
우리 친구들의 행복하고 즐거운 새 학기를 응원해주세요!

어린이집/유치원에 등원하는 아이의 모습이 예전과 다르게 어려워 보이거나, 불안한 모습이 나타난다면 말씀해주세요! 00반 친구들의 마음을 잘 헤아려 한명 한명 세심하게 도움을 주고 친구들의 속도에 맞추어 지도해 나가겠습니다.

KEYPOINT

아이들의 감정을 읽어주시며 한명한명 모두 잘 적응해 나갈 수 있도록 세심히 지도하겠다는 메시지만으로 부모님은 걱정을 덜고 잘 기다려 주실 수 있을 것입니다. 적응이 어렵거나 민감한 반응의 부모님이 있다면 개별적인 내용을 좀 더 상세히 추가해서 적어주세요!

04 새 학기 안내 사항

00반 새 학기 안내사항 전달드립니다.

1. 알림장 전달은 매주 월, 수, 금요일 주 3회로 원아들의 원 생활과 놀이 운영, 개별적인 지도 부분에 대한 소통을 주로 다루게 됩니다. 알림장의 내용은 반의 공통 놀이에 대해서는 일괄적으로 전달될 수 있습니다. 개별 원아의 구체적인 전달 사항을 모두 알림장에 기입하기는 어려운 전 사전에 양해부탁드립니다.
놀이를 하는 과정, 일상을 보내는 과정에 교사의 세심한 배려와 지도, 관찰이 가장 우선 됩니다.
개별 사진 촬영은 원아들의 놀이의 집중, 생활 습관의 형성, 정서적인 교감, 안전 지도에 오히려 방해가 될 수 있어 최소한으로 이루어 지는 점 양해 부탁드립니다.

2. 어린이집/유치원의 통상적인 등원 시간은 00시 ~ 00시 00분입니다. 이후 시간에 등원할 경우, 일과 운영을 위해 오전 간식 제공이 생략될 수 있습니다. 또한 아이들의 발달에 가장 중요한 요소인 자유놀이 시간이 짧아질 수 있으므로 가급적 등원 시간을 준수해 주시기 바랍니다.
만일, 가족 행사 및 여행 등의 체험 학습이나 건강상의 이유 등으로 지각 혹은 결석을 하게 될 경우, 하루 전에 전달해 주시기 바랍니다.

교직원은 담당하고 있는 영유아의 아동학대 및 안전에 대한 지도, 감독의 의무가 있습니다. 별도의 연락없이 결석을 하게 되는 경우, 가정방문이 이루어질 수 있습니다. 아이들의 안전 지도 및 관리와 연관되는 부분이니, 적극적으로 협조해 주시기 바랍니다.

3. 전염성이 있는 질병에 감염된 경우,
   건강 및 컨디션이 좋지 않은 경우에는 가정 보육을 권고합니다. 면역력이 약한 영유아 다수가 함께 생활하는 공간에서의 건강 관리는 매우 중요합니다.
   작은 증상이라 하더라도 전염성이 있을 수 있다고 판단되면 반드시 병원에 내원해 정확한 진단을 받아주세요. 이는 해당 원아 뿐만 아니라 어린이집/유치원 친구들 그리고 교직원 건강과 예방 관리에도 큰 도움을 줄 수 있습니다. 원아의 빠른 쾌유와 안정, 그리고 기관의 체계적인 건강 관리를 위해 항상 기억해 주시기 바랍니다.

4. 원아들의 일과를 운영하는 동안 교사들은 아이들의 안전과 즐거운 놀이, 안정적인 일상을 위해 매 순간을 집중해야 합니다. 최대한 안전한 환경에서 일상을 보내고 놀이할 수 있도록 최선을 다합니다만, 간혹 예기치 못한 상황에 다칠 수 있습니다.
   기관에서 영유아가 다치는 경우, 기관에서 운영하는 수칙에 의거하여 신속하고 정확하게 대응하도록 하겠습니다. 가정에서도 함께 생활하는 공간에서의 안전 약속을 항상 알려주시고, 지도해 주세요!

5. 새 학기에는 영유아와 관련된 구비 서류를 준비하게 됩니다. 원아 개인서류 및 새 학기 제출 서류 목록을 전달드리오니, 3월 00일까지 제출 서류와 함께 내용을 작성하셔서 보내주시기 바랍니다.
   서명란 혹은 기타 기재 사항이 있는 란에는 누락이 없도록 제출 전에 한번 더 확인해 주시고, 작성을 하시는 과정에 문의사항이 있으시다면 알림장을 통해 댓글 남겨주세요!
   순차적으로 확인하여 휴식 시간 혹은 기타 보육에 방해가 되지 않는 시간을 통해 연락드리겠습니다.

6. 아이들이 항상 즐겁고 안전하게 생활할 수 있도록 최선을 다하는 모습 보여드리겠습니다.
   보다 체계적이고, 쾌적한 환경에서 아이들이 존중받으며 잘 자라날 수 있도록 언제나 열린 마음으로 부모님과 소통하고자 합니다. 어린이집/유치원에 아이를 보내시며 걱정되고 염려되시는 부분이 있다면 언제든 전달해 주세요.
   일과 중 수시로 통화를 주고 받을 수는 없지만 주기적으로 우리 친구들의 생활에 대해 소통하고, 필요시에는 빠르게 전달드릴 수 있도록 하겠습니다. 감사합니다.

05 유아반 배변 후 뒤처리 관련 협조 안내

만 4, 5세 유아는 1년의 일상과 놀이 과정을 통해 다양한 것을 스스로 조절하고 행동할 수 있는 능력을 기르게 됩니다. 그 중 초등학교 입학 전 유아들이 배변 후 스스로 청결하게 뒤처리를 할 수 있게 지도하는 것은 주요한 발달 과정 지원의 일부이기도 합니다. 배변을 본 후 스스로 뒤처리를 하는 것은 유아들마다 할 수 있는 정도가 다르므로, 가정에서도 함께 지도해 주시기를 바랍니다.

배변 후 뒤처리를 하는 과정을 통해 유아들은 개인의 위생관리, 건강한 습관 형성, 자립심 및 자신감의 향상, 책임감 발달 등 다양한 영역에서의 발달을 이루어 나갈 수 있습니다.

가정에서는 유아에게 왜 스스로 뒤처리를 해야 하는지 설명하고, 어떻게 해야 하는지 책이나 그림을 보거나, 실제 상황에서 부모님의 도움을 받아 천천히 순서대로 연습하게 해주세요.
이 과정에서 자연스럽게 성기에 대한 궁금증을 표현할 수 있습니다. 성교육 역시 유아들에게 중요한 의미를 가지고 있으므로, 정확한 명칭과 위생 관리의 중요성에 대해 함께 설명해 주세요.

배변 후 뒤처리 방법에 대해 명확하고 간결하게 설명해 주시고, 실제로 화장실을 다녀오기 전, 다녀온 후 당분간은 유아의 행동에 대해 잘 살펴주시는 것이 좋습니다.

처음에는 속옷에 변이 묻기도 하고, 잘 닦지 않아 불쾌한 냄새가 날 수도 있습니다. 매일 목욕을 하며 점차 나아지고 있는 과정에 대해 격려해 주고, 칭찬해 주세요! 즐거운 놀이 처럼 속옷 빨기를 해보는 것도 좋습니다.

유아들이 배변 후 뒤처리가 용이할 수 있도록 휴지, 물티슈 등을 가까이 두어 주세요. 처음에는 물티슈로 하는 것이 쉬울 수 있습니다. 어린이집/유치원에서도 이와 같은 과정을 유아들에게 안내하고 학기 초부터 개별적, 단계별로 지도해 나갈 예정입니다. 가정에서는 더욱 민감하게 반응하고 도움을 줄 수 있는 부분이므로, 유아들이 스스로 할 수 있는 행동에 자신감을 가지고 시도할 수 있도록 함께 지도해 주시기 바랍니다.

이 과정을 통해 유아들은 자립심과 책임감, 자신감이 넘치는 유아들로 성장하는 데에 큰 도움을 받을 수 있을 것 입니다. 배변 후 뒤처리, 기타 배변 습관 등에 대한 문의 사항이 있으실 경우, 댓글을 남겨주시면 순차적으로 연락드려 상의할 수 있도록 하겠습니다. 감사합니다.

 KEYPOINT

유아반 교사의 경우, 특히 담임이 맡게 되는 인원수가 많아지며 일상과 관련해 아이들의 어려움, 문제 등을 놓치는 경우가 간혹 있을 수 있습니다. 사전에 예측되는 변수와 상황에 대해 충분히 안내를 하고, 가정에 협조를 구하여 원만하게 학기를 운영하는 것이 도움이 될 것입니다.

안녕하세요.^^ 언제나 행복한 OOO반 교사 OOO입니다!

봄 햇빛이 따사로운 3월입니다. 날씨도 우리 친구들과의 첫 만남을 축하해 주는 것 같아요! 우리 OO반 친구들은 새 학기에도 씩씩하답니다.^^ 종알종알 대화를 나누는 모습이 어찌나 귀여운지 모르겠습니다.

재원생 친구들은 2월부터 마주칠 때마다 더 반갑게 인사하고 하이 파이브도 하며 친해져서 인지 새 학기, 새 교실에서도 적극적으로 놀이에 참여하고 멋지게 하루 일과를 스스로 해내는 모습이었습니다! (지난 해보다 더 어엿한 형님의 모습을 보여주어 깜짝 놀랐습니다! 그리고 신입 친구들도 선생님과 많이 가까워 지고 교실에 적응을 잘 하고 있어요. 선생님이 부르면 바라보고 다가와 안기는 우리 OO반 친구들이 정말 사랑스럽습니다.)

이번 주는 새 학기 교실에서의 한해를 계획하며 한명 한명과 깊이 있는 소통을 하고 보다 구체적으로 아이들을 지원할 놀이를 구상하고 있어요!! 에너지로 가득찬 우리 OO반 친구들의 신나고 즐거운 새 학기를 기대해주세요!

1. 다음주부터는 본격적으로 놀이와 일과를 진행하게 됩니다. 우리 친구들, 스스로 자신의 물건을 챙겨볼 수 있게 가정에서도 함께 지도해주세요.

2. 바깥 놀이를 자주할 예정입니다! 놀이하다 넘어지거나 다치지 않도록 활동하기 편한 복장과 신발을 착용해주세요.

3. 아이들과 충분히 교감하고 지내려면 눈과 눈을 마주치고, 손과 손을 맞잡고 함께 하는 시간이 가장 중요한 것 같습니다.^^ 사진의 수가 많지 않더라도, 우리 친구들의 밝은 표정을 보고 어린이집/유치원 생활을 응원해주세요.

행복한 주말되세요! 다음주에도 OOO반 선생님과 또 신나게 놀이하자고, 주말에도 인사 전해 주세요!
감사합니다.

 KEYPOINT

새로운 주간에 운영할 내용에 대해 전달해 주세요. 아이들이 편안하고 즐겁게 생활하고 있는지, 부모님은 항상 궁금합니다. 일과에 대해 전반적으로 기록하며 중요한 사항은 넘버링을 해서 보기 쉽게 정리해 주세요. 가독성이 높아집니다.

3월, 적응 주간 일상 + 소풍 안내

안녕하세요! ^^ OO반 교사 OOO입니다. 이번 주는 완연한 봄날씨를 느낄 수 있었던 것 같아요.

우리 친구들의 옷차림도 한결 가벼워 지고, 날씨도 따뜻한 날이 많아 좋았답니다! 등원 길에 보았던 무당벌레, 개미 이야기를 해주는 친구들도 있었어요. 올 봄에는 자연과 관련된 다양한 놀이를 계획하고 있는데, 우리 OO반 친구들이 벌써부터 관심을 가지는 모습에 제가 더 설레이는 것 같아요.^^

새롭게 입소하여 적응하는 친구들도 있고, 재원을 하지만 환경이 달라져 새 학기 새로운 교실에서 친구들과 선생님과의 만남이 낯설고 어색하진 않을까 많이 염려되었는데, 우리 OO반 친구들이 선생님의 마음을 잘 아는지 정말 잘 적응해 주고 있답니다!

아침이면 즐거운 인사와 함께 하게 된 친구들을 반갑게 맞이해 주기도 합니다! 장난감을 양보하거나 손을 잡고 놀이를 하자고 맞잡기도 하고, 오물 조물 클레이를 반죽해 선물로 주는 모습까지!

이번 한주 동안 우리 OO반 친구들 정말 멋졌어요. 칭찬 듬~ 뿍 많이 해주시고, 격려도 해주세요.^^

자신의 자리도 함께 알아보고, 사진으로 만든 손인형으로 역할 놀이도 해보았어요.

친구들의 이름도 금세 기억하고 불러주거나, 친구에게 다가가 인형을 건네어 주기도 합니다.^^

우리 OO반 친구들 똑! 소리 나게 놀이하는 모습이 사랑스럽고 대견해요!

이번 주는 적응하는 친구들도 있어서 바깥 놀이를 계획만큼 활발하게 하기는 어려웠지만, 다음주에는 조금 더 시간을 늘려 계획해 보려고 합니다.^^ 아이들이 신고 벗기 좋은 신발, 편안한 복장을 착용할 수 있도록 지도해주세요!

그럼 주말에도 우리 어린이집/유치원, 우리 반, 선생님과 친구들에 대해좋은 이야기 많이 나누며 즐거운 시간을 보내시길 바랍니다. 주말 동안 아프지 않고 건강한 모습으로 만나자고 전해주세요!^^

 KEYPOINT

새 학기 적응 기간 동안은 아이들이 적응 하는 과정을 전달해 주세요. 아이들이 적응하는 모습을 그대로 전해주세요. 어려워 하고 힘들어 하는 모습은 개별적으로 따로 전해주시며 깊이 있게 소통해 주시는 것이 좋습니다. 새학기 우리 아이들이 어떻게 지내고 있는지 궁금해 하실 부모님들에게 좋은 정보가 될 수 있어요.

안녕하세요! 00반 교사 000입니다.

새 학기 설레이는 마음으로 시작했던 첫날이 기억납니다.^^ 이제는 조금 익숙해 진 듯 먼저 다가와 안아주기도 하고 친구들하고도 꽁냥꽁냥 예쁘게 놀이하기도 합니다.

물론 가끔 투닥이기도 하지만, 그 또한 즐거운 놀이와 일상인 듯 합니다! ^^

새 학기를 맞이하여 멋지게 적응해 나가고 있는 우리 00반 친구들과 00어린이집/유치원 친구들을 위해 짜잔! 즐거운 에어바운스 데이가 계획되어 있어요.

학기 초라 소풍이나 견학을 가는 계획에는 아직 조심스러운 부분이 있어, 특별히 마련한 이벤트랍니다! 이틀이나 연이어 진행되기 때문에 시간도 충분히 활용해 놀이해 보려고 합니다.

(양일간 낮잠 시간의 변경 등이 있을 경우, 전체 알림장을 통해 전달하겠습니다)

얼마나 신나고 즐거워 할지^^ 벌써부터 우리 친구들의 반응이 기대가 됩니다!

물론 안전! 에 유의하여 놀이할 수 있도록 행사 전 사전 안전 교육도 할 예정입니다. (*가정에서도 함께 지도해 주시면 좋겠습니다.)

언제나 에너지가 넘치는 우리 00반 친구들은 더욱 신나 할 것 같아요! 친구들과 함께 즐거운 시간이 될 수 있도록 준비하겠습니다.

놀이를 하다보면 땀이 많이 날 수 있어요. 감기에 걸리지 않게 여벌옷으로 갈아입어야 할 수 있으니, 월요일에는 이름을 기입하여 여벌옷을 챙겨 보내주세요.^^ 이외에 특별한 준비사항은 없으니 평소처럼 준비해 등원시켜 주시면 되겠습니다.

우리 친구들과 즐거운 저녁 시간 되시길 바랍니다.^^ 감사합니다!

* 놀이기구의 안전한 이용 및 위생 등을 위해 양말을 신고 에어바운스를 이용합니다. 미끄럼방지 처리가 된 양말을 신겨 보내주세요!
* 에어바운스를 무서워 하거나, 혹시 놀이기구를 타다가 다쳤던 경험이 있었던 경우에는 사전에 알려주시면 무리 되지 않는 선에서 놀이해 보도록 하겠습니다.^^ 감사합니다!

 KEYPOINT

새 학기에는 좀 더 정확하게 안내해 주실 필요가 있어요. 아이들의 안전과 관련해서는 더욱이 중요합니다. 반의 일과가 변경될 수 있는 부분을 전달해 주시고, 개별적인 배려를 필요하는 경우 등을 사전에 확인하면 도움이 될 것입니다.

09 잘 적응하는 과정 + 놀이 전달 + 지역사회연계 등

안녕하세요! 00반 교사 000 입니다.

오늘도 신나게 하이파이브! 하며 만난 우리반 친구들^^

매일 만나도 매일 새롭고 반가운 듯 서로 껴안아 주며 인사를 하기도 합니다.^^ 사랑이 가득한 우리 00반 입니다.

이번 주는 우리 반 친구들과 봄을 주제로 다양한 놀이를 해보았어요. 새 학기 적응도 잘 해주고 있어서, 놀이도 빠르게 활성화 되고 있답니다! 선생님에게 "이건 뭐에요?" 하고 물어보기도 하고 아직 언어 표현이 어려운 친구들은 말소리로 표현하기도 합니다.

블록으로 높이 쌓기도 해보고, 친구 얼굴 사진 위에 끼적이기도 해보았어요.

클레이나 찰흙을 가지고 놀이하는 것도 정~ 말 좋아하는 우리 00반 친구들이랍니다.^^

하루하루 성장하는 모습이 정말 대견하고 기특합니다.^^ 몇주 사이 표현할 수 있는 말들도 더 많아졌네요! 가정에서도 아이들에게 생활하며 사용하는 표현을 자주 들려주세요.^^

지역사회 연계 활동으로 00에도 다녀와 보았어요. 00에 있는 다양한 공간도 둘러보고, 우리 동네에 대해서도 알아볼 수 있었어요. 아직은 바깥 놀이나 산책을 할 때에 새로운 것을 보면 궁금한 마음에 몸이 먼저 반응하기도 하지만, 선생님이 부르면 "네!" 하고 멈추어 주기도 하지요.^^ 차근차근, 안전에 대해서도 잘 배워나가고 있어요!

* 가정에서 외출 시 안전 약속도 꼭 알려주세요!

우리 친구들과 이번 주말 봄 날씨를 느끼며 외출해 보시면 어떨까요? 가족과 함께 즐거운 시간이 되길 바랍니다.^^ 감사합니다.

* 다음주 월요일까지 놀이에 활용할 즐거운 봄 나들이 사진도 함께 보내주세요!

 KEYPOINT

아이들과 함께 하는 다양한 활동에 대해서 전달해 주시면 정말 좋겠지요? 아이들과 활동을 하며 교사가 지도하는 내용, 경험하는 것들에 대해 전달해 주세요.

안녕하세요.^^ 00반 교사 000입니다! 이번 주도 우리 귀여운 00이와 즐거운 시간 보냈답니다.^^ 아직은 어려서 학부모도 염려 많으실텐데, 항상 믿고 맡겨주셔서 감사합니다.🖤

우리 00이가 요즘에는 선생님 눈을 마주치고 선생님 말소리나 노래 소리에 귀기울이며 반응하기도 해요.^^ 오늘은 봄 동요를 불러주며 손놀이를 해보았어요. 지금 00이의 시기에는 손, 발 등 자신의 신체에 관심을 가지고 탐색을 하기 시작한답니다.

손가락을 꼬물꼬물 입에 넣어 놀이하기도 하는 우리 00이의 모습이 정말 사랑스러워요.^^

딸랑딸랑 소리나는 놀잇감을 좋아하는 우리 00이^^ 치발기를 탐색하며 놀이해서 깨끗하게 수시로 닦아서 소독, 건조해주고있답니다!! 가정에서도 우리 00이가 마음껏 탐색하고 놀이할 수 있도록 도와주시며 배탈이나 배앓이를 하지 않게 함께 살펴봐주세요!

선생님이 까꿍! 하고 웃어보이면 손을 뻗어 만져보려고 해요.^^

단순하게 반복되는 것 같은 놀이지만 00이에게는 즐거운 경험이 될거예요! 아직은 기억으로 연결되지 않기 때문에 선생님과의 놀이가 반복되어도 매일 새롭게 받아들인답니다.^^

우리 00이가 몸에 힘을 주어 뒤집어 보려고 시도하기도 하고, 안아달라고도 해요.^^

조금씩 한단계, 한단계 성장하는 모습이 참 예뻐요.🖤

날씨가 좀더 따뜻해지면 봄 햇빛도 쐬러 찬찬히 나가보려고 해요. 부모님께 먼저 동의를 구하도록 할게요.^^ 보통 외출하실 때 00이와 어떻게 준비하시는지 말씀해주시면 우리 00이도 낯설어 하지않고 좋아할 것 같아요.

아직은 바깥 놀이에 무리가 있어서 창밖으로 보이는 봄 풍경을 함께 바라보거나 봄과 관련된 다양한 놀잇감도 제공해 주며 놀이하고 있어요.

우리 00이 오늘도 건강하고 즐거운 하루 보냈답니다! 감사합니다.^^

KEYPOINT

특히 어린 시기의 영아들이 기관에 입소하고 적응을 할 때에는 세심한 배려가 필요합니다. 부모님에게도 기관에서 어떻게 지원하고 도움을 주고 있는지, 수면과 식사, 배변 외에도 위생과 안전을 관리하는 내용도 함께 전해주세요.

11 봄꽃, 곤충 놀이 + 바깥 놀이 등

안녕하세요! 00반 교사 000 입니다.

오늘은 즐거운 금요일^^ 우리 친구들도 주말에 무얼 할건지 이야기를 하며 신나는 모습으로 등원합니다!
많이 익숙해 지고 친근한 마음이 드는지, 스킨십도 많아져 안아주고 뽀뽀도 해주는 우리 00반 친구들이에요.^^
호기심도 가득~ 해서, 어린이집/유치원에 있는 다양한 놀잇감 물건을 탐색하며 노는 것도 좋아하지요!!

이번 주는 우리 친구들과 00을 주제로 여러 가지 놀이를 해보았어요. 언제나 신나게 참여하는 우리 00반 친구들과 색과 모양에 대해서도 이야기 나누어 보고, 동작으로도 표현해 볼 수 있었답니다.

우리 친구들과 바깥 놀이, 산책을 하며 만난 곤충과 봄꽃을 떠올려 볼 수 있었어요! 자연과 함께 자라는 아이들은 관찰력, 상상력, 탐구력 뿐만 아니라 정서적으로도 편안하고 안정적으로 성장하게 된답니다! 함께 자연을 살펴보는 시간을 자주 마련해 주세요.^^

지난 번 지역사회 연계활동으로 우리 어린이집/유치원 주변을 다녀온 것이 인상이 깊었던 것 같아요.^^
놀이터를 가는 길에 보이는 우리 동네 곳곳에 관심을 보이며 둘러보았답니다. 매주 다양한 주제를 경험하는 것도 좋지만, 이렇게 자연스럽게 일상으로 녹아 들어 배워나가고 또 새로운 경험과 연계해 나가는 것 역시 우리 아이들에게 큰 자양분이 될 거라 생각합니다.^^

다음주에는 우리 친구들과 또 무슨 놀이를 할까요? 설레이는 표정으로 어린이집/유치원에 올 우리 00반 친구들이 기대됩니다! 그럼 주말에도 즐거운 시간으로 가득하시길 바라겠습니다. 감사합니다.^^

 KEYPOINT

아이들의 놀이와 관련하여 가정에서 함께 관심을 가지고 지도할 수 있도록 도움이 되는 정보를 전달해 주시면 좋습니다. 행사나 특별활동만 선호하는 부모님들이 계신다면, 안정적인 일상안에서 경험하고 배우는 것의 긍정적인 의미도 함께 전해주세요.

안녕하세요! OO반 교사 OOO입니다.

벌써 3월의 마지막날이에요! 우리 친구들과의 새 학기를 시작하며 한달 동안 잘 적응해 나가고 있답니다.
이제는 선생님을 보면 먼저 달려와 안기기도 하고, 인사도 큰 목소리로 하는 우리 OO반 친구들^^
친구들과도 반갑게 인사하고, 며칠 못 보면 이리 저리 얼굴을 살피며 안부를 묻는 사랑이 가득한 우리 OO반
이랍니다.^^

이번 주는 봄에 대해 관심을 가지고 다양한 곤충과 동물에 대해 탐색해 보았어요. 궁금한 것을 물어보면 선
생님이 대답해 주는 게 재미있는지, 이것 저것 손으로 가리켜 물어봅니다.^^
이제는 곤충 이름도 잘 알고 먼저 이야기를 하기도 하네요!

가정에서도 봄과 관련된 곤충, 식물 도감 등을 함께 살펴보거나 관련된 동화책, 영상을 보시면 우리 OO반
친구들에게 도움이 될 것 같아요!

교실에서는 블록 놀이가 정말 인기가 좋았답니다. 매일 똑같은 블록 놀이인 듯 하지만, 할 때마다 아이들의
생각이 더 커지는 걸 볼 수 있게 됩니다. 선생님이 중간 중간 질문을 던지면 자신의 생각을 말과 행동으로 표현
해 주는 우리 친구들, 이번 주에는 선생님이 지원한 다양한 파스텔 톤의 색지와 스티커 등으로 블록을 감싸 꾸
며보기도 하고, 꽃 동산을 표현해 보기도 하였어요!

바깥 놀이 하기에 좋았던 이번 주!
미세먼지, 황사 등에 대해서도 이야기를 나누고 우리 원 주변을 둘러보았습니다. 우리 OO반 친구들이 좋아
하는 놀이터에서도 신나게 놀이하구요! 바깥 나들이를 갈 때에 지켜야 할 약속도 잘 알고 멋지게 지키는 우리
친구들은 오늘도 칭찬을 듬뿍! 받았답니다.^^

* 이번 주 안전 교육의 주제는 높은 곳에 올라가지 않아요! 교실에서는 걸어다녀요! 였답니다. 친구들이 놀
이 하는 공간에서 지켜야 할 약속을 지키면서 자유롭게 놀이를 할 수 있도록 지도 하고 있어요! 물론, 조금 더
높은 곳으로 올라가고 싶은 마음, 뛰어서 놀이하고 싶은 마음을 충분히 공감하며 바깥 놀이 시간에 할 수 있도
록 이야기 나누었답니다. 가정에서도 공간에 따른 약속에 대해 함께 이야기 나누어 주세요!^^

주말엔 어떤 계획을 하고 계시나요? 우리 OO반 친구들이 행복한 주말을 보내길 바랍니다.^^
월요일에 선생님에게 달려와 무엇을 하고 지냈는지 이야기 하며 신나할 우리 OO반 사랑둥이들을 기대합니다.

 KEYPOINT

기관에서 교사는 다양한 내용에 대해 전달하고 지도하고 있습니다. 하지만 표현하지 않으면 잘 모를 수 있겠지요. 사소한 것들
도 놓치지 않고 세심하게 배려하고 알려주시는 선생님의 모습, 전달 사항, 상호작용의 내용도 함께 전달해주세요.

13 딸기 오감 놀이

안녕하세요! 00반 교사 00 입니다.

즐거운 아침, 우리 예쁜 사랑둥이들과 인사를 나누어 보았어요! 새 소리를 들었다는 친구의 이야기에 눈이 휘둥그레해졌답니다.^^ 산새 동요를 들려주며 신나게 아침을 시작해 보았지요.

오늘은 우리 친구들이 정~ 말 좋아하는 오감 놀이를 하는 날이었어요!
"우리 00반 친구들이 좋아하는 과일은 무엇일까?" 하고 물어보니, 딸기! 바나나! 포도! 수박! 정말 여러 가지 과일을 이야기 합니다.^^ 오늘은 빠알간 딸기, 새콤 달콤한 딸기로 오감놀이를 한다고 이야기를 해주니, 00반 친구들이 너무 좋아하네요.^^

선생님의 설명을 듣고, 앞치마와 토시를 하였어요. 이제는 선생님 이야기에 본인의 물건도 잘 찾아와 준비하려는 모습이 기특하고 예쁩니다.^^

먼저 딸기에서 어떤 향이 나는지 맡아봤어요. 코를 킁킁 하며 딸기에 대고 맡는 모습이 정말 귀여웠답니다.😊 코 끝에 빨간 딸기가 묻자 재미있었나봐요^^ 까르르 웃으며 재미있게 시간을 보낼 수 있었어요!

냠냠 딸기를 맛보고는 엄지척! 하고 손가락을 들어 보이는 우리 친구들.^^ 오늘 따라 더 달콤한 딸기였어요! 다양하게 경험하며 탐색하는 시간, 우리 친구들 모두 놀이에 집중 하며 보내는 모습이었습니다.

이렇게 무언가 자신이 좋아하는 것에 몰입하는 동안 우리 아이들의 오감각이 쑥쑥! 인지능력, 탐구력 등이 성장하지요! 놀이를 통해 자유롭게 탐색하고 경험하는 과정은 선생님이 알려주고 가르쳐 주는 것보다 훨씬 값진 배움을 할 수 있어요! 우리 친구들에게 꼭 필요한 능력들이 하나씩 탄탄히 발달해나간답니다.^^

오늘 놀이를 하는 동안 아이들과 다양한 대화도 나누어보았습니다. 엄마, 아빠와 놀이했던 이야기, 과일을 사러 다녀온 이야기, 할머니 댁에 방문했던 이야기 등, 아이들이 표현하는 데에 어려움이 있을 때에는 선생님이 함께 들려주며 도와주기도 하였어요!

놀이를 한 후 아쉬운 마음을 뒤로 하고, 다음에는 더 재미있는 놀이를 하기로 약속! 했지요.^^
다음 달 오감놀이를 하는 날도 기대가 됩니다.

우리 친구들 마무리까지 멋지게! 잘 해주었어요. 친구들 옷에 딸기 과즙이 묻어 갈아입고 간 친구들도 있으니, 여벌옷을 다시 준비해 보내주세요.^^ 오늘도 정말 즐거운 하루였습니다.

 KEYPOINT

생생하게 전달되는 놀이 이야기는 언제나 부모님의 마음을 흐뭇하게 합니다. 즐겁고 재미있는 이야기, 그 안의 다양한 에피소드 도 한번씩 전달해주세요!

14 한주간의 일상과 봄 놀이

안녕하세요! OO반 교사 OOO 입니다.

이번 주는 봄비가 와서 약간은 서늘했던 것 같습니다. 우리 OO반 친구들이 건강하게 봄을 지낼 수 있도록 가정에서도 함께 살펴봐주세요! 어린이집/유치원에서도 우리 친구들의 건강 상태를 살펴보며 증상이 보이는 경우, 전달 드리도록 하겠습니다.^^

이번 주 우리 친구들과 초록초록 예쁜 봄을 마음껏 즐기는 시간으로 채워졌답니다. 교실에 가득한 꽃내음에 덩달아 마음도 편안해 졌지요.^^ 다양한 포푸리를 탐색하며 놀이하는 것도 정말 즐거워 하네요.

평소 자주 이야기 하는 색이나 모양뿐만 아니라 향, 질감에 대해서도 알아볼 수 있었던 즐거운 한 주였습니다. 바깥 놀이를 가며 만난 꽃들에게도 관심을 보이는 우리 친구들입니다. "예쁜 꽃에 무슨 향이 날까?" 하고 맡아보았는데, "에이 이상해~" 하고는 까르르 웃는 장난꾸러기 친구들^^ 생각보다 좋지 않았나 봐요.😊 이번 주는 다양한 자연에 대해 관심을 가져보고, 여러 가지 놀이와 활동을 하며 자연과 친숙해 질 수 있던 시간이었습니다.

오늘은 다행히 날씨가 맑아 바깥 놀이도 신나게 해볼 수 있었어요! 각자 원하는 놀이를 하며 즐겁게 놀이했어요! 특히 흙 놀이, 물 주기 놀이 등이 인기가 좋았어요! (옷이 젖은 친구들도 있어 갈아 입고 하원합니다.^^) 뿐만 아니라 기구를 이용할 때 지켜야 할 안전 약속도 이야기 나누어보았답니다.

지난 며칠 내린 비로 예쁘게 피었던 벚꽃잎이 다 떨어졌을까 아쉬운 마음이 들어요! 우리 친구들과 이번 주, 꽃 구경 다녀와보시면 어떨까요.^^ 아이들과 함께 자연안에서 행복한 시간을 가지시길 바랍니다!
감사합니다.^^

 KEYPOINT

알림장의 작성 주기는 기관마다 차이가 있을 수 있어요. 알림장을 작성하는 것이 많이 어렵고 번거롭다면 기관 차원에서 기준을 정해, 주기적으로 전달하는 것도 좋은 방법입니다. 오히려 작성을 하는 시간에 아이들의 놀이 환경을 정비하고, 유익한 활동 등을 준비할 수 있다고 생각합니다. 한주간 있었던 일과에 대해 주 1회 정도 전달하는 것도 좋겠습니다.

15 봄 놀이 + 밀가루 반죽 놀이

안녕하세요! 00반 교사 000입니다

언제나 활기가 넘치는 우리 00반 친구들과 이번 주도 즐겁게 보낼 수 있었어요!

따뜻한 봄을 놀이를 통해 다양하게 표현해 보고 경험해 보았답니다! 물감 도장으로 봄나무를 꾸며보았어요! 애벌레가 되어 애벌레 터널 지나가기 활동은 그야말로 인기 최고! 애벌레로 변신한 우리 00반 친구들이 어찌나 깜찍한지, 너무 귀엽고 예뻐서 눈에 쏘옥! 담고 싶었어요.😊

이번 주 견학으로는 수목원에 다녀왔지요.^^ 우리 친구들 선생님 이야기에 씩씩하게 대답하는 모습이 너무 멋져요.^^ 수목원에서 여러 가지 나무, 꽃 등을 살펴 볼 수 있었어요. 금세 시시해 하지 않을까 살짝 염려했는데, 나뭇잎의 모양도 관찰하고 선인장 모양에도 흥미를 가지네요! 나비와 곤충도 중간중간 만나서 반가워 하기도 했답니다.^^

밀가루 반죽 놀이는 이번 주에 우리 친구들이 원할 때마다 자유롭게 해보도록 지원해 주었어요.^^

이제는 교실에서 원하는 놀이도 잘 표현하고, 친구들과 함께 어울려 놀이 하는 것도 익숙해 보입니다.😊

기다란 똥~ 을 만들었다면 냄새가 난다고 손사래를 치며 웃는 00반 친구들! 선생님과 한바탕 웃어 볼 수 있었어요. 만들어 본 반죽에 색도 입혀보고, 굳어가는 과정도 살펴보았어요.^^

(우리 반 교실이 긴 똥들로 가득 찬 것은 비밀입니다.😊)

이번 주, 황사와 미세먼지 등으로 바깥 놀이가 어려워 많이 아쉬웠지만, 교실에서 그리고 유희실에서 다양한 놀이를 하며 잘 보낼 수 있었어요! 그리고 우리 00반 친구들과 날씨에 대해서 알아보았습니다.

우리 00반 친구들과 안전 교육을 통해 황사와 미세먼지의 위험성과 건강한 습관 만드는 방법에 대해서도 알아볼 수 있었습니다.

다음주에는 바깥 놀이를 자주 할 수 있었으면 좋겠어요! 공기가 우리 아이들 마음처럼 깨끗하고 맑아지길 바랍니다. 따뜻한 봄 날씨, 살랑이는 봄 바람을 직접 느끼며 신나게 뛰어노는 우리 00반 친구들을 기대해 주세요! 즐거운 주말 보내세요! ^^

 KEYPOINT

기관에서는 다양한 주제의 안전 교육을 실시하고 있습니다. 이 부분에 대한 내용이 사실 정말 중요한 부분임에도 전달이 잘 되지 않거나, 간과하는 경우도 있는 듯 합니다. 아이들의 안전한 생활을 위해 매주 실시하는 안전 교육의 내용도 한번씩 전달해 주시면 좋겠습니다.

16 봄, 일상적인 내용

안녕하세요! OO반교사 OOO입니다.^^

오늘 날씨가 너무 화창합니다! 선생님이 반갑게 인사하며 날씨 이야기를 하니, 기분이 더더더 좋은 우리 친구들 표정이 봄처럼 화사하네요.

오늘도 에너지 넘치는 하루를 보냈어요! 교실에서는 언제나 인기 최고인 블록 놀이^^ 이번 주는 새로운 블록과 스티커도 추가해 주었더니 더 다양하게 놀이하는 모습을 보이네요.
친구들과 오순도순 모여 동화책도 보고, 봄꽃 활동지에 끼적이기도 합니다! 매일 똑같은 놀이를 하는것 같지만 자세히 들여다보면 우리 친구들의 생각이 쑥쑥 자라나고 있음을 느낄 수 있어요!

OO반 친구들! 바깥 놀이 갈까? 하고 웃으며 물었더니, 너무나 신나 합니다. 폴짝폴짝 개구리 동요를 들으며 교실 정리를 마치고, 짝꿍 손 꼭잡고 놀이터로 향해보았어요! 낮에는 조금 더운 듯 해서 점퍼는 입지 않고
실컷 뛰어 다니며 놀이 했어요.^^ 산책길에 핀 들꽃도 익숙한지 먼저 인사를 하기도 해요!
나뭇잎 피리도 불어 보고, 꽃 왕관 놀이도 해보았답니다!

이번 주도 멋진 모습으로 잘 지낸 우리 친구들에게 칭찬과 격려 많이해주세요.🖤

* 스스로 정리하는 습관을 배울 수 있도록 충분히 기다려 주시고 기회를 주세요!
* 함께 지내는 공간에서 지켜야 할 약속을 이야기 나누어 주세요.

다가오는 주에도 봄과 관련된 다양한 놀이를 즐겨보려고 합니다! 우리 친구들과 주말 동안 봄 햇빛 듬뿍 받으시고 행복 가득 충전 하시길 바래요! 감사합니다!^^

 KEYPOINT

아이들의 바람직한 생활 습관의 형성은 가정에서도 함께 지원했을 때 더욱 효과가 큽니다. 일상 생활을 하는 동안 아이들 한명 한명을 개별적으로 지도하고 관리하는 것은 쉽지 않습니다. 2~3주 단위로 기본 생활 습관과 관련된 지도 권고, 요청을 해주시는 것만으로도, 아이들은 잘 배우고 성장하게 됩니다.

17 4월 시작, 곤충과 동물 놀이 + 식목일 안내

안녕하세요! 00반 교사 000입니다. 우리 아이들과의 설레이고 즐거웠던 3월이 지나고, 향긋한 봄내음이 가득한 4월이 되었습니다! 우리 00반 친구들과의 봄 놀이가 너무나 기대됩니다.😊

오늘 00반 친구들은 교실에서 *** 놀이를 하며 지냈어요. 친구들과 많이 친해져서 장난을 치기도 하고, 함께 어울려 놀이를 구성하기도 합니다. 선생님이 교실의 책상을 옮겨주었더니 우와~! 하고 소리치며 즐거워 하는 00반 친구들이예요. 아이들의 놀이 흐름에 따라 자유롭게 공간을 구성하고 배치하며 도움을 주는 놀이 중심 보육과정을 운영하고 있는 00반의 모습이지요.^^

아이들의 의견으로 오늘은 거미성 놀이가 이루어졌어요. 이번 주 산책을 하며 보았던 거미가 인상적이었는지, 놀이 주제로 자주 등장하는 거미입니다.😊

거미가 동물이라는 사실 알고 계셨나요? 아이들과 놀이를 하며 곤충과 동물에 대해 구분해 보기도 하고, 왜 거미가 동물인지를 알 수 있는 자료도 마련해주었어요! 호기심 가득한 눈으로 자세히 들여다 보는 모습이 정말 멋졌답니다! (가정에서도 함께 이야기 나누어 주시고, 살펴봐 주세요.)

다음주에도 곤충과 다양한 동물에 대해 탐색할 수 있도록 즐거운 놀이 계획해 보겠습니다!

* 다음주에는 4월 5일 식목일이 있습니다. 어린이집/유치원에서도 식목일을 맞이하여 아이들과 자연의 소중함을 배워보고 작은 식물을 심어보려고 해요. 우리 아이들이 씨앗이 자라나는 과정을 함께 살펴볼 수 있도록 교실에서도 길러보려고 합니다! 형식적으로 행사에 참여하는 것이 아니라 생활안에서 자연을 소중히 여기고 사랑하는 마음을 배워나갈 수 있도록, 이번 주말 아이들과 꽃이나 나무등을 살펴보아도 좋을 것 같습니다!
준비물(월) : 아이들의 봄나들이 사진 - 원에서 활동자료로 사용하려고 합니다
준비물(화) : 원복, 편안한 신발, 모종1 - 식목일 행사 참여

그럼, 우리 00반 친구들과 행복한 주말 되세요.^^ 감사합니다

 KEYPOINT

매일 그 다음날의 안내사항을 전달하는 것보단 주 단위로 묶어서 전달해 주시는 것이 보내는 교사뿐만 아니라, 확인하는 부모님의 입장에서도 체크하기가 좋습니다.

18 식목일 활동 + 이번 주 놀이 안내

안녕하세요! 00반 교사 000입니다. 오늘은 식목일을 맞이해서 아이들과 화분 심기를 해보았어요. 우리에게 많은 도움을 주는 자연에 대해 고마운 마음을 가져볼 수 있었던 좋은 시간이었답니다.^^

나무가 잘 자라려면 무엇이 필요할까요? 햇빛과 공기, 건강한 흙, 물이 필요하다는 사실을 알게 되었어요.
고사리 같은 손으로 흙을 잘 덮어주며 "나무야 잘 자라렴" 하고 인사도 해보답니다! 00이는 "선생님 언제 꽃 나와요?" 하며 물어보네요. "00이가 집에서 잘 길러주면 예쁜 꽃이 나올꺼야!" 하고 이야기 해주니, 방긋 웃으며 열심히 화분 심기를 하는 모습이었어요.

보내드리는 화분은 000 이에요. 일주일에 1회 물을 주시고, 햇볕이 잘 드는 곳에서 길러주세요. 아이들이 직접 물을 줄 수 있도록 해주시면 더 좋을 것 같습니다.^^

우리 00반 친구들 오늘도 즐거운 놀이하고 하원합니다! 간식이나 점심 먹기 전 손씻기도 잘하고, 선생님과 함께 바깥 놀이터로 이동할 때에도 약속을 잘 지키고 있어요. * 집에서도 외출 시 지켜야 할 약속에 대해 알기 쉽게 이야기해주세요.

이번 주에는 나무와 꽃, 자연에 대해 다양한 동화와 놀이로 함께 해 볼 예정이에요.
등, 하원길에 주변에서 볼 수 있는 꽃이나 나무에 대해서 탐색할 수 있도록 해주세요. (내일은 등원시 나뭇잎이나 나뭇가지등을 가지고 올 수 있도록 해주시면 재미있는 놀이 활동이 가능할 것 같습니다.)

날씨가 화창해서 매일 바깥 놀이를 하고 있습니다. 우리 아이들 스스로 신고 벗어볼 수 있도록 착용하기 편안한 신발을 신겨 보내주세요!

그럼 오늘 저녁도 행복한 시간 되시길 바랍니다. 감사합니다.^^

 KEYPOINT

기관에서 생활하는 아이들이 어떻게 지내는지 전달을 할 때, 가정과 연계해서 지도할 수 있는 내용을 함께 설명해주시면 좋습니다. 부모님은 기관에서 아이가 편안하고 즐겁게 생활하기를 바랍니다. 복장이나 준비사항 등도 활동에 대한 예시를 들어 설명해주세요. 주기적으로 안내해주시는 것이 좋습니다.

19 플라워 데이, 꽃 퍼포먼스

안녕하세요! 00반 교사 000입니다.

이번 주는 따스한 봄 햇살이 반겨주네요.^^ 오후에는 약간 더운 듯 합니다. 우리 친구들이 감기에 걸리지 않도록, 옷차림에 유의해야 할 것 같습니다.

오늘은 우리 00반 친구들과 플라워 데이를 하는 날! 싱그러운 봄꽃과 같은 우리 친구들과 정말 잘 어울릴 것 같아, 기대와 설레임으로 아침을 맞이했어요.^^

빨강, 파랑 옷을 입고온 우리 친구들의 얼굴이 봄꽃같이 예쁘네요.^^ 반갑게 인사를 나누고, 오늘의 활동에 대해 안내해 주었어요. "우와 재미있겠다!" 하며 소리를 내어 신나는 마음을 표현하기도 하고 쿵쿵쿵 점프를 하며 기대감을 나타내기도 합니다. 밝은 에너지로 오늘 하루를 시작합니다.^^

플라워 데이 행사를 하며 우리 친구들은 여러 가지 꽃을 탐색해 볼 수 있었어요! 향을 맡아 보며 어떤 꽃일까 이야기를 나누어 보기도 하고, 색과 꽃잎의 수, 나뭇잎 모양 등도 유심히 살펴보았답니다.

꽃 화전 만들기 놀이, 꽃 으로 예쁜 옷 만들기 등 여러 가지 활동에 시간 가는 줄 모르고 참여한 우리 00반 친구들이에요. 다 놀이를 하고 나니 땀이 살짝 났네요.^^ 시원하게 세수를 하고 지금은 꿈나라로 떠나 새근새근 잘 자고 있답니다!

매월 하는 다양한 퍼포먼스 행사에 우리 친구들은 여러 가지 감각을 활용해 놀이를 하며 자연스럽게 계절과 이벤트를 경험해 볼 수 있답니다! 놀이를 하며 접하게 되는 재미있는 경험들, 우리 친구들의 생각 주머니도 쑥쑥! 자라나고 있어요.^^ 다음 달 활동도 기대해 주세요!

* 오늘 행사를 진행하며, 안전에 유의하며 아이들의 놀이를 지원하느라 사진이 평소보다 적을 수 있음을 양해 부탁드립니다!
* 언제나 아이들이 즐겁게 신나는 활동을 할 수 있도록 지도하겠습니다.

 KEYPOINT

아이들이 기관의 특색, 프로그램에 참여하는 모습을 전해주시는 알림장의 내용을 통해 부모님은 기관에 대한 소속감과 만족감이 더 높아질 것입니다.

31

20 4월 마지막주, 5월 사전 안내, 근로자의 날 휴원 안내

안녕하세요! 00반 000교사입니다. 매일 매일 즐겁게 놀이하다보니, 벌써 금요일이네요!
언제 이렇게 시간이 지났나 싶은 마음이 들 정도로 이번 주도 빨리 지나간 듯 해요!

우리 사랑둥이들과 함께 다양한 놀이하며 지낼 수 있었답니다! 교실에서 꽁냥꽁냥 놀이하는 모습이 정말 귀엽고 사랑스러워요!^^ 클레이로 응가를 만들고 꺄르르, 블록을 높이 쌓아 발로 차면서 하하하 웃기도 합니다. 엉금엉금 기어가 박스속에 숨어서 호호호, 웃음 소리가 가득한 우리 00반이랍니다.

바깥 놀이 하기에 더없이 좋았던 한주였어요! 이번 주에는 우리 친구들 자연물 놀이, 곤충 찾기 놀이의 매력에 푹 빠졌어요! 교실에 있는 색돋보기를 들고 나가 관찰하고, 비닐 풍선 놀이도 하며 신나게 지냈답니다.

우리 00반 친구들, 내일부터 가족과 행복한 시간 보낼 생각에 설레여하네요. 오랜만의 연휴, 행복한 아이들의 미소로 채워 나가시길 바래 봅니다.
  * 아이들과 연휴동안의 사진, 가족 사진을 3장내외로 보내주세요! 5월 놀이자료로 활용하겠습니다.
  * 근로자의 날, 어린이집/유치원은 휴원을 하게 됩니다! 각 가정에서 애쓰시는 부모님의 근로에 응원의 마음을 전합니다. 저희 교직원 역시 재충전의 시간으로 에너지 듬뿍 담아 돌아오겠습니다.^^

가정에서도 편안하고 여유로운 시간으로, 의미있는 휴식이 되시길 바랍니다.^^ 감사합니다!

 KEYPOINT

휴원 공지와 관련하여 기관에서 안내문이 발송되었더라도, 한번 더 전달해주세요. 물론 법적으로 당연한 휴원이지만, 간혹은 휴원으로 인해 불편을 겪는 가정도 있을 수 있으니, 이 마음도 함께 헤아려 주시길 바랍니다.

21 어린이날 행사

안녕하세요! 00반 교사 000입니다.

내일은 5월 5일 어린이날이랍니다. 우리 친구들에게 어떤 일이 벌어질까 제가 더 기대가 되는 것 같아요.^^ 어린이집/유치원에서도 다양한 행사와 프로그램으로 웃음소리가 가득했던 한주였습니다.
(벌써 5월이라니, 시간이 정말 빠른 것 같아요.^^)
간식 파티와 영화 관람, 에어바운스, 페이스페인팅, 미니운동회 등 선생님들이 열심히 준비해 마련한 시간 동안 우리 친구들이 더없이 행복하고 즐거웠을 거라 생각합니다. 부모님께서도 아이들 사진을 보시며, 그 마음을 전달받으셨지요?^^

어린이날을 기념해 우리 친구들과 풍선 놀이를 해보았어요. 풍선에 내가 좋아하는 색, 모양의 스티커로 꾸며본 후 던지고 굴리며 놀이했답니다. 선생님의 놀이 모습을 흉내내기도 하고, 친구와 누가 멀리 던지나 겨루기도 하고, 빵! 하고 터진 풍선 소리에 깜짝 놀라기도 하며 재미있게 놀이했어요!

오늘은 어린이날이라서 간식도 더욱 특별했답니다! 원장님께서 우리 친구들이 좋아하는 치킨과 피자를 준비해 주셨어요.^^ "와! 맛있겠다!" 하고 박수를 치며 좋아하네요!^^ 점심도 잔뜩 먹었는데, 우리 00반 친구들, 정말 맛있게 먹었답니다. 00반 친구들의 대단한 먹성에 깜짝 놀랐습니다.😊

선생님이 준비한 어린이날 카드를 보여주며 한명 한명 안아주고 사랑한다고 전해주었어요. 우리 친구들도 선생님의 마음을 아는지, 꼬옥 껴안아 주고 뽀뽀도 해주었어요.^^

세상에서 가장 귀한 우리 00반 친구들에게 이번 어린이날이 더욱 소중하고 뜻깊은 시간이 되길 바래봅니다. 언제나 우리 00반 친구들을 응원하고 사랑합니다. 어린이날 사람이 너무 많이 붐비는 곳은 더욱 위험할 수 있으니, 항상 안전에 유의해 지낼 수 있도록 알려 주세요.^^

다음주 월요일, 우리 00반 친구들이 어떤 이야기 보따리를 가지고 올 지, 정말 정말 기대됩니다.^^
00반 친구들! 어린이날을 진심으로 축하해요! 월요일날 더 행복한 모습으로 만나요.^^

 KEYPOINT

5월은 정말 바쁜 한달이기도 합니다. 그래도 우리 선생님들이 아이들을 사랑하는 마음은 변함없이 한결같지요. 카드에 예쁜 글귀를 적어주셨더라도, 알림장에 한번 더 센스있게 인사말 전해주시면 아이들과 부모님이 함께 보며 더욱 행복해 하실 거라 생각합니다.

안녕하세요!^^ OO반 교사 OO입니다.

오늘은 우리 OO반 친구들이 월요일부터 정~~~ 말 정말 기대했던 어린이날 행사가 있던 날이었지요.^^ "선생님 오늘 뭐할거예요?!! 우와!!!" 그 어느 날보다 들뜨고 설레여하는 우리 OO반 친구들의 모습이었습니다.😊 덩달아 저의 마음까지 너무 행복했던 하루였어요.

아이들과 어린이집/유치원 앞 공원에 나가 풍선 퍼포먼스, 자연물 놀이, 만들기, 과자게임 등 여러 가지 놀이를 즐겨보았어요. 우리 OO반 친구들은 특히 과자게임을 재미있어 했습니다! 짭조름한 과자를 한웅큼 입에 넣으며 씨익 웃는 모습이 정말 사랑스러웠어요.😊

꺄르르 웃는 목소리가 끊이지 않던 오늘, 아이들과 신나게 뛰어놀며 마음껏 즐겨볼 수 있었답니다.

선생님들과 우리 OO친구들의 기쁜 표정을 상상하며 열심히 준비했던 보람이 마구마구 느껴졌던 하루였어요.^^ 우리 친구들은 오늘 하루를 어떻게 기억하고 있을까요? 아이들과 즐거운 이야기 많이 나누어 보시길 바랍니다.

"우리 엄마는 자동차 사준대~ 아빠는 어떤 걸 선물해 주실까?" 친구들과 모여서 어떤 선물을 받을지 기대를 하는 OO반 친구들이랍니다. 우리 OO반 친구들이 기대하는 만큼 신나고 행복한 어린이날 되길 바랍니다!

바쁜 일과 중에도 선생님의 이야기도 잘 들어 주고, 멋지게 약속도 지켜준 우리 OO반 친구들 칭찬 많이 해 주세요.😊

[어버이날 행사 안내]
* 0요일에는 어버이날을 맞이하여 OO행사가 진행될 예정입니다. 이번 주는 정말 즐거운 이벤트가 가득해서 더 신이 날 것 같습니다.
아이들과 어버이날의 유래에 관련된 동화도 살펴보고, 카네이션 카드도 만들어 보려고 합니다.^^
다음주에는 엄마, 아빠께 감사하는 마음을 생각하고 표현할 수 있는 다양한 놀이를 경험해 보려고 해요.
* 엄마, 아빠의 물건을 하나씩 보내주세요. 더욱 생생하고 즐거운 놀이가 이루어질 수 있을 것 같습니다!
(예 : 화장품 용기 세척한 것, 핸드폰, 카메라, 펜, 노트, 넥타이, 교통카드, 작은 가방이나 지갑 등)

 KEYPOINT

기관에서는 정말 다양한 행사와 활동이 이루어지게 됩니다. 매번 모든 내용을 상세하게 기록하긴 어렵습니다. 알림장은 대략적인 내용을 작성하고, 사진이나 영상등으로 함께 설명하는 것도 좋습니다. 가정에 준비물을 요청할 때에는 구체적인 예시를 들어 주시는 것이 부모님에게도 도움이 되고, 더욱 풍성하게 준비할 수 있습니다.

23 어린이날 행사 3

안녕하세요!^^ OO반 교사 OO입니다.

오늘은 우리 사랑스러운 OO반 친구들과 어린이날 행사를 해보았습니다! 엄마, 아빠 손을 잡고 기분 좋게 등원하는 우리 OO반 친구들과 인사를 나눈 후, 맛있게 오전 간식을 먹고 바깥 놀이터에 나갈 준비를 해보았습니다.

선생님이 이름을 부르면 "네" 하고 대답하거나 얼굴을 쳐다보며 다가오는 우리 친구들, 두 달 사이에 정말 많이 자라주었구나! 생각이 드네요.^^

"얘들아, 오늘 비누방울 놀이도 하고 재미있게 놀자!" 하고 이야기 하니, 박수를 치기도 하고 콩콩 점프를 하기도 하네요. 이제 선생님의 이야기도 잘 알아듣고 반응하는 친구들이랍니다.^^

선생님과 손을 잡고 어린이날 행사장으로 이동한 후, 다양한 놀이를 해보았어요!
참, 먼저 나와 놀이하고 있던 형님들도 우리 OO반 친구들을 반갑게 맞이해 주었답니다.😊 우리 어린이집/유치원의 인기 최고 OO반이지요.😊

풍선 퍼포먼스, 자연물 놀이, 만들기, 과자게임 등 여러 가지 놀이를 즐겨보았어요. 우리 OO반 친구들은 특히 풍선놀이를 재미있어 했어요. 하나씩 풍선을 들고 걷는 모습이 정말 사랑스럽습니다.

날씨가 정말 화창해서 아이들이 놀기에 더없이 좋았던 하루였답니다. 아이들의 행복한 모습 보시고 부모님들도 행복한 저녁되시길 바랍니다. 선생님이 준비한 작은 선물과 카드에 더 즐거워 했으면 좋겠어요!

내일은 어린이날을 맞이하여 우리 지역에서도 다양한 행사를 진행하고 있다고 하니, 아이들과 방문해 보셔도 좋을 것 같아요!^^
[+ 행사 정보 링크 혹은 포스터 이미지]

꽃보다도 예쁘고 소중한 우리 OO반 친구들이 세상에서 가장 행복한 하루가 되길 바래봅니다.

* 금요일에는 어버이날을 맞이하여 OO행사가 진행될 예정입니다.
우리 OO반 친구들은 엄마, 아빠 사진으로 손인형 놀이도 하고, 색화지로 카네이션 퍼포먼스 놀이도 해보려고 해요.^^
놀이하다 혹시 지저분해질 수도 있으니 평소 편하게 있는 옷을 입혀보내주세요!
* 금요일 준비물 : 엄마, 아빠, 가족사진(알림장으로 전송해 주세요), 편하게 착용하는 일상복

 KEYPOINT

지역에서 운영하는 다양한 행사와 정보를 기관에서 안내해 주세요. 기관의 정보가 다양하고 유익할수록 부모님의 만족도는 더불어 높아지게 됩니다. 기관에 대한 신뢰, 소속감 등도 함께 향상됩니다. 준비물은 필요 이유를 작성하고, 정리해서 안내해 주세요.

24 어버이날 활동

안녕하세요!! 00반 교사 00입니다.

다양한 이벤트로 가득했던 이번 주는 설레임이 더 가득했던 것 같아요. 매일 어떤 하루가 될지, 하루하루 기대하며 등원했던 우리 친구들이었습니다!

오늘도 씩씩하게 등원한 우리 00반 친구들은 가족들과 어린이날을 어떻게 보냈는지, 친구들과 서로 이야기 나누고 자랑하느라 바쁜 오전시간이었습니다.^^

오늘은 친구들과 함께 어버이날에 대해 이야기를 나누어 보았습니다. 엄마, 아빠와 함께 지냈던 즐거운 경험과 에피소드들을 보내주신 가족 사진을 보며 떠올려보고 친구들에게 전해줄 수 있었답니다! ^^

오늘은 어버이날을 맞이하여 부모님께 감사하는 마음을 표현해 보기로 했어요.

미리 준비한 색색의 색화지를 구겨 보기도 하고 물에 적셔보기도 하며 탐색해 보고, 꽃잎을 만들어 장식해 보았어요. 작은 손으로 한글자 한글자 따라써보기도 하면서요. "엄마, 아빠 사랑해요!!"

부모님께 감사한 마음을 표현해 볼 수 있었습니다. (아직 어려운 친구들은 끼적이기도 대신하였습니다.^^)

카드를 만든 후, 친구들과 모여 카네이션 케이크를 만들어 보았습니다. 생크림을 한입 콕 찍어 먹어 보며 "우와 진짜 맛있어요, 엄마가 좋아하겠다. 아빠 줘야지!" 하며 신이 나서 멋진 케이크를 만들어 보았습니다. 우리 친구들이 데코레이션 하나에도 진지하게 고민을 하며 케이크 위에 정성껏 장식로 올려보았는데, 마음에 드시나요?

열심히 만든 우리 아이들의 사랑가득 케이크 맛있게 드시고 칭찬도 듬~뿍 해주세요.^^

오후에는 "부모님을 도와드릴 수 있는 일들은 무엇이 있을까?" 하고 이야기를 나누어 보았습니다! 큰 소리로 자신있다고 외치는 우리 00반 친구들의 모습을 보니, 아마 우리 친구들 이번 주말 부모님의 짐도 들어드리고, 신발 정리, 안마도 해드리는 멋진 모습을 보여주지 않을까 기대가 됩니다.^^

5월은 가정의 달입니다. 우리 아이들과 가족의 소중함과 사랑을 느끼고 또 여러 추억을 만들어 보는 시간이 되기를 바래봅니다. 할머니, 할아버지께도 감사하는 마음을 전달할 수 있도록 부모님의 멋진 모습도 보여주시고 또 격려해주세요! 생활안에서 자연스럽게 배워나갈 수 있는 좋은 경험이 될 거라 생각합니다!

야외 활동이 가능해 지며, 많은 가정에서 외부에서의 시간을 계획하고 좀 더 자유롭게 시간을 보내는 듯 합니다. 우리 00반 가족들도 건강, 위생 등에 유의하시며 이번 주말도 아이들과 함께 싱그러운 봄날을 만끽해 보셨으면 좋겠습니다! 감사합니다.^^

 KEYPOINT

부모님은 아이들이 직접 참여하고 주체적으로 행동한 모습을 기대합니다.

선생님이 하나하나 도와주고 만들어 주는 것은 결과물은 좋을지라도, 아이들의 성장과 배움에는 아쉬움이 남기 마련입니다. 결과보다는 과정을 중시하며 보여주기식이 아닌 놀이중심 보육과정에서의 활동을 전달해주세요.

25 어린이날 연휴 이후, 어버이날

안녕하세요! 00반교사 000입니다.

아이들과 행복한 어린이날 연휴보내셨나요? 우리 친구들의 밝은 미소를 보니, 얼마나 즐겁고 신나는 시간이었는지 고스란히 전해집니다.^^ 어린이날 어디에서 무얼하며 지냈는지 이야기를 하며 잔뜩 신이 난 우리 00반 친구들이었어요.^^

반짝반짝 눈빛도 더 빛나고 오늘은 행복한 에너지도 더욱 가득한것 같습니다!
오늘은 어버이날^^ 부모님의 사랑과 은혜에 감사한 마음을, 할머니, 할아버지를 공경하는 마음을 가져봅니다. 우리 친구들이 세상에서 가장 예쁘고 멋진 선물이지만, 어버이날을 맞이해 작고 귀여운 손으로 사랑 가득 담아 감사한 마음을 표현해 보았어요!

"00반 친구들은 엄마, 아빠 얼만큼 사랑해?" 하고 물으니 "엄마, 아빠 이~만큼 사랑해요!" 하며 팔을 넓게 펼쳐보이며 까치발까지 들어올리는 모습이 정말 사랑스러워요.

아직은 작고 어려 부모님의 한결같은 사랑과 보살핌에 감사한 마음을 가지고, 말로 세세히 표현하긴 어려울 수 있지만, 마음으로는 오롯이 모~두 느끼고 계실 거라 생각합니다.^^
세상에 찾아와준 소중한 선물인 우리 아이들은 부모님을 누구보다도 굳게 믿고 사랑해요.
우리 아이들의 진심으로 채운 작은 선물안에 담긴 따뜻한 마음 꼭 전달받으시길 바랍니다.🖤

* 아이들과 어버이날에 대해 이야기 나누어보며 직접 준비한 선물이에요.^^
* 아이들이 선물을 드릴 때, 세상에서 가장 소중한 엄마, 아빠의 선물이 되어줘서 고마워🖤 하고 꼭 전해주세요.^^
* 어버이날 선물 들고 찰칵! 인증샷도 부탁드려요.

우리 00반친구들과 행복한 저녁되세요.^^

 KEYPOINT

행사에서 그치지 않고 가정과 연계해서 이후 놀이에도 반영이 된다면 정말 좋겠지요? 놀이 중심 보육과정을 운영하는 선생님들, 아이들의 실제 흥미를 보이고 경험하고 있는 것들을 놀이로 제공해 주세요. 가정과 자주 소통을 하며 놀이에 관련된 요청도 해주시면 "놀이에 진심인, 적극적인 교사"로 보여질 것입니다.

안녕하세요! OO반 교사 OOO입니다.

5월 8일은 어버이날, 어버이의 은혜에 감사함을 표현하는 날입니다.
따뜻한 부모님의 사랑안에서 10개월을 보내고 세상에 태어난 우리 OO이에게 부모님은 더없이 감사하고 소중한 존재일 것입니다. 우리 OO이에게 항상 변함없는 사랑과 관심을 보여주셔서 감사한 마음을 아직은 어려서 표현하기 어려운 OO이를 대신해 전합니다.

한결같은 마음으로 보듬어주시는 부모님 덕분에 우리 OO이가 세상을 밝고 따뜻한 곳이라 생각하며 건강하게 자라나는 것 같습니다.
더없이 귀하고 소중한 우리 OO이가 태어난 순간, 얼마나 기쁘고 감격스러우셨을까요?
태중에 있는 동안 만났던 부모님의 숨결과 목소리, 사랑이 가득한 마음을 직접 만나는 순간, 우리 OO이도 행복하고 소중한 마음으로 기억할 거라 생각합니다.

가끔은 혼을 내기도, 속상한 일에 나무라기도 할 수 있겠지요. 하지만, 우리 OO이는 세상 누구보다 귀하게 여기는 부모님의 마음을 알고 있을 거에요. 부모님의 진심어린 사랑에 감사한 마음을 말로 다 표현하기는 어렵겠지만, 매 순간 즐겁고 행복한 추억으로 하나씩 채워나가며 바르고 건강하게 성장하는 모습으로 보답할 수 있기를 바랍니다. 저 또한 우리 OO이와 함께 하며, 부모님의 사랑에 감사하는 마음을 배워나갈 수 있도록 잘 지도하겠습니다.

오늘은 우리 부모님에게 뜻깊은 날이 될 것 같아요.
고사리 같은 손으로 선생님, 친구들과 함께 정성을 담아 만든 카네이션꽃과 케이크를 보내드려요. 우리 아이들의 마음을 예쁘게 생각해 주세요.^^

부모님의 은혜는 하늘과 같다고 합니다.
그 어떤 것과도 비교할 수 없는 부모님의 사랑과 은혜를 느낄 수 있는 하루가 되길 바랍니다. 부모님의 사랑 안에서 행복한 자녀들로부터 보람과 행복을 느끼는 어버이날 되세요. 감사합니다!

KEYPOINT

알림장을 전달하며 마무리에 좋은 글귀, 명언 등을 함께 작성해 주셔도 참 좋은 것 같습니다. 뜻깊은 날에는 한번 쯤 의미있는 문장으로 마음을 전해주시면 좋겠습니다.

27 컬러 데이

안녕하세요! 00반 교사 000입니다.
오늘은 그린데이! 우리 친구들이 좋아하는 컬러데이랍니다.^^

매월 새로운 색을 다양한 놀잇감과 소품을 통해 경험하고 놀이해 보는 시간이랍니다. 이번 달의 주제는 초록! 입니다. 봄 날씨와 더없이 어울리는 색이지요! 초록색은 편안한 휴식과 안정감을 느낄 수 있게 해주는 색이기도 합니다.^^ 우리 친구들의 마음이 오늘 활동으로 인해 더 평온해 졌기를 바래봅니다.

그린데이를 시작하기 전, 초록색에 대해 이야기를 나누어 보았어요. 싱그러운 나뭇잎의 색, 그리고 우리 친구들이 좋아하는 동물 등, 친근한 색이어서인지, 우리 친구들의 반응도 최고! 즐겁게 대화를 나누며 놀이를 시작해 볼 수 있었어요.

신나는 동요와 함께 초록색의 다양한 놀잇감을 탐색해 보았어요. 우리 친구들과 주변에서 볼 수 있는 초록색을 접해 보며 여러 가지 놀이를 통해 다양하게 배워볼 수 있었답니다!

폴짝폴짝 초록 개구리를 따라 점프를 해보았어요! 평소 좋아하는 동요를 들려주며 높이 뛰기, 낮게 뛰기, 엉금엉금 기어가기 등 다양한 신체 동작으로 표현할 수 있었습니다. 놀이를 하며 선생님이 하는 우스운 동작에 까르르 웃는 우리 친구들! 즐겁고 신나게 놀이해 보았습니다. (안전에 유의하여 진행해보았습니다!)

초록색 바람개비를 후~ 하고 불어 보며 바람개비 날개를 관찰하기도 하고 누가 더 세게 부나 시합을 하기도 하고, 친구가 놀이하는 모습을 관찰하기도 하고 바람개비 날개가 어떻게 돌아가나 흉내를 내보기도 했지요.^^

초록 풍선이 가득한 놀이 공간에서 자유롭게 놀이하며 즐거운 시간을 보낼 수 있었습니다. 특히 압축팩에 넣어 둔 초록 풍선을 탐색하는 놀이는 인기도 최고였어요! 평소 놀이하던 풍선 놀이와는 다른 방법에 신기해하며, 만지작 만지작 하는 우리 00반 친구들 웃음 꽃으로 놀이 시간을 가득 채울 수 있었습니다.^^

오늘 놀이를 통해 색에 대해 더 잘 이해할 수 있었던 것 같아요. 놀이를 하며 초록색을 띈 물건을 발견하며 기뻐하기도 합니다.^^

오늘 하원 후 집에서도 우리 아이들의 마음처럼 맑고 따뜻한 초록색을 찾아보면 어떨까요? 항상 즐거운 우리 친구들의 놀이와 활동에 관심과 애정 보내주시는 부모님 감사합니다! 우리 친구들과 즐거운 저녁 되시길 바랍니다. ^^

 KEYPOINT

기관에서 운영하는 다양한 행사, 활동에는 모두 교육적 의미와 목표가 있습니다. 간단하게라도 작성해주시면 부모님의 입장에서 아이들에게 어떤 배움이 될지, 이해를 하는 데에 도움을 받게 됩니다.

28 지역사회 연계활동-편의점 다녀오기

안녕하세요! 00반교사 000입니다. 이번 주는 지난주보다 해가 쨍쨍 빛나네요.^^
조금만 움직여도 땀이 나기 시작해요, 벌써 여름이 성큼 다가온것 같습니다!

오늘은 우리 사랑둥이 00반친구들과 손잡고 우리 동네 나들이를 다녀왔답니다.^^
선생님 손잡고 걸으며 여기저기 신기한 듯 구경도 해보았어요.😊

선생님이 "여긴 000이야" 하고 말하면 무어라고 대답하는 귀요미들^^ 드디어 편의점에 도착하였답니다!

안녕하세요!^^ 하고 인사를 하는 선생님을 보고 아이들도 배꼽 인사를 하고, 손을 흔들며 사장님께 인사합니다.😊 맛있는 젤리, 요쿠르트, 빵을 보고는 눈이 반짝반짝 빛이 나는 00반 친구들이에요.^^

편의점에 들어서기전 미리 약속에 대해 이야기를 했어요. "우리 친구들 더 가지겠다고 욕심내지 않기"
"멋지게! 하나씩만 고르기" 약속도 잘 지켜주었어요. 우리 00반 친구들 최고!!!

00반 친구들과 두달에 한번 우리 지역과 연계된 활동을 계획하고 함께 해보고 있답니다. 다음 7월에는 또 어떤 활동이 계획되어 있을까요.^^

지역사회 연계 활동은 우리 지역의 다양한 곳, 혹은 인물과 만남을 통해 배움을 가지는 과정입니다. 친구들과 평소에 둘러보는 공간을 방문해 보기도 하고 지역 주민분들 혹은 기관 관계자들과 함께 다양한 활동을 하며 내가 사는 곳, 지역의 의미와 기능을 배우고 익히게 됩니다.

아직은 어리지만 경험 하나하나 차곡히 잘 쌓여 나갈수있도록 가정에서도 많은 관심과 격려 부탁드립니다!

 KEYPOINT

교육과 관련된 단어는 부모님에게 생소하고 낯설 수 있어요. '당연히 알고 있겠지' 하기 보다는 처음 한번은 뜻을 풀어서 알기 쉽게 설명해 주시는 것도 좋겠습니다.

29 신문지 퍼포먼스

안녕하세요! OO반 교사 OOO 입니다!

오늘은 우리 친구들이 가장~ 좋아하는 퍼포먼스가 있는 날이지요.^^
평소 자주 접했던 소품이나 물건을 활용하여 다양하게 놀이해봅니다. 이 과정을 통해 우리 아이들의 생각주머니를 탄탄하게 해주고, 창의적인 생각을 이끌어 낼 수 있는 교육적으로도 매우 도움이 되는 즐거운 시간입니다.^^

오늘은 신문지 놀이를 해보았어요. 사실 인터넷이 발달하며 핸드폰을 통해 신문 기사를 접하는 요즘,
우리 친구들이 신문지를 볼 수 있는 기회가 많지 않은 것 같아요. 신문지를 펼쳐 보이며 다양한 그림과 사진도 살펴보고, 우리가 교실에서 가지고 놀이하거나 끼적이는 종이와는 다른 재질도 탐색해 보았지요.^^

선생님이 신문지를 구겨 공을 만드는 모습을 보고 우리 친구들이 꺄~ 하고 소리를 지르네요!
"함께 만들어 놀이해볼까?" 하고 이야기를 하며 여러 장을 펼쳐주었답니다!

동글동글 공을 만들기도 하고, 옷처럼 몸을 둘러싸 보기도 합니다.^^ 신문지에 구멍을 뚫어 친구들을 찾는 시늉을 하니 이리 저리 뛰어다니며 정말 좋아하네요!

특히나 즐거워 했던 "신문지 방망이 놀이와 신문지 격파 놀이!" 우리 친구들 주먹을 꼭 쥐고 신문지를 향해 내미는 모습이 어찌나 귀엽고 사랑스러웠는지 몰라요^^

신문지를 찢어 날리며 봄꽃을 연상해 보기도 하였어요. 평소 좋아하는 동요를 들으며 신나는 시간을 보낼 수 있었답니다!

오늘 우리 친구들이 만들어 보았던 신문지 공을 가지고 하원을 해요. 부모님이 보시기엔 '이게 뭐지?' 싶을 수 있으시겠지만, 우리 아이들에겐 오늘 최고의 놀잇감이었답니다!
가족과 함께 하는 저녁 시간, 오늘 놀이 했던 신문지를 활용해 다양한 놀이를 해보면 어떨까요?
우리 친구들의 상상의 나라로의 신나는 여행을 응원합니다.^^ 아이들과 즐거운 시간을 보내시길 바랍니다.
우리 친구들과 행복한 저녁 되세요.^^ 감사합니다!

 KEYPOINT

기관에서 열심히 만들고 놀이한 것을 가지고 가면 간혹 관심을 두지 않거나, 그냥 정리해 버리는 부모님도 계시다고 해요. 어떤 놀이를 하며 나온 결과물인지, 아이들이 표현하기 어렵다면 대신 전달해 주시고, 활용해서 할 수 있는 놀이도 전해주세요!

안녕하세요! 00반 교사 000입니다.

우리 친구들과 오늘도 씩씩하게 아침을 맞이했어요! 한주 한주 더 의젓한 모습으로 등원하며 "안녕!" 하고 손을 흔들어 보이거나 꼭 안아주는 모습이 정말 예뻐요^^ 사랑하는 마음을 표현하며, 서로 인사를 나누는 00 반 친구들에게 칭찬도 듬뿍 해주며 즐거운 하루를 시작해 보았습니다.

오늘은 날씨가 살짝 흐리네요.😊 그래도 어제까지 날씨가 좋아서 바깥 놀이도 자주 할 수 있었어요.
뭐니뭐니 해도 바깥에서 신~ 나게 뛰어노는 것이 최고이죠! 신체 발달뿐만 아니라, 두뇌 발달, 정서 발달에 매우 큰 도움이 된답니다!
이번 주는 봄 꽃과 나무를 살펴보기도 하고 다양한 놀이기구를 타보았어요. 풍선과 바람개비 놀이는 언제나 인기 만점입니다. 자연을 감상하며 자연 안에서 놀이하는 동안 우리 친구들은 많은 것을 느끼고 배울 수 있었 습니다.

우리 반 친구들과 이번 주는 000을 주제로 교실에서도 즐거운 시간을 보냈습니다. 블록, 클레이, 공을 가지 고 자유롭게 놀이하기도 하고 선생님이 새롭게 준비해 준 00도 탐색하며 재미있게 놀이를 해보았답니다. 새 로운 것에 대해 호기심과 관심을 표현하며 선생님과 함께 놀이하는 것을 정말 좋아하는 우리 00반 친구들과 다음주에도 이번 주 주제와 연계하여 놀이해보려고 합니다.

가정에서도 주말 동안 000에 대해 의미있는 대화도 나누어 보시고, 다양하게 경험할 수 있는 기회도 제공 해 주세요.^^ 우리 아이들과 행복한 주말 되시기 바랍니다! 감사합니다.

KEYPOINT

교사 교육이나 연수, 회의, 행사 준비 등이 일정이 너무 빡빡하여 알림장 작성 시간이 충분하지 않은 주간이 있다면 사전에 공지 하고 주간의 내용을 한번에 정리해서 전달해 주시는 것도 좋습니다.

31 퍼포먼스 - 미술 놀이

안녕하세요! 00반 교사 000입니다.

오늘은 즐거운 0요일! 우리 친구들과 퍼포먼스 시간이 계획되어 있답니다.

미술 재료와 다양한 소재를 활용해 여러 가지 방법으로 퍼포먼스를 해보고 있어요.

매달 진행되는 시간, 우리 00반 친구들의 상상력과 창의력이 쑥쑥 자라나는 것을 느끼고 있답니다.^^

이번 주에는 바닥 그림 그리기를 해보았어요. 평소 교실에서 자유놀이 시간에 하는 종이 위에 그림을 그리고 색칠을 하는 기본적인 미술 놀이 형식이 아니라, 바닥면에 큰 종이를 대고 자유롭게 자신의 생각이나 느낌, 경험 등을 표현해 보는 시간이었답니다!

주제를 정하지 않고, 또 어떤 소재와 재료든 자유롭게 활용할 수 있도록 이야기 해주었습니다.

선생님의 설명을 듣고 우리 친구들 잠시 골똘히 고민하는 시간을 가지네요.^^ 학기 초에는 "어떻게 하는 거예요?" 하고 묻고 선생님이 하는 행동을 모델링 삼아 따라하는 친구들이 더 많았는데, 이제는 스스로 생각하고 계획하며 자발적으로 사고하는 모습이 보여집니다.

기특한 우리 00반 친구들, 선생님은 아이들이 구애받지 않고 자유롭게 표현할 수 있도록 친구들이 하는 그대로의 그림을 인정해 주고 격려해주었어요!

우리 친구들 퍼포먼스를 계획한 시간 동안 엄청난 집중력을 보여주었습니다! 완성을 다 하지 못한 친구들도 있어, 시간을 좀 더 제공하여 충분히 표현할 수 있도록 도와주었지요.^^

덕분에 우리 교실이 더 환해진 느낌입니다.^^ 다 마른 후, 비닐로 덮어 두고 다음주 동안에도 함께 감상하고 아이디어가 있다며, 그림 위에 덧대어 또 새로운 표현도 하면 좋을 것 같아요!! 우리 친구들의 상상 주머니가 더욱 커질 것 같아 기대가 됩니다!

오늘 퍼포먼스 시간을 통해 우리 00반 친구들의 생각을 엿볼 수 있었습니다. 그림을 그리며 자신이 경험한 것, 또 좋아하는 것 등에 대해서도 도란도란 이야기 나누는 아이들의 모습이 정말 사랑스러웠습니다!

우리 친구들이 함께 완성한 그림을 보내드려요! 큰 그림 안에 우리 아이가 그린 그림은 무엇인지 또 함께 살펴보시고 대화나누어 보시면 좋겠습니다.

* 그림의 크기나 색 표현, 그림체에 대한 평가보다는 아이가 어떤 것을 표현하고 싶었는지에 대해 관심과 공감을 표현하며 대화를 나누어 주세요.^^

이번 주도 알차고 즐거운 한주 보낼 수 있었습니다! 감사합니다.^^

 KEYPOINT

아이들의 주체적인 놀이 참여의 모습을 전달해주시고, 아이들이 자유롭게 참여하여 즐기는, 놀이가 중심이 되는 놀이중심 교육과정의 의미도 함께 전해주시면 좋습니다.

어머님! ^^

오늘 어머님께서 주신 선물에 감사하단 말씀 한번 더 전하고 싶은 마음에 메세지를 남깁니다.

평소에 제게 전해주시는 든든한 위로 한마디, 한마디가 항상 큰 힘이 되었는데, 오늘 이렇게 선물까지 준비해 주셔서 또 한번 감동했어요.

제게 예쁘고 사랑스러운 우리 OO이를 믿고 맡겨주신 마음까지 다시 한번 전해져서 마음이 따뜻해짐을 느끼는 하루였습니다.

학기 초부터 OO이와 함께 했던 날들을 되새기며, 하루하루 소중하게 보내고 있어요. 다치지 않고 잘 지낼 수 있도록 아이들에게 집중하고, 교사로서 더 성장하기 위해 항상 애쓰고 노력하고 있답니다.

항상 어머님의 마음 기억하며, 변함없는 모습으로 사랑이 가득한 시간으로 채워나갈게요! 스승의 날 축하해 주셔서 감사합니다.

오늘도 우리 OO이와 행복하고 즐거운 시간 보내도록 하겠습니다. 감사합니다.^^

 KEYPOINT

기관에 따라 다르겠지만, 스승의 날을 맞이해 선물을 전해주시는 가정도 있을 겁니다. 등하원시 인사를 하게 되는 것은 오히려 다른 부모님은 불편할 수도 있어요. 간단하게 알림장으로 마음을 표현하는 것도 좋은 방법입니다.

33 오감 데이 – 바나나 놀이

안녕하세요!^^ 00반 교사 000입니다. 오늘은 즐거운 오감데이였어요.^^ 우리 친구들이 평소 좋아하는 바나나를 주제로 다양한 놀이를 해보았어요.

"노랑 바나나는 누가 좋아할까요?" 하고 질문을 하니 "원숭이요!" "코끼리요" "저요! 저요!" 하며 웃으며 대답하는 친구들 😊 오늘은 바나나로 재미있게 놀이해보자고 이야기하며 바나나를 잘라보기도 하고, 으깨어 반죽 놀이도 해보았어요! 우리 친구들 맛있게 먹으며 즐겁게 놀이해 볼 수 있었답니다! 특히 바나나로 자동차 만들기 놀이가 재미있었나봐요.^^ 선생님이 만드는 모습을 유심히 보고는 다들 개성넘치는 자동차(?)를 만들며 즐거워 했어요.

부릉부릉 소리를 내며 친구 바나나 자동차와 부딪혀 보기도 하고 비행기가 되어서 하늘을 나는 모습을 표현하기도 하며 신나게 놀이하는 우리 00반 친구들이었어요.😊
짤주머니에 바나나를 넣어주니, 매트 위에 바나나 그림을 그리는 우리 친구들 😊 세모, 네모, 동그라미를 표현하다가 결국엔 입에 쏘옥~ 짜넣으며 흐뭇한 미소를 지어보입니다.🖤

평소 자주 먹는 바나를 활용해 놀이를 하며 맛과 모양, 색과 향을 경험해 볼 수 있었던 유익한 시간이었습니다.^^ 선생님이 준비한 바나나우유는 그야말로 꿀맛! 유난히 더웠던 오늘, 시원하게 마무리 할 수 있었어요. 놀이가 끝나고 정리를 하는데, 많이 아쉬웠나봐요. "선생님이랑 다음에 또 재미있게 놀이해보자.😊" 라고 이야기해주었는데도 아쉬운 표정이 한가득이에요.😊

오늘 우리 친구들은 놀이하며 옷에도 바나나 즙이 많이 묻어서 시원하게 씻고 보내주신 여벌 옷으로 갈아입고 갑니다.^^ 가정에서도 우리 친구들의 놀이 사진 함께 보시며 즐거웠던 놀이시간도 이야기나누어 보시길 바래요! 감사합니다.^^

KEYPOINT

아이들과 놀이를 하다보면 옷이 더러워 지는 등 갈아입어야 하는 상황이 있을 수 있어요. 특히 음식물, 식재료가 묻은 경우에는 물이 잘 빠지지 않으니 사전에 안내를 해주시고, 후에도 안내해 주세요.

34 물감 놀이

안녕하세요.^^ 00반교사 000입니다.

오늘은 우리 00반친구들과 물감놀이를 해보았어요. 친구들과 신나는 동요를 듣고 알록달록 예쁜 가운을 입고 춤을 추며 놀이를 시작해보았어요!

선생님 손을 잡고 콩콩 점프도 하고, 전지위에서 우다다! 뛰어놀기도 하며 한껏 흥을 돋구어 보았답니다!
선생님의 엉덩이춤을 보고 흔들흔들 따라하는 우리 00반친구들 너무 귀엽고 사랑스럽네요.

친구들에게 색연필과 크레용을 준 후, 자유롭게 끼적이기를 해보았어요. 처음에는 선생님 따라 여기저기 그어보는 듯 하더니 그새 똑똑 하고 부러뜨르는 놀이에 푹 빠졌어요.^^

색연필과 크레용을 사용하는 방법에 대해 이야기를 해주고, 입에 넣으면 안된다고도 설명해 주었어요!
선생님 말을 듣고 고개를 끄덕끄덕😊 멋지게 약속을 지켜주는 모습을 칭찬해 주었답니다.
끼적이기 놀이 후 우리 친구들이 정~말 좋아하는 물감놀이를 시작해보았어요! 롤러와 붓에 빨강 노랑 파랑 물감을 묻히고 자유롭게 색을 칠해보고, 손도장 놀이도 해보았어요!

호기심이 가득한 눈으로 선생님을 바라보더니 이내 열심히 탐색하며 즐겁게 참여하네요.🖤
땀이 날 정도로 열정적으로 놀이하는 00반친구들의 모습에 절로 미소가 지어졌어요!
놀이 후 완성된 그림이 어찌나 멋지던지요.^^ 마치 멋진 화가의 작품같았답니다! 이번 주에는 바닥에 깔아두고 계속 활용해 보려고 합니다!

오감을 활용한 놀이 시간동안 우리 친구들 행복감이 최고였던 것 같아요. 자주 이런 시간을 마련해봐야겠어요. 오늘도 즐겁게 놀이하고, 낮잠 후 맛있게 냠냠 오후 간식 먹어보려고 해요.^^ 오후 시간도 즐겁게 보내고 하원하겠습니다. 감사합니다.

 KEYPOINT

영아들의 놀이 과정에선 하나씩 꼼꼼하게 알려주고 지도하는 교사의 모습을 함께 작성해 주세요. 교사의 배려와 친절한 모습이 좋은 인상으로 작용하게 됩니다. 후에 오해가 있을 만큼 상황이 발생하더라도, 이러한 내용들을 통해 신뢰를 얻는 다면 수월하게 해결할 수 있습니다.

35 국수 놀이 + 클레이 놀이 + 이번 주 모습 등

안녕하세요! 00반 교사 000입니다. 오늘은 즐거운 금요일! 날씨가 좋아서인지, 더욱 기분 좋게 등원한 우리 00반 친구들입니다. 어린이집/유치원에 오면서 보았던 꽃과 나무 이야기도 해주고 입고 온 옷이 예쁘냐고 물어보기도 합니다.^^

언제나 에너지 넘치는 우리 00반 친구들과 오늘은 국수소면을 활용한 놀이를 해보았어요. 선생님이 큰 매트 위에 국수면을 꺼내자 아이들이 다가와 "우와아, 나 이거 먹어봤는데~" 하며 이야기 합니다.
국수 소면을 채반에 꽂아보기도 하고, 소꿉 놀잇감으로 요리 놀이도 해봅니다. 주룩주룩 국수 비 놀이도 하고, 삶은 소면도 맛보며 즐거운 시간을 가져볼 수 있었습니다.

교실에서는 요즘 클레이 놀이에 관심이 많아요. 클레이틀로 찍어보며 자신이 만든걸 이야기 해보기도 합니다. 00월이 되니 부쩍 표현하는 단어들도 다양해 졌어요. "마음이 좋아요. 소원이 생겼어요. 지렁이가 속상해요" 등등.. 아이들과 이야기 하며 깜짝 놀란 적이 한두번이 아니랍니다.^^

우리 아이들과 가정에서도 책놀이 등을 통해 여러 가지 단어나 문장을 사용할 수 있도록 지원해 주시면 더 많은 도움이 될 것 같습니다! 다음 주에는 우리 친구들과 봄꽃놀이를 계속 이어나가며 기본 생활 습관 주제로 "깨끗이 이닦기"를 배워보려고 해요.
아이들과 주말 동안 이를 닦는 모습의 사진을 알림장으로 보내주시면 화장실에 게시하여 살펴보고 바른 이닦기 생활습관을 길러나갈 수 있을 것 같아요.😊

오늘도 00반 친구들과 즐거운 하루 보내고,
건강한 모습으로 하원하겠습니다.
항상 00반 아이들에게 사랑과 관심 보내주시는 부모님들께 감사합니다.

 KEYPOINT

아이들이 기관에서 표현하는 구체적인 언어의 내용, 행동의 모습 등은 부모님이 기관의 생활 뿐 아니라 아이들의 발달 과정을 이해하는 데에 큰 도움이 됩니다. 이러한 내용은, 가정에서 어떻게 지도해야 할지에 대한 정보가 되기도 합니다. 기관과 가정이 연계되어 기본생활습관부터 하나씩 함께 지도해나갈 수 있는 환경을 마련해 보는 것도 좋겠습니다.

안녕하세요! 00반 교사 000입니다.

오늘은 날씨가 흐린 금요일이예요. 꾸물꾸물한 날씨에 아이들 기분이 어떨까 염려스러웠지만, 역시나 멋진 우리 00반 친구들은 밝은 모습으로 등원하였답니다. 😊

교실에서 비오는 날 동요를 들려주니, "선생님! 오늘 비와요?" 하고 물어보기도 하고 지렁이 놀이를 하고 싶다고 표현하기도 하네요. 아이들과 블록으로 물 웅덩이를 만들어 봄비 놀이도 함께 해 보았답니다! ^^

교실의 마라카스나 작은 북을 연주하며 노래하는 친구들도 있었어요. 😊

오늘은 아이들의 컨디션을 고려하여 대체활동을 해보았어요. 계획하였던 신문지 놀이를 하는 친구들도 있었고, 교실에서 했던 물웅덩이 놀이를 하는 친구들도 있었습니다.

다양한 놀이를 자유롭게 할 수 있도록 지원하였더니 우리 친구들 서로 이야기도 주고 받으며 즐겁게 시간을 보낼 수 있었어요. 벌써 00월도 지나가고 마지막 주를 기다리고 있네요.

우리 00반 친구들은 자신의 물건도 이제 잘 정리하고 선생님에게도 예쁜말 고운말을 잘 사용하고 있어요!

집에서도 항상 관심가져주시고 협조해 주셔서 우리 00반 친구들이 멋진 모습으로 자라나고 있답니다. 😊

* 이번 주말에는 날씨와 관련된 다양한 경험을 해보면 좋을 것 같아요. 다음 주 놀이 계획인 봄비와 물에서 사는 동식물에도 관심 가질 수 있도록 주말동안 즐거운 시간 보내시고, 아이들의 놀이 사진도 함께 보내주시길 바랍니다.

* 가정통신문과 부모 상담 안내문 보내드립니다. 확인하신 후, 부모 상담 가능하신 일정과 내용 기록하셔서 다음주 화요일까지 보내주세요!

* 다음주 행사 안내 : 0요일 요리실습 - 앞치마, 머릿수건
그럼 우리 00반 친구들과 행복한 주말 되세요 감사합니다. 😊

KEYPOINT

기관에서는 대다수의 아이들의 건강 및 컨디션을 고려하여 일과를 진행합니다.

또한 개별적인 영유아의 상황도 배려하고 있습니다. 알림장은 반의 통상적인 일과를 전달하는 수단으로 사용하는 것이 바람직합니다. (학기 초에 이 부분은 공지해 주시는 것이 좋아요)

주요 전달 사항은 알림장의 하단에 정확한 내용을 구분해 별도 표기하여 전달해 주시기 바랍니다.

37 화전 만들기 놀이

안녕하세요! OO반 교사 OO입니다.

오늘 우리 친구들은 기분이 정~ 말 좋아요. 😊 꺄르르 웃으며 오전놀이를 시작하는 우리 OO반 친구들!
아이들의 밝은 모습에 덩달아 행복한 한주였답니다!

교실에서 클레이와 식용꽃을 활용해 화전 놀이를 해보았습니다. 역시 우리 OO반 친구들은 클레이 놀이를
좋아해요! 식용 꽃을 탐색하며 색과 모양, 느낌도 알아볼 수 있었어요. 꽃잎을 세어보거나 냄새를 맡는 친구들
도 있었답니다. 😊
알록 달록 예쁘게 만들어진 화전으로 소꿉놀이도 할 수 있었어요.

봄날씨가 화창해 이번 주는 바깥 놀이를 자주 할 수 있었습니다. 학기 초에는 바깥 놀이를 준비하거나, 정리
할 때에 선생님이 도와주는 부분이 많았는데, 이제는 자신의 가방과 자리도 잘 알고 물건을 꺼내어 볼 수 있어
요. 선생님의 도움을 받지 않고도 스스로 모자를 쓰거나 점퍼를 입어보는 친구들도 있었답니다!
(아직 어려워 하는 친구들은 선생님과 함께 천천히 연습해 보고 있어요.)

내 신발도 스스로 꺼내어 멋지게 신는 우리 OO반 친구들에게 칭찬도 듬뿍! 해준 후, 즐겁게 바깥 놀이를 나
서보았어요 ^^

놀이터에서 신나게 뛰어 놀며 봄 바람을 즐기고, 주변의 자연물을 탐색해 보기도 하였어요.
한참 뛰어놀다 보니 땀이 나는 친구들도 있었습니다.
시원한 물을 마시고 남은 시간도 힘차게 놀이한 후, 원으로 돌아왔지요!
오늘도 즐거운 하루를 보낸 우리 OO반 친구들입니다.

* 의복 관련 안내 사항 *
1. 날씨가 많이 더워지며 점퍼는 다음주부터 얇은 것을 보내주시거나 생략하셔도 좋겠습니다.
2. 신발은 신고 벗기 편안한 신발을 신겨 보내주세요.
3. 개인 용품에는 이름을 반드시 기입해 주세요.

 KEYPOINT

매일 알림장의 시작하는 인사말이 고민이시라면, 등원시의 분위기를 표현하며 시작해 보는 것도 좋습니다. 아이들의 일과를 지
도할 때에는 개별적인 수준을 고려하여 지원을 해주실텐데, 알림장에는 그 내용을 모두 담기가 어렵지요. 통상적인 일과를 전달
하는 경우, 알림장을 읽는 부모님의 입장에서는 "내 아이의 이야기가 맞나?" 라는 생각을 할 수 있습니다. 다수의 수준에 대한
내용과 함께 개별적 배려와 지원도 함께 전달해 주세요.
학기 초부터 안내하는 사항이라 해도, 부모님은 놓치고 깜빡하기도 합니다. 중요한 내용은 넘버링을 하거나 정확하게 방법을
안내해 주시기 바랍니다.

오늘은 잔디공원에 가보았어요.

우리 친구들 공원 입구에 들어서자 마자 "우와~" 하며 신이 났습니다. 미리 준비한 비누방울을 터뜨려 보거나 따라다니기도 하고 자유롭게 산책을 하며 놀이 기구를 타보기도 했어요.

바깥 놀이 후 교실에 들어와 더 맛있게 점심을 먹어볼 수 있었답니다.

이번 달은 우리 친구들과 교실에서 지켜야 할 약속을 이야기 나누고 있어요.

1. 교실에서 뛰어다니면 위험해요
2. 친구들과 만나면 반갑게 인사해요
3. 놀잇감을 던지거나 입에 넣지 않아요

위의 세가지 약속을 잘 기억하고 지켜나가고 있는 우리 친구들, 기관에서 다치지 않고 잘 지낼 수 있도록 가정에서도 간단한 약속을 이야기 나누어 스스로 지켜나갈 수 있게 도와주세요.

[00월 일정 및 안내 사항]

* 다음주에도 매일(미세 먼지, 황사, 날씨 등 고려) 바깥 놀이를 계획하고 있어요, 벌레 등에 물리지 않도록 모기 퇴치 스티커 등을 옷에 붙여 보내주세요!

* 햇볕이 뜨거운 시간대를 피하여 놀이하지만 선로션을 발라 등원시켜 주시거나, 원에 두고 사용할 모자 등을 준비해 보내주세요.

* 00월에는 나와 가족에 대한 주제로 놀이해 볼 예정이에요. 우리 친구들의 가족과 함께 찍은 사진과 혼자 찍은 사진을 알림장으로 보내주세요!

* 우리 00반 친구들을 스스로 사랑하고 아끼는 마음을 배워볼 거예요. 아이들의 이름의 의미도 함께 알림장에 적어 보내주세요!

 KEYPOINT

아이들의 건강 관리를 위해 개별적으로 구비해야 하는 물품이 있다면, 미리 준비할 수 있도록 기간을 두고 작성해주시기 바랍니다. 이 때에는 원에서 공용으로 사용하는 것은 기본적으로 비치하는 것이 필요합니다.
특별히 아이의 상태 및 상황에 따라 별도의 구비가 필요한 경우에만 요청해주세요.

39 5월 마지막주

안녕하세요!! 00반 교사 00입니다. 다양한 이벤트로 가득했던 이번 달도 벌써 마지막 날을 맞이하였네요.
아이들과 신나게 즐기고 행복한 시간을 보내다 보니 벌써 한주가 지나갔습니다.^^
매일 매일 밝은 모습으로 등원하는 우리 00반 친구들이 기특하고 예쁘답니다!

오늘은 교실 곳곳에 봄꽃과 곤충, 다양한 자연물과 천, 박스 등을 제공해 주었어요. 아이들이 관심을 가지며 탐색할 때 자연스럽게 만지고 놀이하며 다양한 재질의 느낌을 탐색하고 놀이하며 본인의 생각이나 경험을 이야기 나누어 보았답니다!

지난 주 보내주신 가족 사진으로 손인형을 만들어 두었더니, 선생님이 건네어 주는 카드 도안 위에 붙이거나 클레이로 엄마, 아빠 인형에게 음식을 먹여주는 모습을 보이기도 해요. 입에 넣지 않거나 다치지 않도록 조심히 만지고 놀이할 수 있도록 유의하며 아이들과 즐거운 자유놀이 시간을 보냈습니다!

오늘은 날씨가 좋아 바깥 놀이도 다녀왔습니다.
선생님 손을 잡고 산책을 하며, 이웃 어른들께도 "안녕하세요!" 인사를 해보았습니다.😊
우리 00반 친구들이 좋아하는 잔디놀이터 입구에 다다르자 자리에서 콩콩 뛰거나 선생님의 손을 잡아당기며 신나는 마음을 표현하네요.^^

조심해서 이동할 수 있도록 이야기 나누며, 놀이터에서도 즐겁게 놀이기구를 타보았어요!
아직은 계단에 오르는게 익숙하지 않은 친구들은 선생님이 한 걸음, 한 걸음 도와 주었답니다.😊

놀이터에서 발견한 나뭇잎과 나뭇가지를 들고 와 교실에 모여 앉아 미니 동산을 만들어 보았습니다. 우리 친구들이 좋아하는 동물 모형의 장난감, 인형 등을 가지고 와서 재미있게 놀이도 해볼 수 있었어요. 지난 숲놀이때 만났던 청설모도 떠올려 보고, 우리 기관 옆집에 사는 고양이도 이야기 해 보았습니다.

서로 얼굴을 보고 하하호호 웃으며 즐거운 봄 놀이를 떠올릴 수 있었던 시간이었습니다!

가정의 달인 5월, 고마운 마음, 사랑하는 마음을 더 많이 표현한 한달이 되셨나요?
우리 아이들과 가족의 소중함과 사랑을 느끼고 또 여러 추억을 만들어 보는 시간이 되기를 바래봅니다.
아이들이 할 수 있는 일 하나, 하나가 (예 : 신발 정리하기, 스스로 밥 먹어보기, 손 씻기 등)
부모님에게는 기쁨이 되고, 감사한 일임을 언어로 표현해 주세요.

아이들의 자존감, 자조 능력 등 다양한 능력이 향상될 뿐 아니라
가족에 대한 마음을 생활안에서 자연스럽게 배워나갈 수 있는 좋은 경험이 될 것입니다.

이번 주말도 아이들과 함께 행복한 주말 되시기 바랍니다! 감사합니다.^^

영아반의 경우, 특히 놀이에 관심과 흥미를 보이며 참여하는 것 자체에 큰 의미가 있지요.
아이들이 참여하는 동안의 모습을 전해주시고, 가정에서 영아들이 성장하는 데에 도움을 줄 수 있는 구체적인 방법과 의미도 전해주세요.

40 바깥 놀이와 물 놀이 계획

안녕하세요! 00반 교사 00입니다.

오늘은 우리 친구들과 물감 놀이를 해보았어요.
이번 주 주제인 느껴보아요에 맞게 다양한 신체 부위를 활용해 도장을 찍어보기도 하고,
물감을 바르는 과정에서 종이나 과일 도장의 느낌, 향도 맡아보았어요!
향이 나는 물감을 제공했더니, 아이들이 더욱 재미있게 참여하는 모습이었답니다.😊

바깥 놀이를 할 때 요즘 우리 00반 친구들은 비눗방울 놀이와 미끄럼틀 타기 놀이 등을 정말 좋아한답니다!
친구와 서로 밀지 않고 차례차례 타기 연습도 하고 있어요.
비눗방울도 처음에는 어려워 했었는데, 이제는 곧잘 불어내는 모습도 보이고, 비눗방울 터뜨리기를 하며 다양한 신체 움직임도 보이며 즐거운 시간을 보내고 있어요! (바깥 놀이용 모자를 보내주시면 더욱 좋을 것 같아요, 구두 등은 활동하기에 불편할 수 있으니 끈이 없는 편안한 운동화를 착용해주세요.)

가정에서도 아이들과 같이 일상생활에서 경험할 수 있는 다양한 느낌에 대해 표현해 주신다면
우리 친구들이 언어, 인지 발달에도 많은 도움이 될 것 같아요!
추천 놀이 : 신문지 공 놀이, 수세미 물적시기 놀이, 공 놀이 등

날씨가 많이 더워지면서 물을 이용한 놀이도 계획하고 있어요. 아이들 등원시 편안하게 입을 수있는 옷을 입혀 보내주세요!
 * 여벌옷을 사용한 후 보내드릴 때, 다시 원으로 한벌 챙겨 보내주세요.

우리 친구들 이번 주에 컨디션이 좋지 않아서 일과에 어려움이 있었던 경우가 있었어요.
아이들 한명 한명 세심히 살펴보며 정확하게 투약하고 충분히 휴식을 취할 수 있도록 지도하고 있습니다.
주말동안 컨디션 회복하여 건강한 모습으로 만날 수 있길 바래봅니다!

그럼 00반 친구들과 행복한 주말 되세요.^^

KEYPOINT

이미 전달을 하였음에도, 준비사항을 놓쳐 아이들이 불편하게 생활한다면 일과에 대한 알림장 작성시, 다시 한번 강조해서 요청해주시기 바랍니다. 반을 운영하는 과정에서 건강 및 안전에 대한 당부는 정말 중요한 부분입니다. 교사가 기관에서 아이들의 건강 및 컨디션 등에 대해 어떻게 지도, 관리하고 있는지 함께 안내해 주세요.

41 6월의 시작

안녕하세요! 언제나 즐겁고 신나는 OO반 OO교사입니다.

시간이 벌써 이렇게나 흘렀어요! 따뜻한 봄 햇살을 마음껏 즐기고 싶었는데, 어느새 더운 여름이 찾아오고 있네요. (우리 OO반 친구들의 여름 놀이도 기대해 주세요!)

이번 5월은 정말 뜻깊고 감사한 일들이 많았습니다. 가정의 달, 여러 행사에 더욱 신나게 지낼 수 있었지요.^^ 우리 친구들이 부모님에게 사랑을 표현하고 선생님에게 감사하는 마음을 표현하는 시간을 통해서도 한층 더 성장할 수 있었습니다.

아직은 어려서 잘 놀이하다가도 다치고, 여기 저기 넘어지기도 해서 염려스러울 때가 있기도 했지만, 항상 웃으며 하루하루 즐겁게 지내는 원생활을 응원해 주시는 부모님들 덕분에 따뜻하게 봄을 마무리 할 수 있었던 것 같습니다.😊
다가오는 여름도 건강과 안전에 유의하여 즐겁게 계획해 보겠습니다.

이번 주 우리 OO반 친구들은 나와 가족을 주제로 다양한 놀이를 경험해 보았어요.
가정에서 보내주신 가족 사진과 부모님의 어릴 적 사진으로 더 재미있고, 풍성하게 보낼 수 있었답니다!

특히, 언제나 인기가 좋은 엄마 아빠의 놀이가 이번 달에는 더욱 재미있었나 봅니다.^^
아침에 등원하면 역할 놀이 공간으로 달려가 소꿉놀이를 하기도 하고 캠핑 놀이, 화장 놀이, 청소 놀이 등 다양한 모습을 놀이로 표현하는 우리 OO반 친구들이에요.

오늘은 특히 친구들이 모여 먼지 털이개로 놀이하는 모습이 많이 보였어요.
처음에는 선생님의 행동을 보고 먼지를 터는 듯한 행동을 하다가 바닥을 쓸기도 하고 공을 치거나 털이개를 타고 걸어다니는 등 재미있는 행동과 모습을 많이 보여주어 웃음소리가 끊이질 않았답니다!

햇볕이 뜨거운 낮시간을 피하기 위해 바깥 놀이시간을 조정하여 오전에 실시하고 있는데,

오늘은 우리 00반 친구들이 원에서 키우는 토마토 나무와 상추에 물을 주고 싶다고 해서 오후에도 한번 더 나가보았답니다.

오전에는 바깥 놀이터에서 놀이를 하고, 오후에는 물조리개에 물을 담아 시원하게 뿌려주며 놀이해 보았습니다.

(여벌옷은 보내드리니, 월요일에 새 여벌옷을 준비해 이름을 기입하여 보내주세요.)

그 외에도 여러 가지 우리 00반 친구들의 즐거웠던 5월의 놀이는 놀이보고서를 통해 살펴봐 주세요!

이번 주말도 우리 아이들과 행복한 시간 되시길 바랍니다. 감사합니다! ^^

 KEYPOINT

기관에서는 날씨 등 상황에 따라 일과의 시간을 유연하게 조정합니다.

매일 이 부분에 대해 전달하기는 어렵지만, 계절등을 이유로 일정 기간 동안 일과의 시간이 고정되어 변경된다면, 가정에서 등하원시 참고할 수 있도록 안내해 주시길 바랍니다.

42 6월의 시작/ 1학기 상담 마무리 인사

* 1학기 상담 일정을 모두 마무리 하였습니다. 귀한 시간 내어 주시어 우리 00반 친구들에 대해 더 많이 알 수 있었고, 또한 바람직한 성장을 위해 소통할 수 있었습니다. 감사합니다.

* 원의 일과에 대해 궁금하신 부분은 알림장 댓글로 문의 남겨주시면 아이들이 활동하는 일과 시간을 피해 전화드리도록 하겠습니다.

(일과 중, 퇴근 이후 에는 댓글에 답변 드리기 어려운 점 양해 부탁드려요.)

* 아이들의 신체 움직임이 더욱 활발해 짐에 따라 사진을 찍는 순간 아이들이 다칠 수 있어 조심하고 있습니다.

안전을 최우선으로 하기에 놀이가 안정적일 때에만 잠깐씩 촬영을 하고 있습니다.

00반 친구들의 안전한 놀이를 위해 이 부분은 적극적으로 이해해 주시기를 부탁드립니다!

* 6월 놀이 계획안과 식단을 보내드립니다. 참고해 주시기 바랍니다.

* 6월 1주에는 1주에는 어린이집/유치원에서 다양하게 활용하여 놀이 할 수 있도록 재활용품을 보내주세요. (깨끗이 씻어서 말려 보내주세요!)

43 솜공, 반죽 놀이 등

안녕하세요.^^ 00반 교사 000입니다. 이번 한주는 어떠셨나요?
우리 00반 친구들은 이번 주 다양한 느낌을 주제로 여러 가지 놀이를 해보았습니다.

특히 솜공 놀이와 반죽놀이에 흥미를 많이 보였답니다.😊 솜공으로 컵이나 그릇 안에 넣었다 빼보기도 하고 손으로 탐색하며 느껴보기도 했지요. 선생님이 놀이하는 모습을 이야기 하면 옹알이 하며 반응하기도 하는 00반 친구들, 정말 사랑스럽답니다.^^

반죽을 가지고 놀이하며 여러 가지 모양에 대해서도 알아볼 수 있었어요.
질감이나 색을 달리해서 제공해 주니, 일주일내내 즐겁게 참여하는 모습이었어요.
가정에서도 아이들과 다양한 반죽으로 놀이해 보시면 좋을 것 같아요.

아이들이 놀이 할 때 아이들의 모습이나 물건(놀잇감)의 형태나 모양, 색이나 질감등을 언어로 표현해 주시면 더 많은 자극이 되어 아이들에게 많은 도움이 될 수 있답니다.^^

이번 주 우리 00반 친구들은 교실에서의 놀이 외에도 바깥 놀이도 신나게 해보았어요!
많이 덥지 않은 날씨여서 놀기에 좋았던 것 같아요.
모기가 나타나기 시작해, 모기기피제를 뿌리고 활동하고 있지만, 가정에서 등원할 때 모기퇴치 스티커나 팔찌 등을 착용해 주시면 좋을 것 같습니다!!

다음주에는 우리 00반 친구들과 주변에서 들을 수 있는 다양한 소리를 주제로 놀이를 계획하고 있어요. 우리 친구들과 즐거운 놀이 할 수 있도록 잘 준비하겠습니다.^^
* 준비물 : 500ml 생수병, 쌀이나 콩 한봉지

사랑스러운 우리 00반 친구들과 행복한 주말 되시길 바랍니다.
갑자기 더워지는 날씨에 선풍기나 에어컨 바람을 쐬어 감기에 걸릴 수 있으니, 낮잠이나 밤잠을 잘 때에도 유의해서 살펴봐 주세요! 감사합니다.^^

영유아의 생활에 대해 전달할 때 교육적으로 도움이 될 수 있는 가정에서의 지도 방법, 혹은 교육적 의미 등에 대해 간단히 전달해주시는 것이 좋습니다. 어려운 용어를 사용할 필요는 없습니다. 아이들의 놀이를 해석하고 의미를 전달하는 것만으로도, 교사를 전문가로 이해하는데에 도움을 줍니다.

 ## 비오는 날, 대체활동과 시장놀이 등

안녕하세요! 00반 교사 00입니다.
이번 주는 날씨가 흐리고 비가 오기도 해서 평소와 달랐답니다.
우리 00반 친구들이 햇님을 찾거나 빗소리를 들으며 바깥 날씨를 유심히 관찰하고는 했어요.

비가 많이 오는 날에는 대체활동을 하고 있어요!
이번 주 대체활동 주제는 신문지 공 놀이!! ^^
우리 00반 친구들이 신문지를 구겨 공을 만들어 보고 바구니에 던져보는 놀이를 즐겨했어요.
역시 아이디어가 넘치는 우리 00반 친구들, 선생님도 함께 놀이하며, 신문지로 김밥을 만들고, 터널을 만들기도 하며 다양하게 활용하는 모습을 보여주었답니다.

아이들은 놀이를 하면서 친구들의 생각이나 경험도 엿볼 수 있고, 서로 도움을 주고 받으며 함께 하는 놀이의 즐거움을 알아가게 됩니다. 우리 00반 친구들은 요즘 시장 놀이를 즐겨 하고 있어요. 아이들은 일상에서 많은 것을 배우고 경험할 수 있답니다. 매번 가는 슈퍼, 마트, 시장에서도 다양한 이야기를 나누어 주시면 좋을 것 같아요.

이번 주에는 책가게 놀이가 이루어지며 교실에 있던 책에 더 관심을 가지고 살펴볼 수 있었답니다. 주말에 서점이나 도서관에 가보시는 것도 우리 아이들에게 좋은 경험이 될 것 같습니다!

어느새 1학기가 지나가고 있어요. 여름가정 학습기간에 대한 수요 조사서를 보내드리니
내용 확인하신 후, 0월 0일까지 보내주세요.(궁금한 점은 댓글이나 전화로 문의 부탁드립니다.)

우리 00반 친구들과 이번 여름도 신나게 보낼 수 있도록 준비하고 있으니, 기대 많이해주세요.^^

* 손톱이 길어 놀이하다가 다치는 경우가 있어요. 매일 아이들의 손톱을 확인해 주세요!
* 장염이 유행하고 있다고 합니다. 어린이집/유치원에서도 영유아의 식단 관리에 애쓰고 있으니, 가정에서도 우리 친구들 건강 및 컨디션을 잘 살펴봐 주세요.

* 다음주에는 우리 친구들과 과일을 주제로 다양한 놀이를 해볼 예정입니다.
주말에 아이들이 좋아하는 과일 하나씩 준비해 원에 보내주세요.^^

KEYPOINT

기관 차원에서 안내문을 전달하였더라도, 반별 알림장을 통해 한번 더 확인 전달해주세요. 간혹 누락되었거나, 미처 확인을 못하는 경우도 있을 수 있습니다. 당연한 청결과 건강 관리임에도 잘 이루어 지지 않는 가정이 있다면 공지 사항으로 전달해 주세요.

45 7월의 시작, 산책 이야기, 배변 관련

안녕하세요! 00반 교사 000입니다.
벌써 6월이 지나고 7월의 첫 시작을 하게 되었어요.
이번 주 내내 비가 오더니, 오늘은 햇님이 반짝 하고 인사를 하네요.^^
아이들도 오늘은 바깥 놀이를 할 수 있겠다며 좋아하는 모습이었답니다.😊

아이들과 오전간식을 먹은 후, 오전 바깥 놀이를 해보았어요.
비온 뒤 촉촉한 이슬이 떨어진 나뭇잎을 관찰하고
지렁이도 찾아보았어요. 우리 친구들은 자연을 정말 좋아해요.
놀이를 하며 자연스럽게 경험하니, 자연에 대한 관심과 사랑이 생기는 듯 합니다!

길가에 떨어진 쓰레기를 가리키며 "누가 버렸어요." "이렇게 하면 안되요!" 하며 표현하기도 하는 00반 친구들^^
다음에 비가 개이면 우리 동네 청소하기 지역사회연계활동도 계획해 보아야 겠습니다.

놀이터에 도착해 놀이기구를 타려 했는데,
아이들에게 상황을 설명하고 기구들이 젖어 있어서 오늘은 산책을 하며 돌아보기로 했어요.
선생님의 이야기를 이해하고, 함께 산책하는 00반 친구들의 모습이 참 대견합니다.
속상해 하거나 토라지지도 않고 멋지게 따라와주어 칭찬도 듬뿍 해주었답니다.

산책하며 만난 강아지, 고양이와 인사를 나누어 보기도 하고
하늘의 구름 모양과 색도 살펴보며 즐거운 산책을 마치고 돌아왔어요.

교실에서 구름 놀이, 비 놀이를 하자고 제안하여 다양한 색의 색화지를 제공해
찢어 날리기, 구겨 던지기, 뭉쳐보기 놀이 등을 해보았습니다.

자신만의 방식으로 다양하게 표현해 놀이하는 00반 친구들에게 노래도 함께 들려주었더니, 더욱 신이 나서 놀이합니다. 친구에게 던지지 않도록 약속한 후, 안전하게 놀이해 보았습니다.

그 외에도 블록 놀이나 인형놀이를 즐겁게 하는 우리 00반 친구들입니다.
오전 산책할 때 보았던 고양이, 강아지 놀이도 하고 선생님을 초대해 음식을 차려 주기도 하네요.^^

이번 주는 배변과 관련해 이야기를 나누어 보고 있는데, 주초에 비해 많이 익숙해져 먼저 표현하기도 하고 기저귀에 쉬를 한 후 이야기를 하는 친구들도 있었어요.
가정에서도 충분한 시간과 기회를 제공해 주셔서 배변에 대해 긍정적으로 인식할 수 있도록 도와주세요.^^

7월에도 신나는 여름을 보낼 수 있도록 계획했답니다.^^
보내드린 놀이 계획안과 식단 참고해 주세요!

* 다음주 행사 안내 *
1. 요리 실습(과일화채 만들기) - 준비물 : 앞치마, 머릿수건, 과일 한가지
2. 소풍(키즈카페) - 준비물 : 원복, 착용하기 편한 신발

* 다음주 00반 준비물 *
1. 여름 휴가 가족 사진
2. 작아진 장화(없으면 생략하셔도 됩니다)

주말에는 비가 오지 않는다고 하네요.^^
사랑스러운 우리 00반 친구들과 즐거운 주말, 행복한 시간 가득하시길 바랍니다.
감사합니다.^^

 KEYPOINT

기관에서는 체계적으로 교육과정을 계획하고 운영합니다. 아이들의 놀이는 일상과 연계되어 자유롭게 이루어지며, 이 과정에서 교사가 영유아의 성향이나 수준, 흥미 등을 반영해 지원을 하게 되지요. 이러한 내용도 전달하지 않으면 가정에서는 잘 인지하지 못할 수 있어요. 우리 반의 놀이 계획과 지원의 전문적이고 체계적으로 운영되는 부분도 전달해주세요.

46 1학기 부모참여 수업 후

안녕하세요! 00반 교사 000입니다.
오늘 1학기 부모참여 수업이 있었습니다. 부모님들 만나게 되어 저 역시 기대되었던 하루이기도 합니다.^^

"엄마, 아빠와 함께 여름 놀이하기" 라는 주제로 진행되었습니다.
우리 부모님들, 아이들의 기관에서의 모습을 함께 하시며 마음이 어떠셨나요?
학기 초 낯설어 하며 어린이집/유치원에 들어서던 00반 친구들이
이제는 이렇게 멋지게 생활하고 있는 모습에 깜짝 놀라셨지요?^^

아직은 많이 어리지만 그 동안 많이 배우고 자란 우리 00반 친구들🖤
선생님 말에 집중하며 손유희도 하고, 사이좋게 함께 놀이하는 모습이 정말 기특하고 멋졌습니다! 가정에서도 많이 칭찬해 주시고 격려해주세요.^^
부모님의 칭찬 한마디는 아이들에게 큰 힘이 된답니다.😊

엄마, 아빠가 오신다는 소식에 설레이는 마음으로 기다리는 우리 00반 친구들이었어요.
긴장을 하기도 하고 더 장난스러운 모습을 보이기도 했지만, 오늘 모습처럼 항상 즐겁고 안전하게 생활하고 있답니다.

귀한 시간 내어 주셔서 우리 아이들에게 소중한 추억이 또 하나 만들어 진 것 같아요.
아쉬운 점도 있었지만, 부모님들께서 적극적으로 협조해 주셔서 잘 마무리 할 수 있었습니다.
우리 00반 운영에 응원의 말씀 해주시고, 항상 변함없는 사랑과 관심 보내주셔서 감사합니다.

* 2학기에도 부모 참여 수업이 계획되어 있어요, 참여 활동에 관해 문의 사항이나 궁금하신 점이 있으시다면 언제 든지 좋은 의견 남겨주세요.^^

* 오늘 참여수업을 보시고 혹여 아이들의 모습에서 궁금하거나 염려스러운 부분이 있으셨다면 댓글로 통화가 가능한 시간 적어주시면 확인후 연락 드리도록 하겠습니다.

언제나 씩씩하고 밝은 우리 00반 친구들과 부모님들께 더없이 행복한 시간이 되었기를 바래봅니다. 감사합니다.^^

 KEYPOINT

기관에서 행사를 한 후, 알림장을 전달한다면 좋았던 부분과 함께 아쉬웠던 부분도 함께 전해주세요. 함께 한 시간, 준비를 하고 잘 참여했던 과정에 의미가 있음을 이해하고, 아쉬운 점은 앞으로 보완해 나가면 된다는 긍정적인 태도로 보여집니다. 부모님의 생각과 의견이 다양할 수 있으니, 이 부분도 열린 태도로 소통해 주시면 더욱 좋겠습니다.

47 7월의 첫주, 여름 놀이 안내

안녕하세요! OO반 교사 OO입니다.

벌써 7월도 일주일이 지나갔네요! 시간이 정~ 말 빠른 것 같아요.

우리 OO반 친구들과 봄을 맞이하며 봄꽃을 살펴보고, 봄과 관련된 다양한 놀이들로 즐거운 시간을 보냈었던 지난 시간들처럼 이제는 더운 여름을 건강하게 보내보려고 합니다!

갑자기 더워진 날씨, 내리는 소나기로 어린이집/유치원에서의 일과가 달라지기도 하니,

우리 아이들은 자연에 대해 더 많은 관심을 가지게 된 듯 합니다.

"오늘은 비가 와요?"

"더워서 땀이 나요!"

"모기가 앵 하고 물어요~!"

"물놀이 하고 싶어요!" 하며 계절을 이해하고 표현하는 모습이 보여지기도 합니다.

이번 주는 우리 OO반 친구들과 여름을 주제로 여러 가지 놀이를 해보았어요!

그중에 가장 인기가 좋았던 얼음 탐색하기 놀이^^

OO반 친구들이 좋아하는 놀잇감, 과일모형을 얼려서 제공해 주었더니 차가운 얼음을 탐색하며 즐겁게 놀이해볼 수 있었어요. 물에 녹여 보기도 하고 숟가락으로 떠 먹어보는 시늉도 하구요! 일상생활에서 접하는 모든 것들이 신기하고 재미있는 OO반 친구들입니다!

이번 주는 폭염과 비로 인해 바깥 놀이를 하기 어려워 대체활동을 실시해 보았습니다.

선생님이 준비한 놀이 매트에서 물그림 그리기를 정말 좋아했어요! 뱅글뱅글 동그라미도 그려보고 길을 따라 쭈~ 욱 그려보기도 하고, 친구들과 교실의 얼음 놀잇감을 가지고 와 쏘아 보기도 하였습니다.^^ 장난꾸러기 우리 OO반 친구들! 다음주에도 하고 싶다고 표현하여

이번 7월 바깥 놀이와 대체활동은 물그림 그리기 놀이를 연계해 진행해 보려고 합니다.

아이들의 옷이 젖을 수 있으니, 여벌옷은 가정에 보내드릴 때마다 새로 준비해 보내주세요!

* 바깥 놀이를 하며 물놀이를 할 수 있어요! 금방 마르는 신발을 착용해 주시면 좋겠습니다.^^

혹시 아이들이 땀이나 열이 많아 놀이 할 때 어려움이 있을까 염려되시기도 하시죠?

그런 경우에는 조금 시원한 민소매 티셔츠나 쿨링 팬츠 등을 입혀 주시면 좋을 것 같아요.^^

여름철 무더위도 시원하게 잘 지낼 수 있도록 어린이집/유치원에서 우리 아이들의 건강을 위해 적정온도를 유지하고 있으니 걱정 마세요.^^

* 감기 등으로 인한 투약 의뢰시 냉장보관의 약은 정확하게 보관할 수 있도록 꼭 등원 시 한번 더 전해주세요.^^

48 여름철 건강 관련 안내

안녕하세요! 00반 교사 000입니다. 이번 주 우리 친구들과 신나는 놀이를 하며 지내다 보니 벌써 금요일이 다가왔네요! 등원하며 "내일은 쉬는 날이에요?" "내일은 엄마, 아빠랑 00에 갈꺼에요" 하며 주말 계획을 이야기 하기도 하는 우리 친구들입니다.

이제는 일주일의 흐름을 잘 알고 생활합니다. 하루하루 놀이와 활동 시간도 알기 시작해 시계를 보고 미리 예측을 하거나, 선생님의 이야기에 따라 민첩하게 움직여 준비해 주기도 하지요.^^

날씨가 많이 더워지며 바깥 놀이시간을 오전 시간 대로 앞당겨 활동하고 있어요, 싱그러운 자연안에서 실컷 뛰어놀며 친구들이 성장해 나가는 모습이 정말 행복해 보입니다. 바깥 놀이 시간만큼은 다툼도 적고, 속상한 일도 금세 사라지는 것 같아요. 하하 호호 웃으며 이번 주도 신나는 놀이 시간으로 하루하루를 채워나갈 수 있었답니다.

이번 주에는 많이 더운 낮시간에는 선풍기를 사용했었어요. 다음주부터는 더 덥다고 하는 소식이 있어 교실에서도 너무 덥지 않게 선풍기/에어컨을 가동하려고 하니, 적절한 옷차림을 착용할 수 있도록 해주세요! 갑자기 많이 더워지면서 우리 아이들의 건강 관리에 더욱 유의해야 할 것 같습니다. 수족구나 눈병, 배탈, 장염, 열감기 등으로 인해 아픈 친구들의 모습이 보여 걱정이 되기도 합니다.
특히 요즘 열감기는 치료시기를 놓치면 상태가 악화되어 입원을 해야 하는 경우도 종종 발생할 수 있으니, 우리 친구들의 컨디션을 잘 살펴봐 주세요!
(발열이 동반되는 기침 증상의 경우, 병원 내원을 신속히 해주시기 바랍니다.)

우리 친구들이 건강하게 여름을 시작할 수 있도록 식습관 뿐만 아니라 기본생활 습관을 잘 형성해 나갈 수 있게 원에서도 잘 살펴보고 지도하겠습니다!

다음주는 1학기 부모 상담이 예정되어 있습니다. 우리 친구들의 1학기 생활에 대해 안내 드리며 가정에서는 어떻게 지내고 있는지, 주된 관심사나 요근래 보이는 다양한 모습에 대해 상세히 알아보고 부모님과 상의하는 과정을 통해 남은 1학기도 알차게 보낼 수 있을 거라 생각합니다.

또한 보다 개별적으로 면밀한 내용을 상담을 통해 아이들의 새로운 모습을 발견하게 된다면, 친구들 개별마다 필요로 하는 적합한 지원의 방향을 계획해 볼 수 있을 것 같습니다.

보내드린 상담 설문지도 꼼꼼히 읽어보시고 답변 부탁드립니다!

* 상담 시간 함께 안내 드립니다. *
OO반 친구들의 원활한 일과 운영을 위해 상담 시간은

1. 00:00 - 00: 00/ 방문 혹은 유선
2. 00:00 - 00: 00/ 방문 혹은 유선
3. 00:00 - 00: 00/ 방문

위와 같이 진행될 예정이오니, 확정 된 시간을 안내해 드리면 꼭 상담 시작 시간에 맞추어 원에 방문해 주시기 바랍니다.

이번 주말, 뜨거운 햇볕에 지치지 않도록 모자나 시원한 옷차림 등을 하고 생활하길 바랍니다.
우리 OO반 친구들과 즐거운 주말 보내세요! 감사합니다.^^

 KEYPOINT

부모님에게 전달한 내용에 대해 한번 더 정리해 주시면 이해도, 전달도 더욱 잘 되겠지요? 특히, 상담 등 중요한 일정에 대해서는 시간과 내용에 대해 정확하게 안내해 주셔서, 해당 기간 차질 없이 운영될 수 있도록 해주시기 바랍니다.

49 여름철 건강 관련 안내 2

안녕하세요! OO반 교사 OOO입니다.
금일은 교사 교육으로 인해 전체 알림장으로 대체합니다.
이제는 무더위가 기승을 부리는 여름이 성큼 다가왔어요. 조금만 움직여도 땀이 송글송글 맺히는 요즘입니다.^^ 우리 친구들과 무더운 여름, 건강 관리에 유의해야 하는 점에 대해 자주 이야기를 나누고 있답니다!

친구들이 스스로 손, 발도 잘 씻고 세수나 목욕도 잘할 수 있도록 지도해주세요!
덥다고 실내 온도를 너무 낮게 하면 오히려 여름 감기로 힘들 수 있으니, 항상 적정 온도를 유지하는 것이

중요합니다!^^

우리 친구들 여름 내음이 가득한 교실에서 즐겁게 지내고 있어요. 신나는 여름 동요에 엉덩이를 들썩들썩 친구들과 낚시 놀이 하며 까르르 웃는 우리 00반 친구들이지요.^^ 이번 주는 여름을 주제로 다양한 놀이자료를 탐색하며 자유롭게 놀이해 보았어요.^^ 친구들이 자연스럽게 경험하는 계절에 대해 잘 이해하고 알 수 있도록 여러 가지 주제를 연계하여 배워나가고 있답니다!

바깥 놀이 시간을 오전으로 앞당겨 놀이하고 있는데, 워낙 바깥 놀이를 좋아하는 터라 아침부터 놀이터에서 뛰어놀며 지내는 일과가 정말 좋은가 봅니다.^^ 덕분에 우리 친구들이 더 에너지가 넘치는 일주일을 보낼 수 있었어요. 이번 한주도 건강하고 안전하게, 즐겁게 지낸 우리 00반 친구들 주말에는 가족과 함께 행복한 여름을 보낼 수 있기를 바래요! 감사합니다. 즐거운 주말 되세요!!

 KEYPOINT

원의 일정이나 행사 준비 등으로 개별알림장을 작성하기 어렵다면 간단하게 정리해 전달하는 것도 좋습니다. 이 때에는 알림장 초반에 해당 사유에 대해 함께 전달해 주셔도 좋겠습니다.

50 튀밥 놀이

오늘은 우리 00반 친구들과 튀밥 놀이를 해보았어요.여러 가지 모양의 쌀 튀밥을 살펴보며 놀이를 시작해 보았어요! 우리 친구들 맛있는지 입으로 쏘옥~! 놀이하기보다는 입에 들어가기 바빴답니다.^^

충분히 맛있게 먹을 수 있도록 이야기하고, 준비한 놀잇감과 함께 놀이도 해보았어요. 이제야 모양도 보고 색도 냄새도 맡아보는 우리 000반 친구들! 음식으로 놀이할 때 가장 행복한 것 같아요. 교실엔 고소한 냄새가 가득했고, 우리 친구들 표정은 행복함이 가득했어요.^^

평소 자주 먹는 과자보다 쌀로 만든 튀밥 간식이 건강에도 좋다고 이야기를 하니 고개를 끄덕이며 엄지 손가락을 들어 보이기도 해요.^^ 오늘도 우리 00반 친구들과 즐거운 놀이하며 지낼 수 있었습니다.

오늘은 아이들과 충분히 교감하고 놀이를 함께 하는 것에 더욱 집중해보았습니다. 우리 친구들이 선생님이 적극적으로 함께 놀이해주니, 정~말 행복해 하더라구요. 아이들의 사진은 놀이에 집중하는 아이들에게 방해되지 않도록 최소한으로 촬영한 점 안내드립니다.

가정에서도 맛보고 놀이해볼 수 있도록 조금 보내드려요.^^ 이번 주말 건강한 간식 먹으며 즐겁게 보내길 바랍니다. 감사합니다.

51 밀가루 풀 놀이

안녕하세요! 00반 교사 000입니다. 오늘은 즐거운 금요일^^ 친구들과 만나 반갑게 인사를 나누었어요! "안녕!" "반가워!" 하며 손을 잡고 흔들어 악수를 하기도 하고 꼬옥 껴안아 주기도 하는 사랑이 많은 우리 예쁜이들입니다!

"얘들아, 우리 밀가루풀 놀이 해볼까?" 하고 이야기를 해주었더니, 방방방 점프를 하며 정말 좋아해요.^^ 밀가루 풀이라는 말이 생소할 수도 있을 텐데, 바로 알아듣고 좋아하는 모습을 보여서, '밀가루풀 놀이는 우리반 친구들과 처음 해보는건데, 혹시 집에서 해본 적이 있었나?' 하고 생각했답니다.

언제나 긍정 에너지가 가득한 우리 00반 친구들과 지퍼팩에 밀가루 풀을 담아보았어요. 손에 묻는 느낌은 불편했는지, 선생님이 하라고 건네어 주네요. 조금씩 숟가락으로 떠서 넣어보기도 하고, 손으로 움켜쥐고 놀이하기도 하며 탐색해 보았습니다.

지퍼팩에 담고는 좀 더 적극적으로 탐색하는 우리 00반 친구들입니다. 색소를 넣어 색 밀가루풀을 만들어보고, 그 안에 예쁜 스팽글도 넣어 놀이해 보았어요.

보였다, 사라지는 스팽글을 찾느라 바쁜 우리 00반 친구들 한참을 몰입해 놀이에 집중할 수 있었어요!! 소근육을 활용하여 놀이하는 것은 우리 아이들의 두뇌 활동에도 도움이 될 뿐만 아니라 놀이를 하는 과정 중 또래간의 협력과 배려를 경험할 수 있는 등 장점이 매우 많답니다! 새로운 재료를 탐색하는 과정에서 호기심과 탐구력도 쑥쑥 자라나구요^^

가정에서도 함께 해보시면 좋을 것 같아 보내드립니다.^^ 변질되지 않게, 오늘~ 내일사이에 사용하시면 되겠습니다! 오늘도 우리 00반 친구들과 행복한 저녁 되시길 바랍니다!

52 퍼포먼스 – 오이 놀이

안녕하세요! 00반 교사 00입니다.

6월 막바지에 다가오니, 정말 여름이 실감납니다.^^ 실내에서 시원하게 지낼 수 있도록 살펴보고 있어요. 폭염경보 등이 있는 날에는 어린이집/유치원 안에서 대체 놀이를 하고 있답니다!

우리 친구들, 여름철 건강 관리 특히 더 유의해서 살펴보도록 하겠습니다.

오늘은 퍼포먼스 행사가 있는 날! 알록달록 예쁜 색을 체험하는 날이에요.^^ 빨주노초파남보 무지개 동요를 불러보고, 초록초록 색깔 카드를 보여주었어요! 우리 00반 친구들은 우와~ 초록색이다!! 하고 좋아해요.
우리 00반 친구들은 매월 하는 컬러데이를 정말 좋아해서 어떤 색이든 환호성을 지른답니다.😊

상큼한 오이향이 가득한 듯한 예쁜 초록색으로 물들인 교실에서 우리 친구들과 신나게 놀이해 보았어요!
언제나 인기 만점인 풍선 놀이도 하고, 백업으로 된 오이 모양의 놀잇감으로 소박이를 만들어 보기도 하였지요! 요리사가 된 것 처럼 집중하는 우리 00반 친구들, 만들고 나니, 정말 오이소박이랑 비슷해 보였답니다.
한입 입에 쏘옥 넣는 시늉을 하며 서로 얼굴을 마주하고 웃어보입니다!

비닐 속에 있는 오이 모형을 찾고는 "여   다!" "내가 찾았다!" 하며 뛸 듯이 즐거워 합니다.😊

햇볕이 너무 뜨거운 시간을 피해, 텃밭에도 다녀왔습니다. 어느 새 한 뼘 자란 상추도 뜯어 보고, 토마토와 호박, 고추, 가지 등 무럭무럭 자라는 채소들에게 물도 주고 인사도 한 후 돌아왔답니다!

이번 주 자연과 더 친해진 우리 00반 친구들이에요. 가족과 주말에 시원하게 물놀이 하며, 또 자연과 함께 하는 경험이 있는 소중한 시간이 되길 바랍니다. 감사합니다.^^

KEYPOINT

매일 바깥 놀이를 실행하는 가운데, 영유아의 건강 및 컨디션, 혹은 날씨 등의 상황으로 변경이 되기도 합니다. 이러한 내용에 대해서 안내해 주시면 부모님이 기관의 일과와 놀이에 대한 수칙과 내용에 대해 이해할 수 있습니다.

안녕하세요!!! OOO반 교사 OOO입니다! 이번 주도 즐겁게 보낸 우리 OO반 친구들입니다.

여름이 와서 가볍게 옷을 입으니, 우리 친구들의 쑥쑥 자란 팔과 다리가 보입니다. 새싹처럼 무럭무럭 자라고 있는 모습이 더욱 잘 느껴지는 듯 해요! 밥도 꼭꼭 씹어 잘 먹고, 반찬도 골고루 먹고 있답니다. 우리 친구들 1학기를 지내며, 많이 성장하고 있어요. 여름을 맞이해 시원하고 즐거운 놀이를 하게 되면서, 우리 친구들이 더욱더 즐거운 모습으로 등원하는 것 같습니다.^^

이번 주는 요거트로 놀이를 해보는 시간이 있었어요. 달콤한 요거트를 탐색하며 놀이했어요. 끈적끈적한 요거트가 아니어서, 아이들이 놀이하기에 참 좋았답니다! 요거트에 손가락으로 그림을 그리는 선생님의 모습을 보고, 우리 친구들도 이리 저리 휘저으며 놀이합니다.^^ 동글동글 달팽이를 그리며 노래를 불러주었더니, 정말 좋아하는 우리 OO반 귀염둥이들이에요.😊

통으로 마라카스를 만들어 굴려보는 놀이도 재미있었어요! 통 안에 작은 놀잇감을 넣어 흔들어 보았어요. 교실에 있던 마라카스와 소리를 비교해 보기도 하고, 자동차 놀잇감과 함께 굴려 누가 빠른가 내기도 해보았지요.

매일 다양한 놀잇감을 가지고 놀이하는 것도 좋지만, 비슷한 놀잇감을 반복해서 탐색하며 여러 가지 방법으로 확장해 나가는 과정도 큰 도움이 됩니다. 이 과정에서 우리 친구들이 놀잇감에 대해 익숙한 마음이 들고, 다양한 시도를 하게 되면서 더욱 창의적으로 생각하고 표현하는 데에 도움이 됩니다!

사랑하는 가족들과 행복한 시간이 보내시길 바랍니다.^^

 KEYPOINT

아이들의 놀이 지도와 관련해서 부모님들에게 도움이 될 만큼 정보를 자주 전해주세요. 교사의 전문성을 인정하게 되고, 교사의 운영방침에 협조해 나가며, 작은 조언에도 집중하는 부모님이 될 것입니다.

54 여름 놀이 및 위생 교육의 중요성

안녕하세요! 00반 교사 000입니다. 이번 주는 정말 무더웠던 것 같아요. 짧은 장맛비가 지나가고 더운 여름이 기승을 부립니다. 우리 친구들 더위에 지치고 힘들 수 있을 텐데, 그래도 밝은 모습으로 잘 지내고 있어 다행입니다.^^ 항상 아이들의 건강관리에 유념하여 생활하겠습니다.

더운 여름철에는 각별히 주의해야 할 사항이 더 많습니다. 아이들의 청결과 위생관리가 우선이 되어야 하므로, 놀이하고 땀이 날 때, 또 식사 전후에, 수시로 손을 씻고 세수도 하며 하나씩 배워나가고 있답니다.

기본 생활 습관과 연계한 놀이도 하며 다양한 방법으로 본인이 좋아하는 방식으로 경험하고 있어요.

아이들이 놀이를 통해 즐거움을 느끼게 되었을 때 연관된 생활을 하며 그 의미를 더 깊이 깨닫고 행동으로 실천하는데에 많은 도움을 줄 수 있답니다.^^

엄마, 아빠가 씻으라고 이야기를 하면 씻는 것이 아니라, 깨끗하게 생활하는 것의 즐거움을 알고, 또 의미를 알게 자주 이야기 해주세요! ^^

우리 00반 친구들은 이번 주, 여름을 주제로 한 다양한 놀이를 해보았습니다.

목욕 놀이, 수영 놀이, 물고기 놀이 등 여름과 관련된 놀이를 접하며 계절에 대해 잘 이해하고 또 관심을 가지게 되는 것 같습니다!

아이들이 유심히 살펴보는 것 하나하나에 귀기울이고 함께 탐색하고 관찰하는 과정에서 우리 친구들의 순수한 마음과 호기심을 느낄 수 있어, 참 뜻깊은 것 같아요.^^ 이번 주도 여러 가지 놀이를 함께 하며 많은 것을 배워나갈 수 있었답니다.

에어컨이나 선풍기 바람이 당연한 요즘, 예전처럼 부채를 보기가 어려운 것 같아요. 우리 조상들이 지혜롭게 무더운 여름을 보냈던 방법 중 하나인 부채를 만들어 보며, 또 새로운 즐거움을 발견했지요!

부채 위에 알록달록한 스티커를 붙이고 끼적이며 소근육의 발달도 도모하고, 부채의 색과 모양, 느낌을 탐색하며 다양한 감각도 활용해 볼 수 있었어요! 크게 흔들고 작게 흔들어 보기도 하며 신체 대소근육을 골고루 사용할 수 있었답니다. 하나의 놀잇감으로도 정말 다양하게 놀이할 수 있었습니다.

부채를 흔들어 만드는 바람 하나에도 즐거워 하는 우리 00반 친구들 하나 하나 배워나가는 즐거움, 그 안에서 성장하는 모습이 참 고맙고 기특한 한주였답니다!

다음 주는 또 어떤 놀이가 기다리고 있을까요? 우리 친구들이 자연과 함께 또 편안한 일상 안에서 잘 자라고 성장할 수 있도록 지도하겠습니다.^^

다음주 놀이는 여름 곤충과 생물 놀이랍니다. 우리 00반 친구들이 정말 재미있어 할 것 같아 벌써부터 기대가 되네요.^^ 이번 주도 건강하고 즐겁게 하루 하루 채워나간 것 같아요. 우리 친구들 주말에도 행복한 시간을 보내고, 씩씩하고 건강한 모습으로 만나길 바랍니다!

주말 동안 가족과 함께 보낸 시간을 사진으로 남겨 알림장으로 보내주시면, 우리 반 교실에 게시하여 함께 보고 또 즐거웠던 기억을 나누고 놀이해볼 수 있을 것 같습니다.

그럼, 즐거운 주말 되세요! 우리 00반 친구들 다음주에 만나요.^^ 감사합니다!

 KEYPOINT

아이들의 이번 주 놀이와 함께 다음주에 이어질 놀이에 대해서도 안내해주세요. 계획안에 전달한 내용과 함께 실제 아이들이 현장에서 즐겁게 참여하고 있는 놀이와 내용에 대해서 전달해 주신다면 부모님이 놀이 중심 보육과정에 대해 더욱 잘 이해하고 협조할 수 있게 됩니다.

55 바다와 물고기 놀이, 여름철 건강 관리

안녕하세요! 00반 교사 000입니다.

이번 주 우리 친구들과 신나는 여름 놀이로 즐거운 웃음 소리가 가득했던 한주였습니다.^^ 무더위에도 에너지가 넘치는 우리 00반 친구들, 건강하게 여름을 시작하는 모습이 참 기특하고 대견합니다.
짧은 장맛비가 지나고 갑자기 더워진 날씨에 우리 친구들이 지치고 힘들어 하진 않을까 하는 마음에 염려가 되었는데, 우리 00반 친구들은 선생님의 걱정이 무색할 정도로 밝고 씩씩한 모습이에요.^^

우리 친구들이 일과를 보내고 즐거운 놀이를 하는 우리 00반 교실이 여름을 맞이하여 한층 더 시원해 졌답니다. 파란 빛 바다 배경에 우리 친구들의 귀여운 얼굴로 꾸며진 예쁘고 사랑스러운 물고기와 바다 생물들을 보며 "우와~ 우와~" 하며 박수를 치고, 즐겁게 관찰하네요!! 선생님 손을 잡아 끌며, 이건 무언지, 친구는 어디 있는지 이야기 하기도 하구요!

이번 주 우리 반 친구들과 여름 놀이를 해보았어요! 종이 블록으로 수영장을 만들어 그 안에서 놀이하기도 하고, 물고기 낚시 놀이를 하며 물고기 흉내를 내기도 합니다. 파랑색, 하늘색 색화지를 제공해 주니, 처음에는 구기고 던지는 놀이만 하다가 놀잇감을 포장하기도 하고, 망토를 만들어 히어로 놀이도 하고 여러 가지 방법으로 재미있게 놀이를 구상합니다!

우리 친구들의 창의력! 정말 대단해요.^^ 놀이를 하며 우리 친구들의 생각을 엿볼 수 있고, 평소 좋아하는 것, 관심을 가지는 것에 대해서도 다양한 방법으로 알아갈 수 있었습니다.

여름 동요를 듣고 따라 불러보고, 또 연주도 해보아요. 동요의 가사말을 이해하고 계절에 대해 관심을 보이기 시작한 우리 친구들이, 그래서인지 놀이에 더 몰입하는 모습이 보입니다.

여름 철 건강 관리의 중요성에 대해서도 여러 가지 방법으로 접해 보고 있어요. 좋아하는 동화책을 보기도 하고, 또 책으로 놀이를 하기도 합니다. 일과 중에서도 여러 번 이야기를 나누니, 이제는 먼저 선생님에게 권하기도 하네요.^^ 꼬마 선생님이 되었어요.😊

우리 친구들과 알차고 보람된 한 주를 보낸 것 같습니다.^^ 더위를 잊을 만큼 신나고 즐겁게 놀이하며 지낼 수 있었어요. 언제나 제게 미소를 선물하는 우리 00반 친구들 가끔은 다투고 속상해 하는 모습을 보이기도 하지만, 이제는 선생님과 이야기를 하며 찬찬히 마음을 풀어나가는 방법도 배우고 있답니다!

이번 주말, 우리 00반 친구들이 어떤 시간을 보낼까요? 가정에서의 즐거운 경험과 규칙적인 생활은 그 다음주의 어린이집/유치원에서의 일과에 큰 도움이 될 수 있어요!

주말 동안 건강하고 즐겁게 잘 보내고 돌아오길 바랍니다. 우리 00반 친구들과 행복한 주말 되세요.^^

* 다음주 행사 안내
1. 0월 0일 0요일 00 공원 견학(지역사회 연계) : 준비물-목걸이형 물통/원복/편안한 신발/모자
2. 0월 0일 0요일 요리실습 : 팥빙수 만들기 : 준비물-앞치마/머릿수건(준비하지 못한 경우 원에서 제공)
3. 0월 0일 0요일 여름 퍼포먼스 : 바다 생물이 되어보아요 : 준비물 없음.

다음주도 다양한 놀이를 통해 여름을 즐길 수 있을 것 같습니다. 여름철에 유행하는 다양한 질병에 우리 친구들이 쉽게 노출되어 아프고 힘들 수 있으니, 항상 우리 친구들이 건강하고 규칙적인 생활을 할 수 있도록 함께 지도해 주세요. 감사합니다.

 KEYPOINT

아이들의 놀이의 의미에 대해 전해주시고, 아쉬운 점도 함께 전해주세요. 다만 이 과정에서는 긍정적인 의미를 담아 기대감과 가정과의 연계의 중요성에 대해 같이 기록해 주시면 좋습니다. 주중의 다양한 행사를 간단하게 정리해주세요.

56 식빵 위에 얼굴 꾸미기

안녕하세요! OO반 교사 OOO입니다. 이번 주 비소식이 이어져, 우리 친구들이 바깥 놀이를 충분하게 하지 못해 아쉬움이 크답니다. 교실에서 놀이도 즐겁게 하지만 이렇게 바깥 놀이가 어려운 날에는 대체 활동을 하며 신체 놀이를 활발하게 하고 있어요!

오늘은 즐거운 요리 놀이 시간이 있었어요! 우리 친구들이 평소 좋아하는 식빵을 가지고 예쁘고 멋지게 꾸며보는 시간이었답니다. 엄마 얼굴, 아빠 얼굴, 그리고 우리 친구들의 얼굴을 보여주고 어떻게 만들면 좋을까 이야기 나누어 보았어요. 벌써부터 신이 난 우리 친구들은 손가락으로 눈, 코, 입을 가리키고 엄마를 보고 또 아빠를 보고 박수를 치며 좋아합니다.^^

평소에 자주 부르는 눈, 코, 입 노래도 부르며 우리 얼굴의 눈, 코, 입, 귀가 어디 있는지도 알아보았어요.^^ 우리 친구들 까르르 웃으며 재미있어 합니다. 선생님이 손가락으로 톡! 하고 만져주니 더 좋아하네요.

식빵을 보여준 후, 우리 얼굴 처럼 예쁘게 눈, 코, 입을 꾸며보자고 이야기를 했어요. 선생님이 하는 모습을 유심히 보고는 식빵을 쥐어주니, 입속으로 쏙 들어갑니다.😊 식빵의 고소한 냄새를 참을 수가 없었나 봐요.^^

식빵 하나를 먹으며 맛을 본 후에야 본격적으로 탐색하기 시작하네요.^^ 하나씩 이름도 이야기 해보고, 식빵 위에 올려보기도 하였답니다! 케첩으로 머리카락도 꾸며보고 여러 가지 색과 모양의 재료로 자유롭게 식빵 얼굴에 올려보았어요.

그럴 듯한 멋진 작품도 좋지만, 자유롭게 놀이하며 우리 친구들이 충분히 탐색하고 즐겁게 경험하는 것이 최고의 놀이이지요.^^

눈이 세 개인 친구들, 입이 없는 친구들 콧구멍이 짝짝이인 친구들이 완성되었어요! 우리 사랑둥이들의 개성처럼 제각기 다른 모습이 오히려 더 사랑스러웠어요. 또 그 시간동안 너무나 즐겁게 참여하고 집중하는 모습이 기특했답니다.

오물 조물 귀여운 손으로 맛있게 요리하며 놀이한 오늘 하루였어요. 저녁에도 가족들과 행복한 시간 보내길 바랍니다. 감사합니다.^^

 KEYPOINT

아이들이 정해진 틀 안에서 똑같이 생각하고, 행동하는 것보다는 자유롭게 창의적인 생각을 마음껏 발산하는 것이 좋습니다. 놀이의 과정에 대해 생생하게 전해주시면, 교사의 놀이 철학, 교육관에 대해 잘 알고 교사를 지지하게 됩니다.

57 비가 온 날 이야기 + 여름 물건 놀이

안녕하세요! 00반 교사 000입니다. 이번 한주는 비가 많이 내렸어요. 우리 친구들은 여름 비도 반가워 좋아했답니다. 많은 비로 곳곳에 피해 소식이 들려 걱정이 됩니다, 우리 00반 친구들의 가정과 직장에는 별탈 없었기를 바라는 마음입니다.

우리 반 친구들은 이번 주도 역시 여름을 주제로 다양한 놀이를 하며 지내보았어요. 등하원을 하며, 또 창밖으로 실제 세차게 내리는 비를 보며 "우와아~ 비 온다!" 하며 이야기를 해요. 선생님과 내리는 비의 모습을 유심히 관찰했지요! 비로 나뭇잎이 흔들린걸 보았던 이야기, 우산이 뒤집어질 뻔한 이야기, 물 웅덩이가 있어 오는 길에 찰박찰박 놀이한 이야기까지 즐겁게 대화도 나누어 보았어요.

창밖으로 내리는 비 소리를 잘 듣고 파랑 비닐과 하얀 천을 찢어 날려보았어요. 하늘에서 내리는 비를 표현해보기도 했답니다. 보슬보슬 내리는 보슬비부터 소나기까지! 여름 클래식 동요를 들으며 놀이했는데, 우리 친구들 너무 신이 나서 소리를 지르며 환호하는 모습이었습니다.^^ 경험을 통해서 알게 된 사실을 놀이로 다시 표현해 보는 시간을 통해 여름 날씨가 무덥기만 한 것이 아니라 비도 많~ 이 내린다는 걸 더 잘 알 수 있었어요.

바깥 놀이를 못나가는 아쉬움도 있었지만, 대체활동을 하며 신나게 뛰어놀이 해보았어요. 교실에서의 놀이가 이어지기도 하고, 유희실에서 자동차 타기, 징검다리 놀이, 풍선 놀이도 하며 지내보았답니다.^^ 뜨거운 여름에는 햇빛을 조심해야 한다고 이야기를 해주었어요. 너무 한낮에는 햇빛으로 인해 피부도 상하고, 일사병에 걸려 힘이 들고 아플 수 있다고 이야기를 해주었더니 고개를 끄덕끄덕 합니다.
이제는 선생님 이야기를 더 잘 이해하고 대답도 적극적으로 하는 걸요!^^
썬글라스, 모자, 썬크림, 썬캡 등 다양한 여름 물건을 이야기 하며 썬캡을 만들어 보았어요. 알록 달록 예쁜 여름 주제의 스티커를 붙여보며 우리 친구들이 집중할 수 있었습니다. 스티커를 붙이며 무엇인지, 언제 보았는지 등에 대한 이야기도 나누어 보고요.^^

드디어 완성한 썬캡! 머리에 쓰고 하원을 하자고 하니 좋아하네요.^^ (불편하다고 하는 친구들은 가방에 넣어두었어요!) 이번 여름을 함께 보내며 다시 해가 쨍쨍한 날이 오면 친구들과 만들었던 썬캡을 쓰고 바깥 놀이를 가려고 해요. 안내 드리면 준비해 주세요!

다음주도 비 소식이 있고 흐린 날씨여서 아이들이 감기에 걸리지 않게 유심히 살펴보아야 할 것 같습니다. 다행히 이번 주에는 특별히 아프거나 컨디션이 좋지 않은 경우가 없었답니다. 주말 사이에도 우리 친구들 건강 관리 잘 하여 씩씩한 모습으로 만나 뵐게요! 감사합니다.^^

 KEYPOINT

아이들과 매일 다양한 방법으로 일상안에서 자연스럽게 나누고 있는 대화 중 건강과 안전에 대한 이야기는 정말 중요하지요. 놀이에 대해 이야기를 해주시기도 하지만, 이런 교육적인 내용도 함께 전달해 주시면 좋겠습니다.

58 아이스크림 놀이 & 아이스크림 가게 방문

안녕하세요! 00반 교사 000입니다.

무더웠던 날들은 지나가고 지난 주부터 습하고 비가 계속 내리는 날들이었습니다. 우리 친구들 물웅덩이는 좋아하지만, 등, 하원 하느라 오고 가며 비가 내리는 것이 불편하기도 하고 바깥 놀이도 자주 나가지 못해 아쉬움도 있었을 것 같아요. 부모님도 매일 아이들 한 짐 가득 등하원 준비하시느라 번거로우셨을 텐데, 언제나 밝은 모습으로 인사 나누어 주시고, 오히려 아이들 잘 안전하게 살펴봐 주어 감사하다는 말씀 전해주셔서 힘이 났던 이번 주입니다.

여름 하면 떠오르는 새콤 달콤한 과일, 시원하고 맛있는 여름 간식은 언제나 생각만 해도 기분이 좋아지게 해주는 것 같아요.^^ 그 중에서도 우리 친구들이 가장 좋아하는 아이스크림이 이번 주 놀이 주제 중 하나랍니다.^^
아이들과 아이스크림을 만들어 보기도 하고, 교실에서 아이스크림 가게를 구성해 주어 사고 팔며 여러 가지 맛의 아이스크림을 상상해 볼 수 있었지요!

우리 친구들이 평소 어떤 맛을 좋아하는지도 알 수 있었어요. "선생님은 뭐 좋아해?" 하고 물으며 오른손, 왼손 가득히 잡고 있던 아이스크림 모형을 보여주는 모습이 참 귀엽습니다.

오늘은 우리 친구들과 진짜 아이스크림 가게를 가보기로 했어요! 교실에 구성했던 배경만으로도 즐겁고 재미있게 놀이했었는데, 실제 아이스크림 가게를 간다니 정말 좋아하더라구요.^^

이동 시 안전 약속을 한번 이야기 한 후, 짝꿍 손을 잡고 아이스크림 가게로 가보았어요. 가는 동안 편의점을 보며 또 좋아하는 간식 이야기도 해보았지요.^^ 이야기만 해도 군침이 도는 것 같아요.😊 우리 친구들 얼굴에 미소를 가득 띈 채 아이스크림 가게에 도착하였습니다!

아이스크림 가게에 들어서 인사를 한 후, 다양한 색과 모양의 아이스크림을 구경했어요. 엄마, 아빠와도 자주 왔겠지만 친구들, 선생님과 오니 색다른 느낌이 들었던 것 같아요.^^ 하나하나 이름도 이야기 하고, 무슨 맛인지도 이야기 해본 후 각자 하나씩 좋아하는 맛의 아이스크림을 골라보았답니다!

혹시 녹을까 싶어 가게 안 테이블에 옹기 종기 모여 앉아 아이스크림을 먹고, 잘 정리한 후 돌아왔어요.
우리 친구들 정말 이제는 어엿한 형님 답습니다.^^ 돌아온 후, 깨끗이 씻고 이제는 쿨쿨 낮잠을 자고 있어요.

오늘 하루 달콤한 아이스크림 덕분에 더 행복했던 하루였습니다.
하루에 한개씩만 먹기로 했으니, 오늘은 아이스크림 간식은 쉬어주세요.^^ 그럼 00반 친구들과 행복한 저녁 되시길 바랍니다!

59 물놀이

안녕하세요!! 00반 교사 000입니다.

지난 주부터 계속되는 비 소식에 이번 주 물놀이를 못하면 어쩌나 걱정했었답니다. 우리 친구들의 컨디션이 혹여나 좋지 않으면 어쩌지 하는 마음에 더 유의해서 살피고 준비했던 시간이었습니다.

다행히 우리 친구들을 좋아하는 날씨 요정이 지난번 소풍날도 햇빛을 선물하더니, 물놀이가 있는 오늘도 너무 덥지 않게 구름 뒤로 빼꼼 해를 물러내어 줍니다. 꼭 동화같은 날이라는 생각이 들었어요.^^

아이들이 등원을 하며 수영복을 입고 온 모습이 정말 귀여워요. 배꼽이 뽈록 하고 튀어나와 뒤뚱 뒤뚱 걸으며 선생님한테 폭 안기는 우리 친구들! "얘들아! 오늘 우리 물놀이 하자!" 하고 이야기를 하며 물놀이 풀장 이야기를 해주었어요! 간식도 단숨에 휘리릭 먹고 냉큼 준비를 하는 물놀이를 좋아하는 사랑둥이랍니다!

물놀이 전 지켜야 할 약속에 대해 이야기를 나누어 보고 물풀장 앞에서 준비 체조를 해보았어요!
평소 자주 보는 핑크퐁 체조 영상을 보며 누구보다 멋지게 점프를 하고 몸을 구르는 멋쟁이들입니다..^^

물풀장을 보고는 환호성을 지르는 00이들! 폴짝 뛰어 올라 물풀장 안에서 물장구도 치고, 튜브를 타고 놀이도 해요. 물풍선 가지고 노는 친구들, 낚시 놀이를 하는 친구들 얕은 매트에서 물놀잇감으로 놀이하는 친구들 각자 좋아하는 놀이를 할 수 있도록 도와주었어요. 안전 약속도 잘 기억하고 지켜주고, 마무리를 할 때에도 더 놀고 싶어서 속상해 하긴 했지만, 감기에 걸리지 않게 정리를 하자는 선생님의 이야기를 잘 들어주었어요!

우리 00반 친구들의 이번 여름, 바깥 놀이, 물놀이를 많~ 이 하며 지내려고 계획했었답니다! 하지만 계획과는 다르게, 잦은 비 소식에 아쉬웠던 마음을 오늘은 달래볼 수 있었습니다.

이번 주 날씨 상황을 봐서 물로 할 수 있는 다양한 놀이도 해보려고 합니다. 등원 시 여벌옷 등을 꼭 챙겨 보내주세요.^^ 무리 되지 않도록 살펴보며 재미있게 놀이하며 지내겠습니다.
아래 영상은 주말이나 여름 휴가 동안 가족이 물놀이를 갈 때 함께 보시면 좋을 것 같아 보내드립니다!
언제나 즐거운 물놀이, 안전한 시간이 되기를 바랍니다. 감사합니다.^^

[관련 영상 링크 첨부]

 KEYPOINT

영유아가 과도한 미디어에 노출되지 않도록 주의해야 하지만, 미디어의 긍정적인 역할도 있으니, 가정에서 함께 보면 좋을 만한 유익한 내용의 영상 등은 공유해 주시는 것도 좋습니다.

60 장마철 피해

안녕하십니까? 00 어린이집/유치원 원장입니다.

지난 주부터 연이어 내린 폭우로 실종, 사망 사건이 발생하고 열차 운행이 중단되거나 건물이 붕괴 되는 등의 사고 피해가 속출하고 있습니다. 뿐만 아니라 국보와 보물 등 우리나라의 문화 유산들도 침수나 토사 유입의 피해를 입었다는 소식도 있었습니다. 뉴스를 보고 있다 보면 걱정이 되는 마음을 숨길 수가 없습니다. 바깥 놀이를 못나가도 빗소리를 들으며 즐거워 하는 아이들의 표정에 감사한 마음을 가지면서도 00 어린이집/유치원 가족 여러분께, 혹 장마로 인한 피해가 없는지 염려가 되어 안부를 전합니다.

어린이집/유치원은 사전에 충분히 점검을 하고 대비를 하여 평소와 다름없이 편안하게 잘 지내고 있습니다. 어린이집/유치원에서는 집중 호우 예보 전에 하절기 안전점검을 마친 상황으로 전반적으로 안전 보수를 완료한 상황입니다.

하지만 계속되는 비 소식에, 혹시 모를 만일의 상황이 발생할 수 있으므로, 부모님께서 염려가 없으시도록 전체 영유아 및 교직원의 안전 교육 및 대응 훈련을 주기적으로 실시하는 등 적극적으로 대비하도록 하겠습니다.

주말이 지나며 비가 잠시 주춤하는 듯 하지만, 지역별 차이와 피해의 정도가 큰 상황으로 뉴스 및 신문기사 등의 내용을 수시로 확인하시는 것을 권고합니다.
저희 지역인 000은 ~ 비가 예상되고 있습니다 .00일까지 비는 계속해서 내릴 수 있으며, 지역별로 예상되는 강수량의 차이가 있으니, 사전에 참고하시기 바랍니다.

안부 인사와 함께 집중 호우시에 할 수 있는 대응 요령에 대한 카드뉴스를 첨부하오니, 꼭 참고하시고 피해 발생시 당황하지 않고 잘 대응 하실 수 있기는 바랍니다. 또한 피해 발생시 기관에서도 적극적으로 협조할 수 있도록 전달해 주시기 바랍니다.

[카드뉴스 등 참고자료 이미지 첨부]

우리 00어린이집/유치원의 가족여러분께 또 대한민국 전역의 국민들에게
이번 집중호우로 인한 더 큰 피해없이 없이 잘 마무리 되고, 일상으로 돌아올 수 있기를 바랍니다.
이번 주말까지는 기상 예보를 확인하시고, 잘 대응하시기 바랍니다. 감사합니다.

KEYPOINT

다양한 기관, 부처에서 건강과 놀이, 안전 등에 대한 자료를 제공합니다. 부모님의 경우 이러한 내용을 일일이 찾아보기 어렵습니다. 기관에서 함께 안내해 주시면 좋겠습니다.

61 여름 음식, 색밀가루 점토 놀이

여름하면 떠오르는 다양한 음식! 아이스크림, 냉면, 팥빙수, 삼계탕, 카나페, 주스, 과일 등 여러 가지 사진과 교구를 가지고 놀이를 해보았어요. 매일 비슷한 놀이를 하는 것 같지만 조금씩 새로운 주제도 엿보이고, 친구들과 꽁냥꽁냥 이야기가 오가기도 하고, 친구를 따라 뛰어 놀이 하기도 하는 모습을 보입니다.

또 이번 달 들어 우리 친구들이 언어 발달이 눈에 띄게 잘 드러나 보입니다. 아이들이 무어라 이야기 해서 잘 들어보면 하고 싶은 말도 더 구체적이고, 사용하는 단어가 많이 늘었어요!
우리 친구들 이제는 선생님 따라 이야기 하면 옹알옹알하기 보다는 큰소리로 따라 말하기도 합니다. 발음도 꽤 정확해 졌어요.^^

선생님이 들려주는 아이스크림이라는 단어의 발음이 어려운지, 여러 번 따라해 보는데 얼마나 사랑스러운 지요.^^ 하루하루 성장하는 우리 00반 친구들 정~ 말 예쁘고 귀엽습니다.😊

색밀가루 점토로 놀이하는 것도 즐겁게 참여하였습니다. 우리 00반 친구들 예쁜 색의 색밀가루 점토를 탐색하고, 선생님과 친구들과 함께 아이스크림과 수박을 만들고 자르며 재미있게 놀이했습니다.^^
집에 혹시 유통기한이 지난 밀가루가 있다면 밀가루풀 놀이, 밀가루 점토 놀이 등을 해보시면 우리 친구들이 좋아할 듯 합니다! 식용 색소를 넣어 색이 물들어 가는 것을 관찰하는 것도 재미있어요! 이번 한주 여름을 만끽하며 즐겁고 건강하게 잘 보낼 수 있었습니다.

이번 주 주말에 비 소식이 있다고 합니다. 우리 00반 친구들 건강하게 주말 잘 보내고 만나길 바랍니다.
감사합니다.^^

62 새해, 일상과 놀이, 건강 관리

안녕하세요! 00반 교사 000입니다.
0000년 00의 해를 맞이하고 새해 인사를 드린 지도 벌써 보름이 훌쩍 지나고 있어요!
시간이 정말 빨리 흐르는 것 같아 아쉽고 서운한 마음이 드는 오늘입니다.

우리 아이들의 예쁘고 사랑스러운 모습을 볼 수 있는 시간이 많이 남지 않은 것 같아,
소소한 일상 하나하나가 더 감사함으로 다가오는 듯 합니다.

새해가 되니, 우리 친구들이 하루가 다르게 조금씩 더 성장하고, 의젓한 모습을 보여주고 있어요. 형님이 되었다는 자부심을 보이며, 형님반을 기웃거리기도 하는 우리 친구들 ㅎㅎ
잘 기다려 주고, 행동이 아닌 말로 표현하려고 노력하는 모습, 더 책임감 있는 행동을 보이는 친구들이 많아졌습니다.

요즘 교실에서는 겨울과 관련된 놀이가 계속되고 있어요.
하얀 겨울을 상상하며 크레용으로 그림을 그리고 있는 우리 친구들이지요.
멋진 화가가 되어 교실 벽면을 가득 채워주고 있는데, 정말 아름다운 작품이 완성되고 있어요.
매일 한장씩 물감도 사용하며 색과 모양, 다양한 방법으로 겨울을 꾸며주고 있답니다.
한 해동안 우리 친구들 끼적이기, 표현 실력도 많이 늘었습니다.
즐거운 마음으로 예술경험을 하는 자체만으로도 정말 기특하고요!

이번 겨울의 인기 놀이 1위! 솜공 눈싸움 놀이.
겨울에 눈이 많이 오길 기대했건만, 그렇지 않아 아쉬운 우리 친구들
친구들의 마음을 달래주기 위해 솜공을 아주 많~ 이 준비해 두었지요.
우리 친구들은 눈을 뭉쳐(아이들의 놀이가 다양하게 확장하며 서로 연결할 수 있도록 벨크로를 붙여주었어요)
길을 만들고, 다리를 만들고, 눈사람을 만들어 봅니다. 과녁에 눈을 던지고, 친구들과 눈을 쓸어 한쪽에 옮겨두기도 하고요^^ 겨울철 안전에 대해서도 표현하며 즐겁게 놀이하고 있는 요즘이랍니다.

한파로 인해 이번 주는 햇빛이 나오는 잠깐 산책을 하는 정도로
바깥놀이를 축소하여 운영하였어요.
추운 공기에 입김을 내부는 것조차 재미있는 우리 친구들은,
벌벌 떨고 있는 나무라고 하며 교실에서 가지고 온 천을 둘러주기도 하고,
작은 종이에 끄적인 편지도 걸어주었어요.
고양이들이 잘 보이지 않자, 어디에 있을까 걱정해주던 사랑이 많은 우리 친구들이었습니다.

요즘 독감과 코로나19가 다시 유행하면서 전국적으로 빠른 속도로 확산되고 있어요!
우리 친구들의 건강 관리에 더욱 주의를 기울여 아프지 않고 잘 지낼 수 있도록 살펴보아야 겠습니다. 우리 00반 부모님들의 적극적인 관심과 응답으로 확인한 내용 전달 드립니다. 00반의 친구들은 00월 중 모두 독감을 완료 하였고, 현재 건강한 상태를 유지하고 있답니다.
하지만, 그래도 감염되고 아플 수 있으니 교실에서도 손 씻기, 마스크 착용, 기침 예절을 철저히 지도하고 아이들도 스스로 건강을 챙길 수 있도록 도와주겠습니다.

부모님께서도 가정에서 아이들의 면역력을 높일 수 있도록 균형 잡힌 식사와 충분한 수면을 챙겨주세요! 춥다고 웅크리지 않기! 외출 후에는 손 씻기와 옷 갈아입기를 생활화하여 바이러스를 예방하는 데 힘써주신다면 우리 친구들이 보다 건강하게 이 겨울을 보낼 수 있을 것입니다.

이번 주도 잘 지내준 우리 친구들을 꼬옥 안아주며 칭찬을 해주었더니, 선생님 등을 토닥토닥 해주는 기특한 우리 00반 사랑둥이들입니다.

남은 겨울 동안도 하루하루 우리 친구들의 마음을 읽어주는 선생님으로 더 많이 표현하고 더 많이 웃으며 지내려고 합니다.

아이들이 건강하고 행복하게 지낼 수 있도록 항상 사랑과 관심 보내주시는 우리 부모님들!
이번 주말도 가족과 함께 따뜻한 시간 되세요. 감사합니다.

 KEYPOINT

아이들과 하는 다양한 활동에 대해 작성해 주실 때에는 시간의 흐름으로 아이들의 시선을 따라, 즐거워 하는 반응과 대화내용 등을 작성해 주시면 읽는 부모님의 입장에서 아이들의 모습이 눈에 보이듯 잘 전달 될 수 있습니다.

63 물놀이 행사

안녕하세요! 00반 교사 000입니다.
시원하게 비가 내린 후, 더 많이 더워진 날씨에 가만히 있어도 땀방울이 송글송글 맺히는 것 같아요.^^

에너지가 넘치는 우리 00반 친구들은 교실에서도 신나게! 폭염으로 인한 대체 활동시간에도 즐겁게 지내고 있답니다.😊

오늘은 00어린이집/유치원 친구들이 가장 좋아하는 물놀이가 있었습니다.
며칠 전부터 기대 가득한 눈빛으로 언제 하는지 물어보던 00반 친구들이었는데요.^^ "드디어 오늘이야!" 하고 이야기 해주니 "꺄~ 와~ 신난다!" 하고 소리를 치며 너무나 좋아합니다.
시작도 전부터 설레이고 행복했었답니다!

오늘 귀여운 수영복을 입고 등원한 우리 00반 친구들, 개성 넘치는 다양한 색과 모양의 수영복을 서로 보며 이야기를 나누는 모습도 정말 사랑스러웠답니다.^^ (번거로우실 텐데 협조해 주셔서 감사합니다! 덕분에 준비 과정이 좀 더 수월했어요!^^) 아쿠아 슈즈를 신고, 준비 운동 시작!
아이들이 가장 좋아하는 상어가족 동요를 들으며 이리저리 뛰고 점프를 하며 운동을 하였어요.^^

운동후 시원한 물로 첨벙! 처음엔 조심스러운지 살금살금 걷거나, 손으로 살짝 물장구만 치더니 이내 적응해서는 친구들과 함께 물속 볼풀공 잡기 놀이나 앉아 보기, 물 속에서 뛰어놀기 등 다양한 움직임을 보였답니다!

물놀이 에어바운스 미끄럼틀에도 용감하게 올라가 슈웅~ 스피드를 즐기는 00반 친구들이었어요! 위험하지 않게 잘 고정하고, 선생님이 옆에서 잘 도와주며 안전하게 놀이할 수 있었답니다. 내려오며 엉덩방아를 찧는 것도 재미있대요.😊 하하 호호 웃음 소리가 끊이질 않았던 물놀이 시간이었어요. 다음주에도 계획된 재미있는 물놀이 기대해 주세요.^^

오늘 사용한 수영복, 슈즈 등은 비닐팩에 담아 보내드립니다. 아이들이 평소보다 많은 활동량에 낮잠을 길게 자고 있어요.^^ 오후 컨디션도 살펴보며 편안하게 놀이하겠습니다. 주말에도 아이들과 즐거운 시간 되시길 바랍니다!^^
* 예쁘고 사랑스러운 모습을 담고 싶었지만, 오늘은 평소보다 아이들 놀이 사진이 흔들렸거나 많지 않아요. 무엇보다 우리 친구들의 안전한 놀이가 가장 중요하다고 생각하여 그 부분에 유의하여 보육하였습니다!

 KEYPOINT

일대 다수로 운영을 하게 되는 보육 과정, 게다가 외부 활동이나 행사 등은 아이들의 안전에 더욱 유의해야 함으로 사진 촬영은 절대적으로 쉽지 않습니다. 사실 이 내용은 기관 차원에서 전달해 주시는 것이 바람직합니다. 전체적인 분위기 등을 크게 몇 컷의 사진으로만 담아서 전달한다면 더없이 좋겠습니다. 그럼에도 부모님이 원한다면 놀이 상황에 대해 전달해 주시며, 부모님이 상황을 이해하고 협조할 수 있도록 안내해 주세요.

64 자석 물고기 놀이

안녕하세요! 00반 교사 000입니다.

주말에도 비소식이 있어, '우리 친구들이 집에서만 있어서 답답해 하진 않았을까?' 궂은 날씨로 인해 혹시 아프진 않은지, 잘 지내고 있는지 궁금한 마음이 들었습니다.

하지만 제 걱정은 다행히도 걱정뿐이었습니다.^^ 우리 친구들 정말 활기차게 등원해주었어요! 월요일부터 에너지가 불끈! 솟아 오르는 우리 00반 친구들입니다.^^ 역시 선생님의 기대를 저버리지 않아요!

게다가 새롭게 만들어 둔 교실 안 멋진 연못을 보더니, 우리 친구들이 정말 좋아했어요.^^ 연못에는 예쁘고 귀여운 물고기들이 살고 있었거든요. 우리 친구들이 낚싯대로 한마리씩 낚아 올리며 "잡았다!" "나 벌써 세마리야!" "우와!!!" "엄청 커!" 하며 얼마나 신나했는지 모르겠어요. 옆 반 선생님과 친구들까지 놀러와서 구경했을 정도였답니다.^^

이제는 낚시 솜씨도 늘어나서, 한번에 두마리씩 잡아 보이고 선생님에게 브이를 하네요.^^ 연못을 상상할 수 있게 깔아둔 파랑 비닐을 흔들어 파도를 만든다는 친구들도 있었어요.😊 개구쟁이 친구들과 바다와 연못의 차이도 살짝 이야기해보았습니다.

교실에서 블록 놀이를 해도, 클레이 놀이를 해도 연못과 물고기 이야기를 할 만큼 재미있었나 봐요. 놀이도 꼭 연못 옆에서 하는 친구들도 있었어요. 이번 주 놀이를 계속 지원해 주며 우리 친구들이 다양한 상상의 나래를 펼칠 수 있게 도와주어야 겠어요!

오늘 우리 친구들이 하원하면, 가정에서 바다 생물, 물고기 등에 대한 책을 함께 보면 어떨까요? 관심이 생겼을 때 적절한 개입과 자극은 아이들에게 더 큰 도움이 될 수 있답니다.

세상에서 가장 맑은 눈빛의 우리 00반 아이들과 웃음 소리가 가득했던 하루였어요. 친구들과 사이좋게 지내며 행복한 시간 보낼 수 있었습니다. 감사합니다! ^^

 KEYPOINT

부모님은 아이를 보내는 기관에 대해 입소를 할 때 외에는 경험할 수 있는 기회가 많지 않아요. '우리 원의 분위기는 어떨까?' 궁금할 수 있는 부모님에게 우리 아이가 지내는 반, 그리고 친구들과의 생활 뿐만 아니라, 기관안에서 서로 어떤 소통과 친밀감이 있는지 알 만큼 즐거운 에피소드도 함께 전해주세요.

안녕하세요! 00반 교사 000입니다. 귀여운 우리 사랑둥이들^^ 아침부터 기분이 좋아요. 선생님을 보고 빵긋빵긋 웃어주는 모습이 정말 예쁘고 사랑스럽습니다.^^ 우리 00반 친구들과 오늘은 캠핑데이를 해보았어요.

3월 초를 떠올려 보면 정~ 말 많이 자란 우리 00반 친구들이에요. 마냥 아기만 같았는데^^(물론 지금도 예쁜 아가이지만요.) '아직 어린 우리 아가들이 잘 할 수 있을까?' 했던 생각이 무색할 정도로 눈빛이 초롱초롱, 선생님 말에 고개도 끄덕이고, 옹알이도 합니다!

00아 우리 재미있는 캠핑 놀이 하자~ 하고 이야기를 하니 응! 하고 고개를 끄덕이고 선생님한테 다가옵니다. 친구들과 모여 앉아 재미있는 여름 동요를 불러보았어요. 선생님 따라 어깨도 으쓱 엉덩이도 둠칫둠칫^^ 즐겁게 준비하고 유희실로 이동해 보았어요.

선생님 손 잡고 계단도 조심히 내려가 보았지요! 우리 친구들 눈이 똥그래 져서 선생님 얼굴과 번갈아 캠핑 놀이 존을 쳐다보네요.^^ 텐트도 있고, 모형 불과 나무 장작들, 캠핑의 꽃인 꼬치구이 놀잇감 등 다양한 놀잇감을 직접 탐색해 보았어요. 우리 친구들은 아직은 탐색하며 하나씩 배우고 경험해 나간답니다. 선생님이랑 같이 꼬치도 하나씩 끼워보고 텐트 안에서 까꿍 놀이도 하며 즐겁게 놀이했어요.

교실로 돌아오는 길에 너무 아쉬워 해서 꼬치 장난감을 몇 개 가지고 왔어요.^^ 이번 주 캠핑 놀이에 흠뻑 빠져 놀이할 수 있도록 교실도 여름 캠핑장을 떠올릴 수 있게 준비해 주어야 겠어요.^^

우리 친구들과 매일이 행복하고 즐겁습니다. 건강하고 안전하게 여름을 보낼 수 있도록 교실에서도 즐거운 놀이 마련할게요!

우리 친구들과 행복한 저녁 시간 되세요. 감사합니다.

 KEYPOINT

기관에서는 다양한 행사와 활동을 진행하게 됩니다. 1회성의 이벤트가 아닌, 교실 놀이와 연계되어 놀이가 점차 확장되고 또 연계되며 새로운 놀이가 만들어 지는 과정은 아이들에게 큰 배움이 된다는 점을 전달해주세요.

66 수박 데이

안녕하세요! 00반 교사 000입니다.

오늘은 우리 친구들과 매월 맞이하는 컬러데이! 를 하는 날이에요. 봄부터 다양한 색으로 놀이하며 익숙하게 탐색하고 자유롭게 표현하는 모습이 예쁘고 사랑스럽답니다.^^

오늘은 그린데이! ^^ 친구들과 모여 앉아 "우리 주변에 초록색이 무엇이 있을까?" 하고 물어보고 함께 둘러보았어요! 교실 안의 초록색 블록, 화분을 가리키는 친구들고 있고 초록초록 나뭇잎을 떠올리기도 합니다.
파프리카와 완두콩 이야기를 하기도 해요. 우리 친구들이 주변을 잘 살펴보고 또 기억하고 찾아내는 것이 정말 멋진걸요^^

초록색 풍선이 가득한 놀이 공간을 보고 "우와아아~" 하고 달려가는 00반 친구들이에요.^^ 초록색 풍선에 매직으로 수박의 꼬불꼬불한 줄을 그려보았어요. "선생님 이거 봐요~ 맛있겠죠?!" 하고 풍선을 들고 선생님에게 자랑합니다.^^ 우리 친구들이 그린 삐뚤삐뚤한 선 덕분에 풍선이 수박처럼 보일 수 있게 도와주었습니다.☺

서로 만든 수박 풍선을 가지고 콩콩 점프 놀이를 하다가 선생님이 개구리 머리띠를 씌워주니, 손으로 바닥을 짚으며 진짜 개구리가 된 듯 높이 점프를 합니다.^^ 교실에서 보았던 개구리 동화책 이야기를 하며
누가누가 높이 뛰나 내기도 해보았어요. 수박 포토 존에서 찰칵! 예쁘게 찍은 사진 정말 사랑스럽지요.^^
부모님! 오늘은 우리 친구들 사진도 함께 보시며 즐거웠던 놀이에 대해서 아이들과 대화 나누어 보시길 바랍니다.

오늘도 선생님과 친구들과 행복하고 재미있는 하루 보냈어요. 감사합니다.^^

 KEYPOINT

선생님과 친구들 모두 즐겁게 놀이에 참여한 내용을 전해주시며 책 놀이 등 다양한 영역과 연계하여 지원하는 과정은 고른 발달을 위한 교사의 교육 지도를 엿볼 수 있도록 도움을 줍니다. 아이들과 함께 어떤 이야기를 나누면 좋을지 간단하게 전해주셔도 좋겠습니다.

67 색물감 놀이

안녕하세요! 00반 교사 000입니다.

장마가 지나고 나선 한껏 더워진 요즘, 더위에 지치지 않게 유의하며 지내고 있습니다. 우리 00반 친구들은 여름을 참 좋아하는 것 같습니다. 찰방찰방 물놀이도 하고, 블록으로 수영장도 만들고, 여름 주제의 동화책을 보기도 하며 건강하고 즐거운 여름날을 보내고 있어요!

오늘은 무더운 여름 날씨를 시원하게 날려줄 얼음 놀이를 해 보았습니다. 알록 달록 색소를 넣어 얼린 예쁜 얼음을 보여주었더니, "우와 예쁘다!" 하고 박수를 치며 좋아해요. 깨끗한 얼음이라 먹어보아도 좋다고 이야기를 하니 손으로 하나씩 맘에 드는 색 얼음을 집고 혀로 날름^^ 조심스럽게 맛을 보는 모습이에요.
아기 고양이 같이 너무 귀여웠답니다.^^ 맛있게 얼음을 먹는 친구들도 있었어요!

'얼음으로 무얼 그려볼까?' 고민하는 친구들이 쉽게 표현해 볼 수 있도록 배경지를 제공해 주었어요. 종이는 쉽게 젖어 코팅된 종이를 주어 충분히 탐색하며 놀이해볼 수 있었답니다. 얼음이 녹으며 색이 번져나가는 것이 정말 예쁘더라구요^^ 가정에서도 우리 친구들과 얼음으로 다양한 놀이를 하면 재미있을 것 같아요!

작은 놀잇감을 넣어 얼려서 망치로 깨부수기 놀이도 재미있답니다! 얼음을 빨리 굴려 원하는 곳에 맞추는 볼링 놀이도 재미있어요! 덥지만 즐겁게 여름을 보낼 수 있는 우리 00반 친구들이 되길 바랍니다.
감사합니다.^^

KEYPOINT

거창한 이벤트와 행사도 좋지만 소소하게 즐기는 아이들의 놀이에 대해서 전해주세요. 아이들의 놀이가 가정에서 함께 이루어진다면 더욱 도움이 될 것입니다.

68 블록으로 집짓기

안녕하세요! 00반 교사 000입니다.

오늘도 뜨거운 햇빛에 오전부터 무더운 날씨입니다. 푹푹 찌는 날씨에도 우리 00반 친구들은 해맑게 웃음을 보이며 등원을 하네요.^^ 귀요미 사랑둥이들과 오늘도 즐겁게 일과를 시작합니다. "00반 친구들 오늘은 무얼 하고 놀까요?" 하고 물어보니, 각자 저마다 좋아하는 놀이감을 한아름 안고 와서 선생님에게 보여줍니다!^^

친구들과 자유롭게 놀이를 한 후, 이번 주 주제인 동물 집 만들기를 해보았어요. "어홍어홍! 호랑이는 어떤 집에 살까? 꽥꽥! 오리는 뒤뚱뒤뚱 어떤 집에 살까? 멍멍! 귀여운 강아지는 어디에서 살까?"

선생님과 다양한 동물 머리띠를 써보고, 동물 흉내도 내어보고, 또 움직여 보았어요. 그리고는 여러 가지 블록과 천, 끈 등으로 멋진 동물들의 집을 만들어 보았답니다.^^

동물 얼굴이 그려져 있는 블록으로 만들었더니 더 집중하고 좋아하는 모습을 보이네요.😊 평소에 자주 가지고 놀던 블록도, 친구들과 함께라면 또 새로운 주제로 놀이하면 색다르게 다가오는 것 같아요. 함께 하는 만큼 더 재미있어 지는 것 같습니다.^^

우리 친구들이 좋아하는 다양한 동물이 등장하는 동요도 듣고 율동도 하면서 신나고 즐겁게 놀이 시간을 보냈습니다. 감사합니다.^^

 KEYPOINT

놀이 중심 보육과정은 영유아의 흥미와 발달, 성향등을 고려하여 유연하게 계획되고 운영하게 됩니다. 이 과정에서 교사가 제안하는 놀이와 활동 역시 유의미한 지원이 되지요. 마냥 놀이만 하는 것 같아 걱정하는 부모님이 계시다면 이러한 장점을 전해주시며 놀이 중심 보육과정을 잘 이해하고 협조할 수 있도록 해주세요.

69 컬러데이 블루

안녕하세요! 00반 교사 000입니다.

연이은 더운 날씨에 무탈하신지 여쭈어 봅니다. 내일 부터는 또 태풍이 올라온다고 해서 걱정스러운 마음이 듭니다. 미리 대비해서 피해 없이 잘 지나가길 바랍니다!

어린이집/유치원에서는 연중 발생할 수 있는 다양한 비상 사태에 대해 대비하고 있습니다. 물론 태풍 대응과 관련해서도 잘 준비하고 있으니 염려 마세요.^^

오늘은 컬러데이! 즐거운 활동이 기다리고 있는 날이에요.^^ 우리 00반 친구들은 파랑파랑 예쁜 포인트로 멋지게 꾸미고 어린이집/유치원에 등원하였네요! ^^ 여름 바다를 떠올리며 파랑색으로 놀이를 하는 오늘! 우리 친구들의 미소가 바다처럼 시원합니다.

"얘들아~ 우리 블루 데이 놀이해볼까?" 하고 이야기를 하니 우와!! 하는 환호성과 함께 폴짝폴짝! 이리 저리

점프를 하는 에너자이저 00반 친구들입니다.😊

포토존에서 멋지게 찰칵! 친구들과 기념 사진을 찍었어요. '얼른 놀고 싶어요' 하는 마음이 표정에 그대로 드러나네요.😊 서둘러 마무리 하고 아쿠아리움으로 변신한 유희실에 들어섰답니다.^^ 기념 사진 촬영 후에는 놀이 중에는 아이들이 자유롭게 생각을 표현하고 발산할 수 있도록 사진 촬영은 최소한으로 운영하고, 놀이를 지원하였습니다.

"우와~"선생님들이 열심히 준비한 아쿠아리움이 멋졌는지, 눈이 휘둥그레지며 여기 저기 둘러보는 우리 00반 친구들이에요! 지난 번 견학을 다녀오며 보았던 바다 생물의 이름도 기억하고 찾아봅니다. 낚시 놀이도 하며 물고기도 낚아 보았어요. 가끔 물고기가 아닌 미역이나 불가사리가 올라왔는데, 그것마저 너무 재미있는 놀이가 되었어요. 나중에는 불가사리 잡기 놀이가 될 정도였답니다.^^

우리 친구들, 폭염으로 인해 바깥 놀이를 충분히 하지 못해 아쉬웠던 이번 주를 시원하게 날려버렸습니다.^^ 즐거운 놀이와 활동으로 여름을 만끽할 수 있었어요. 이번 주말, 아이들과 아쿠아리움에 방문해 보시는 것도 연계되어 더 도움이 될 수 있을 것 같아요. 오늘 신나고 재미있게 놀이한 우리 00반, 내일도 씩씩하게 만나요.^^ 감사합니다!

KEYPOINT

아이들 사진을 찍다보면 정작 중요한 놀이에 대한 지원과 상호작용이 어렵기 마련입니다. 이러한 내용에 대해 이해하지 못하고 사진만 원하고 사진 내용으로만 판단하는 부모님이 있다면, 알림장 내용에 상황에 대해 알 수 있도록 전달해주세요.

70 시장 방문, 여름 가정학습기간 안내

안녕하세요! 00반 교사 000입니다.

이번 주는 장마 후 습하고 더운 날씨가 계속되었습니다. 우리 친구들이 지치고 힘들지 않도록 컨디션에 유의하여 생활하였답니다! 주말 부터 다시 비소식이 있다고 하니, 아이들 여름 감기와 그 외 여름철 유행하는 질병에 걸리지 않도록 살펴봐 주세요.^^

여름은 여름답게 더워야 하는 것 같습니다.^^ 물론 땀도 나고 힘들 수는 있지만, 자연의 섭리이니까요. 또 선풍기나 에어컨으로 시원하게 지낼 수 있는 것에 감사한 마음을 느낄 수도 있고요. 이러한 과정에 또한 우리 아이들에게 의미있는 배움이 있을 것 같습니다. 오늘은 우리 00반 친구들과 시장을 둘러보았어요.

친구들 손을 잡고 걸어가는 모습이 귀엽고 사랑스러워서 상인분들이 정말 친절하고 밝게 인사해 주시고, 예뻐해 주셨답니다! 덕분에 더운 날 이동하느라 힘들었을 우리 친구들 기분이 다시 up!up! 되었어요.^^

채소가게, 과일가게, 정육점, 생선가게, 건어물가게, 반찬가게, 떡집. 우와 저도 우리 친구들과 이번 기회에 방문하게 되었는데, 정말 다양한 가게가 많더라구요! 상인분들도 너무 좋으셔서, 앞으로는 한번씩 산책겸 다녀와야 겠다는 생각이 들었어요.^^ 참, 과자가게 상인분께서는 우리 00반 친구들이 인사를 잘한다고
맛있는 전병도 하나씩 쥐어주셨답니다.^^ 들어오는 길에 아이스크림 가게에 들러 시원한 아이스크림도 냠냠 먹어보았어요! 역시 여름에는 아이스크림이 최고! 우리 친구들 엄지척 하며 단숨에 잘~ 먹고 행복하다는 표정을 지어보입니다.😊

며칠 전 초복이라고 이야기를 나누었던 것 같은데 벌써 오늘이 중복이네요! 몸에 좋은 보양식 한 그릇 뚝딱 하시고, 더 건강하게 남은 여름을 보낼 수 있었으면 합니다.

다음주부터는 가정학습 기간입니다.
우리 친구들 가족과 함께 하는 시간이 행복과 즐거움으로 가득하길 바랍니다. 그리고 무엇보다 중요한 건 건강과 안전! 이지요.^^ 어린이집/유치원에서도 자주 건강하게 여름을 보낼 수 있는 방법에 대해 알려주었어요.

가정에서 부모님이 먼저 실천하는 모습을 보여주시고, 함께 지켜나가면 정말 좋겠습니다! 다시 만나는 8월 우리 친구들과 재미있는 이야기 보따리 풀며 즐겁게 놀이할 생각에 기대가 됩니다. 아이들 재등원 하는 주에는 여름 휴가의 사진을 2~3장 알림장으로 보내주세요! 함께 출력해서 다양한 놀이와 연계해 보려고 합니다. 즐거운 가정학습 기간이 되시길 바랍니다. 저 역시 에너지 재충전 하고 더 밝고 행복한 모습으로 만나겠습니다.

여름 휴가 동안 더위 조심하시고, 건강하게 다시 만나요! 감사합니다.^^

 KEYPOINT

일상생활에서의 건강과 안전은 가장 중요한 부분입니다. 이 내용에 대해 항상 언급해 주시면 기관과 가정에서 더욱 유의해서 살펴보고 지도할 수 있을 것입니다.

안녕하세요! 00반 교사 000입니다.

신나는 여름 놀이를 계획하며 설레였던 시간이 빠르게 지나가고, 7월 막바지에 이르며 여름이 더욱 무르익는 것 같습니다.

어른들에게는 몸도 마음도 지치기 쉬운 무더운 여름이지만, 순수하고 맑은 우리 아이들에겐 제일 기대되고 즐거운 계절인 것 같습니다!

소소한 여름 놀이로 웃음소리가 끊이질 않는 00반 친구들과 함께 가정에서도 많이 덥지만 즐겁고 건강하게 여름을 보내고 계신가요?

오늘은 한학기를 마무리 하는 날입니다. 안내드렸던 바와 같이 다음주부터 일주일간 가정학습 기간이 시작됩니다. 아이들에게 새롭고 즐거운 일들이 가득한 여름 휴가 계획을 선물해 주시는 건 어떨까요?

휴가기간을 통해 아이들이 가족과 함께 아름다운 자연을 경험하고 즐길 수 있는 시간, 소중함에 감사할 수 있는 시간이 될 수 있을 거라 생각합니다.

아이들이 가장 좋아하는 물놀이도 하고 갯벌, 바다에도 다녀오며 즐거운 시간들을 보내길 기대합니다. 다시 만나는 날, 즐겁게 여름 휴가 이야기를 하며 신나할 아이들의 모습이 벌써부터 눈에 선하게 그려집니다.^^

봄과 여름을 함께 보내는 동안 참 많은 일들이 있었습니다.

힘들고 어려운 시간도 있었지만, 제게 사랑과 감사함을 선물해 준 우리 00반 친구들,

항상 밝고 건강하게 생활해준 우리 00반 친구들에게 고마운 마음 전하며 오늘 하루를 마무리 하려고 합니다! 언제나 변함없는 애정과 관심으로 적극 협조해주신 부모님께도 감사의 인사를 전합니다!

저 역시 가정학습기간 동안 재충전하여 더욱 밝고 따뜻한 선생님의 모습으로 만나겠습니다! ^^ 우리 00반 친구들과 건강한 모습으로 즐거운 이야기 가득 안고 만나기를 바랍니다.😊

뜨거운 여름 날씨에 무리한 일과로 건강 해치지 않도록 조심하시고, 물놀이 안전사고에 특히 유의해주시길 당부드립니다.

또한 장염, 수족구, 코로나(재감염 사례도 증가하고 있다고 해요.) 등이 확산되고 있으니, 우리 00반 친구들의 위생 및 건강관리에도 신경써 주세요!

가정학습기간에도 너무 늦게 자거나 오랜시간 TV를 보지 않도록, 아이들의 행동을 잘 지도해 주세요.

아이들이 규칙적이고 바른 생활 습관을 유지할 수 있게 지도해 주시기 바랍니다. 건강하고 행복한 여름휴가 되시길 바랍니다. 언제나 감사합니다.^^

<< 여름 가정학습기간 안내 >>

1. 여름 가정학습기간 : 00월 00일 ~ 00월 00일

2. 유의사항 : 기간 중 코로나 등 전염성이 있는 질병, 혹은 갑작스러운 사고 등으로 입원을 하게 되는 경우, 알림장으로 상황 보고 부탁드립니다.

가정학습기간 동안 당직교사가 배치되어 있으나, 등원 계획의 변경시 사전에 가능 여부를 확인해주셔야 합니다. 해당 기간동안 차량은 운행되지 않습니다.

3. 재등원일 : 00월 00일 (차량 시간 : 이전과 동일)

준비물 : 여름 가정학습기간책, 여름 휴가 가족 사진 2장 (8월 활동 자료용), 여벌옷 등 개인 물품.

 KEYPOINT

기관에서는 1년에 두 차례(평균) 가정학습기간을 운영하게 됩니다.

요즘에는 지면 통신문, 안내문이 간소화 되어, 모바일 공지사항으로 전달하는 경우도 많다고 합니다. 가정에서 정확하게 내용을 알 수 있도록 반 차원에서 한번 더 전달해주세요!

72 가정학습기간 중 안부

안녕하세요! 00반 교사 000입니다.

우리 00반 친구들과 즐거운 가정학습기간 보내고 계신가요?^^ 비가 많이 와서 충분히 놀지 못하진 않았을까 아쉬운 마음이 들기도 합니다!

그래도 언제나 밝고 씩씩한 우리 00반 친구들, 가족과 함께라면 더없이 행복하고 즐거웠을 거예요! 우리 친구들에게 즐거운 이야기가 가득하길 기대합니다!^^

00반 친구들과 8월에는 [   ]를 주제로 놀이해보려고 해요,

평소 우리 친구들이 흥미와 관심을 많이 보이던 주제라 더욱 즐거울 것 같습니다.

재활용품을 활용해 다양한 만들기 활동도 해보고, 즐거운 놀이도 계획하고 있어요.

우리 아이들이 놀이를 통해 많은 것을 경험하고 배울 수 있도록 즐거운 일과 계획하고 있답니다!

가정학습기간 동안 조금 느슨해졌을 수도 있는 생활 습관에 대해서도

일과를 보내며 다시금 배워보려고 합니다.^^ 일찍 자고 일찍 일어나는 00반 친구들이 될 수 있도록 가정에서도 함께 협조해 주세요.^^

2학기부터는 우리 00반 친구들과 수 놀이, 한글 카드 놀이 등을 함께 해보려고 해요.

아이들이 생활하는 주변에서 보이는 다양한 물건의 이름이나 글자 모양을 함께 살펴봐 주시고, 수 세기 등 자연스럽게 생활 안에서 이야기 나누어 주시면 더 많은 도움이 될 것 같습니다!

* 재 등원시 유의해 주셔야 할 사항 안내드립니다.

1. 수족구, 장염, 코로나 등의 전염이 확산되고 있어 가급적 영유아의 등원전 건강 상태를 꼼꼼히 살펴주시고 첫 등원일 오전에는 발열 체크 및 건강 여부 확인을 부탁드립니다.^^
2. 어린이집/유치원에서의 일과를 위해 여벌옷 등을 빠뜨리지 말고 챙겨 보내주세요! 활동하기 편안한 복장과 신발을 착용해 주시면 좋겠습니다!
3. 재등원을 하며 등원할 때에 부모님과 떨어지는 것이 어려울 수 있어요, 아침에 기분 좋게 등원할 수 있도록 아이들과 어린이집/유치원에서의 일과를 기대하며 긍정적으로 이야기 나누어 주세요!
4. 가정에서 보낸 여름 휴가 사진을 보내주세요.^^ 아이들과 즐거운 이야기 나누어 보겠습니다.

KEYPOINT

물론 교사에게도 행복한 휴가이므로 쉼에만 집중하면 좋겠습니다. 하지만, 가정학습기간을 보내고 있는 중에도 알림장을 전달하는 경우도 있습니다. 전달한다면 새로운 놀이 계획은 간단히, 건강 등 영유아의 기관 생활의 시작을 위한 전달 사항을 전해주시면 좋겠습니다.

73 가정학습기간 개학 전 안부 인사

안녕하세요! 00반 교사 000입니다.
무더운 여름, 건강하게 잘 보내고 계신가요?^^ 매일 마주하고 웃고 떠들고, 또 서로 마음을 나누던
우리 00반 친구들을 일주일이나 못보니 미소가 싱그러운 우리 00반 친구들의 얼굴이 눈앞에 아른아른 합니다!

우리 00반 친구들도 선생님이 보고 싶었을지 모르겠어요.^^ 친구들도 많~ 이 보고 싶다고 표현은 했을까요? 아니면, 가족들이랑 신나고 즐거운 휴가를 보내느라, 정신없이 바쁘게 지냈을까요?!

가정학습기간 동안 우리 00반 친구들은 가족과 함께 어떻게 보냈는지 궁금합니다. 산으로 바다로, 또 계곡으로 다녀와 에너지를 가득! 충전했기를 바래봅니다!

새로운 주를 맞이하며, 우리 아이들과의 만남을 기다리는 마음에 '만나면 우리 00이가 무슨 말을 먼저 할

까?' '그 사이 우리 00이가 얼마나 자랐을까?' 하는 설레임 가득한 기대가 가득합니다!

사실 아이들에겐 매일같이 어린이집/유치원에 가는 일상으로 되돌아 가는 시간이 달갑지 않을 수 있어요. 벌써부터 "나 안가, 집에 있을꺼야!" 한다면 그 마음을 그대로 존중하고 읽어주세요.^^ 다시 어린이집/유치원 에서 하나씩 안정감으로 채워나가면 되니까요.

00반 선생님을 믿으시고, 아이의 마음만 잘 전달해 주시면 됩니다.^^ 가족과의 시간이 너무 행복해 재등원 을 하는 마음이 내키지 않을 수도 있겠지만, 당연한 마음인걸요^^ 부모님도 긴 휴가 뒤에 복귀하는 것이 쉽지 않은 것 처럼 말이죠.

"잘 다니다가 또 왜 그러지?" 라는 생각이 아닌, "가족과 너무 즐거웠어서 그런가보다" 하는 이해하는 마음 으로 가정학습 기간 다음주는 조금 여유있게 원 생활을 계획하시는 것도 도움이 될 듯 합니다.

규칙적으로 원 생활을 하다가, 조금 느슨했던 리듬도 하나씩 제자리를 찾아가게 되겠지요.^^ 무리 되지 않 게, 새로운 주는 찬찬히 우리 아이들의 속도에 맞추어 일과를 보내도록 하겠습니다!
(가정학습기간 동안 루틴이 많이 달라졌던 경우에는, 귀뜸해주세요.)

우리 00반 친구들과 다시 만날 월요일을 행복한 마음으로 기다릴께요! 우리 00반 친구들에게 인사 꼭 전해 주세요.^^ 새로운 시작을 응원해 주신다면 밝고 씩씩한 모습으로 잘 이어 나갈 거라 생각합니다!

우리 00반 친구들 다음주에 만나요.^^ 감사합니다!

안내 사항
1. 여벌옷과 낮잠용 이불을 보내주세요.
2. 새 학기에 사용할 학용품, 준비물을 챙겨 보내주세요.
3. 등원시 영유아의 건강, 컨디션을 전달해 주세요.
(가정학습기간 동안 수족구, 열감기, 눈병 등에 전염된 이력이 있다면 전달부탁합니다.)
4. 가족과 함께 지낸 사진을 2-3장 알림장으로 보내주세요. (활동 자료로 활용할 예정입니다.)

 KEYPOINT

가정학습기간이 끝나기 전, 다시 기관 생활을 원만하게 준비하고 시작할 수 있도록 간단히 안내 사항을 전달해 주시면 부모님 에게 도움이 됩니다.

안녕하세요! 00반 교사 000입니다.

지난 한주간 우리 00반 친구들에게 즐거운 시간이었던 것 같아요. 등원하는 얼굴이 더 밝아진 듯 합니다.😊

가족과 보내는 시간이 아쉬워 울면서 등원하는 친구들도 있었지만, 선생님과 친구들이 반갑게 인사하며 마음을 알아주니, 금세 진정하고 평소처럼 즐겁게 일과를 시작할 수 있었답니다!

장염과 수족구 등이 유행하고 있어 많은 염려가 있었는데 다행히 우리 00반 친구들은 건강한 모습으로 다시 볼 수 있어서 감사한 마음이랍니다! ^^

새롭게 시작하는 한 주도 건강하고 안전하게 보낼 수 있도록 살펴보겠습니다.

우리 00반 친구들의 지난 여름 휴가 사진을 2장씩 알림장으로 보내주세요!

아이들과 즐거운 시간들을 회상하며 놀이에도 활용해 보려고 해요.

00반 친구들이 서로 자신이 다녀온 곳을 이야기 하기도 하고 물놀이, 캠핑, 마트 다녀온 경험도 표현하며 여러 가지 놀이로 이어졌답니다. "선생님이랑도 같이 놀러가고 싶어요~!" 하고 이야기 해주어, 너무 기쁜 마음이었어요. ^^

이번 주에는 지난 달 놀이주제와 연계해 00를 주제고 놀이해보려고 합니다.

선생님이 준비한 다양한 놀잇감과 교구를 탐색하며 저마다 개성 넘치게 놀이를 하는 멋진 00반 친구들이지요. ^^

점심 식사를 할 때에는 바르게 앉아서 식사할 수있도록 이야기 나누어보았어요.

우리 00반 친구들 그새 많이 자랐답니다. ^^ 선생님의 이야기를 듣고 자세도 바로 하여 골고루 반찬을 먹어보았답니다.😊 가정에서도 지속적으로 격려하고 칭찬해 주세요. ^^

기침을 하는 친구들이 있어, 컨디션 등을 꼼꼼히 살펴보고 필요할 때 휴식을 취할 수 있도록
도와주었답니다. 충분한 휴식을 취하고 어서 컨디션을 회복했으면 좋겠습니다.

* 투약의뢰를 하실 경우 냉장 보관인 약은 정확히 보관할 수 있도록 등원시에도 한번 더 전달해 주세요!

* 오늘은 폭염으로 인해 대체 활동을 실시하였어요.

아이들과 풍선을 탐색하여 던지기, 굴리기 등을 하며 자유로운 신체 놀이를 경험해 볼 수 있었습니다. 풍선을 묶지 않고 던지자 바람소리를 내며 하늘위로 슈웅! 올라가는 모습이 재미있었나 봅니다. 여러번을 반복해도 재미있다고 하하 호호 웃는 00반 친구들과 시간 가는 줄 모르고 즐겁게 놀이해 볼 수 있었어요!

일주일만에 만난 우리 00반 친구들과 신나고 즐거운 하루를 보냈습니다.

건강하고 규칙적인 생활을 하며 설레이는 2학기를 준비해 보겠습니다. ^^

KEYPOINT

부모님이 질문하기 전, 전달하는 것이 좋습니다. 특히 가정학습기간을 보내고 난 후, 정신없이 시작한 새로운 일과에 바빠서 놓치지 않도록 알림장 내용을 미리 준비해 두셔도 좋겠습니다.

폭염으로 인한 대체 활동도 중요한 부분입니다. 매번은 아니더라도, 기관에서 날씨 등 영유아의 건강과 안전을 위해 활동을 유연하게 조절한다는 사실을 알려주세요.

75 개학 후

안녕하세요! 00반 교사 000입니다. 우리 00반 친구들 여름 휴가 잘 보내고 만났답니다. 시원하게 바다로 계곡으로~ 즐거운 시간 보낸 것 같아요. 가정학습기간 이전보다 더 활기차고 밝은 모습이었습니다.

우리 친구들과 이제 1학기를 정리하고 즐겁고 행복한 마음으로 2학기를 시작해 보려고 해요. 학기 초보다 더 성장하는 모습, 기대해 주세요!

가정학습 기간이 지나고 오니, 친구들마다 전할 소식이 한가득인가봐요. 선생님 앞에서 옹알옹알 이야기 하는 모습이 귀엽습니다.^^ 휴가 때 사온 새로운 키링도 보여주고, 예쁜 옷, 멋진 모자도 자랑하구요! 이제는 형님이 되어서 밥도 더 잘먹는다고 자랑하는 걸요.😊

하루 일과를 보내며 우리 친구들과 웃음소리 가득한 하루였어요! 이번 주 장마가 지난 후 많이 무더워 졌지만, 실내에서 시원하고 즐겁게 여름을 느끼며 지내보겠습니다. (폭염으로 인해 이번 주는 대체활동을 실시합니다.)

* 가정학습기간 동안 휴가에 다녀온 사진을 2장씩 보내주세요.
남은 여름을 즐겁고 알차게 보낼 수 있도록 활동 자료를 준비하려고 합니다.
* 여름철 전염성이 높은 질병과 열감기 등으로 아픈 친구들이 있었습니다. 면역력이 약한 영유아들이 단체로 생활하는 공간이다 보니, 더욱 유의해서 살펴보아야 하는 점 잘 이해해 주시고, 초기 증상부터 정확하게 진단하여 치료받을 수 있도록 살펴봐주세요.^^

 KEYPOINT

단체 생활을 하는 아이들이므로 전염성이 있는 질병에는 더욱 주의하셔야 해요. 또한 전염성에 대한 안내는 분기별로 이루어 져야 합니다. 이 내용에 대해 잘 숙지해 주시고, 가정에서 어떻게 대처해야 하는지 전달해주세요. 또한 기관에서는 아픈 친구들이 있었다면 가정에서 문의하기 전에 안내를 하는 것이 바람직합니다.

76 거품 놀이

안녕하세요! 00반 교사 000입니다. 오늘은 태풍 소식이 있어, 우리 친구들이 등원하는 길이 위험하지 않을까 많이 걱정했었어요! 다행히 모두 안전하게 잘 등원을 하였습니다! 반갑게 인사를 나눈 후, 태풍이 부는 오늘 안전에 대해 더 유의하여야 한다고 전해주었어요.

우리 00반 친구들도 뉴스에서도 보고 부모님과도 이야기를 해서 잘 알고 있어서인지 큰 목소리로 씩씩하게 대답해 주었어요.^^

우리 00반 친구들은 오늘 선생님과 함께 거품 놀이를 해보았어요. 언제나 즐거운 감각 놀이, 오늘은 촉감각을 발달시킬 수 있는 놀이를 계획해 보았어요. 우리 친구들 손으로 거품을 만지며 탐색해 보는 시간이었습니다. 커다란 대야 안에 거품을 담아 두었어요! 매트 위에 모여 앉아 눈처럼 하얀 거품을 손에 묻혀 보고 주물러 보고, 거품을 짜내어 보기도 합니다.

빨강, 파랑, 노랑 물감을 넣어 색 거품으로 놀이하는 것도 재미있었어요! 색이 퍼져나갈 때 마다 "우와~" 하며 눈이 동그래 지는 우리 00반 친구들이였어요. 동글동글 거품을 말아보기도 하고 입으로 후~ 하고 불어 날려보기도 했어요.

금방 싫증 내진 않을까 살짝 염려를 했는데, 우리 00반 친구들의 놀이 아이디어가 정말 최고였어요! ^^
친구들의 아이디어로 비닐 팩에 담아 보기도 하고, 비눗방울처럼 불어 놀이하기도 하며 정말 즐겁게 보낼 수 있었습니다. 우리 친구들이 평소 자주 경험하는 소재로 하는 놀이를 할 때에는 놀이에 대한 관심도 높고, 집중력, 창의력이 더 쑥쑥 높아지는 것이 느껴집니다!
우리 00반 친구들이 한참 놀이 하고도 마무리를 하려고 하니 너무 아쉬워 하더라구요.^^ 정말 재미있었나 봅니다. 다음에 또 해보기로 약속! 한 후에야, 선생님하고 하나씩 정리를 하는 귀요미들이에요.^^

부모님 우리 00반 친구들 오늘 저녁에 목욕 할 때 실컷 거품으로 놀이할 수 있도록 해 주시길 바랍니다.^^

 KEYPOINT

아이들이 놀이를 할 때 보여주는 다양한 모습들! 아이들의 의견을 놀이로 표현할 수 있도록 도와주시는 선생님의 덕분에 나날이 풍성해 지는 놀이의 모습을 전해주세요.

77 태풍 후 일상

안녕하세요! 00반 교사 000입니다. 태풍이 지나가니 언제 그랬냐는 듯 해가 나오네요.^^ 지난 밤 긴장을 늦추지 못하고 뉴스 소식을 들었습니다. 크고 작은 피해가 속출했지만, 잘 대비한 만큼 그래도 무사히 잘 지나가는 것 같아 다행입니다.

우리 친구들과 이번 주는 안전에 대해서 더 자주 이야기를 나누며 지내보았어요. 폭염과 태풍 주의보로 바깥 놀이는 많이 하지 못했지만, 교실에서 즐겁게 지내며 한주를 보냈답니다.

여러 가지 놀잇감을 탐색하며 즐거운 시간을 보내는 동안, 우리 친구들의 상상력이 펼쳐지는 것이 느껴집니다. 친구와 같이 놀이를 하기도 하고, 또 혼자 놀이에 몰입하기도 하며 다양한 놀이가 이루어집니다.

클레이로 맛있는 여름 음식도 만들어 냠냠 먹는 놀이도 하고, 자연물을 탐색하며 바다 놀이도 해보았지요. 지난 번 만들었던 부채로 바람 만들기, 부채로 공 굴리기도 해보았어요.

언제나 인기 좋은 자동차 놀이! 이번 주 새로운 자동차 장난감을 주었더니, 더 좋아하며 자주 놀이하는 모습을 보여요.

이번 주 놀이 계획과 함께 자동차 놀이도 실컷 해볼 수 있도록 도로도 만들고, 우리 동네도 만들어 보았어요. 비가 많이 오고, 바람이 부는 태풍도 표현하며 건물과 자동차가 날아가는 것을 놀이로 하였더니 재미있어 하기도 하고, 놀란 표정을 짓기도 하네요.^^ 자연스럽게 태풍이 왔을 때 안전에 대해 어떻게 지켜야 할지 이야기도 나누어 볼 수 있었어요.

우리 00반 친구들 이번 주도 안전하게 잘 지내보았습니다. 이번 주말은 어떻게 보낼지 궁금하네요.^^ 가정학습기간이 지나고 보낸 첫주 잘 지낸 우리 친구들 칭찬합니다.^^ 주말도 가족과 함께 행복한 시간 보내길 바랍니다. 감사합니다!

 KEYPOINT

아이들은 일상에서 경험한 것들은 놀이로 표현하며 많은 것을 배우게 됩니다. 교사가 계획한 주제 뿐만 아니라 아이들이 생활하며 겪는 부분에 대해 놀이로 연계해 지도하고 지원하는 부분을 전해주시면 보다 전문적이고 체계적인 교사의 보육과정 운영을 잘 이해할 수 있습니다.

안녕하세요! 00반 교사 000입니다.

000여년만의 엄청난 폭우에 다들 놀라셨을 것 같습니다! 지난주부터 이어진 폭우에 각 가정에서는 피해 없으신지 염려가 되어 안부 인사 전합니다. 서울 경기 지역에 특히 폭우가 내리면서 실종과 사망 사건까지 뉴스 소식이 끊기질 않습니다. 우리 지역에서도 침수, 고립 등의 비피해가 많았던 것으로 알고 있는데요. 다행히 어린이집/유치원은 큰 어려움 없이 잘 지나고 있습니다! 우리 00반 부모님의 가정이나 직장에도 어려움이 없으시길 바랍니다.

0~0일 사이 정말 많은 비가 내려 어린이집/유치원에서도 아이들과 많이 놀라기도 하고 걱정되기도 했답니다. 다행히 등하원 시간에는 많이 심하지는 않았지만, 교실에서만 지내는 아이들의 모습이 안쓰럽기도 합니다. 어서 비가 그쳐 예전처럼 신나게 놀이할 수 있었으면 좋겠습니다.

이번 주 어린이집/유치원에서는 시기에 맞게 폭우, 홍수 등에 대한 자연재해에 관한 안전 교육도 하고 있습니다. 아이들도 폭우가 쏟아질 때 상황을 잘 인지하고, 스스로도 조심할 수 있도록 가정에서도 함께 지도해 주세요!

우선은 00일 전후까지 비가 계속 내린다고 해서 원에서도 단단히 채비하고 있습니다! 배수관이나 하수구 등 기관의 설비 등을 꼼꼼히 점검하였으니, 걱정하지 않으셔도 되겠습니다. 우리 00반 부모님의 가정이나 직장에서도 잘 대비하시길 바라겠습니다.

폭우가 지난 후 무더위가 다시 찾아온다고 합니다. 큰 비와 이어지는 무더위에 이번 여름은 아이들에게도 어른들에게도 힘든 시간이 될 것 같습니다. 폭우와 무더위에 지치지 않도록 건강 관리에도 유념하시길 바랍니다! 어린이집/유치원에서도 아이들 건강과 안전 관리에 더욱 힘쓰도록 하겠습니다.

광복절 이후에 새로운 정체 전선으로 또 한번 폭우가 쏟아질 수 있다고 하니 각별히 유의해 잘 대비하시길 바랍니다. 감사합니다!

KEYPOINT

기관에서는 매월 안전 점검을 실시하고, 하절기/동절기에는 특별히 더욱 유의하여 점검을 합니다. 이러한 부분 역시 부모님에게 전달하지 않으면 잘 모를 수 있습니다. 기관은 아이들의 안전한 생활을 위해 항상 노력하고 관리하고 있다는 사실을 전해주세요.

79 일상 안내 + 새 학기 안내

안녕하세요! 00반 어린이집/유치원 교사 00입니다.

이번 주 무더위에 아이들이 조금은 지치지 않을까 염려했는데, 다행히 방긋방긋 웃으며 한주를 보내주었답니다.^^ 뜨거운 햇볕에 아이들이 힘들어 할 수 있어 이번 주는 대체활동을 하며 지내보았어요! 방울을 달아준 풍선을 탐색하며 즐겁게 놀이할 수 있었습니다! 어제부터 풍선의 크기를 좀 다르게 해서 추가로 제공해 주니, 더 좋아하는 모습을 보였답니다.^^

가정학습이 지나고 나니 우리 00반 친구들이 더 많이 활발하게 생활하는 것 같아요. 움직임이 전보다 커지고 민첩해 졌습니다! ^^ 놀이하며 위험하지 않도록 잘 지켜보고 있어요, 가정에서도 아이들 안전약속에 대해 함께 지도해 주세요.^^

옹알이도 많이 하고, 선생님의 이야기에 말소리를 내어보기도 하는 우리 00반이랍니다. 요즘은 00동요를 자주 듣고 있는데, 이제는 노랫소리에 맞춰 엉덩이와 어깨를 들썩이기도 해요. 정말 귀엽고 사랑스러운 00반 친구들이지요.^^

오늘은 우리 00반 친구들이 스펀지 블록 놀이에 흠뻑 빠져 놀이하는 모습이 보여졌어요! 어제 재미있게 놀이하던 동물 인형놀이와 연계해 동물 친구들의 얼굴과 몸, 꼬리등의 사진을 블록에 붙여주었더니, 이리저리 돌려가며 살펴보고 탐색하며 즐겁게 놀이할 수 있었답니다!

가장 인기가 좋았던 동물 친구는 호랑이와 토끼! 교실에 있는 동화책에 자주 등장하는 동물 친구여서인지 우리 00반 친구들이 한참을 가지고 놀이하네요.^^

선생님이 동물 머리띠를 쓰고 흉내를 내니 하하 호호 웃으며 선생님 주변에서 놀이를 합니다. 또 밀가루 반죽 놀이에도 흥미를 보였어요, 입에 넣지 않고 잘 놀이 할 수 있도록 잘 지켜보며 지도하였습니다! 가정에서도 다양한 감촉을 느낄 수 있는 오감놀이를 해주시면, 아이들의 발달에 많은 도움이 될 것 같습니다.

이번 주 우리 00반 친구들의 식사 모습을 살펴보니 야채 먹기를 꺼려하는 모습이 조금씩 보이는 듯 합니다. 억지로 권하거나 먹어보도록 유도하지는 않지만 식재료에 대해 긍정적으로 인식하고 좋은 식사 습관을 길러 나갈 수 있도록 가정에서도 함께 살펴봐 주세요.^^

우리 00반 친구들과 다음주에는 언제나 인기 최고인 동물 놀이와 함께 색물감을 활용한
놀이를 해보려고 합니다. 아이들이 놀이하며 옷이 지저분해 질 수 있으니, 평소 편하게 입는 복장을 입혀 보내주세요.^^
새 학기 준비물 안내를 드렸으니, 참고하셔서 다음주 0요일까지 보내주시면 감사하겠습니다!
그럼 우리 00반 친구들과 행복과 즐거움이 가득한 주말 되시기 바랍니다.^^
감사합니다!

80 9월의 시작 및 준비 사항 안내

안녕하세요! 00반 교사 000입니다.
9월이 되니 바람도 선선해 지고, 아이들과 뛰어 놀기에 더없이 좋은 날씨인 듯 합니다!
우리 00반 친구들 얼굴도 더 밝아진 것 같습니다.^^

이번 주는 우리 00반 친구들과 다양한 놀이를 해보았습니다. 알록달록한 작은 공을 투명한 통에 넣어보기도 하고 굴려보기도 하며 탐색하는 놀이는 가장 인기가 좋았답니다.^^
좋아하는 색의 공을 이야기 해보고, 통 안에 다른 놀잇감을 넣으며 놀이를 확장해 보기도 하였습니다.

상자로 친구의 집을 만들어 보는 놀이가 이루어졌는데, 우리 친구들 상자 집을 정~ 말 좋아했답니다.^^ 상자 집 안에서 꽁냥꽁냥 놀이 하는 모습이 정말 귀여워요.😊

집에 초인종도 달아주고, 창문도 만들어 주니, 상자집 안에서 나오지도 않고 한참을 재미있게 놀이하네요!
띵동띵동! 벨 누르며 손님 놀이도 해볼 수 있었습니다.

자동차 핸들 놀잇감 꾸미기, 거울로 반쪽 그림 탐색하며 끼적이기도 해보았어요.
미용실 놀이에 화채 만들기까지! 우리 친구들 교실에서 여러 가지 놀잇감을 활용해 즐거운 한주를 보냈습니다.^^

이번 주에 좋아했던 놀이는 다음주에도 지속해 경험해 보려고 해요. 가정에서도 다양한 놀이를 함께 해주시면 좋을 것 같아요.
놀이를 하며 여러 가지 표현도 배우고, 탐색하고 관찰하는 우리 친구들을 보면 생각 주머니도 쑥쑥 자라는 게 느껴진답니다.

바깥 놀이터에서 놀이하거나 기차놀이를 하며 산책도 해보았어요.
기차 놀이를 하며 앞 친구를 밀거나 당기지 않도록 이야기를 해주었더니, 우리 00반 친구들 놀이 약속도 잘 이해하고 지키는 모습이었습니다. 칭찬 듬뿍! 받으며 즐겁게 바깥 놀이도 할 수 있었어요. 한 학기가 지나니, 서로 위하고 배려하는 마음이 더 커진 듯 합니다.^^

우리 친구들의 어린이집/유치원 생활에 항상 응원과 관심 보내주셔서 감사합니다.
다음주도 우리 OO반 친구들과 신나고 즐겁게 보낼 수 있도록 준비할게요!

* OO반 친구들 식사시에 숟가락과 포크를 바르게 사용할 수 있도록 함께 지도해 주세요.
* 손,발톱이 길어 일과를 보낼 때 불편한 친구들이 있어요. 가정에서 한번 더 살펴봐 주세요.
* 바깥 놀이 시 입을 수 있도록 얇은 바람막이 등의 점퍼도 준비해 주시면 날씨에 따라 착용하도록 하겠습니다.
* 가을 모기가 많이 보입니다. 항상 모기기피제를 뿌린 후 놀이터에 나가 놀이하지만, 등원시에 모기퇴치 스티커 등을 옷에 부착해 주시면 도움이 될 것 같습니다.

날씨가 화창한 이번 주말도 우리 OO반 친구들과 즐거운 시간 되시길 바랍니다. 감사합니다.^^

 KEYPOINT

환절기에는 특히 감기에 많이 걸리게 됩니다. 아이들이 감기에 걸려도 가정 보육을 하지 못하고 등원을 하는 경우가 많아요. 건강 관련 안내는 놓치지 않고 해주시고, 아이들이 성장하는 모습을 칭찬해 주시는 긍정의 메시지를 전해주세요!

81 입추, 깨끗이 해요 교육

안녕하세요! OO반 교사 입니다.

입추를 지나고 나니 정말 가을이 다가온 것 같습니다. 아침 저녁으로 조금은 선선해 진 날씨입니다. 친구들과 인사를 나누고, 날씨에 대해서도 이야기를 나누어 봅니다. 요즘은 파란 하늘에 떠 있는 하얀 구름 이야기를 하는 것에 흥미를 보이는 우리 OO반 친구들이에요.^^

이번 주 우리 친구들과의 놀이 주제는 "우리 반을 깨끗이 해요" 입니다! 놀이를 통해서 일상에서 경험한 것들을 이해하고, 또 다양한 원리와 방법을 체득할 수 있어요. 다양한 방법을 체득할 수 있어요. 하나씩 가르쳐주는 것보다 흥미를 보일 수 있도록 놀이 환경을 제공하고 아이들이 자발적으로 놀이하는 과정을 지원하는 것이 중요하답니다.^^

우리 OO반 친구들과 교실에 청소 도구, 소품 등을 사용하기 좋은 미니 사이즈로 여러 개 제공해 주었어요. 집에서 엄마, 아빠의 모습을 많이 보아서인지 익숙하게 다루는 모습이 정말 귀여웠습니다.^^

수건으로 바닥을 닦거나, 선생님 흉내를 내며 책상을 닦기도 하고, 젖은 수건을 제공하니 이리 저리 끌고 다니며 놀이하기도 합니다.^^ 얇은 천 이불로 아기 인형을 재워주고, 또 업어주며 놀이한 후에는 제자리에 정리도 잘 하지요!! 놀이를 통해 정리, 정돈을 경험하다 보니 우리 00반 교실이 더욱 환해지고 깨끗해 질 수 있었답니다.

소꿉 놀이 공간을 더 넓혀 주어서, 설거지 놀이를 할 수 있도록 해주고 세탁기도 만들어 제공해 주었어요. 친구들이 놀이할 수 있도록 선생님이 모델링을 보여주거나, 사진 자료 등을 게시해 주었어요.

특히나 인기 있었던 놀이는 끈 위에 수건 널기 놀이였답니다.^^ 빨래 집게로 하나씩 집어 보는 게 재미있었 는지, 여기 저기 나무 집게로 집어 놀이하는 우리 00반 귀요미들입니다.

청소와 정리 정돈과 관련된 다양한 동요를 들려주며 놀이를 해보았는데, 우리 친구들 종이 조각, 휴지 조각 을 집게로 주워 놀이용 쓰레기통과 분리 수거함에 잘 구분해 버리는 모습을 보입니다. 처음에는 휴지든, 놀잇 감이든 종이든 손에 집는 대로 쓰레기통에 넣었던 우리 00반 친구들이 이제는 표시되어 있는 그림을 보고 구 분하기 시작했어요. 집에서도 아이들과 쓰레기를 버릴 때, 분리수거를 할 때 함께 해보시면 좋을 것 같습니다. 우리 아이들의 관찰력은 정말 뛰어나거든요!

이번 주, 생활 속에서 익숙하게 경험했지만, 보통은 어른들이 하는 과정은 간접적으로 경험했던 터라 더 흥 미를 보였던 것 같습니다. 우리 친구들이 직접 모방하여 흉내를 내는 과정을 통해 자존감도 쑥쑥 향상 되는게 느껴졌답니다.^^

KEYPOINT

오늘은 어떤 놀이를 했나요? 아이들이 일상 생활에서 배워야 하는 다양한 내용을 어떻게 경험하고 있나요? 처음에는 어렵고 낯설어 하지만, 점차 익숙해 지며 주도적으로 행동하는 모습을 전해주세요.

82 재활용품 놀이와 일상

안녕하세요! 00반 교사 000입니다.
벌써 한주가 가고 금요일이 찾아왔네요. 여름의 막바지가 되면서 낮에는 더운 듯 해도, 아침 저녁으로 시원 한 바람이 더 기분좋게 해주는 것 같습니다. 밝은 모습으로 등원하던 친구들은 씩씩하게 인사를 나누고, 물건 도 잘 정리하였어요. 왠지 오늘은 마음이 속상했던 친구들은 마음을 표현할 수 있도록 기다려 주며 선생님 품 에서 마음을 추슬러 보기도 해보았어요.

한학기를 잘 배우고 새 학기를 준비하는 기간입니다. 아이들의 학기 초 모습을 떠올려 보면 마냥 아기 같았 는데, 이제는 하루의 일과도 잘 알고 선생님과 함께 어린이집/유치원 생활을 잘 해나가고 있어 참 예쁘고 기특합니다.

　이번 주도 우리 친구들의 흥미와 관심에 따라 여러 가지 재료를 탐색하며 즐거운 놀이가 이루어졌어요! 한 달 한달이 지나갈 수록 놀이에 대한 아이디어가 샘솟는 듯 합니다.

　재활용품에 관심이 생긴 요즘, 다양한 재질과 모양의 생활용기를 제공해 주고 있는데, 이리 저리 돌려가며 두드려 소리를 내며 즐거워 하거나 끼적이기, 스티커 떼거나 붙여보기, 물건 담기 등의 놀이를 합니다. 우리 00반 친구들은 이번 주 그 중에서도 두드려 소리 내는 것, 다양한 방법으로 조합해서 새로운 용도의 도구를 만드는 것에 흥미를 보이네요.

　언제나 즐거운 부릉부릉 자동차 놀이를 하다가 우연히 종이컵으로 자동차 움직이는 시늉을 내는 친구들을 보고 함께 자동차를 만들어 보기도 하였어요. 다음에는 고무줄도 달아 주어서 더 빠르게 움직이는 모습을 보여주어야 겠습니다.^^

　이번 주말이 지나면 더 시원해 질 것 같습니다. 우리 아이들과 바깥 놀이도 실컷 하며 신나는 가을을 준비해 보겠습니다. 감사합니다. 아침 저녁으로 많이 선선해 지는 듯 하니, 우리 친구들 환절기 감기에 걸리지 않도록 잘 살펴봐 주세요! 아이들과 행복한 저녁 되시기 바랍니다.

KEYPOINT

시간이 흐르며 아이들의 놀이는 발전하게 됩니다. 아이들의 흥미와 반응에 대해 관찰하고 전달해 주세요. 가정에서는 또 어떻게 지원을 하면 좋을지 전해주시는 것도 좋습니다. 이와 관련해서 부모님은 기관에서 계획하고 운영하는 놀이 주제에 대해 이해하게 됩니다.

83 솜 놀이

00반 교사 000입니다.^^

　아침부터 무엇이 그리 재미있는지, 하하호호 웃기도 하고 선생님과 마주치면 예쁜 미소를 환하게 비추며 등원을 하는 우리 00반 친구들 모습에 매일 매일 에너지가 충전이 됩니다!

　이번 주 우리 친구들과 00을 주제로 여러 가지 놀이를 해보았어요. 방법에 제한을 두거나, 과정과 방법이 정해져 있는 수업의 형식이 아니기 때문에 아이들이 자유롭게 놀이를 확장해 나갈 수 있답니다!

　그 과정에서 아이들이 실제 몰입을 경험하고, 탐구하는 능력이 발달하게 됩니다. 무언가를 알고 기억하고 다시 반영하는 과정도 탄탄해 지는데 놀이를 지켜보면 그 모습들이 마구 드러날 때가 있어요. 바로 이번 주 "솜 놀이 시간" 이었답니다.^^

놀이에 대한 모델링을 보여주는 시간, 아이들은 선생님이 놀이하는 모습을 보고 '똑같이 따라하는 건가?'' 가 아니라 '저게 뭐지?' '나는 어떻게 놀지?' 생각합니다. (이 부분은 학기 중 계속적으로 놀이 중심 보육 환경 을 연구하고 반영하여 아이들의 생각 구조가 전환되어서 가능한 부분이랍니다! 칭찬 많~ 이 해주세요.^^)

자기 주도적으로 생각하고 놀이를 계획합니다. 물질의 특성도 여러 가지 도구 혹은 신체를 사용해 자신의 방식으로 탐색해 나갑니다. 같이 하는 놀이와 활동도 있지만 이렇게 충분한 탐색과 놀이의 시간을 자발적으로 할 수 있도록 함께 마련해 주는 경우, 우리 친구들의 놀이에 대한 만족도는 더더더 높아진답니다!
- 당연히 그 안에서 배우는 것의 긍정적인 효과는 최고라 자부합니다.^^

솜을 구겨 던지기도 하고, 뭉쳐보고 뜯어 날리기도 해보았어요. 색을 입혀 솜사탕을 만들어 솜사탕 가게 놀 이를 하는 친구들, 병원 놀이를 상상하며 붕대와 주머니 안에 집어 넣는 친구들, 눈이 왔다고 흩뿌리며 좋아하 는 친구들까지 정말 다양하게 놀이하는 모습이 보기 좋았습니다.

놀이를 마무리 하고 모두 모여 앉아서 귀여운 아가 양에게 따뜻한 솜털을 붙여주었지요.^^ 조용한 클래식을 잔잔히 들려주며 집중해 보는 시간을 가져보았습니다. 각자 자신이 꾸며준 양에게 이름도 붙여주고, 쓰담쓰담 사랑한다고 표현해 주었답니다!
아이들의 웃음 소리가 끊이지 않던 오늘, 가정에서도 꼭 한번 더 해보면 좋을 것 같아요. 큰 솜이 어려우 시다면 작은 탈지면, 화장솜 등을 놀이하는 것도 좋습니다.

우리 친구들의 상상주머니가 더욱 풍성해 질 수 있도록 내일도 즐겁고 행복한 일과 준비하겠습니다. 감사합니다!

 KEYPOINT

선생님이 아이들의 놀이에 대해 전문적으로 이해하고 지원하는 내용을 너무 어렵지 않게 정리해서 전달해 주세요. 부모님은 이 러한 내용을 통해 교사의 전문성을 알고 신뢰하게 됩니다.

84 지문 사전 등록

안녕하세요! OO반 교사 OOO입니다.

이번 주는 우리 친구들과 지문 사전 등록을 하는 날입니다. 멋진 경찰관 분들이 오셔서 우리 친구들과 인사를 나누어 보고, 미아 방지 예방을 위한 안전 교육을 해주신 후에, 지문 등록을 할 예정이에요.

매년 급증하는 영유아 실종 사고, 어린이, 학생을 교육하는 기관에서는 주기적으로 아이들의 안전을 위해 교육을 실시하고 있어요. 그 중 미아방지, 실종예방 교육도 주요한 교육 주제 중 하나입니다.

하지만, 아이들을 대상으로 교육을 충실히 실행한다고 해도 실제 상황이 발생했을 경우에는, 상황을 정확하게 알아차리고 대응하는 것이 절대 쉽지 않습니다. 상황이 전개되었을 때 힘이 없고 연약한 우리 아이들은 위험에서 빠져나오기 어렵습니다.

사전 지문 등록을 함으로써 우리 아이들에게 발생할 수 있는 사건, 사고로 부터 빠르게 대처할 수 있는 것이 필요합니다. 그런 의미에서 개별적으로 등록하는 절차에 번거로움이 있다고 판단되어 기관의 차원에서 진행하는 부분이니 적극적으로 협조해 주시기 바랍니다.

지문 등록의 대상은 18세 미만의 아동으로, 우리 어린이집/유치원에 재원 중인 모든 영유아가 등록을 하게 됩니다. (이미 사전 등록을 한 경우에는 정보 변경 사항 등의 내용이 있는지를 확인합니다.)

보내드리는 지면 자료에 내용을 기입해 주시거나, 안전 드림 어플리케이션을 통해 등록을 해주시면 됩니다. (상담 전화 : 국번없이 182) 아이들은 경찰관분들께 직접 듣는 안전 교육이 정말 유익할 것 같습니다.

질서있게 지문 등록도 잘 마무리 하겠습니다. 감사합니다.

* 해당 일 부득이하게 결석을 하게 되는 경우에는 별도로 등록을 하시거나 하반기 계획이 있을 경우 참여하실 수 있습니다.
* 기타 문의 사항은 어린이집/유치원으로 연락 주시기 바랍니다.
* 지문 등록 이전에 항상 아이들이 길을 잃거나 낯선 사람을 따라가지 않도록 생활안에서 안전 교육을 실천해 주세요! 감사합니다!

 KEYPOINT

가정에서 개별적으로 실행하기 어려운 부분을 기관에서 지원하기도 합니다. 교육적으로도 의미 있는 활동이나 행사에 대해서는 사전에 안내해 주시고 관련 내용을 요약해서 전해주세요.

안녕하세요! OO반 교사 OOO입니다.

어제 밤하늘을 밝게 비추어 준 블루문을 보셨나요? 정말 크고 밝은 달이 예쁘더라구요.^^ 우리 친구들이 얼마나 좋아했을까요?! 올해 뜨는 보름달 중 가장 크다고 하네요! 우리 친구들과 달 보고 소원 빌어 보기로 했는데, 과연 친구들은 어떤 소원을 기도했을까요?

저는 커다란 달을 보고 우리 OO반 친구들의 건강과 행복한 원생활을 기도해보았답니다.^^

(우리 OO반 친구들이 선생님의 마음을 알 수 있겠죠?^^)

아침에 등원하면서부터 "달" 이야기로 북적북적 합니다.😊 선생님이랑 이야기 나누었던 것을 기억하고,

집에서 실천했던 이야기를 하는 OO반 친구들! 바로 요즘 OO반 아침의 모습이에요! 친구들과 어디서 누구랑 보았는지, 이야기를 하는데 각자의 에피소드가 다 사랑스럽고 귀여웠습니다.😊

오늘은 우리 친구들이 여행에 흥미를 보이며 관련된 놀잇감을 활용해 여행 놀이를 해보았어요!

비닐로 된 여행 가방을 꾸며 본 후, 어린이집/유치원의 여러 가지 장난감, 인형 등을 담아 봅니다.^^

엄마 아빠와 부릉부릉 자동차 타고 여행 가는 길, 비행기, 기차를 타보았던 경험을 놀이로 표현해 보았어요. 즐거운 동요를 들으며 놀이하니 어깨가 들썩들썩 신이 납니다. 정말 여행을 간 것 처럼 놀이할 수 있도록 돗자리와 도시락 등 다양한 놀잇감을 더 준비해 주었더니, 삼삼 오오 모여서 즐겁게 놀이하네요.^^

벌써 일주일이 지나가고 금요일입니다. 매일 매일 신나게 놀이하던 우리 친구들에게 주말 동안 가족과 함께 하는 시간으로 에너지 충전하는 날들이 되길 바래요. 선선해진 가을 바람에 정말 좋은 시간이 될 듯 합니다. 여름 동안 자주 내렸던 비와 태풍 등으로 바깥 외출이 어려웠다면, 이번 주말 아이들과 산과 들로 나들이 다녀오시면 어떨까요? 자연 안에서 마음껏 뛰어 노는 시간이 되길 바랍니다. 감사합니다.^^

KEYPOINT

아이들의 경험에서 비롯된 다양한 놀이와 환경, 교사가 세심히 살펴보며 추가로 지원해준 내용 등 항상 똑같은 놀잇감, 교실에서 지내는 것이 아니라 아이들의 흥미와 생각을 존중하며 지원하고 있음을 함께 전달해 주세요.

86 봉선화 물들이기

안녕하세요! 00반 교사 000입니다. 오늘 활기가 가득한 우리 00반 친구들입니다.^^ 서로 꼭 껴안아 주며 반갑게 인사를 하고, 교실에서 놀이를 시작해 보았습니다!

우리 00반 친구들은 어떤 놀이를 좋아할까요? 매일 하는 놀이도 재미있지만, 이번에는 조금 색다른 경험을 준비해 보았어요. 봉선화 물들이기 활동이랍니다.^^ 평소 산책하며 꽃 구경 하는 것을 좋아하는 우리 00반 친구들, 지난 봄부터 여름, 가을까지 여러 꽃과 식물을 보고 이번 가을에도 꽃과 열매를 활용한 다양한 놀이를 계획하고 있어요!

계절마다 예쁘게 피어나는 꽃에 대해서 꽃 그림, 꽃 놀잇감, 꽃과 관련된 책 등을 보며 친숙한 마음을 가지고 있어서, 우리 친구들이 좋아할 거라 생각했답니다!

선생님이 예쁜 접시에 봉선화와 잎을 담아 오니 "우와! 이게 뭐에요?" 하고 눈이 동그래 져서 물어봅니다. 친구들과 하나씩 들고 냄새도 맡아 보았어요. 놀이터 옆에 심어두었던 걸 기억하고 이야기 하는 친구들도 있었습니다.^^ 봉선화 꽃잎와 잎을 찧어 보았어요. 친구들에게 작은 방망이를 주고 절구 안에 넣어 찧어 보았는데, 엄청 열심히 집중해서 방망이 질을 하는 모습이었어요! 다 찧은 봉선화 잎에 백반을 살짝 넣어 다시 한번 갈아 주고, 작은 손톱 위에 살포시 올려보았답니다.^^

혹시나 불편하고 간지러울까 조금씩만 올려주었어요. 원하는 손톱에만 올려 주기도 하구요.^^ 놀이를 다 마치고 낮잠 자기 전에 해서 크게 불편해 하지 않고 코~ 잘 자고 일어났답니다.

일어나서 하나씩 열어보니 쨔잔! 너무 예쁘네요.^^ 우리 친구들 예쁜 색으로 물들여진 손톱이 사랑스럽습니다.^^ 아이들도 스스로 만족했는지 손을 이리 저리 돌려 보네요.😊

오늘 저녁, 우리 친구들과 봉선화 꽃물 들였던 부모님의 경험도 이야기 해주시고, 우리 나라 전통, 전래 놀이 등에 대해서 이야기 나누어 보시면 아이들이 관심을 가지고 좋아할 것 같습니다! 행복한 주말 되시기 바랍니다. 감사합니다.^^

 KEYPOINT

아이들에 대해 누구보다 애정과 관심이 큰 우리 선생님! 바로 놀이에 대해 알림장을 작성하기 전에 어떤 과정에서 놀이를 계획하게 되었는지, 아이들이 어떤 것을 좋아할지 잘 알고 지원해 주시는 모습도 함께 전달해주시면 더욱 좋겠습니다.

안녕하세요! 00반 교사 입니다.^^

오늘도 밝은 모습의 우리 친구들과 반갑게 인사를 나눈 후, 일과를 시작해 보았습니다. "안녕!" "선생님, 안녕하세요!" 하는 기분 좋은 목소리에 미소가 절로 지어지는 행복한 아침이었어요.
친구들과 즐거운 동요를 들으며 놀이를 시작해 보았어요. 이제는 가을이 찾아와 알록 달록한 색으로 물든 우리 반 교실을 보고 정말 예쁘다고 표현하며 블록과 놀잇감으로 즐겁게 놀이합니다!

00반 친구들과 오늘은 목욕 놀이도 함께 해보았어요. 평소 교실에 비치되어 있던 목욕 놀잇감이 있어, 자주 놀이하고 있었던 터라 오늘 놀이 주제에 더 관심을 보이며 선생님 이야기에 집중해 주었어요! ^^

보글보글 거품을 표현한 하양 파랑 색화지의 느낌이 좋았나봐요. 이리 던지고, 저리 굴리며 즐겁게 매트 안에서 놀이 하는 우리 00반 친구들! 정말 목욕을 하는 듯한 느낌을 가득 받을 수 있었어요.^^

친구들 등도 밀어 주는데 꼬물꼬물한 손이 정말 사랑스러웠답니다. 선생님도 앉아 보라고 하는 00반 친구들 선생님도 00반 친구들 덕분에 깨끗하게 변신! 할 수 있었어요.

목욕하는 시간을 떠올려 보며 어떻게 하면 좋을 지, 왜 목욕을 하는 것이 중요한 지도 이야기 나누어 볼 수 있었어요. 즐거운 목욕송을 들으며 구석구석 몸을 닦는 시늉을 해보았습니다. 샤워캡도 쓰고, 거품 속에 놀잇감도 찾아보고, 거품을 병안에 담아 놀기도 하며 놀잇감을 다양하게 활용해 볼 수 있었습니다.

오늘도 우리 친구들과 즐거운 시간으로 마무리 합니다. 저녁 시간 목욕할 때 오늘 어떤게 재밌었는지, 살짝 물어봐 주세요.^^ 아이들 얼굴에 미소가 한가득할 것 같습니다.^^ 감사합니다!

 KEYPOINT

아이들은 놀이를 할 때 그저 손이 가는 대로, 생각이 나는 대로 자유롭게 표현하기도 합니다. 아무런 제한없이 원하는 대로 에너지를 발산할 수 있는 것은 정말 의미있는 표현이자 놀이입니다. 그 과정에서 교사는 아이들이 더욱 생생하게 놀이할 수 있도록 경험을 구체화 하여 대화를 나누거나 질문을 던져주지요. 그리고 새로운 사실을 발견하거나 이치를 알고 깨달음을 얻을 수 있도록 도와주고 계시지요! 이 내용도 함께 전해주시면 좋겠습니다.

88 가을 일상과 바퀴, 자동차 등 다양한 놀이

안녕하세요! 00반 교사 000입니다.

이제는 완연한 가을이 느껴지는 아침입니다. 친구들과 선선한 가을 바람을 맞으며 인사를 나누어 보았어요! 2학기가 시작되며, 우리 친구들이 어린이집/유치원 일과에 더 적극적으로 참여하고, 인사나 자신의 물건 정리 하기 등 기본생활도 잘 하고 있는 모습을 보입니다. 아침 등원 후 기분 좋은 동요를 들으며 하루를 시작하는 요 즘, 친구들과 놀이를 할 때에도 사이좋게 놀이하려고 노력하는 모습이 참 예쁘네요.^^

가끔 투닥이며 다툴 때도 있지만, 선생님과 함께 이야기를 나누며 함께 하는 즐거움을 배우고 있어요!

이번 주는 자동차를 주제로 다양한 놀이를 해보았습니다. 우리 친구들이 평소에도 관심을 많이 보이는 주제 여서 흥미도가 높았답니다! 선생님이 지원해 주는 다양한 놀잇감과 박스, 끌차 등의 소품과 도구로 여러 가지 놀이가 활발하게 진행되었어요!

바퀴의 모양을 탐색하다가 물감길을 만들어 보기도 하고, 종이 블록에 바퀴 그림을 붙여 새로운 자동차, 기 차를 표현하기도 했습니다. 우리 친구들의 상상력이 샘솟는 시간들이었어요.^^

매일 지나가며 보던 자동차를 실제로 가까이에서 들여다 보는 듯, 운전하는 듯 즐거워 하고 신기해 하는 우 리 친구들이랍니다! 부릉부릉 자동차 소리도 여러 가지 준비해 교실에서 들어보았어요! 박스 자동차를 타고 교실 여기 저기를 누비는 우리 친구들이 하하호호 웃는 모습이 정말 해맑고 예쁘네요.^^

바깥 놀이터에 바람개비를 들고 나가 바람을 가르며 달려보기도 했어요! 넓은 잔디 운동장을 뛰어 놀며 정 말 즐거운 시간 보냈답니다! 신발을 신고 뛰어 놀이하다가, 벗겨지자 그것도 너무 재미있었나봅니다.

개미 한마리 지나가는 것도 즐거운 이야기 거리가 되지요! ^^ 도움이 필요한 친구들은 서로 도와주며, 도란 도란 대화를 나누며 가을을 감상해 볼 수 있었어요. 날씨도 좋아 바깥 놀이를 충분히 해볼 수 있었어요!

이번 주 우리 친구들 이야기를 나누며, 스스로 할 수 있는 일을 알아보고 시도해 보고, 또 귀찮거나 하기 싫 어도 해야 하는 일이 있음을 알려주었어요. 지금 시기에 우리 친구들이 자신의 생각이 구체적이고 명확해 지 면서 가정에서도 크고 작은 실랑이가 있을 수 있을 거예요. 아이들이 상황에 대해 잘 이해하고 수용할 수 있도 록 기다려 주시고, 충분한 기회와 격려를 전해주세요!

아침 저녁으로 일교차가 큰 요즘입니다. 지난 주 가을비가 내리면서 선선한 바람이 불어 오기도 하고, 또 한 낮에는 아직 해가 뜨겁기도 합니다. 요즘 영유아 열감기가 유행이라고 합니다. 간식도 점심도 잘 먹는 우리 친 구들! 어린이집/유치원에서 신나게 뛰어놀고 에너지도 가득하지만, 방심한 사이에 아프게 될 수 있으니, 주말 에도 건강 유의해서 잘 보내길 바랍니다.^^

 **KEYPOINT**

아이들이 기관에서 다툼이 있고 생활에 어려움이 있거나 문제 행동을 보이기도 합니다. 이런 부분에 대해서 평소에 지속적으로 안내해 주세요. 부정적으로 전해지지 않도록 주의하시며, 가정에서도 협력하여 지도할 것을 당부해주세요.

89 가을, 건강 관리 및 가을 놀이

안녕하세요! 오늘 하루도 시원한 가을 바람에 기분좋게 친구들을 만나보았어요.

가을이 되며 일교차가 심해지고 있어요. 저녁이면 많이 추워져서 콧물, 감기 등으로 힘들어 하는 친구들도 많아지고 있다고 합니다. 혹시라도 기운이 없거나 피곤해 하는 친구들은 유심히 살펴가며 도움주고 있답니다! 우리 00이는 오늘은 약간의 콧물이 있었어요. 수시로 살펴보며 충분히 쉼을 가질 수 있도록 도와주었습니다. 가정에서도 한번 더 살펴봐 주시고, 가벼운 증상이 있더라도 제게 말씀해 주세요! 아이들이 건강하게 지낼 수 있도록 잘 지도하겠습니다.

오늘 우리 00반 친구들은 어제 재미있게 놀이했던 헝겊 공 놀이와 스펀지 블록을 해보았어요!
공위에 올라타 하하 호호 웃는 00반 친구들 장난치는 것도 너무나 좋아하죠^^
블록도 옆으로 길게 길게~ 높이도 쌓아보고 건너가기 놀이가 한참이나 이루어졌답니다.

참, 이번 주 주제에 맞게 오늘은 가을 열매도 함께 탐색할 수 있도록 감을 주었어요!
처음에는 낯선지 이리저리 살펴보다가 선생님이 "이건 달콤한 감이야~ 이렇게 만져도 보고 먹어도 볼까?" 하며 먼저 놀이하는 모습을 보여주었어요. 선생님을 보고는 너도 나도 다가와 달라고 하네요.😊
달콤한 맛에 흠뻑 빠져 맛있게 놀이해볼 수 있었답니다.

10월 9일은 한글날이예요.
우리 00반 친구들은 아직 어려 깊은 내용을 살펴보기 보다는 선생님이 미리 준비한 한글 모양 블록을 가지고 놀거나 틀을 찍어보았습니다.^^
어떤 놀이든 즐겁게 참여하는 우리 귀염둥이 00반 친구들!

다가오는 주말도 휴일이 있어 3일 후에 뵙겠네요. 한글날을 기념한 행사나 박물관 등에 다녀오셔도 좋을 것 같습니다.
우리 친구들 연휴 동안 가족과 즐겁고 재미있는 경험, 행복한 시간 보내고 오길 바래요.🖤

90 도서관 견학 + 이번 주 놀이

이번 주에는 도서관에 견학을 다녀왔어요! 책을 읽는 즐거움, 배우는 행복과 만족감을 가득 느낄 수 있었지요.^^ 돌아와서도 도서관을 기억할 수 있도록 교실 한 공간에 도서관 간판과 함께 평소 책놀이를 하는 공간을 좀 더 책에 집중할 수 있는 도서관의 환경을 구성해 주었어요.

동화책을 읽고 보는 소리와 웃음으로 우리 교실이 더 즐거웠던 한주였답니다.

동물 주제의 놀이는 언제나 즐겁고 재미있어요!

내가 좋아하는 동물! 힘이 가장 센 동물! 달리기가 빠른 동물!

여러 가지 특징을 문제 내어 주었더니 목이 쉴 정도로 큰 목소리로 동물 이름을 외치는 에너자이저 OO반 친구들! 친구들과 동물 흉내내며 놀이도 해보았어요.^^

평소 동물에 대한 마음과 생각, 알고 있는 내용의 깊이에 대해서도 잘 알 수 있었습니다!

"블록으로 블록으로 무얼 만들까?" 친구들과 놀이를 하다 우연히 만들게 된 블록 놀이 송!

블록을 이리 저리 돌려 모양을 찾아 보기도 하고, 블록의 구멍 사이로 친구들 보고 장난을 치기도 합니다.

블록이 그릇이 되어 음식을 담아 친구들 초대하는 친구들^^

이번 주는 특히 친구들과 힘을 모아 블록으로 멋진 집을 만드는 놀이가 계속 이어졌어요! 이제는 놀이가 금방 끝나지 않고 지속되는 모습이 보이는 걸 보니, 정말 멋진 형님이 되어가고 있는 것 같습니다.^^

한주간도 여러 가지 즐거운 일들이 많았어요!

잘 놀다가 때론 다치기도 하고, 속상한 일도 있지만, 하나씩 경험하고 해결해 나가는 방법을 배워나가는 우리 OO반 친구들을 믿고 응원하고 있습니다. 포기하고 좌절하지 않는 멋진 친구들이 될 수 있도록 남은 시간도 함께 배워나갈게요!

친구들과 행복하고 건강한 저녁 되세요. 감사합니다.

아이들이 기관 생활을 하다보면 다치기도 하고, 다툼이 나기도 합니다. 이러한 일이 생긴 후에는 항상 전달해 주시겠지만, 평소에도 이런 상황이 언제나 발생할 수 있다는 사실을 자연스럽게 전해주세요. 부모님이 더욱 유연하게 대응할 수 있습니다.

91 2학기 상담 안내

이번 주 우리 00반 친구들은 00을 주제로 놀이해 보았답니다!

예쁜 색으로 가득한 우리반 교실에서 아이들이 자유롭게 놀잇감을 탐색하고, 친구들과 도란도란 이야기를 나누어 보기도 하며 즐거운 한주를 보낼 수 있었어요.

비밀 상자 놀이와 공 놀이는 언제나 인기가 만점이랍니다.^^ 선생님이 장난스러운 표정을 지어주는 것이 재미있는지 소리내어 웃으며 몇 번 이고 해달라고 표현하기도 합니다.

오늘은 비밀 상자를 높이 쌓아 무너뜨리는 놀이도 해보았지요.^^ 우리 00반 친구들은 에너지가 넘쳐서 활동성이 넘치는 놀이를 정말 좋아해요~ 평소 즐겨 듣는 신나는 동요를 들려주니,

엉덩이를 들썩들썩하며 재미있게 놀이해 볼 수 있었어요!

친구들하고 놀이하면서 간혹 다치거나, 다투는 경우가 있어 조심해서 살펴보고 있답니다. 아직은 "함께"라는 개념이 온전히 생기는 것이 어려운 시기입니다. 가정에서도 채근하거나 다그치지 않고, 자연스럽게 어울려 지내는 시간을 배워나갈 수 있도록 지도해 주세요.

엄마, 아빠가 지시하고, 가르치는 것보다는 아이의 마음을 먼저 배려하고 기다려 주는 모습을 보여주시는 것은 아이들에게 최고의 모델링이 될 것입니다.^^

곧 2학기 상담 기간이 계획되어 있어요. 부모님들과 뵐 생각에 설레이는 마음이 듭니다.^^

우리 00반 친구들의 1~2학기의 모습을 잘 전달 드리고, 가정에서의 생활도 들으며, 아이에게 최선의 보육 환경을 제공할 수 있기를 바래봅니다.

보내드린 상담 설문지는 0월 0일까지 작성해 주시면 됩니다.

상담이 가능한 시간을 2~3개 정도 여유있게 체크해 주셔야, 어린이집/유치원 일정 및 상담 계획 등을 조정할 수 있으니, 가능한 시간을 모두 체크해 주세요.^^

*확정된 상담 일정은 개별적으로 전달드릴 예정입니다.

*우리 00반 친구들의 일상 생활 혹은 문제 행동 등에 대해 고민이 되시는 경우, 상담 설문지에 작성해 주시

면 우리 아이의 성향과 기질, 사회관계, 정서적인 부분을 고려하여 효과적으로 도움을 줄 수 있도록 상담 준비하겠습니다.^^

다음주는 우리 00반 친구들과 00 놀이를 계획하고 있어요.
가을 하늘이 너무나 예쁜 요즘, 아이들과 건강하고 행복한 주말이 되시길 바랍니다.
* 가족과 함께 지낸 주말 사진을 2~3장 보내주세요! 교실에 비치하여 자유롭게 놀이에 활용해 보겠습니다.

 KEYPOINT

아이들이 기관에 있어서 많이 다치는 걸까요? 발달 특성상의 이유와 지도 방법을 안내해 주세요. 상담 전! 부모님께 상세하게 전달해 주시면 더욱 준비가 원활하겠지요? 잘 전달이 안되어 재차 삼차 연락이 오고가는 번거로움을 없앨 수 있도록 한번에 정확히 전해주세요!

92 가을 운동회

안녕하세요! 00반 학부모님 여러분
지난 주 공지해 드린 바와 같이 00어린이집/유치원에서는 우리 아이들과 풍성한 계절 가을을 맞이하여 가을운동회를 하게 되었습니다.^^

우리 00어린이집/유치원의 친구들과 가족들이 모두 모여 마음껏 뛰고 즐길 수 있는 시간이 될 것 같습니다.

따뜻한 햇살에 시원한 바람이 부는 가을, 우리 가족 여러분과 함께 즐거운 추억을 만들 수 있기를 바래봅니다.
바쁘시더라도 귀한 시간 내 주시어, 우리 00어린이집/유치원 친구들과 행복한 하루 되시길 바랍니다.

---------------------- 안 내 사 항 ----------------------
일시 : 0000년 00월 00일 (0요일) 오전 00:00 ~ 00:00
장소 : 000 어린이집/유치원 옆 000 공원
준비물 : 간식, 물, 음료, 돗자리 등
복장 : 안내해 드린 팀별 복장을 맞추어 착용해 주시기 바랍니다.
빨강팀 : 빨강티셔츠 + 청바지 + 운동화
파랑팀 : 파랑티셔츠 + 청바지 + 운동화
----

* 해당 장소는 원에서 대관을 하는 개념으로, 쓰레기 처리 및 기타 공공장소에서 지켜야 할 기본 수칙을 준

수해 주시어, 00어린이집/유치원의 이용에 문제가 생기지 않도록 협조해 주시기 바랍니다.

* 해당 일 부득이한 사정으로 불참하게 되는 경우에는 원활한 운영을 위해 당일 오전 09시까지 반드시 연락 주시기 바랍니다.

* 최소 00가정 이상 참여가 확보되어야 진행될 수 있습니다. 많은 참여 부탁드립니다.
* 할머니, 할아버지를 위한 놀이와 게임도 준비되어 있으니, 조부모님도 초대해 주세요.^^

바쁘고 힘든 일상에서 벗어나 가족과 함께 신나게 뛰어 놀며 즐길 수 있는 시간이 될 수 있도록 준비하고 있으니, 많은 기대와 참여 부탁드립니다.^^

 KEYPOINT

기관에서 다양한 행사를 준비하고 운영하게 될텐데요. 이럴 때 가정에 주의 사항을 미리 전달해 주시면 좋습니다. 당일에는 아무래도 아이들과 함께 있다 보니, 행사에 참여한 가족들도 전달하는 내용을 정확히 기억하고 따르기 어려울 수 있으니 중요한 부분은 미리 안내해주세요.

93 낙엽놀이, 플레이콘 외

안녕하세요! 00반 교사 000입니다. 우리 친구들과 이번 주도 즐겁게 보냈답니다. 가을비가 촉촉히 적셔 주는 요즘, 바람도 더 시원하고 등원하는 우리 친구들의 표정도 하늘빛처럼 맑은 것 같습니다.^^

"오늘은 비 안와요?" 하고 묻는 친구들이에요. 오전에만 비가 오니까, 점심 먹고 나들이 다녀오자는 선생님의 이야기에 기분이 좋아서 콩콩콩 점프를 하네요.^^ 친구한테 "너는 토끼 같애." "나는 공룡이야." 하면서 순식간에 놀이로 ~^^ 아이디어가 샘솟는 00반 이랍니다.

이번 주는 가을을 주제로 다양한 놀이를 해보았어요. 가을 낙엽 그림이 가득한 교실에서 포푸리로 향기를 내어봅니다. 여러 가지 모양의 자연물을 탐색하며, 소꿉 놀이도 하고 흔들어 소리를 내어보기도 하고, 바구니에 담고 소풍을 가기도 하네요. 어떤 놀잇감이든 아이들이 자유롭게 놀이하는 순간 놀이가 배움으로 연결되고 깨달음과 생각이 깊어지게 된답니다. 그리고 그것들이 또 요소가 되어 다시 놀이를 구상하고 몰입하는 경험을 할 수 있어요!

산책을 하다보니 벌써 낙엽이 길가에 떨어져 있었어요! 우리 친구들이 나무에 매달려 있는 초록잎만 보다가

갈색, 황토색으로 변한 나뭇잎을 보고 관심을 가집니다. 선생님이 나뭇잎을 주워 바스락 소리를 내어주었더니, 따라서 구겨 보네요.^^ 재미있는지, 여러장을 겹쳐 부수어 보기도 하고 가루로 만들어 날리기도 하구요!

낙엽위에 분필로 그림을 그리고, 물도 뿌려보고, 낙엽 동물얼굴 꾸미기도 해보았습니다. 낙엽위에 종이를 대고 크레파스로 살살 문지르니 낙엽의 모양이 나타났어요! 우리 친구들이 "우와!!!" 하고 환호하며 너무 신기해 했답니다.^^ 마술을 보는 것처럼요.

고사리 같은 손으로 박수를 치고 주먹을 쥐어 보며 손놀이를 해보았어요. 우리의 손이 어떻게 생겼나 함께 살펴보며 간질간질 간지럼 놀이도 했답니다. 물감 놀이를 정말 좋아하는 우리 00반 친구들과 매트에 물감물을 뿌려두고 손도장을 찍어 보기로 했어요! 커다란 전지 위에 우리 친구들이 자유롭게 물감을 묻힌 손으로 도장을 쿡쿡 찍어 보았습니다. 발로 찍는 친구들도 있었고, 자동차를 굴려보는 친구들도 있었어요.^^
예쁘게 꾸며진 우리의 작품은 또 우리반 교실을 빛나게 해줄 것 같습니다!

아이들이 꾸민 손도장 모양 종이를 동물로 꾸며주려고 해요. 아이들이 직접 하기에는 어려울 수 있어 좋아하는 동물, 꾸미고 싶은 동물을 이야기 해보았어요! 타조, 호랑이, 토끼 등 여러 가지 동물 사진을 보고 깊이 고민하는 모습이 참 귀엽습니다.^^

플레이콘 놀이는 언제나 즐거워요.^^ 알록달록 여러 가지 색의 플레이콘을 탐색하는 것만으로도 행복한 우리 친구들, 플레이콘을 꾸욱 눌러보고 다시 부풀어 오르는 모습이 재미있었는지 여러 개를 세워 놓고 눌러 봅니다.^^

슈우욱! 소리가 나네~ 하고 이야기를 하니 선생님의 입모양을 보고 깔깔깔 웃네요.^^ 개구쟁이 00반 친구들과 플레이콘으로 동물도 표현해 보았어요. 플레이콘을 붙이는 위치가 그려져 있지만, 개성 만점 자유로운 우리 00반 친구들은 눈에도 붙이고, 코구멍에도 붙이고, 원하는 곳에 붙여 꾸미는 것이 재미있었나 봅니다. 결국에는 선생님 손등위에도 붙여주던걸요!^^ 즐겁게 참여하는 모습을 칭찬하며 우리의 동물 친구들을 완성할 수 있었어요! 미술 놀이를 통해 생각을 표현하고, 다양한 도구를 사용하며 대소근육과 두뇌 발달에 매우 도움이 된답니다. 생각을 표현하는 데에 최고! 미술 놀이를 자주 하는 우리 친구들이 모든지 적극적이고 똑똑한 이유겠지요.^^

우리 00반 친구들과 이번 주에는 자동차 만들기 시간도 마련해 보았어요. 조금은 어려울 수 있는 조립도를 보고 나무 조각을 분리해서 자동차 몸통을 구성하고 그 안에 자석과 축, 바퀴 등을 연결해 자석의 힘으로 움직이는 자동차를 만들어 보는 시간이었답니다! 자력을 이해하고, 원리를 놀이를 통해 배워볼 수 있었지요.

움직이는 자동차를 만든다는 생각에 들뜬 마음으로 모두 자리에 앉았어요. 선생님이 만들기 전 하나하나 설명해 주는데 정말 집중해서 하나도 놓치지 않으려고 보는 00반 친구들입니다. 책상 위에 재료를 하나씩 꺼내어 보고, 조립도와 번갈아 보며 재료의 이름과 만드는 과정을 살펴보았습니다. 우리 친구들 중간 중간 어려울 때면 옆의 친구에게 묻기도 하고 도움을 요청하기도 하네요.^^ 서로 협력해서 만들어 나가는 모습이 정말 기특하고 멋졌답니다. 친구들마다 시간차는 있었지만, 끝까지 노력해서 모두 완성할 수 있었어요!
정말 긴 시간을 집중해서 만든 우리 친구들을 칭찬해 주세요.^^ 모두 다 완성한 자동차는 예쁘게 색도 입히고, 번호도 적어준 후 레이싱 게임도 해보았답니다. 직접 만든 자동차라서 더 소중히 여기는 모습이네요.😊 주말에도 가정에서 자동차 놀이, 자석 놀이를 해보면 좋을 것 같습니다!

티 없이 밝은 모습으로 웃고 떠들며 작은 것에도 감사하고 기뻐하는 우리 친구들, 교실에서 놀이터에서 걱정없이 뛰어노는 우리 00반 친구들의 모습을 보고 있노라면 저 역시 마음이 순수해지고 행복해 집니다. 이번 주 여름이 지나고 가을이 왔다는 사실을 놀이를 통해 경험하고, 경험을 하며 또 다양한 놀이를 할 수 있었던 의미있는 시간들이었어요. 아이들과 예쁜 하늘과 둥둥 떠있는 구름을 보는 시간이 많아지시길 바랍니다. 즐거운 저녁 되세요.^^

KEYPOINT

주간의 놀이를 정리해서 전달해 주시며 교사의 마무리 인사말은 언제나 부모님에게 큰 힘이 됩니다. 아이들이 즐겁게 생활했던 한 주, 소소한 일상 안에서의 즐거운 일들을 전해주세요.

94 훌라후프 기차 놀이

안녕하세요! 00반 교사 000입니다.
오늘은 오후 연수로 인해 단체 알림장으로 전달드립니다. 개별적인 문의사항이 있으시다면 댓글을 남겨주세요. 내일 출근 후 답변 드리거나 연락드려 안내하겠습니다.
즐거운 화요일 우리 친구들과 시원한 바람 이야기를 하며 새 소리를 흉내내며 재미있게 인사해 보았어요. 가을을 주제로 다양한 이야기를 나누고 있는데, 요즘에는 우리 친구들이 여러 가지 새, 하늘에 대해 관심이 많답니다!

오늘은 우리 친구들과 훌라후프 기차 타보기 놀이를 해보았어요. 교실에는 공간에 제약이 있어 자주 꺼내어 놀이하기 어려운 도구랍니다. 선생님이 훌라후프를 가지고 교실에 들어서니 우리 친구들이 아주 좋아하며 다가 오네요.^^

함께 기차 동요를 들어 보고 따라 불러보기도 했어요. 칙칙 폭폭! 소리를 내며 손을 굴려 바퀴 움직이는 모습도 표현해 보고요^^ 선생님과 어떤 기차를 타볼까? 하고 이야기를 하니 돼지 기차, 무지개 기차, 딸기 기차 등 다양한 기차 이름을 이야기 하며 재미있어하네요~!

그 중 친구가 똥! 기차요! 하고 이야기를 했는데, 어찌나 재미있어 하던지요.^^ 요즘에 같이 장난 치고 이야기 하며 하하 호호 웃는 모습을 자주 보여요. (친구들과 함께 지내고 어울려 놀이하는 모습이 참 예쁘답니다.)

홀라후프 기차 놀이를 탈 때 지켜야 할 약속도 알아보고, 미리 준비해 둔 바닥의 기찻길을 찬찬히 따라가 보았지요! 우리 친구들과 행복한 기차놀이를 하며 정거장마다 기다리던 친구들을 태워주기도 하고, 교실 곳곳의 역도 둘러보았습니다. 오늘도 즐거운 활동을 하고 하원합니다! ^^ 감사합니다.

 **KEYPOINT**

교사의 업무 및 기타 다양한 사유로 알림장의 내용을 간략하게 정리해서 전달하게 된다면, 사유를 항상 기재해주세요.

95 동물 체험 – 청지렁이, 앵무새, 썬뉴코어 등

안녕하세요! 00반 교사 000 입니다. 오늘은 우리 친구들과 가을비에 대해 이야기를 했어요. 가을이 찾아왔다고 똑똑 인사를 해주는 것 같다고 표현했더니, "가을이랑 인사했어요!" 하고 대답을 하는데 얼마나 예쁜지 모르겠습니다.^^

비가 오는 날 안전에 더 유의해야 한다고 전해주며 일과를 시작해 보았어요. 자신의 가방과 물건을 잘 정리하고 놀이하기 시작합니다. 여러 가지 놀잇감을 가지고 다투지도 않고 즐겁게 놀이를 하는 우리 친구들,
정리도 열심히 함께 해보았답니다. 우리 친구들이 정~ 말 좋아하는 동물 친구들이 찾아오는 날이거든요!

오늘은 우리 친구들에게 회색앵무새와 썬코뉴어, 청지렁이가 찾아왔어요! 평소에 보기 힘든 동물 친구들을 가까이서 보는 게 처음에는 낯설고 무섭기도 했었는데, 이제는 의젓하게 잘 참여 하는 모습이 참 대견합니다!

회색 앵무새와 썬코뉴어를 먼저 만나보았어요! 선생님이 우리 친구들에게 회색앵무새와 썬코뉴어에 대한 이야기를 들려주었어요. 사진과 함께 친절하게 설명해 주신 선생님의 말씀에 집중하는 우리 00반 사랑둥이들 눈이 반짝반짝 빛이 납니다.^^
사실 새는 저도 무서워서, 조심스러웠는데 다행히 동물 선생님이 차분하게 잘 알려주셨어요. 새하고 인사를 나누어 보기도 하고, 새의 깃털도 살짝 만져보았어요.^^ 물론, 무서워 하는 친구들은 곁에서 지켜보도록 도와주었어요.

청지렁이의 등장에 모두들 깜짝 놀랄 줄 알았는데, 웬걸요! 우리 친구들 앵무새를 보았을 때 보다 더 격렬히 좋아하는 모습이었어요.😊 비오는 날, 비온 다음날 산책을 하며 지렁이를 애타게 찾곤 했는데,
오늘 원없이 지렁이들을 볼 수 있어서 좋았던 모양입니다.

우리 친구들 오늘 시간을 통해 자연의 소중함을 배우고, 동물을 아끼고 사랑하는 마음을 가져볼 수 있었습

니다. 수업이 끝난 후에도 새가 어떻게 소리를 내었는지, 어떤 색깔이었는지 정확히 기억하고 표현하네요.^^ 교실에 있던 놀잇감으로 지렁이를 만들어 놀이하기도 하구요. 내일 산책을 갈 때 지렁이가 혹시 나왔나 살펴 보아야 겠어요!

이번 주, 앵무새와 지렁이와 관련된 놀이와 그림책도 지원해 주어서 우리 친구들의 궁금증과 호기심을 충족 해 주도록 하겠습니다. 가정에서도 오늘의 즐거웠던 경험 이야기 나누어 주세요.

즐거운 하루 잘 마무리 하고 하원할께요.^^ 오늘도 행복한 저녁 되세요!

KEYPOINT

행사나 특별활동, 이벤트 등 여러 가지 기관의 프로그램이 교실과의 놀이와 연계되어, 아이들의 배움이 지속되고 확장된다는 사실을 알려주세요.

96 바퀴 놀이, 드라이브 스루

안녕하세요! 00반 교사 000입니다.

언제나 즐거운 우리 00반 친구들과 여러 가지 놀이를 하며 에너지가 가득한 시간을 보내고 있습니다. 놀잇 감을 탐색하며 선생님과 많은 대화를 나누고 있어요. 자신의 생각이나 경험을 언어로 표현하는 능력이 많이 발달하고 있음을 느낀답니다!

이번 달은 가을이라는 주제로 다양한 자연물을 탐색하며 새로운 단어들도 접하게 됩니다. 아이들과 산책을 하며, 일상을 보내며 겪게 되는 다양한 경험을 이야기로 풀어 나가는 시간을 꼭 보내시면 좋겠습니다.

우리 친구들과 바퀴 놀이를 해보았어요.^^ 바퀴 모양의 블록의 등장에 모두들 눈이 휘둥그레! 정말 재미있 겠다고 박수를 치고 친구들과 덩실덩실 춤까지 춰 보이네요.😊

친구들과 바퀴의 모양을 탐색해 보고, 색과 느낌도 이야기 해보았습니다. 우리 00반 친구들! 엄마, 아빠와 함께 차를 타고 여행 다녀온 이야기, 할머니 뵈러 기차를 탄 이야기, 비행기를 타고 섬나라에 다녀온 이야기 등 여러 가지 에피소드들이 쏟아져 나왔답니다.😊 놀이를 하며 자신의 경험을 이야기 하는 모습이 상당히 많아졌 어요. 그만큼 더 친숙하고 가깝게 느낀다는 이야기겠지요.^^

친구들과도 꽁냥꽁냥 이야기 하며 놀이할 수 있었습니다. 바퀴를 굴리다가 갑자기 높이 쌓아 보고 싶다고 이야기를 해요! 한 친구의 생각을 듣고는 모두 한마음이 되어 여기 저기서 놀던 친구들이 모여들었어요. 우리 친구들 키보다 높이 쌓아올리고는 격파! 발차기! 와르르 무너지는 바퀴 블록에 또 한바탕 웃어보았답니다.

드라이브 스루 놀이를 시도해 보았어요. 우리 친구들이 해본 경험이 있을까 하고 궁금한 마음이 들기도 했어요! 선생님이 뚝딱뚝딱 놀이 공간을 만드는 것을 보고 이미 눈치를 챈 친구들도 있었어요!
"엄마랑 할머니네 갈 때 배고파서 햄버거 사먹었어요."
"휴게소에서 가봤어요." 하며 이야기를 하네요.^^ 경험해 보지 못한 친구들도 있어, 각 공간을 함께 구경하는 듯 손님 역할을 해주며 설명해 주었어요!

선생님 말이 끝나기가 무섭게 아이들의 탐색이 시작되었어요.😊 우리 친구들의 적극성은 정말 최고입니다! ^^ 모두가 판매원을 한다고 해서, 처음에는 선생님 손님만 오는 가게가 되었어요.^^ 아이들이 선생님의 주문은 흘려듣고 마음대로 음식을 내어 주는데 정말 재미있었어요. "햄버거 한개만 주세요." 라고 했는데 햄버거를 몇 개씩이나 챙겨주기도 하고, 음료수를 달라고 하니, 감자 튀김이 맛있다고 하구요.^^

왁자지껄 우리 00반의 개성을 마음껏 발산했던 놀이 시간이었습니다.
이번 주말에 시간 되시면 드라이브스루에 한번 들러보시면 어떨까요? 우리 아이들의 이야기 꽃이 활짝 필 것 같습니다.^^

오늘도 우리 친구들과 다양한 놀이와 활동을 하며 지냈어요. 교실에서의 약속을 이야기 하고 있는데, 간혹 놀이하다 잊을 때가 있어서, 자주 이야기를 나누고 있답니다.

우리 00반 놀이 약속
1) 교실에서 뛰면 넘어질 수 있어요.
2) 바른 말, 고운 말을 사용해요
3) 내 물건, 놀잇감을 정리할 수 있어요

친구들이 잘 기억할 수 있도록 가정에서도 함께 이야기 나누어 주세요! 감사합니다.^^

 KEYPOINT

매 달 새롭게 계획되는 놀이의 의미와 가정에서의 지도 방향, 그리고 기관에서 함께 지켜야 할 약속 등에 대해서 전해주세요. 가정에서 충분히 관심을 가지고 지도한다면 가정과 기관의 연계도 체계적으로 이루어지며 상호보완의 관계가 형성됩니다. 그리고 아이들의 원 생활에도 분명히 도움이 됩니다.

안녕하세요! 00반 교사 000입니다.

벌써 가을 한달이 지나가고 추석을 앞두고 있네요. 여름 물놀이를 하며 매일 신나게 지내던 날들이 그립기도 합니다. 이제는 시원한 날씨에, 아이들 옷차림도 달라졌어요.^^

1학기를 보내고 2학기가 되면서 우리 친구들이 성장한 모습을 보고는 한번씩 깜짝 놀라기도 한답니다.
가정에서의 우리 친구들은 어떻게 지내는지 궁금해요. 명절이 다가오니 어린이집/유치원에서도 즐거운 한가위 행사를 계획하고 있어서 분주한 분위기에요. 어린이집/유치원을 가을빛으로 물들인 듯 예쁜 모습에 아이들도 덩달아 행복해 합니다.^^

"오늘은 무슨 놀이해요?" 하고 묻는 우리 친구들, 이제는 언제나 밝은 모습으로 자기 표현도 잘하고 즐겁게 지내고 있어요. 의젓한 모습을 보다 보면 3월 학기 초의 앳된 모습이 떠올라 미소가 지어집니다.

이번 주도 우리 00반 친구들 에너지 넘치는 한주 보냈습니다. 가을 비가 지나고 나니, 하늘은 더 맑아지고 예뻐졌어요. 아이들과 꾸민 구름 모빌이 살랑살랑 흔들리는 교실에서 여러 가지 즐거운 놀이를 해볼 수 있었습니다.

교실에 새롭게 찾아온 가을 놀잇감을 탐색하는 우리 친구들과 이번 주에는 가을 열매 카드를 가지고 놀이하는 시간이 많았습니다. 아이들이 잘 알고 친숙한 열매도 있고, 새로 알게 된 열매들도 있었지요.^^
아이들이 카드를 보고 이름을 말하거나, 카드의 모양을 보고 뒤집어 놀이하며 지냈어요!

평소 악기놀이를 좋아하는 우리 친구들과 가을 동요를 들으며 지내고 있어요. 선생님이 새로 만들어 준 열매 마라카스에 흥미를 보이는 모습을 보여 함께 만들어 보고 싶은 것 같아, 만들기 재료를 준비해 주었어요! 우와! 우리 친구들 솜씨가 이렇게 좋았을까요?^^ 신이 나서 병 속에 열매를 하나씩 쏘옥! 넣어보고 겉면에 알록달록 예쁘게 색도 칠해 주었답니다. 다 만들고 스스로도 만족했나 봅니다.😊
이리 저리 돌려 보며 즐거워 하는 모습이었어요.

'찰찰찰' 하는 소리가 참 듣기 좋아서, 교실에서 놀이하며 흔들어 놀이해 보았습니다! 가정에서도 아이들이 악기 등 소리를 내어 놀이할 때 항상 관심 가져 주시고 격려해 주세요! 청각을 자주 사용하며 놀이하는 것은 정말 도움이 되거든요. 시끄러운 소리라고 여겨 소리 놀이에 흥미와 주의력이 높아지고, 기억력도 강화된답니다.^^ 뿐만 아니라 언어 능력 발달에도 최고!

아이들과 기분 좋은 바람을 맞으며 공원도 다녀와 보았습니다. 우리 동네의 곳곳을 지나가며 어떤 곳인지, 간판에는 무엇이 그려져 있는지 이야기도 해보았어요. 우리 00반 친구들 자주 다닌 길이라 익숙하게 이야기를 나누며 산책하고 돌아왔어요. 00공원에 도착해서 공원 둘레길을 걸어가면서 예쁘게 핀 들꽃과 코스모스도 구경했어요!

이번 주에는 환경 지킴이 부모님도 찾아오셨답니다. 어린이집/유치원에서 우리 친구들은 ESG에 대해 잘 이해할 수 있도록 놀이와 활동 등을 통해 경험하고 배우는 시간이 있어요.

여러 가지 환경 보호 활동을 계획하고 실행하며 지내고 있기에, 부모님이 오시는 것에 더 관심을 보였어요.

우리를 위해 거리를 깨끗이 해주시는 부모님께 감사 인사도 전해 드리고, 형님반 친구들은 환경 지킴이 부모님과 함께 쓰레기도 주워보았습니다.

부모님의 모습을 보고 우리 친구들 더 좋은 시간이 되었습니다.^^

함께 해 주신 부모님 감사합니다. 그리고 항상 응원해 주시는 부모님께도 감사의 말씀 전합니다.

행복한 저녁 시간 되세요!

 KEYPOINT

요즘에는 부모님, 조부모님과 함께 하는 행사나 활동이 많아졌습니다. 기관에서 어떤 의도를 가지고 행사를 운영했는지, 아이들은 어떻게 참여했는지 전해주세요. 그리고 이러한 행사 등을 운영하는 가운데 맞벌이 가정이나 기타 다양한 상황 등으로 참여가 매번 어려운 가정도 있게 되므로, 부모 참여에 대해 전달을 하실 때에 이러한 부분도 감안해서 함께 인사 전해주시면 더욱 좋겠습니다.

98 한복 패션쇼

짜잔! 한복을 입고 멋지게 변신한 우리 00반 친구들! 모델이 따로 없네요.^^ 썬글라스에 모자, 스카프까지 두르고 꽃단장을 해보았답니다. 한복을 입은 것만으로도 기분이 좋은 00반 사랑둥이들은, 치마를 살포시 잡고, 두루마기를 휘두르며 교실을 어슬렁 어슬렁 걸어다닙니다.^^

선생님이 만들어 준 옛날 부채도 흔들어 보이며, 즐겁게 놀이해 보았어요. 서로 역할 놀이를 하면서도 하하호호 즐거워 합니다.^^ 포토존 앞에서 찰칵! 배경까지 멋지게 우리 친구들을 비춰주네요.^^ 개구진 표정을 하기도 하고, 브이~ 하며 옆 친구들의 얼굴과 모습을 한번씩 둘러보기도 합니다.😊

이 순간이 너무 즐거운 듯 밝게 웃는 우리 00반 친구들이 정말 사랑스럽고 예쁩니다.^^ (우리 어린이집/유치원에서 우리 00반 친구들의 패션 센스가 최고였던 것 같아요.😊)

역시 비주얼이 되니, 그런 것이라 생각하며^^ "최강 미모를 자랑하는 우리 00반이구나!" 하고 이야기를 하니 점프점프를 하며 선생님에게 뛰어와 안겨주네요! 오늘도 즐겁고 재미있게 한복입고 놀이해 보았답니다.

다 입고 난 한복은 자리에 모여 앉아 개어서 정리하는 것도 배워보았습니다. "어려워도, 잘 못해도 괜찮아 ^^" 하는 모습 자체가 너무 멋진 우리 친구들, 본인 스스로도 뿌듯한지 어깨를 으쓱이는 귀염둥이들이에요.^^

오늘은 한복 패션쇼 행사를 통해 우리 친구들이 우리 나라 전통 의상에 대해 관심을 가질 수 있게 되었던 시간이었습니다. 조금은 불편한 듯 해도, 한복만의 멋스러움은 그 어느 나라의 전통 의상과 견주어도 손색이 없는 것 같습니다. 우리 친구들이 오늘 활동을 하며, 우리 나라에 대한 자긍심을 가지고, 앞으로 우리 나라의 미래로서 멋지게 성장해 나갈 수 있기를 바라고 응원합니다.

오늘도 즐겁게 참여해준 우리 친구들, 정말 멋졌습니다! 아이들과 하원하며 재미있었던 오늘 이야기를 나누어 주세요. 감사합니다.

 KEYPOINT

아이들이 성장하며 우리 기관, 우리 반에 대한 소속감을 느끼게 되고, 더불어 우리 선생님과 친구들에게 는 좀 더 특별한 애정을 가지게 됩니다. 부모님도 이러한 과정에 함께 할 수 있도록 "내 아이"가 속한 "우리 반"에 대한 메시지를 한번씩 전해주세요. 자녀가 속한 반에 관심을 가지게 될수록, 자녀의 반 대한 애정이 생기고, 반 운영에 대한 협조와 이해가 좀 더 수월해 지게 됩니다.

99 추석 + 전래 놀이와 송편 만들기

벌써 추석입니다.

우리 나라의 대 명절인 한가위 추석에 대해 이번 주에 다양한 놀이와 활동으로 알아보고, 경험하고 있어요. 우리 나라의 전통을 사랑하고 잘 배워나갔으면 하는 마음이랍니다. 선생님이 이번 주 전래 동화책과 전래 동요를 자주 들려주고 보여주니, 더 관심을 가지고 참여하는 모습입니다. 친구들이 지난 해 추석을 떠올리며 이야기 하기도 하고 설에 대해서도 표현해 주었어요. 우리 나라의 여러 명절과 전통 문화에 대해서 알아보는 시간 동안 아이들의 생각을 많이 알아볼 수 있었습니다!

추석 맞이 행사로 우리 친구들과 햇님 달님 동화를 떠올려 보며 다양한 놀이를 해보았어요. 호랑이 입속에 송편을 쏘옥~! 하나씩 던져주며 재미있어 했답니다. 친구들과 팀을 짜서 줄다리기도 해보았어요. 동화책에 나오는 동앗줄 줄다리기라고 하니 끊어지지 않을까 조심조심 잡아 당기더라구요^^ "괜찮아! 이건 썩은 동앗줄이 아니란다!" 하는 이야기에 그제야 안심하고 영차!영차! 흥미 진진한 게임이었어요.😊

호랑이손과 엄마손을 구분해 뒤집기 활동도 해보고 탈 목걸이를 만들어 보기도 했어요. 장구도 쳐보고, 우물 안에 있는 비타민 젤리를 찾아 올려보기도 하구요.^^ 동화책 주인공이 된 듯 즐거운 시간이었어요!

햇님 달님의 남매가 호랑이에게 잡아먹힐까 걱정하는 모습이 어찌나 사랑스러운지요.^^ 호랑이가 등장하는 이야기를 듣고는 깜짝깜짝 놀라서 친구들과 어떻게 해야 할지 고민하기도 해요! 참기름을 바르는 모습을 보고는 "안돼!" 하고 소리지르며 몰입하는 모습도 보여주었어요.

우리 나라의 각 명절마다 계절에 맞는, 의미있는 음식을 먹는다는 사실을 잘 알고 있는 우리 친구들과 이야기를 나누어 보았어요. 지난 설에 떡국 먹은 이야기를 하며 형님이 되었다고 자랑을 하기도 합니다. 추석에 했던 다양한 전통놀이를 보고, 직접 해보고 싶다고 해서, 놀이터에서 강강수월래도 해보고, 시소도 타보았어요! 제기 차기는 끈을 매달아 주었더니, 우리 친구들이 재미있어 하며 즐겁게 가지고 놀이했어요! 선생님이 시범을 보여주는데 두 번 밖에 못차고 떨어뜨렸더니, 엄청 재미있어 하며 박수를 치며 좋아했답니다.^^
송편을 만들어 보자고 하니, 우리 친구들 "손부터 씻어야 되요!" 하고 이야기를 하네요.^^ 앞치마를 입고 머릿수건을 두른 후, 전래 동요로 손유희를 해보았어요. 우리 친구들 전통 가락에도 흥미를 보이는 모습이랍니다.^^

송편을 만드는 방법을 설명하며 우리 음식 문화에 대해서도 이야기 나누어 보았습니다. 우리 친구들 흥미를 보이며 송편 반죽을 손 위에 올려 펴봅니다. 고사리 같은 손으로 꼬물꼬물 속을 담아 보았어요.
달콤한 흑설탕은 입으로 들어가기 바빴어요.😄 콩과 밤, 송편 소를 하나씩 탐색하고 송편 반죽 안에 넣어 보았습니다. 익반죽으로 활동을 해서 만들면서 먹어볼 수 있었는데, 우리 친구들 정말 맛있다고 표현합니다. 가정에도 보내드리니 우리 친구들과 함께 맛있게 드세요.^^

이번 주는 0일만 함께 지내서 더 짧고 아쉬운 것 같아요. 그래도 선생님과 함께 하는 놀이에 언제나 진심인 우리 친구들, 정말 즐겁게 참여해 주어서 더 뿌듯했던 한주였답니다. 전래 동화와 동요를 들어보며 새로운 경험도 할 수 있었어요. 자주 들려주고 함께 해보아야 겠습니다.^^ 집에서도 다양한 인물들이 등장하는 전래 동화를 함께 읽어봐주세요! 아이들이 즐겁게 볼 수 있도록 대화도 나누어 주세요.

이번 추석은 대체 공휴일로 평년의 명절보다 더 긴 연휴가 되었어요. 가족들과 오랜만에 모두 모여 여유있는 시간을 함께 보내시길 바랍니다. 풍성한 한가위 되시길, 건강하시고 남은 한 해 마음도 풍요로워 지시길 기도합니다. 연휴 즐겁게 지내고 건강한 모습으로 만날께요! 우리 친구들, 즐거운 추석 보내고 다시 만나요.^^ 감사합니다!

KEYPOINT

아이들과 함께 하며 하는 활동에 대해서 새롭게 추가된 내용을 간단히 전해주시고, 이어서 계획하는 내용을 알려주세요. 가정에서도 함께 할 만큼 주제를 추천해 주시는 것도 좋습니다.

안녕하세요! 00반 교사 00입니다. 내일 부터는 추석 연휴가 시작됩니다. 가족 여러분도 추석 명절 잘 준비하고 계신지요.^^

마냥 어린 듯한 우리 친구들도 연휴인 걸 알고, 들떠 있는 모습이네요! 등원하면서부터 추석 계획을 이야기하네요.😊 오랜만에 할머니댁에 다녀올 거라고 이야기를 하기도 하고, 비행기를 타고 여행을 간다고 자랑을 하며 좋아해요!

가을이 되어 교실에 가을 나뭇잎, 열매 모빌을 달아주어, 우리 친구들이 자주 보고 좋아하고 있어요.^^ 이번 주에는 다양한 가을 열매에 대해 알아보고 놀이할 수 있도록 가을 열매 카드와 실물 자료를 지원해주었답니다. 평소에 자주 이야기 하고 볼 수 있던 열매들도 있었고, 마트에 가서 보았던 열매도 있었어요.

외국의 과일 그림도 제공해 주었는데, 신기해 하며 관심을 보이기도 합니다.^^ 열매 카드를 보며 함께 이름과 맛, 냄새 등을 이야기 나누어 보았어요. 우리 친구들은 이번 주 자주 가지고 놀이하고 탐색하며 이제는 먼저 이름을 말하고 먹어보았던 경험을 표현하기도 합니다! 가을 열매 실물 자료는 주중에 계속 지원을 해주었어요. 과일 껍질을 만져보고 향을 맡는 선생님의 모습을 보고, 따라 하는 모습이 정말 사랑스럽습니다.^^ 함께 소꿉놀이 그릇과 도구를 이용해 놀이해 보았어요. "냠냠 맛있게 먹어~" 하고 친구들과 그릇에 담아 주며 실제 맛도 볼 수 있었던 재미있는 시간이었습니다.

그 중 도토리와 땅콩의 인기는 최고! 귀여운 다람쥐가 좋아한다고 하니, 다람쥐 흉내를 내네요.😊
도토리 동요를 들으며 즐겁게 놀이해 보았어요. 대나무 바구니 안에 도토리와 땅콩을 넣고 분류해보았습니다. 우리 친구들 역시! 이름과 모양, 색을 잘 알고 분류해 볼 수 있었어요. 숫자를 세어보기도 하고, 도토리처럼 냠냠 땅콩 껍질을 까서 먹어보았습니다. 처음에는 잘 되지 않아 선생님이 도와주었는데, 선생님이 껍질을 까는 모습을 보고는 금세 배워서 스스로 하는 친구들도 있었답니다. 놀이를 하며 견과류가 우리 몸에 좋은 이유도 이야기 나누어 보고, 산에 떨어져 있는(숲체험 하면서 자주 보았던) 도토리를 많이 주워서 가지고 오면 다람쥐가 먹을 것이 사라진다는 이야기도 할 수 있었어요.

어린이집/유치원 놀이터와 산책을 하며 솔방울도 주워보았어요. 우리 어린이집/유치원 주변의 대추 나무, 감나무 등을 보며 가을에 열리는 열매에 대해 실제로 보게 되어 아이들이 더 신기해 하였답니다.^^
평소에는 그냥 지나치던 나무들도 새롭게 보이는 지 "이건 무슨 나무에요?" 하고 물어보기도 합니다.
천 가방에 가득 담은 솔방울을 교실에 가지고 와 작은 솔로 먼지도 닦아 주는데 친구들이 관심을 보여 함께 닦아 보았어요. 작은 일도 재미있어 하는 우리 귀염둥이들^^ 양치하는 것 같다고 좋아하면서 재미있게 솔방울 사이사이도 닦아 보았어요.😊 도토리, 땅콩이 들어있던 바구니에 솔방울까지 넣자 한가득~ 풍성한 한가위 분위기가 물씬 났네요. 덕분에 자연스럽게 우리 명절 추석에 대해서 또 한번 이야기해보고, 전래 동요를 들으며 즐겁게 솔방울 놀이도 할 수 있었습니다. 데구르르 굴러가는 솔방울이 재미있는지 몇번이나 굴려보기도 하고, 솔방울에 색물감을 칠하거나, 눈알스티커를 붙여 인형을 만들어 보기도 했습니다.

이번 주 짧았지만 다양한 가을 놀이를 하며 보낼 수 있었어요. 우리 친구들과 올 추석은 자연과 더 가까워 지는 시간이 될 수 있었으면 좋겠습니다. 긴 연휴동안, 건강하고 즐겁게 잘 지내고 만나길 바랍니다. 감사합니다.^^

 KEYPOINT

아이들이 함께 했던 놀이 중 새로운 주제의 교육 내용과 반응을 전해 주시면 좋습니다. 주중에 연계할 내용도 함께 기록해 주세요.

 **추석 연휴 중간 인사말**

안녕하세요! 00반 교사 000입니다.

추석부터 연이은 휴가를 잘 보내고 계신지 궁금합니다.^^ 매일 마주하던 우리 친구들이 가족과 함께 어떻게 지내나 궁금한 마음에 살짝 인사드려 봅니다.^^

풍성한 한가위, 소중한 추억 만드셨는지요.^^ 우리 친구들과 추석에도 건강하고, 즐겁게 잘 지내자 꼭꼭 약속하였는데, 모처럼 여유있는 일정에, 가족과 하는 시간이 즐거워 너무 늦게 자거나, 충분히 쉬지 못해 피곤해 하진 않을까 싶은 마음도 들어요.^^ 다시 기관에서 건강하게 지낼 수 있도록, 오늘은 일찍 자고 컨디션 회복하여 만날 수 있기를 바랍니다!

우리 00반 친구들, 이야기 보따리 한아름 풀어놓을 듯 합니다. 재미있게 지낸 이야기 전하고 싶은 마음에 밝은 미소로 가득한 얼굴로 등원할 것 같아요.^^ 오랜만에 등원하느라 피곤하거나 부끄러운 마음을 가질 수도 있겠지만 오늘 자기 전 격려해주시고, 또 즐거운 원 생활 응원해 주시면 잘 할 수 있을거에요!

아이들과 추석 연휴에 보낸 시간 예쁘게 담은 사진이 있다면 알림장으로 2-3장 보내주세요! 새로운 주간 즐거운 놀이에 활용하려고 합니다. 우리 친구들과 다시 만날 내일, 더 밝고 건강한 모습으로 인사나누겠습니다.

가족 여러분도 남은 휴가 편안하게 잘 보내시길 바랍니다. 감사합니다.^^

KEYPOINT

연휴나 주말 이후 아이들의 기관의 생활을 잘 이어나갈 수 있도록 격려와 응원이 메시지, 가정에서의 지원을 간단히 작성해 주세요. 가정에서 준비할 수 있는 놀이 준비물 안내를 해주세요. 특히 아이들이 경험한 것에서 비롯된 사진이나 이야기 등은 새로운 놀이의 시작에 도움이 됩니다.

안녕하세요! 00반 어린이집/유치원 교사 000입니다. 곧, 우리 나라 최대의 명절 추석입니다.

가족과 함께 즐거운 추석 연휴 계획하고 계신가요? 한편으론 태풍으로 인해 걱정이 많으실 거라 생각됩니다. 부디 큰 피해 없이 잘 지나가길 바라며 추석 연휴에는 온 가족이 모여 풍요롭고 여유가 넘치는 한가위가 되시길 기원합니다. 근심과 걱정은 잠시 잊으시고 즐거운 명절이 되었으면 합니다.

어린이집/유치원에서는 우리 아이들과 우리나라의 전통과 추석과 관련된 다양한 놀이와 경험을 해보려고 합니다. 아이들과 뜻깊은 시간이 될 수 있을 것 같습니다!
예절교육, 전통놀이, 송편만들기 등등 우리나라에 대한 자긍심과 사랑을 키워나갈 수 있을거라 생각됩니다.^^

추석을 맞이하여 그동안 우리 어린이집/유치원에 애정과 관심 표현해 주시며 함께 해주신 부모님들께 다시 한번 깊은 감사의 마음을 전하며 선물과 관련하여 당부의 말씀 전합니다.

본 어린이집/유치원에서는 명절 및 기념일 등에 부모님으로부터 현물이나 선물을 받지 않고 있습니다. 응원해 주시며 믿음으로 아이들을 맡겨 주시는 부모님들의 마음이 가장 값지고 귀한 선물이라 생각합니다. 따뜻한 말 한마디 인사만으로도 저희 교직원은 부모님의 마음을 느낄 수 있답니다!
명절을 맞이하며 감사의 마음을 표현해 주시고자 하는 뜻을 잘 알고 있습니다만, 본 원의 운영 수칙을 잘 이해해 주시고 적극 협조해 주시기 바랍니다.
일일히 다 만나 뵙고, 인사 드리지 못할 수 있어, 이렇게 알림장으로나마 마음을 담아 인사를 전합니다.

마음까지 넉넉해 지는 풍성한 한가위 되세요. 감사합니다.

 KEYPOINT

추석 등 명절이 되면 기관에 선물을 보내오시는 경우가 많습니다. 물론 감사한 마음은 누구보다 잘 알지만, 간혹 과해지기도 하고 불편한 오해가 생기기도 합니다. 선물은 정중히 사양하는 기관의 문화가 있다면 위와 같이 작성해 전달해 주셔도 좋겠습니다.

103 한글날

안녕하세요! 00반 교사 00입니다! 이번 주는 주초에 추석 연휴가 있어 더 시간이 빨리 지나갔어요. 아이들과 웃고 떠들며 시간을 보내고 나니 벌써 금요일! 금방 주말이 다가왔네요.^^ 우리 친구들 느슨해진 루틴을 다시 규칙적으로 회복하는 시간이 되기를 바랍니다.^^

적절한 쉼과 휴식은 우리 친구들의 건강과 성장에 도움이 됩니다. 또한 두뇌 활동에도 큰 영향을 미치니, 아이들이 너무 피곤하지 않도록 이번 주말~ 연휴에 좀 더 살펴봐 주세요!

이번 주 우리 친구들과 다양한 놀이를 하며 지냈어요. 지난 추석 가족과 함께 보낸 일들을 떠올리며 상상 놀이를 하는 친구들이 있었어요. 맛있는 걸 많이 먹고 와서인지, 음식 놀이, 소꿉 놀이가 많이 이루어졌어요. 붕붕 차를 타고 여행을 다녀온 친구들은 자동차 놀이, 캠핑 놀이를 하기도 하고요^^ 놀이를 하는 모습을 통해 우리 친구들의 행복했던 연휴를 알 수 있었답니다.

이번 주는 새로운 놀이를 하는 것보다 지난 주와 연계되어, 그리고 우리 친구들의 생각을 자유롭게 표현하며 놀이할 수 있도록 편안하고 안정감 있는 시간들로 계획해 보았어요.
아이들이 궁금해 하는 것들은 언제나 즐거운 놀이의 주제가 되지요! "선생님 감이 왜 떨어졌어요?" 하는 질문에, 우리 친구들의 관심이 자연스레 "가을의 열매, 나무, 나뭇잎, 동물" 등으로 확장되어 가는 것을 알 수 있었습니다.

마침 이번 달 우리 친구들과 놀이하면 좋겠다 생각했던 주제여서 미리 준비했던 놀이 자료나 책도 함께 살펴보며 즐겁게 놀이해 볼 수 있었습니다.

시원한 가을 낮, 이번 주는 우리 친구들과 산책하기에 더없이 좋은 날씨였어요. 햇빛이 쨍한 낮에도 시원한 바람이 불어 땀방울을 닦아내어 주는 듯 했거든요^^ 아이들과 산책을 하며 우리 동네의 나무도 구경하고, 길고양이와 인사도 나누고 소소한 일상이 정말 즐거웠습니다.

주말이 지나고 10월 9일은 세종대왕이 한글을 창제한 것을 기념하는 한글날입니다. 우리 나라의 자랑스러운 한글의 가치와 중요서을 기리기 위한 날입니다. 우리 친구들의 이름을 따라 쓰거나 끼적이기도 해보고, 그 위에 알록 달록 예쁘게 사진과 스티커로 꾸며보았습니다.
놀이를 하며 자연스럽게 한글을 눈에 익힐 수 있었습니다! 내 이름과 친구의 이름을 비교해 보기도 하고, 무엇과 닮았는지 탐색하기도 하구요! 간단한 놀이 였지만, 우리 친구들에게는 배움의 기회가 있는 좋은 시간이었어요.

우리 친구들이 우리 나라에 자부심을 느끼고 우리 한글과 우리의 문화를 존중하고 자랑할 수 있는 시간이 될 수 있도록 아이들과 기념이 될만한 활동을 해보시는 것도 좋을 것 같아요.
한글날을 기념하는 문화행사나 기관, 박물관의 관람도 즐겁겠습니다! 가정에서도 한글로 할 수 있는 말놀이, 초성 퀴즈, 외래어 쓰지 않기 등 다양한 놀이로 우리 말의 소중함을 느껴보는 건 어떨까요?

우리 친구들이 긴 연휴 후에도 잘 적응해 주고, 더 의젓한 모습으로 참여하는 모습이 참 예쁘고 고맙습니다. 한글날을 포함한 0일간의 연휴, 가족과 함께 뜻깊은 시간이 되길, 즐거운 일들이 가득하길 바래봅니다.^^ 감사합니다!

KEYPOINT

매 월 다양한 기념일과 국경일이 있어요. 기관에서 관련하여 교육을 하고 놀이를 경험하게 됩니다. 이러한 내용을 함께 정리해 전달해 주시면, 기관의 교육적 활동에 부모님이 신뢰하고 프로그램에 대한 이해와 협조에 도움이 됩니다.

104 가을 활동, 낙엽 놀이

00반 교사 000입니다.

안녕하세요! 긴 연휴들이 지나고 이제 본격적으로 가을 맞이 놀이를 시작하려고 합니다. 가을 색으로 점점 물드는 주변도 자주 둘러보려고 해요.^^ 등원하며 예쁜 나뭇잎을 살펴보고 오자고 이야기 한 것을 기억하고, 우리 친구들이 나뭇잎, 나뭇가지, 예쁜 돌멩이 등 여러 자연물을 주워 왔어요! 선생님 이야기도 잘 기억해 주는 똑똑이 00반 친구들^^ 즐겁게 일과를 시작해 볼 수 있었어요.

우리 친구들이 가지고 온 자연물을 대바구니에 넣고 자유롭게 놀이할 수 있도록 지원해 주었어요. 목공풀과 꾸미기 재료로 예쁘게 자연물 꾸미기 놀이도 하고, 털실에 꿰어 목걸이, 팔찌, 모빌도 만들어 보고요^^
아름다운 계절 가을을 여러 가지 놀이로 경험해 볼 시간들이 기대가 됩니다.^^

알록 달록 예쁜 종이 낙엽을 준비해 주었어요. 커다란 나무를 여러 그루 그려 주어 우리 00반 교실에 붙여두고, 친구들이 자유롭게 꾸며볼 수 있도록 지원해주었 답니다.
그림을 탐색하고 놀이를 하는 과정을 통해, 나무마다 나뭇잎, 나뭇가지, 나무 그루의 모양이 모두 다르다는 것도 자연스럽게 알 수 있었어요.

"이건 00색이네?!"
"이건 별모양이다!"
"여기 도토리도 있어!"

종이 낙엽 사이에 작고 귀여운 자연물도 숨겨두었어요.😊 보물 찾기를 하듯 즐겁게 놀이하는 우리 친구들 어느 새 우리 반 교실이 가을 나무로 멋지게 꾸며질 수 있었답니다. 나무마다 아이들만의 이야기가 담겨져 있어, 또 다르게 꾸며진 것도 알 수 있었어요. 무작정 붙이고 꾸민 것이 아니라, 아이들이 생각하고 상상하며 활동을 할 수 있었답니다. 선생님과 멋지게 완성된 나무를 함께 보고 이야기를 나누어 보기도 하였어요.

가을 낙엽으로 나무 꾸미기 외에 다양한 놀이도 해보았습니다. 우리 친구들이 좋아하는 동물 얼굴 도안에 예쁘게 꾸며보았지요. 각자 좋아하는 동물 친구를 고르고, 예쁜 색과 모양의 나뭇잎 도안으로 꾸며주었어요. 귀를 붙여 주기도 하고, 줄무늬를 만들어 주기도 하고, 엄마의 목걸이, 아빠의 넥타이, 점점 다양하게 꾸며지는 동물 모습이 재미있고 즐거웠습니다.^^ 역시 우리 친구들의 상상력은 대단한 것 같아요! 아이들을 칭찬해 주며 함께 놀이하다 보니, 어느새 동물 얼굴이 확장되어 동물의 몸을 꾸미게 되고, 동물들이 모여 사는 동산이 되었어요! 00반 동산으로 크게 배경을 만들어 그 위를 동물 친구들로 꾸며 주었어요.^^

단풍잎 도안 뿐만 아니라 다양한 색과 모양의 나뭇잎, 열매, 자연물의 도안을 제공해 주어, 동물 외에도 동산을 꾸며보는 놀이로 확장이 되기도 하였습니다. 시간이 가는 줄 모르고 우리 친구들 집중하는 모습이 정말 멋졌습니다! 놀이하는 사진 가정에서 함께 보고 우리 친구들 칭찬 많이 해주세요.^^

낙엽 도안을 활용한 놀이를 다양하게 준비해 주었어요. 우리 친구들, 선생님이 계획한 놀이 외에도 스스로 탐색하며 자유롭게 놀이에 활용하는 모습이 인상적이었습니다.^^ 오늘은 우리 친구들과 낙엽을 던지고 받아 보는 놀이도 해보았어요. 천정에 매달아 둔 낙엽 모빌을 흔들어 보기도 하고, 바람을 만들어 날려보기도 하며 관심을 가져보았습니다.

몇몇의 친구들에게 높은 곳에서 낙엽을 떨어뜨려 주었더니, "우와~" 하며 낙엽을 하나씩 잡으려고 두 손을 모아 따라다녀요! 즐거운 놀이에 친구들도 관심을 보이며 함께 해볼 수 있었어요. 선생님이 날려주지 않아도 서로 힘을 합쳐 날려 보기도 하고, 종이컵 낙엽 폭죽을 만들어 날려보기도 하였지요. 우리 친구들 다양한 포즈로 낙엽을 날리고 잡는 모습이 정말 귀엽고 재미있었어요.😊 신체를 다양하게 활용하는 놀이를 하며 즐거운 시간을 보낼 수 있었습니다.

그 밖에도 가을 열매에 대해 관심을 보이는 우리 친구들과 우리 원 주변의 가을 나무에 대해 이야기를 나누며 도안을 꾸며보았어요. 관심을 보이는 친구들과 열매의 이름과 생김새에 대해서 이야기를 나누어 보고 먹어 본 경험을 표현해 보았어요! 우리 친구들 우리 나라 열매 뿐만 아니라, 다른 나라의 과일도 먹어본 경험을 많이 표현하더라구요^^ 자연스럽게 관심 주제가 확장되어 여러 과일과 야채 등도 알아볼 수 있었습니다.

선생님이 나누어 준 열매 도안에 색을 칠하기도 하고 선긋기를 하는 친구들도 있어, 함께 해보았어요. 요즘 오리기에 흥미를 보이는 친구들이 많아, 함께 가위로 오려보고 손코팅지로 코팅해 모빌로 꾸며보기도 하였답니다. 우리 친구들이 점점 소근육을 활용해 작업하는 것에 관심을 보이고 집중력이 높아지는 것이 느껴집니다! 여러 가지 활동으로 우리 친구들의 발달을 더 많이 지원해주어야 겠어요.^^ 친구들의 수준에 따라 주중에 여러 가지 단계별 활동지를 제공해 주어 흥미를 지속하는데에 도움을 줄 수 있었습니다.

한주간 다양한 활동을 하며 우리 친구들이 가을 계절에 대해 더 잘 이해하고 탐색할 수 있었던 시간이었습니다. 바깥 놀이와 연계하여 실내에서 놀이했던 것을 바깥에서도 실제로 탐색하고 경험하는 과정이 있어서, 아이들의 머릿속에도 쏙쏙! 더 잘 기억할 수 있고 창의적으로 표현도 할 수 있었어요. 자연스럽게 놀이가 연계되고 확장되며 주제에 대한 관심이 깊어 지는 시간들이었습니다.

오늘 저녁, 아이들과 동네를 산책하며 가을을 느껴보시면 좋겠습니다. 가을 바람, 가을 냄새, 가을 달을 보고 느끼는 시간을 통해 우리 친구들의 감수성도 풍부해지고, 정서적인 안정도 취할 수 있을 거에요!

그럼 행복한 저녁 되시기 바랍니다. 감사합니다.^^

 KEYPOINT

하나의 놀잇감으로도 충분히 다양하게 활용하여 놀이할 수 있지요. 부모님은 이러한 부분을 잘 모를 수 있습니다. 단순한 놀잇감, 자연물 같은 경우 시시하다고 생각하거나, 놀이의 의미가 적다고 생각할 수 있으니, 교사가 지원하는 다양한 내용에 대해서 작성해주시면 좋겠습니다.

105 일상과 가을 자연 놀이

안녕하세요! 00반 교사 000입니다. 오늘은 금요일, 우리 친구들과 한주를 마무리 하는 날이에요. 한주동안 어떤 놀이가 즐거웠는지 물어보니, 교실에 있는 환경판, 놀잇감 등을 가리키며 저마다 밝은 얼굴로 대답을 합니다.^^

갑자기 아침, 저녁으로 쌀쌀해 지며 우리 친구들이 감기에 걸리지 않도록 각별히 유의해서 살펴보고 있어요. 예방 접종을 맞은 후, 열이 올라 아플 수도 있어서 수시로 열체크도 하고 있답니다. 가정에서도 이번 주말 우리 친구들이 건강하게 잘 지낼 수 있도록 함께 지켜봐 주시고, 적절한 휴식을 취할 수 있었으면 합니다!

이번 주는 우리 친구들과 다양한 놀이를 해보았어요. 알록 달록 단풍잎과 은행잎, 낙엽으로 가득한 교실에서 낙엽 쓸기 놀이도 하고, 은행잎과 단풍잎 구분하기, 날리기 놀이도 이루어졌지요. 클레이에 가을 자연물 도장 찍기, 가을 나무 물들이기 등 즐거운 가을을 놀이로 표현해 볼 수 있었습니다!

특히 우리 친구들 솜뭉치에 물감을 묻혀 가을 나무를 꾸미는 활동에 많은 흥미를 보였습니다. 어떤 친구들은 나뭇가지 사이사이까지 꼼꼼하게 꾸며보기도 하고, 또 다른 친구들은 열매를 가지고 와, 선생님이 걸어준 고리에 매달아 보기도 하구요. 나무 앞에 다람쥐, 아기곰 인형을 가져다 두고 동물 친구들의 집도 꾸며줄 수 있었어요!

놀이를 함께 하다 보면 우리 친구들이 요즘 무엇에 관심을 보이는지, 또 어떤 걸 좋아하고 무엇을 할 때에 즐거워 하는지 알 수 있답니다.^^ 이번 주 우리 반 친구들이 좋아했던 놀이는 계속 연계해서 진행하며 아이들이 더 깊이 탐구할 수 있도록 도와주고 있어요. 친구들이 좋아하는 주제를 통해 다양한 것들을 배우고 체득하는 시간이 될 수 있도록 또 즐겁게 계획해 보겠습니다!

다음주에는 또 어떤 놀이가 이루어질까요? 가을과 동물, 음식 등 우리 친구들이 좋아하는 놀이로 또 만나요!

다음주 즐거운 00반 놀이를 위해 준비해 주세요.^^
* 이번 주말 아이들과 가을 나들이 다녀온 사진을 두장씩 보내주세요.
* 나뭇잎이나 자연물 등을 주워서 비닐백에 담아 보내주세요.

우리 친구들 이번 주도 멋지고 씩씩하게 잘 해주었답니다! 즐겁게 오후 시간 보내고 하원하겠습니다.
저녁에는 많이 쌀쌀해져서, 잠자리에 들기 전 이불을 꼭 덮고 자기로 약속했답니다! 아이들 감기에 걸리지 않게 이야기 나누어 주세요. 감사합니다.^^

 KEYPOINT

아이들의 놀이 과정에 대해 유심히 관찰하고 기록에 남기는 것처럼, 교사가 알림장을 통해 아이들의 모습을 어떻게 반영하고 지원하고 있는지, 앞으로의 계획에는 어떻게 적용될지 등에 대해 작성해 주세요.

106 텃밭 물주기

안녕하세요! 00반 교사 00입니다. 이번 주는 갑자기 날씨가 쌀쌀해 졌네요! 추워진 날씨에 우리 친구들 감기에 걸리지 않도록 유의해야 겠습니다. 아침에 인사를 나누며 친구의 옷차림을 살펴봅니다. "긴 점퍼 입고 왔네~ 오늘은 무슨 색이야?" 하며 자연스럽게 가을이 와서 달라진 날씨도 표현해 볼 수 있었습니다.

오늘은 텃밭에 다녀왔습니다. 알록달록 가을을 닮아 예쁘게 변한 밭을 둘러보았어요. "고추잠자리", "단풍잎" 등 다양한 동요를 부르며 즐겁게 텃밭을 구경했답니다! 무와 배추가 엄청 많이 자랐네요.^^ 무청도 높이 올라오고, 배추도 실하게 자라서 우리 친구들이 정말 즐거워 했답니다!

따뜻한 햇님과 바람과 비가 우리가 심은 무와 배추를 잘 자랄 수 있게 도와주었다고 이야기를 해주었어요! 우리 친구들 사랑스러운 목소리로 "햇님아 고마워~" 하고 인사를 하네요.😊

해를 쳐다보고 싶은데 눈이 부시다고 이야기를 하는 00반 사랑둥이들, 해를 직접 바라 보면 눈이 상하고 아프니까 다음에 예쁜 은행잎 선글라스를 만들어서 보자고 약속도 해보았답니다!

무와 배추에게 물도 주고, 한번 더 인사를 해주었어요! 다음에 따라 올 때까지 무럭무럭 자라라고 인사하는 우리 00이들, 두손으로 힘껏 물조리개를 잡고 정성 담아 물을 주었습니다.^^

이번 주 텃밭 활동을 통해, 자연과 더 가까워 질 듯 합니다. 무와 배추 외에도 다양한 텃밭 농작물을 구경하는 재미도 최고! 우리 00반 친구들을 반겨주듯 날아다니던 잠자리하고도 인사 나누고 원으로 돌아왔답니다.

어서 쑥쑥 자라, 무와 배추를 따러 가는 날이 왔으면 좋겠습니다.^^ 오늘 오후도 편안하고 즐겁게 보내고 하원하겠습니다. 감사합니다!

 KEYPOINT

자연과 가까운 아이들, 정말 이상적인 성장이자 놀이의 과정이 됩니다. 직접 심고 기르는 과정, 또 이것을 채취하는 과정은 1년의 흐름안에서 큰 배움을 가져다 주게 됩니다. 자연과 함께 어울려 지내는 과정을 계획하고 안내해 주세요.

107 복고 데이 행사

안녕하세요! 00반 교사 000입니다.

우리 친구들과 오늘은 복고 데이를 진행하였어요. 예전에 엄마, 아빠가 어렸던 그 시절 어떤 옷을 입고 무엇을 먹고 지냈는지 또 어떤 놀이를 하며 생활했는지 알아보는 시간! 지금과는 사뭇 다른 모습에 어떤 반응을 보일지 궁금했답니다.^^

친구들이 등원하며 "오늘은 뭐하고 놀아요?" 하고 물어보네요! 매일매일 즐거운 이벤트로 가득한 어린이집/유치원에서 우리 친구들이 많은 것을 경험하고 배울 수 있는 기회를 줄 수 있어 너무 기쁜 마음이지요.^^

"오늘은 엄마, 아빠가 어렸을 적 어떻게 지냈는지 우리가 한번 따라해 볼거야!" 하고 이야기를 해주었어요. "우와~ 재미있겠다!" 점프를 콩콩콩, 친구들과 하이파이브를 하며 기대가 가득한 초롱초롱한 눈빛을 보내는 우리 00반 친구들 멋지게 의상을 입어 보고 행사 장소로 이동해 보았어요. 다양한 놀거리로 가득한 공간에 우리 친구들이 한번 더 환호성을 지르네요! 함께 놀이할 때 지켜야 할 약속에 대해 이야기를 나누어 본 후, 원하는 놀이를 해볼 수 있도록 도와주었답니다.

교복을 입고 모자를 쓰고, 스카프에 선글라스 까지, 사각 책가방 혹은 보자기 가방은 원하는 대로 픽! 양말에 고무신을 신은 모습이 어찌나 귀여운지, 절로 미소가 지어졌어요! (사진만 봐도 우리 친구들이 얼마나 즐거웠는지 느껴지시지요?) 달고나를 만들어 먹어보기도 하고, 주판을 튕겨보기도 하고, 책에 있는 그림을 살펴보며 이야기도 나누어 보고요. 즐거운 그 시절 놀이를 하며, 엄마아빠 이야기도 해볼 수 있었습니다.^^ 놀이 후, 정리도 척척! "선생님

다음에도 또 해요!" 하고 말하는 걸 보니, 정말 즐거웠던 모양이에요.😊

오늘 저녁, 엄마, 아빠와 함께 예전 학창 시절 이야기를 나누어 보는 건 어떨까요? 우리 친구들이 귀를 쫑긋하고 엄마, 아빠의 이야기에 흠뻑 빠져들 수 있을 것 같아요.^^

우리 친구들과 이번 주는 교실에서도 옛날 물건, 놀잇감을 가지고 놀이하는 시간을 가져봐야겠어요!
* 부모님의 학창 시절 사진을 보내주세요! (가능하시다면요.) 아이들과 놀이할 때 활용해 보려고 합니다.
예전의 동네 모습, 신문 기사 사진, 의상 등을 준비해 놀이해 보며 지금과 다른 시대의 모습, 부모님의 어린 시절을 놀이로 경험해 보며 더없이 좋은 시간이 될 것 같아요.

오늘 저녁도 아이들과 행복한 이야기가 가득하시길 바랍니다. 감사합니다!

KEYPOINT

반복해서 이야기 하지만 행사와 활동에는 언제나 교육적 의미가 담겨져 있습니다. 부모님의 지원으로 더욱 풍성한 놀이가 운영될 수 있기도 합니다. 아이들에게 제공하고자 하는 준비물을 요청할 때에는 어떤 식으로 도움이 되는지 작성해 주셔도 좋습니다.

108 가을, 일상과 점심 시간 이야기

안녕하세요!^^ 00반교사 000입니다. 가을 하늘이 정말 맑고 예뻐 더욱 기분이 좋았던 한주였어요!^^
우리 00반 친구들도 신나게 바깥 놀이를 하며 가을 햇빛과 바람을 마음껏 즐길 수 있었답니다.

이번 주는 *** 을 주제로 놀이해 보았습니다. 낙엽과 가을 곤충, 예쁜 꽃들이 가득한 우리반 교실! 가을 분위기로 변신한 교실안에서 우리 00반 친구들 웃음 소리가 끊이질 않네요.^^ 특히 구멍이 있는 놀잇감을 탐색하며 즐거운 시간을 보냈답니다.😊 구멍속에 손가락을 넣어보기도 하고 장난감을 쑤욱 집어넣어 보기도 해요! 잘 들어가지 않거나 빠지지 않으면 눈이 똥글! 미간에 귀여운 주름까지 써가며 애쓰는 모습이 사랑스럽습니다. 포기하지도 않고 여러번 시도하는 의지의 00반 친구들이랍니다.

놀이하다 눈이 마주치면 방긋 웃는 우리 친구들! 데구르르 굴러가는 놀잇감 하나에도 신이 나서 엉덩이를 들썩이는 우리 친구들이 정말 귀엽습니다.

오늘도 날씨가 좋아 아이들과 놀이터에 나가보았어요. 언제나 즐거운 놀이터에서 이리저리 뛰어 다니며 신나게 놀이해 보았어요, 잠자리를 만나 인사도 해보고, 하늘 높이 떠 있는 예쁜 구름에게 이름도 붙여주었답니다!
실컷 놀고 들어와 먹는 점심! 오늘도 정말 맛이 최고랍니다!

우리 00반 친구들 학기 초에 비해 식사량도 늘었어요! 밥과 반찬, 국물까지 맛있게 먹어 칭찬도 듬뿍 받았답니다.😊 (먹다가 일어나 돌아다니거나 누워서 놀이하는 모습이 보여 지도하고 있어요, 가정에서도 바른 식사 습관을 들여주세요.)

낮잠 시간에 잔잔하게 가을 동요 클래식을 들려주었어요. 오늘은 놀이터에서 많이 놀고 와 피곤했는지 금세 새근새근 편안한 모습으로 달콤한 잠에 들었답니다.
천사같은 우리 00반 친구들과 오후일과도 즐겁게 보내고 하원하겠습니다!^^

한주동안 선생님, 친구들과 함께 즐겁고 씩씩하게 지내준 우리 친구들 즐거운 주말 보내고
건강한 모습으로 만나요.🖤

* 낮과 밤의 일교차가 커서 우리 00반친구들 콧물이나 기침이 보이기 시작합니다. 건강한 한주 보낼 수 있게 주말에도 컨디션 잘 관리해주세요.😊

* 초기 증상이 가볍더라도 지나치지 말아주세요! 면역력이 약한 우리 아가들은 금세 힘들고 아플 수 있으니 증상이 보인다면 꼭 병원에 다녀오시길 바랍니다!

* 투약의뢰서는 일과가 시작되기 전 9시 30분까지 보내주세요. 약병에는 이름을 꼭 기입해주세요

KEYPOINT

아이들이 기관에서 생활하는 일상의 모습도 한번씩 전달해주세요. 특히 기본생활습관은 가정과 함께 연계해서 지도해야 효과적입니다. 아이들의 식사량, 수면시간 등을 매일 상세히 기록할 순 없으니 주기적으로 전해주시면 좋겠습니다.

109 광복절

안녕하세요! 00반 교사 000 입니다 .

우리 친구들과 태풍이 지나간 후, 주말을 보내고 다시 일주일을 시작합니다. 아침부터 분주한 월요일이지만, 모두들 밝은 미소로 인사를 나누고 편안하게 일과를 보낼 수 있었어요.

1학기를 지내며 우리 친구들 많이 의젓해 지고 스스로 하려는 모습이 보여요.^^ 자리도 잘 정리하고, 식사도 바르게 앉아서 하고 조금씩 성장해 나가는 모습이 정말 예쁘네요!

가정에서는 편안하게 지내며 어려울 수 있지만, 천천히 하나씩 해내는 기쁨을 느낄 수 있도록 기회를 많이 주시고, 조금 여유있게 기다려 주세요. 언제나 과정을 칭찬해 주시는 것 잊지 마세요.^^

오늘은 우리 친구들과 광복절에 대해 이야기를 나누어 보고 함께 생각해 보는 시간을 가져보았어요.
광복절, 빛을 되찾은 날이라는 의미로 빼앗겼던 주권을 다시 찾아왔다는 뜻을 가지고 있어요.
함께 광복절 영상을 보고, 대화를 나누어 보려는데, 아직은 내용이 어려운지 쉽게 공감하지 못하는 친구들도 있었답니다.

"얘들아, 만약 선생님이 아주 무섭게 변해서 우리 00반 친구들의 모든 물건을 다 마음대로 사용하고,
빼앗아 가버리고, 또 친구들이 하는 행동과 말이 마음에 들지 않는다고 화를 내고 함부로 행동하면 어떨까?" 하고 질문을 해보았어요.

"무서워요." "싫어요!" "하지 마세요~" 하는 이야기와 함께 선생님의 진지한 표정을 보고는 울먹이는 친구들도 있었어요! 다시 밝게 웃으며 "선생님은 우리 00반 친구들을 사랑하니까 그럴 일은 절대 없어!" 하고 우리 친구들을 꼭 껴안아 주며, 잠깐 그 당시 우리 조상들이 어떤 마음이었을까, 간접적으로나마 이야기 나누어 보았답니다.^^ 그리고 우리 조상들이 해방을 위해 애쓴 모습을 담은 영상을 다시 한번 보았어요.
집중해서 영상을 보고 또 도란도란 이야기를 나누어 보았습니다.

부모님, 잘 알고 계시다시피, 내일은 광복절입니다. 올해로서 우리 나라를 되찾은지 00년이 되었다고 합니다. 시간이 갈 수록 무뎌지진 않는지, 걱정스러운 마음에 조금은 긴 알림장을 전달 드립니다.

광복절은 대한민국 국민이라면 꼭 알아야 하는 중요한 날입니다. 일본의 지배 아래 서럽고 힘들었던 긴 세월을 이겨내며 조국에 대한 희망을 잃지 않고 목숨을 다해 항쟁하여 광복을 이루어낸 우리의 독립투사들, 의인들 덕분에 오늘날 자랑스러운 우리 대한민국이 있을 수 있었음을 마음 깊이 느껴보았으면 해요!
평소에도 물론 우리 나라를 사랑하고 자랑스러워 하겠지만 매년 광복절을 맞이할 때 마다 대화를 나누며 대한민국을 사랑하는 마음, 그리고 자랑스러워 하는 마음이 더 깊이 자라나길 바랍니다.

우리가 우리 나라 땅 안에서 우리 말로 편안하게 대화를 나누고 우리 나라 사람들과 함께 살아갈 수 있는 이것이 정말 가치있는 희생 덕분임을 알 수 있는 뜻깊은 날이 되었으면 좋겠습니다. 우리 친구들에게 조금은 어려울 수 있는 날이지만, 단순히 쉬는 날, 공휴일이라고 여기지 않도록 아이들과 꼭 의미있는 대화를 해주시길 바랍니다.^^

광복절 깜짝 미션! 이번 주는 광복절과 우리 나라에 대해 다양한 놀이와 활동을 연계해 볼 예정입니다.
1. 아이들과 태극기를 게양한 후 사진 인증샷을 보내주세요!
2. 보내드리는 영상을 보고, 광복절, 우리 나라를 사랑하는 마음을 표현하는 그림(편지)을 그려서 보내주세요.

우리 아이들과 대한 민국의 해방을 위해 애쓴 분들게 감사하는 마음 잊지 않으며 뜻깊은 휴일을 보내시길 바랍니다. 감사합니다.^^

[광복절 관련 영상(영유아 수준 고려) 링크 첨부]

 KEYPOINT

우리 기관에서는 기념일, 국경일 등에 어떤 행사와 활동을 하나요? 화려한 행사와 퍼포먼스도 좋지만 소소하게 아이들과 가정에서 할 수 있는 이벤트를 마련해 보는 것도 좋습니다. 참고할 만큼 매뉴얼 영상도 함께 보내주신다면 더욱 좋겠습니다. 더불어 지역사회 연계 활동과도 이어져 좋은 교육 과정이 될 수 있습니다.

110 비누 놀이

안녕하세요! 00반 교사 000입니다.

오늘은 우리 친구들과 비누 놀이를 해보았습니다.^^ "미끌 미끌 비누로 놀이해요"라는 주제로, 친구들과 모두 모여 오감 매트 안에서 놀이해 보았어요!

매트 안에 물을 담고 찰방 찰방 손으로 발로 물장구를 쳐보았어요! 우리 아이들이 물을 만지고 놀이하는 시간은 다양한 감각 발달에 도움이 된답니다. 단순히 놀이 하는 것 처럼 보여 별 도움이 없을 것 같지만, 물을 만지며 탐색하는 과정을 통해 인지 발달 뿐만 아니라 관련해 언어와 정서, 사회성과 신체 발달을 고르게 도모하는 아주 좋은 놀이의 효과를 기대해 볼 수 있어요!

지난 여름 물놀이를 떠올리며 신나는 여름 동요를 들어 보고, 여러 가지 놀잇감으로 물을 떠보고 담아 보며 놀이했어요. 그 다음 오늘 놀이 주제인 비누가 등장! 단단한 비누가 비행기처럼 날아오는 모습으로 등장하는 것처럼 선생님이 보여주었더니, "우와~ 우와~" 여기저기서 즐거워 하고 함성을 지릅니다.^^

단단한 비누를 가지고 놀이하는 방법을 예시로 보여주고, 안전에 대해서도 이야기 해주었어요. 비누를 만지다가 눈을 비비면 눈에 따가운 비눗물이 들어간다고 이야기를 해주었더니 아이들이 잘 이해하고 선생님 표정을 따라 눈살을 찌푸리며 안하겠다고 꼭! 약속을 합니다.^^

비누에 구멍도 내어 보고 손으로 문질 문질 해보기도 했어요. 작은 샤워 볼로 거품을 내어 손과 팔목을 닦아내기도 합니다. 비눗물을 휘휘 젓고 컵에 담아 보며 얼마나 즐겁게 놀이했는지 모르겠어요.^^

우리 친구들 놀이 시간 정말 집중해서 물과 비누가 만나서 변화하고, 또 거품이 생기고 사라지는 것, 놀이의 모든 과정을 반짝이는 눈으로 집중하고 탐색할 수 있었습니다.

매일 사용하는 비누이지만, 그냥 지나치면 단순히 생활 용품으로 그칠 뿐이지요. 아이들의 상상력, 창의력은 생활안에서 떠오르는 아이디어에서 시작할 때가 많답니다.^^ 아이들이 호기심을 가진다면 조금 시간을 내어 충분히 탐구할 수 있도록 해주세요. 오늘 했던 비누 놀이가 우리 친구들에게 또 새로운 상상 주머니가 열리는 길이 되길 바래봅니다.

오늘도 즐겁고 행복한 하루 보낼 수 있었습니다. 감사합니다.^^

 KEYPOINT

일상 생활에서 다루고 접하게 되는 경험과 물건, 주변의 환경 역시 아이들에게는 배움의 주제가 됩니다. 사용 방법을 알려주고, 바르게 사용할 수 있도록 지도하는 것도 좋지만 이를 활용해 놀이로 경험해 보는 것은 재료의 특성이나 원리를 이해할 수 있는 좋은 활동이 될 수 있습니다.

111 갯벌 놀이

안녕하세요! 00반 교사 00입니다.

태풍이 지나간 후, 더위가 가실 줄 알았는데, 여전히 뜨거운 햇볕이 내리 쬐는 날입니다. 주말을 지나고 만난 우리 친구들과 오늘은 즐거운 체험 활동을 해보았어요! 실제로 갯벌에 가서 체험을 하면 더 좋겠지만, 우리 친구들의 연령이나 기타 다양한 상황을 고려하여 조금 더 편안하게 원내에서 경험해 볼 수 있도록 기회를 마련해 보았답니다.^^

이번 기회에 갯벌에 대해 우리 친구들이 잘 이해하고 경험해 본 후, 가족과 함께 갯벌 체험을 다녀오면 더 많은 도움이 될 것 같습니다! 이번 갯벌 체험 공간은 정말 실감나게 꾸며져 있어서 우리 친구들이 매우 흥미로워 했어요. 실물과 비슷한 바닥면의 갯벌과 바닷속 풍경, 배와 바닷가의 모습이 잘 나타나 있어서, 놀이에 몰입하는데에 큰 도움이 되었답니다.^^

활동 전에 미리 갯벌에서 하는 다양한 사람들의 모습을 동화책으로 함께 보고 이야기를 나누어 보았어요. 체험 공간에 들어선 우리 친구들, 선생님과 나눈 약속을 기억하고, 하나씩 탐색해 본 후 마음에 드는 놀이를 시작합니다!

어망을 던져 생선과 오징어를 잡는 어부가 되어 보기도 하고, 생선과 해물을 손질해 어촌에 놀러온 손님 대접을 하는 상인이 되기도 했어요! 해녀복을 입고 바다 깊은 곳 해물을 찾아서 잡는 역할도 해보았지요! (해녀복을 입은 우리 친구들 모습이 정~ 말 귀여웠답니다.^^) 오징어 잡이 배에서 오징어를 잡아 줄에 넣어 말리는데 잘 되지 않아 선생님에게 부탁하지 않을까 하고 기다리는데도 우와! 멋지게 두손으로 열심히 이리

저리 돌려가며 넣어보는 OO반 친구들이랍니다.^^

어망에 걸린 해물과 생선도 하나씩 잘 빼내어 손질하구요, 손질하면서 도마와 칼도 조심조심해서 사용하는 모습이 어찌나 예쁘던지요.^^

우리 친구들 색다른 체험에 평소보다 더 집중하는 모습을 볼 수 있었어요. 새로운 경험들이 쌓이고 기존의 내가 알던 정보와 연계가 되며, 우리 친구들의 이해도도 높아지고, 또 배움이 깊어 지는 것 같아요!

오늘도 뜻깊은 시간을 통해 즐거운 놀이를 통해 많은 것을 경험하고 배울 수 있었답니다. 가족과 저녁 시간에 우리 친구들과 시장이나 마트에서 해물이나 생선을 한번 살펴보고 저녁 반찬으로 먹어 보면 어떨까요?^^
어린이집/유치원 놀이와 연계되어, 우리 친구들이 더 즐거워 할 듯 합니다.

하루하루 예쁘고 멋지게 성장하는 우리 친구들을 응원합니다! 오늘도 우리 사랑둥이들과 행복한 저녁 되시기 바랍니다. 감사합니다.

KEYPOINT

활동 전, 아이들과 나누는 배움의 시간, 내용을 전달해 주세요. 보여주기 식의 행사가 아니라 아이들에게 교육적으로 의미있는 시간임을 알려줄 수 있습니다.

112 동물 체험 – 면양과 볼파이톤, 유충

안녕하세요! OO반 교사 OOO입니다.

어제는 광복절이었지요. 우리 친구들 의미있게 잘 지냈을까요? 월요일에 함께 만들고 꾸며보았던 태극기 그림을 교실 창에 걸어 두었더니, 등원하면서 한번 더 이야기를 하네요.^^ 이제는 형님이 되어서 선생님과 나누었던 이야기도 잘 기억하는 것 같아요. 작은 것 하나도 유심히 살피고 관찰하는 우리 OO반 친구들이랍니다.

오늘은 우리 친구들이 정~ 말 좋아하는 동물 친구들이 찾아오는 날이에요.^^ 아침부터 분주한 우리 친구들, 동물 친구들이 기다릴까 얼른 서둘러 놀잇감을 정리하는 모습입니다!

"애들아, 우리 동물 선생님 만나러 유희실로 이동해볼까?" 하고 이야기를 하니, 힘차게 대답하며 조심 조심 안전봉을 잡고 내려와 유희실 자리에 모여 앉았습니다.^^ 선생님과 안녕! 인사를 나누고, 오늘의 동물 친구들을 만나보았어요. 두근두근 두 손을 꼭 쥐고 '선생님이 누굴 데려왔을까?' 기대하는 모습이에요.

오늘 우리 00반 친구들은 면양과 볼파이톤, 그리고 00의 유충을 만나보았어요. 평소 자주 만나보기 힘든 동물 친구들이어서 더 큰 환호와 박수를 받을 수 있었어요.^^ 친구들이 처음에는 약간 긴장한 듯 하였지만, 선생님 손을 잡고 용기내어 동물 친구에게 인사도 하고, 찬찬히 살펴보았답니다! (물론 무서워 하는 친구들은 근처에서 살펴보는 것으로 대신하였습니다.😊)

면양 친구와 "안녕!" 인사를 했어요. 곱슬곱슬 털을 만져보고 눈이 똥그래졌는걸요! 양은 눈도 좋고, 경사진 곳도 잘 오르고 수영도 잘한다는 사실도 알 수 있었어요. 무리를 지어 다니는 것을 좋아하는 양 이야기를 들으며 주토피아 영화에 등장한 양의 모습도 함께 보고, 염소와 구분하는 방법도 알아 보았답니다.^^

그 다음엔 우리 친구들이 정말 기대 반 걱정 반 두근두근했던 볼파이톤과의 만남이었어요! 공비단뱀이라고도 불리는 볼파이톤은 우리 친구들보다 훨~ 씬 컸답니다. 하지만 몸 크기에 비해 온순하여 애완뱀으로도 키운다고 하네요. 선생님이 충분히 안심시켜 주시며 살펴볼 수 있도록 도와주었어요. 위험을 느끼면 공모양으로 동그랗게 몸을 말고 얼굴을 가운데에 밀어넣어서 볼파이톤이라는 이름이 붙여졌다고 하더라구요^^

친구들과 함께 하는 시간에 선생님도 하나씩 알고 배우게 되었던 시간이었습니다. 동물 친구들 만나는 시간이 마무리 될 때쯤 인사를 또 나누며 처음보다는 친근한 마음을 표현합니다.^^ 활동 후에 교실에서도 자유롭게 동물 선생님이 주신 활동자료를 살펴보거나 꾸미면서 놀이하기도 하였어요.

동물원 나들이도 우리 친구들에게 좋은 경험이 될 수 있지만, 단체로 방문하는 것은 한계와 어려움이 있기에, 아무래도 가족과 여유있게 가는 것이 훨씬 도움이 될 거라고 생각됩니다.^^
우리 친구들이 충분한 시간, 안전하게 동물을 만나고 또 동물을 사랑하고 보호하는 방법을 배울 수 있어서 참 좋은 시간인 것 같습니다.

오늘도 즐거운 어린이집/유치원 생활로 함박웃음이 꽃피워진 하루였어요. 우리 친구들 내일도 즐거운 놀이 하며 지내요^^ 감사합니다!

 KEYPOINT

기관과 가정은 환경과 조건이 다르므로, 활동에 제약이 있을 수 있습니다. 특히 외부로 가는 소풍이나 견학은 안전상의 이유로 충분한 탐색과 관찰, 체험이 어려울 수 있는데 가정에서는 이 부분을 잘 모를 수 있어요. '우리 원은 왜 안하지?' 라는 생각이 들기 전, 기관에서는 어떤 의미와 교육 철학으로 행사 및 활동을 계획하고 운영하는지 안내해 주세요.

113 가을 놀이와 일상

안녕하세요! 00반 교사 000입니다.

가을 하늘이 정말 예쁜 요즘, 우리 아이들의 얼굴도 반짝 반짝 빛이 나네요.^^ 기분좋게 등원하여 친구들과 인사도 나누고, 이제는 곧잘 이야기를 잘 하는 우리 00반 친구들 엄마와 무얼 했는지, 어린이집/유치원에 오면서 보았던 것들을 말해주기도 합니다.^^

이번 주는 날씨가 좋아서 바깥 놀이를 자주 했어요~! 아침 저녁으로는 많이 쌀쌀해져 감기에 걸리지 않게 살펴봐주세요. 어린이집/유치원에서도 우리 00반 친구들의 건강이나 컨디션을 살펴보고 바깥 놀이 등을 진행하도록 하겠습니다.

놀이터에서 미끄럼틀도 타고, 시소도 타며 즐겁게 시간을 보낸 우리 00반 친구들, 오늘은 조금 더 놀고 싶다고 표현을 하여, 시간을 여유있게 계획해 놀이해 보았답니다!
선생님이 미리 준비한 바람개비도 인기 최고였지요.^^
이번 주 교실에서는 가을을 주제로 다양한 놀이가 이루어지고 있어요. 선생님과 함께 가을 동산을 만들어 보기도 하고, 블록으로 가을 여행 기차를 만들어 칙칙폭폭 기차 놀이도 해보았답니다. 오늘은 물감도 함께 제공해 주었더니, 전지 위에 자유롭게 손도장, 발도장을 찍으며 즐거워 합니다.^^ (다음주에도 물감놀이를 해보려고 해요, 평소 편하게 입는 옷을 입혀주세요!)

맛있는 점심시간! 00 반찬을 보고 엄지척을 보여주는 우리 00반 친구들의 모습이 정말 사랑스럽고 귀엽답니다.^^ 숟가락으로 밥도 크게~ 담아 "내가 잘 먹지요?" 하고 물으며 맛있게 먹어볼 수 있었어요.

오늘 하루도 가을날씨를 만끽하며 즐겁게 보낼 수 있었어요. 주말 동안 즐거운 시간 많~ 이 보내고 건강한 모습으로 만나길 바랍니다. 감사합니다! ^^

 KEYPOINT

일반적인 알림장의 경우, 시간이 순서대로 기록을 하면 보는 사람도 더 이해가 잘된답니다. 간단한 인사말과 함께 등원 - 오전 시간 - 놀이 - 바깥 놀이 - 이번 주 정리 - 마무리의 순서로 작성해 주세요.

136 알림장 사례집 & 공지사항 + 투표 예시 모음집 ①

114 컨디션이 좋지 않았던 한 주

안녕하세요! 00반 교사 000입니다. 벌써 한주가 지나고 금요일이 왔네요.^^
아이들과 함께 지내다 보면, 시간 가는 줄 모르게 되는 것 같아요.
게다가 2학기는 더욱 짧게만 느껴져 하루하루가 소중하고 감사한 날들을 보내고 있답니다.😊

우리 00반 친구들은 지난주부터 감기 등으로 컨디션이 좋지 않아, 일과에 어려움이 있을까 염려되었는데, 다행히 충분히 쉬고 난 후, 재 등원을 하기도 하고 병원 진료와 투약도 잘 이루어져 많이 나아지는 듯 합니다. 아이들의 건강 상태를 가정에서도 잘 살펴봐주시고, 함께 하는 공간에서는 전염성의 위험이 있으니, 우리 친구들 감기 등에 걸렸다면 증상이 완전히 끝날 때까지 병원 진료를 받아주세요!

항상 어린이집/유치원 친구들의 건강 관리에 적극 협조해 주셔서 감사드립니다.^^
어린이집/유치원에서도 우리 00반 친구들이 건강하고 즐겁게 생활할 수 있도록 유의하여 살펴보고 있답니다! (간혹, 바쁘신지 10시 이후에 알림장으로 투약의뢰를 해주시는 경우가 있는데, 일과 중에 확인을 하지 못하면 아이들이 힘들 수 있으니, 가급적 10시 전에 꼭 보내 주시고, 투약의뢰서 외에도 알림장 알림장을 한번 더 남겨주세요.)

KEYPOINT

기관에 다니면 더 많이 아프다고 생각하게 됩니다. 물론, 다수가 생활하는 공간에서 당연하게 생각할 수 있습니다. 하지만 그렇기에 더욱 유의해서 관리하는 기관, 그리고 선생님들의 노고를 생각하면 아쉬움이 남기도 합니다. 아이들의 건강이 전반적으로 좋지 않다면 반 차원에서 안내를 해주시는 것이 좋습니다. "누가 시작해서 누구에게 옮겼다." 등의 불필요한 이야기로 오해가 생기는 경우도 있으니까요.

안녕하세요! OO반 교사 OOO입니다.

친구들과 등원을 하면서 꽁냥꽁냥 이야기를 하는 모습이 정말 귀여워요.^^ 이번 주 들어서 더욱 쌀쌀해진 날씨에 우리 친구들 옷도 따뜻하게 입고 등원을 하네요.^^ 모자를 쓰거나 머플러를 하고 온 친구에게 관심을 보이며 이야기를 나누기도 합니다!

반갑게 배꼽인사, 하이파이브 인사를 나누며 "오늘은 군인이 되어볼꺼야~" 하고 이야기를 해주었어요. "우와! 선생님 재미있을 것 같아요!" 하며 즐거워 하는 우리 친구들이에요.^^ 예전에 군인 체험을 한 이야기, 국군의 날 행사를 본 경험, 현충일 행사에 참여한 일 등 여러 가지 경험을 이야기 하기도 하네요.^^

우리 친구들과 오늘은 병영체험을 해보았어요. 활동 전 군인 형, 누나들이 하는 일에 대해서 알아보았어요. 하늘과 땅, 바다를 지켜주는 든든한 군인분들께 감사하는 마음도 표현해 보았답니다! 탱크와 군함, 군용기를 보고는 눈이 휘둥그레해졌어요! "정말 멋지다~" 하고 감탄하는 OO반 친구들이었습니다.^^

다양한 색과 무늬의 군복과 모자등을 착용해 보았어요! 수류탄, 무전기 등 다양한 군인 물품의 이름과 용도도 알아보았어요! 행사장에 꾸며진 여러 공간과 배경을 탐색하며 여러 가지 상황을 상상해 놀이해보았답니다!

우리 친구들 그 어떤 때보다 집중해서 참여하는 모습을 보여주었어요! 진지한 자세로 주위를 살펴보며 적이 오는지 살펴보고 박스 뒤에, 안에 숨어서 총을 겨누기도 하고요. 친구들과 서로 총을 쏘며 놀이하기도 합니다.😊 물론 아이들이 놀이를 하면서 서로를 다치게 하거나 과격하게 행동하지 않도록 약속을 해보았어요.

이리저리 숨고 나타나 놀이하는 것이 즐거웠던 모양이에요. 친구들과 작전을 짜기도 하고, 진짜 같이 소리가 나는 다양한 물품을 탐색하는 것도 즐거워 하였답니다! 원에서 깜짝 간식으로 준비한 건빵과 별사탕! 우리 친구들 고소한 건빵을 볼에 한가득 물고는 행복해 하네요.😊

아이들과 색다른 경험을 하며 즐거운 하루 보낼 수 있었답니다. 이번 기회로 새로운 직업에 대해서 관심을 가져 볼 수 있었어요. 더불어 우리를 지켜주시는 군인분들께 감사한 마음도 편지와 카드로 표현해 보려고 합니다.^^

오늘도 멋지게 임무 완수! 한 우리 친구들과 즐겁고 재미있던 이야기로 행복한 저녁 시간을 채우시길 바랍니다. 감사합니다!

KEYPOINT

특히 유아반의 경우 아이들의 학습과 관련하여 한글, 수 등에 대한 관심이 높고 수업을 원하는 경우가 적지 않게 있습니다. 놀이 안에서 아이들이 이 부분을 다루어 보고 배워볼 수 있도록 계획해 주시고 안내해주세요. 주입식 교육이 아닌 자발적인 흥미와 참여가 도움이 된다는 사실을 전해주세요.

116 자동차 극장

안녕하세요! 00반 교사 000입니다.

이번 주 날씨가 많이 쌀쌀해 졌어요! 또 한낮에는 햇빛이 뜨거울 때도 있고요. 갑자기 추워진 날씨에, 일교차도 아직 있어 우리 친구들의 건강을 유의해서 살펴보고 있답니다!

가족 여러분도 모두 건강하시지요?^^ 혹시 우리 친구들 휴식이 필요하거나 평소와는 컨디션이 다를 경우, 꼭 말씀해 주세요!^^

오늘도 역시 에너지 넘치는 00반 사랑둥이들, 신나게 어린이집/유치원에 들어와요! 선생님과 만나 꼭 안아주며 지난 저녁 이야기를 하기도 하고, 가방에 꼬깃꼬깃 숨겨두었던 나뭇잎, 돌멩이를 꺼내어 선물하기도 하고 아침부터 밝고 즐거운 이야기가 교실에 가득했었어요!

"00반 친구들! 우리 오늘은 자동차 극장에 놀러가보자~" 하고 이야기를 해주었어요. 자동차라는 말에 눈이 번쩍! 하고 뜨인 것 같았어요.😊 너무너무 좋아하는 모습이 정말 사랑스러웠답니다.^^

친구들과 함께 극장으로 이동하며, 함께 지켜야 할 약속에 대해서도 이야기 나누어 보았어요. 물론 지난 번 극장에 직접 방문했을 때와 달리, 친근하고 가까운 우리 원의 선생님들과 친구들과 함께 하는 이벤트이지만, 항상 사람들이 모여 있는 곳에서는 함께 지켜야 할 약속과 예절이 있음을 알 수 있었답니다!

극장에서 지켜야 할 약속!
1. 자리를 함부로 이동하지 않아요.
2. 영화를 볼 때에는 큰 소리로 떠들지 않고 조용히 집중해요.
3. 간식을 더 먹고 싶거나, 화장실에 가고 싶을 때에는 조용히 손을 들어요.
4. 영화가 끝난 후에도 선생님의 말씀에 따라 차례대로 이동해요.

네가지의 약속을 하나씩 이야기 나누어 보고, 가장 큰 형님반 친구들이 준비한 매표소와 매점에 가보았습니다. 매표소에서 나누어준 자리표의 숫자를 찾아 보았습니다. 아직은 어렵지만, 예쁜 캐릭터와 모양으로 힌트가 숨겨져 있어, 친구들이 스스로 찾는 재미가 있었어요.^^

매점에 가서 음료와 팝콘까지! 그리고 멋진 자동차 모양의 좌석까지! 우리 친구들 정~ 말 행복한 표정을 지어 보였답니다 .

모두들 시간이 되어 본인의 자리에 앉아보았어요. 앞, 뒷 자리의 친구, 형님, 동생들과 인사도 나누고요^^ 친구들이 좋아하는 뽀로로 영화도 관람했지요!

영화가 끝날 때 까지 집중해서 보는 우리 친구들, 팝콘과 간식도 맛있게 먹어서 더욱 기분이 좋았던 것 같아요.😊 게다가 영화 내용도 재미있고 즐거운 모험 이야기라 교실로 돌아오는 길에도 신바람이 나있는 00반 친구들이었어요.

어린이집/유치원에서 함께 한 자동차 극장 행사가 우리 친구들에게 또 특별하고 새로운 추억이 되었을 것 같습니다. 친구들이 하는 이야기 많이 들어주시고, 멋지게 영화를 관람한 친구들의 모습을 칭찬 듬뿍 해주세요.^^ 웃음소리 가득한 저녁 시간 되시길 바랍니다. 감사합니다.

KEYPOINT

기관에서는 다양한 프로그램과 함께 공공 장소에서 지켜야 할 약속도 충분히 알려주고 지도합니다. 그래서 기관에서 외부 활동을 할 때에는 준수하고 잘 지키는 경우가 많습니다. 하지만 가정에서는 이를 놓치거나 지나쳐 아이들이 공중 도덕을 지키지 않고 주변에 불편을 끼치는 경우가 종종 있습니다. 기관에서 아이들에게 직접 알려주는 것과 함께 가정에서도 지도할 수 있도록 전달해 주세요.

117 할로윈 행사

안녕하세요! 00반교사 000입니다.^^

오늘은 우리 친구들과 할로윈 행사를 진행해보았습니다! 우리나라의 명절과 기념일, 축제등과 같이 다른 나라에도 이러한 전통과 문화가 있다는 사실을 알고 즐겁게 경험해 볼 수 있었어요.😊

오전에 우리친구들이 멋진 복장과 소품으로 등원하는 모습이 귀엽고 사랑스러웠어요.🖤 정문과 유희실에 꾸며진 장식과 가랜드를 보고 즐거워하는 우리 친구들이에요. 친구들과 서로의 모습에도 관심을 보이고 바꾸어 착용해보기도 해보았답니다.

친구들과 행사장으로 이동해보았어요! "우와~" 멋지게 꾸며진 장소를 보고는 너무나들 좋아합니다.^^ 할로윈과 관련된 다양한 배경과 소품을 탐색해보았습니다. 하나씩 둘러보고 만지고 입어보며 할로윈 축제의 유래에 대해서도 이야기나누어 볼 수 있었어요.

할로윈 타투 시간! 원하는 친구들은 직접 고른 도안대로 예쁘게 페이스 페인팅도 해보고, 타투도 붙여보았어요! 자그마한 얼굴, 팔에 붙여주고 그려주니, 더 깜찍하게 변신하였네요! 모두 모여 기념사진도 찰칵! 찍어보았습니다.

우리 친구들이 좋아하는 즐거운 게임도 해보았어요. 호박공을 집어 커다란 호박인형의 입에 쏘옥~! 던지기도 하고 직접 다가가 넣어주기도 하고요. 호박 인형의 모습이 재미있어서인지 누가 많이 넣는지보다는 놀이 자체에 흥미를 가질수 있었어요.😊

마지막으로는 00반친구들이 가장 기대했던 젤리와 초콜릿 간식 시간이었어요! 친구들이 준비한 작은 호박가방에 숨겨진 젤리와 초콜릿, 캔디등을 찾아서 담아보았습니다.^^ 우리 친구들 집중력과 스피드에 선생님은 감탄할 수밖에 없었답니다.😊 "우와! 찾았다!" "여기 곰 젤리 있어!!" 하며 환호성과 웃음소리가 가득했던 시간이었어요.

모두모여 하나씩 맛보고, 나머지 간식은 집에서 먹어보기! 약속을 해보았어요. 먹고나선 양치도 꼭 하기!
우리 친구들 약속 잘 지킬수 있겠지요?^^

즐거운 시간을 마무리하며 친구들과 놀이한 소품과 놀잇감도 정리해보았습니다.^^ 달콤한 에너지 충전으로 우리 친구들 평소보다 더 멋지게 정리도 잘하였어요.

할로윈 행사를 진행하는 동안 아이들과 함께 놀아주시고, 도움주신 학부모 대표 네 분께도 감사인사 드렸답니다. * 오늘 귀한 시간 내어 방문해주신 부모님 감사합니다!

오늘도 즐겁고 재미있는 시간을 보내고, 지금은 쿨쿨 꿈나라로 가있답니다.^^ 잘 자고 일어나 오후일과 보내고 행복한 모습으로 만나요.🖤 감사합니다!

 KEYPOINT

다양한 행사와 프로그램을 운영하다 보면 외부의 이슈와 사건들로 조심하거나 생략을 해야 하는 상황이 있기도 합니다. 우리 원에서 아이들에게 어떤 프로그램을 제공할 때 교육적 의미를 간단히 전달해 주시면 이 부분에 대한 오해와 불편을 해소하는 데에 도움이 될 수 있습니다.

118 10월 마지막 주

안녕하세요! 00반 교사 000입니다.

아이들과 가을 바람을 느끼며 한주 한주 보내다 보니 어느새 10월의 마지막주가 되었네요!
가족 여러분도 즐거운 가을 보내고 계신가요?^^

이번 10월은 우리 친구들과 가을을 주제로 다양한 놀이를 하며 지내보았습니다. 봄과 여름을 함께 보내며
우리 아이들과 함께 성장하고 있어요. 학기 초에 어려워했던 일들도 이제는 척척 잘해내는 우리 00반 친구들
이 참으로 대견합니다.^^ 인사 하기, 신발과 가방 정리하기, 놀잇감 정리하기 식사 하기, 손씻기 등 일과 중의
다양한 할 일등을 스스로 잘 해내고 있습니다.

가을은 바깥 놀이 하기에도 참 좋은 계절인 것 같습니다. 무더위를 보내고 시원한 날씨를 만끽하며
산으로 들로, 놀이터에서 신나는 시간을 보낼 수 있었어요! 자연 안에서 자라나는 우리 아이들이 항상 감사
하는 마음으로 자연과 더불어 자라나기를 바라는 마음입니다.

이번 주에는 우리 친구들과 가을 자연물 놀이를 해보았어요. 여러 가지 열매와 나뭇잎, 나뭇가지, 돌맹이를
탐색하며 감각을 익히고, 놀이 하며 유익한 경험을 할 수 있었습니다.

요즘 우리반 친구들이 배변 활동에 관심이 많아, 변기를 주제로도 놀이해보았어요. 요플레 통으로 직접 변
기를 만들어 보기도 하고 화장실을 이용할 때에도 변기에 앉아 쉬나 응가를 시도해 보기도 하였어요.
아직 서툴거나 어려워 하는 친구들도 있지만 천천히 한걸음씩 경험해 보다 보면 자연스럽게 잘 해낼 수 있
을 거라 생각합니다.^^

다양한 놀잇감을 가지고 놀이터에서 놀이하며 즐거운 시간을 보냈습니다. 스카프와 비행기, 공 등을 굴리고
날리며 친구들이 활발하게 신체 활동을 해볼 수 있었어요. 식사를 잘하고, 적절한 휴식을 취하는 것 만큼 평소
에 운동을 하는 것은 참 중요합니다. 날씨가 쌀쌀해 지며 움츠러드는 몸을 쭈욱 펴고, 우리 친구들이 좋아하는
다양한 놀잇감을 활용한 여러 가지 놀이를 통해 이리 저리 뛰어 놀며 건강한 가을 맞이를 할 수 있었습니다.^^
더불어 놀이를 할 때 유의해야 하는 안전 사항도 잘 배울 수 있었지요!

추석과 가을 절기 등에 대한 활동도 함께 하며 우리 나라의 문화를 알 수 있었어요. 다음 주에 있을 할로윈
행사도 재미있게 참여할 수 있겠지요?^^ 형님반, 동생반과 함께 미니 운동회도 하고, 부모님과 함께 하는 다양
한 행사로 즐거운 추억도 만들어 보았답니다. 어린이집/유치원에서 진행하는 행사와 프로그램으로 우리 친구
들이 더 많이 배우고 경험할 수 있기를 바래봅니다.

요즘 독감이 유행이라고 합니다. 아직은 면역력이 약한 우리 친구들이 기관에서 생활하다 보면 전염성이 있
는 질병에 쉽게 노출되어 감염될 우려가 있습니다. 가족 여러분 모두 건강에 유의하시며, 우리 친구들의 건강
및 컨디션도 세심히 살펴봐 주세요. 아직 독감 예방 접종을 실시하지 않은 가정에서는 이번 주말 꼭 접종해 주
시기 바랍니다.

어린이집/유치원에서도 언제나 우리 친구들의 건강한 생활을 위해 소독 및 위생 관리에 힘쓰도록 하겠습니다. 새로운 11월, 우리 친구들과 OOO을 주제로 또 즐거운 놀이를 계획하고 있어요. 우리 친구들이 좋아하는 놀잇감과 자료를 충분히 지원하며 재미있는 시간들로 채워 나가겠습니다.

이번 주말은 날씨가 화창하다고 하네요. 요 몇주 갑자기 비가 오거나 쌀쌀한 날씨로 외출이 어려워서 아쉬웠던 것 같아요. 이번 주는 아이들과 즐거운 야외 활동을 계획해 보시기 바랍니다. 알록 달록 예쁘게 물든 단풍도 보고, 제철 과일과 채소도 맛보며 건강한 가을 주말이 되시길 바랍니다. 감사합니다.

 KEYPOINT

사실 건강과 관련해서 가정에서 민감하게 반응하고 예방 조치, 대처를 정확하게 해주는 것이 가장 이상적입니다만, 그렇지 못하는 경우도 있습니다. 기관에서는 매 시기에 이와 관련한 정보를 제공하고 적극적인 관리를 함께 요청하는 것이 좋겠습니다.

119 11월 첫 주, 우리 몸에 대한 관심, 뒷산 놀이

안녕하세요! OO반 교사 OO입니다.

11월의 첫주를 시작하며 우리 친구들과 더 높아진 파란 하늘 이야기를 자주 나누어 보았어요! 약간 흐린 듯 비가 오려나 싶다가도, 한낮에는 또 하얀 뭉게구름이 수놓아지며 화창한 모습을 보이기도 하는 변덕쟁이 하늘이랍니다.^^

친구들과 새 학기를 시작한 지도 벌써 8개월이나 되었습니다. 함께 익숙한 일과 안에서 성장하는 모습이 참 대견합니다. 이제는 알아서 척척! 무슨 일을 할지도 스스로 알고 행동합니다. 선생님이 도와주지 않아도, 스스로 시도하는 모습이 정말 멋진 OO반, 이번 주도 다양한 놀이를 하며 즐겁게 보낼 수 있었어요!

우리 몸에 대해 관심을 보이는 친구들이 많아서 함께 신체 부위에 대한 교구와 놀잇감을 활용한 놀이를 해 보았습니다. 눈, 코, 입, 귀 우리 얼굴에 있는 부위 외에도 알아보고, 몸의 곳곳, 몸 안의 뼈와 다양한 기관에 대해서도 알 수 있었어요.^^ 직접 떼었다 붙여 보고, 하나씩 구성해 보기도 하며 즐겁게 놀이로 경험해 볼 수 있었답니다.😊

점퍼를 입고 놀이터와 뒷산에서 즐겁게 놀이해 보았어요. 가을은 바깥 놀이 하기에 정말 좋은 계절인 것 같습니다! 흐릿한 날씨도 우리 아이들에게는 매력이 최고입니다! 바람이 불어 재미있는 놀거리가 가득한 선물 같습니다! ^^ 교실에서 만든 풍선 비행기를 날리고, 낙엽을 던지며 낙엽싸움도 해보고, 애벌레를 찾아 보기도 했습니다. 겨울이 오기 전 더 즐겁고 다양한 놀이를 자주 해보려고 합니다.😊 아이들 감기에 걸리지 않게 항상 옷차림에 유의해 보내주세요!

이번 주에는 점토를 가지고 놀이해 보았어요! 여러 가지 모양의 플라스틱 조각 칼을 가지고 놀이하던 우리 친구들! 새로운 모양을 만들어 내고, 무늬를 찍는 것에 심취하여 멋진 예술가가 되어 볼 수 있었답니다!
정성 가득 담아 만들어 낸 작품은 잘 말리고 예쁘게 색을 입힌 후, 가정에 가지고 갈 예정입니다!

가을을 주제로 놀이를 하는 우리 친구들은 요즘 가을 곤충과 꽃, 열매 등에 대한 관심이 높아졌답니다!
사진과 그림 퍼즐, 이름 따라 쓰기 판, 여러 가지 정보를 다양한 놀잇감으로 접해보고, 놀이하며 배워보고 있습니다. 우리 친구들과 이번 주에는 꽃이 열매가 되어 가는 과정에 대해서도 알아 보았는데, 영상을 함께 살펴보며 "우와~" 하며 감탄을 하는 모습이 정말 귀여웠어요.^^

가을을 보내며, 우리 친구들과 건강을 유지할 수 있도록 도와주는 우리 나라의 전통 음식에 대해 이야기를 나누어 보았어요. 평소에 매일 먹고 있는 김치가 등장하자 너도 나도 관심을 보이며 잘 먹을 수 있다고 자랑을 합니다.^^ 김장 체험 시간에 우리 친구들 고무 장갑을 끼고, 머릿 수건을 두르니 꼭 엄마, 아빠가 된 것 같이 귀엽더라구요.😊 꼬물꼬물한 손으로 김치 소를 배춧잎 한장 한장 사이에 잘 문질러 주었답니다. 한꼬집 입에 넣어 먹어 보고는 "음~" 하고는 최고 손가락을 보여줍니다.😊 아이들과 가정에서 맛있게 드셨으면 좋겠어요!

언제나 재미있는 그림자 놀이! 여러 가지 동물과 물건, 탈 것 등의 그림자를 맞추어 보았어요. 하나하나 대조해 가며 맞추어 보기도 하고, 그림자의 부분만 보고도 단번에 알아 맞추기도 합니다.^^
골똘히 생각하는 모습이 멋진 명탐정을 떠올리게 합니다.😊 친구들과 놀이하다가 그림자 터널, 그림자 도깨비도 만들어 놀이해 보았는데, 너무나 좋아하네요! 오늘 아이들과 이불 속에서 그림자 놀이를 해보시는 건 어떨까요?

한주 동안 우리 친구들과 안전 약속을 더 자주 이야기 하고 있어요. 잘 알고 생활하는 공간이어도, 항상 조심해야 한다는 사실을 전해 주었답니다! 간혹 유희실이나 화장실에서 뛰거나 장난을 치는 경우가 있어서
다치지 않게 조심히 생활할 수 있게 질서 대장도 매일 매일 뽑기로 했어요.^^ 아이들에게 화이팅! 격려와 응원의 메세지 전해주신다면 우리 친구들 더 신이 나서 잘해낼 수 있겠지요?^^
이번 주말에도 우리 친구들과 행복한 시간 되시길 바랍니다. 벌써 겨울이 코앞에 다가오는 듯 합니다.
추워진 날씨에 우리 친구들 피하고 움츠리지 않고 더 많이 움직이며 놀이할 수 있도록 지원해주세요.
우리 친구들이 건강하게 가을, 겨울을 보낼 수 있도록 신체 에너지를 팍팍 높여 주세요.^^
이번 주도 밝은 미소로 함께 해 주신 부모님 감사합니다.
우리 친구들 월요일에 만나요! ^^

 KEYPOINT

놀이가 배움과 학습으로 이어지는 것, 자연스러운 과정임에도 부모님은 눈으로 확인하지 못하면 잘 알지 못합니다. 놀이가 단계별로 체계적으로 이루어지고 있음을, 그리고 그 과정에서 아이들은 배움을 경험하게 되는 것을 알려주세요.

120 구멍 놀이

안녕하세요! 00반 교사 00반입니다.

귀여운 우리 00반 친구들의 애교 넘치는 인사로 오늘도 기분 좋게 시작할 수 있었어요.^^ 우리 00반 가족 여러분도 즐거운 하루 보내셨나요? 매일 매일이 즐거운 우리 00반 친구들 이번 주는 어떻게 지냈을까요?

꼬물꼬물 사랑스러운 손으로 직접 만져 보고, 똘망똘망한 눈으로 세상을 바라보며 신나고 재미있게 보냈던 한주간의 놀이 이야기를 전해드리려고 합니다.^^

우리 친구들은 선생님과 함께 하는 놀이를 정말 좋아해요! 그래서 이번 주도 열심히 준비해 보았답니다.^^

평소 주변에서도 자주 보게 되는 구멍! 우리 몸과 만나서 어떤 놀이가 이루어 졌을까요?^^ 선생님의 놀이 지원에 아이들의 상상력이 더해져 이번 주도 즐거움이 가득했었어요.

이번 주 우리반 교실은 다양한 색과 모양으로 가득했어요! 여러 가지 모양과 색 구멍에 놀잇감과 물건을 넣어 보았어요.

자연스럽게 같은 색과 모양을 구분하기도 하고, 이리 저리 돌려가며 모양을 맞추는 모습을 보이기도 하였답니다! 처음에는 알쏭달쏭한지 어려워 하는 모습에 금세 흥미를 잃을까 염려하였는데, 너무 재미있게 탐색하며 표현하는 단어 사용도 늘고, 모양 맞추는 실력까지 쑥쑥 커가는 것이 보여지더라구요.^^

구멍 사이로 놀잇감을 주고 받으며 놀이하는 친구들! 동그랗고 세모, 네모난 다양한 구멍에 쏘옥 들어가는 놀잇감을 잘도 찾네요! 구멍 놀이를 하며 자연스럽게 크기에 대한 개념도 배워볼 수 있었어요. 친구에게 구멍을 통해 놀잇감을 전해 주고는 박수를 짝짝짝!

친구가 보낸 놀잇감을 받고는 까르르르^^ 즐거움이 가득한 웃음소리였어요.

투명한 관에 공을 떼구르르 굴려보기도 했어요. 솔방울을 기둥에 통과 시키기는 이제 식은 죽 먹기!

반복되는 동작을 통해 더 정확하게 움직이고 세밀한 조절까지 하는 모습이 정말 대단해서 박수도 쳐주었어요.

"과일과 채소에도 구멍이 있네!" 하고는 채소 도장도 찍어보았답니다. 평소 좋아하는 야채와 과일 그림책을 보며 구멍을 찾아보았어요. 우리 친구들 책의 그림에서 구멍을 찾을 때마다 야호! 좋아합니다.^^ 구멍이 있는 연근을 준비해 주어 도장 놀이를 해보았어요. 친구들이 직접 바른 물감이 구멍 사이로 슝슝~ 즐겁게 오감놀이도 해보았답니다.^^

그 중에서도 가장 인기가 좋았던 터널 구멍 지나가기! 놀잇감이 된 것 처럼, 좋아하는 구멍을 찾아 모양도 탐색하고 색도 탐색하며 (냄새도 탐색하네요.😊) 엉금엉금 직접 터널 구멍을 지나가 보기도 해보았습니다. 들려주는 동요소리에 맞추어 움직임 속도를 조절하기도 하고, 무사히 도착해서는 세상 기쁜 모습으로 점프를 콩콩콩 하구요.^^

이번 주 선생님의 예상보다 더 다양한 놀이가 활발하게 이루어졌답니다.

함께 놀이하고 지원하며 우리 친구들이 성장해 나가는 것을 더 많이 느끼고 배울 수 있었어요. 다음주도 연계해서 좀 더 깊이 있게 경험해 볼 수 있도록 지원해주어야 겠습니다.

이번 주말, 아이들과 구멍 찾아 여행을 떠나 보는 건 어떨까요?^^ 감사합니다!

 KEYPOINT

하나의 주제로 여러 놀잇감과 환경, 자원을 이용하여 탐색하고 놀이하는 우리 아이들, 놀이 주제에 대한 이해를 하기 쉽도록 이와 관련해 세심하게 전달해 주신다면 우리 반의 놀이에 대해 더욱 관심을 가지고 협조하게 될 것입니다.

121 신체 계측

안녕하세요! 00반 교사 000 입니다.

오늘은 우리 친구들이 얼만큼 자랐나! 신체 계측을 하는 날이에요.^^
키도 재고, 몸무게도 재어 보았습니다. 귀여운 기린 그림이 있는 키재기 판에 관심을 보이는 우리 00반 친구들이에요.
"오늘은 우리 친구들 형님이 되어서 얼마나 잘 크고 있는지 한번 살펴보도록 하자!"
하고 이야기를 하니 선생님 말을 이해하고 박수를 치거나 "네~!" 하고 대답을 해주었어요.^^

한명 한명 이름을 불러 주어 친구들 앞에 나와 멋지게 키를 재어 보았습니다.
친구들이 기다리는 동안 지루하지 않게, 친구들의 키가 몇cm인지, 얼만큼 자랐는지 함께 이야기도 나누고 살펴보았어요.

몸무게를 재는 체중계에도 척척! 잘 올라가네요.^^ 움직이거나 장난치지 않고 잘 재어보자고 이야기를 하니, 선생님과의 약속을 기억하고 멋지게 몸무게도 재어보았어요.

역시 우리 00반 친구들은 언제나 적극적이고 잘 참여하는 멋진 친구들입니다.^^

우리 친구들이 앞으로도 쑥쑥 잘 성장할 수 있도록, 간식이나 식사도 잘 해보기로 약속! 해보았어요! 식사 시간에 정말 멋지게 앉아서 먹는 모습이었답니다! 가정에서도 칭찬 듬~ 뿍 해주세요.^^

* 오늘 신체 계측 전에 이야기를 나눈 후, 함께 해본 키크기 체조 영상을 함께 보내드립니다.
우리 친구들이 정말 좋아하네요.^^가정에서도 함께 해보시면 좋을 것 같아요!

[관련 링크 첨부]

신체 계측 결과 함께 안내해 드립니다. (기관에서 측정하는 과정으로 약간의 오차범위는 양해 바랍니다.)

우리 00이의 키 :
몸무게 :

오늘도 우리 00반 친구들과 행복한 저녁 되세요! 감사합니다.^^

 KEYPOINT

> 기관에서는 아이들과 함께 다양한 미디어 콘텐츠도 접하게 됩니다. 기관에서 운영하는 활동이나 행사와 함께, 가정과 연계해서 함께 하는 것도 좋은 지원이 될 수 있어요. 링크를 첨부해 주셔서, 집에서도 아이들이 부모님과 같이 즐겨볼 수 있도록 전달해 주시는 것도 좋은 방법입니다.

122 농업인의 날, 빼빼로 데이 대체

11월 11일은 무슨 날일까요?
달콤한 빼빼로를 주고 받는 빼빼로 데이로만 알고 계신 분들이 많으신데요.^^
11월 11일은 우리 나라의 농업의 중요성을 기억하고 농민들에게 감사하는 마음을 가지자는 취지로
제정된 농업인의 날이기도 합니다.

우리 친구들은 당연히 맛있는 빼빼로가 최고겠지만, 뜻깊은 날, 의미있는 배움을 선물해 주고 싶은 마음으로 농업인의 날 행사를 준비해 보았습니다.

우리 나라는 나날이 성장하고 발전하고 있는 반면 오히려 농업은 점차 위축되고 있는 것 같습니다. 오늘은 농업인의 날 활동을 통해 농민들이 하는 일에 대해 관심을 가지고, 매일 먹는 쌀밥과 다양한 식재료도 감사하는 마음을 가져볼 수 있는 계기가 되길 바래봅니다!

친구들과 모여 앉아서 농업에 대해 알아 보았어요. 알기 쉽게 간단한 영상을 함께 살펴보고, 농사를 하는 과정을 배워볼 수 있었답니다! 우리가 먹는 다양한 곡식과 과일, 야채가 농부 아저씨, 아주머니 들의 수고로 얻게 되는 것임을 알고 박수 치며 "감사합니다!" 하고 외쳐 보기도 했어요.

"농부들은 어떻게 일을 할까요?" 하고 이야기를 하며 농촌의 4계절도 함께 보았는데, 우리 친구들 허수아비 아저씨가 서있는 모습을 보고 엄청 반가워 합니다.😊 벼를 베는 모습을 관찰하고, 선생님과 함께 놀이용 벼를 낫 모형의 놀잇감으로 베어 보았어요. 쓱삭쓱삭 허리를 굽혀 낫으로 휘둘러 벼를 베어보았지요!

금세 힘들어 할 줄 알았는데, 우리 친구들 꽤나 진지한 모습으로 열심히 벼를 베어줍니다. 땀방울이 송글송글한 친구들도 있었어요.^^ 벼를 베고 난 후, 쌀 뻥튀기로도 놀이해 보았어요! 맛있는 쌀 뻥튀기를 맛보고 다양한 놀잇감과 함께 탐색하며 놀이해 보았습니다.

역시 먹으면서 하는 놀이가 최고 인기랍니다. 뻥튀기에 구멍을 뚫어 얼굴을 만들어 보기도 하고, 팔찌를 만들어 팔에 끼워보기도 하고, 접시가 되어 음식 놀잇감을 담아 보기도 하였어요!

우리 친구들에게 오늘 경험이 즐거움 뿐만 아니라, 의미있는 배움으로도 잘 다가왔기를 바랍니다.^^

 KEYPOINT

유행하는 트렌드에도 민감하게 반응하고 교육 활동과 놀이에 적용하는 기관! 이색적인 이벤트, 아이들이 즐거워하는 이벤트도 좋지만 보다 교육적인 의미를 찾아 기관에서 계획한 내용이 있다면 그 의미에 대해서도 한번 더 전달해주세요.

123 빼빼로 데이

우와! 오늘은 우리 친구들이 기대하고 기대하던 빼빼로 데이^^ 편의점에서 빼빼로를 보았다고 이야기 하기도 하고, 친구들은 어떤 맛을 좋아하는지 알아 맞춰보기도 합니다.

어린이집/유치원 끝나면 사러 간다며 신이 난 우리 친구들이에요.^^
"선생님 오늘 빼빼로 만들어요?" 하고 물어보며 기분좋게 웃으며 교실에 들어서는 00반 귀요미들과 한껏 신난 마음으로 엉덩이 춤을 추며 흥을 돋구어 보았습니다. 모두모두 앞치마를 입고 멋지게 앉아보자! 하고 이야기를 하니, "와 재밌겠다!" "10개 만들어야지!" 하며 모여드는 친구들, 멋지게 잘 정돈하고 자리에 앉아 친구들과 요리 활동 준비를 해보았습니다.

빼빼로 재료를 꺼내니, 환호성이 쏟아지네요.^^ 이번 빼빼로 만들기 활동은 그동안 해왔던 그 어떤 요리 활동보다 반응이 좋았던 것 같아요.😊 빼빼로를 만드는 과정에 대해 설명해 주었어요. 따뜻하게 데운 초콜릿을 막대 과자에 묻히는 과정은 조금 더 조심해서 해보기로 했어요. 멜팅기를 사용해 초콜릿을 저어 보는 과정도 다치지 않도록 조심! 이야기를 나눈 후 선생님과 함께 직접 체험해 보았답니다!

우리 친구들 멋진 디저트 가게의 셰프로 변신! 달콤한 향이 가득한 교실에서 막대 과자에 초콜릿을 발라 보고, 손가락으로도 콕 찍어 먹어 봅니다.😊

"얘들아! 맛있지?" 하고 이야기 하는데, 다들 입에 한가득 초코가 묻어 있네요.😊

스프링클, 견과류 등 다양한 토핑 재료를 한번 더 뿌려주어 완성해 보았어요. 원에서 선생님들과 충분히 맛보며 즐겁게 요리 활동 마무리 해볼 수 있었습니다.^^ 아이들과 즐겁게 만든 빼빼로, 가정에도 조금 보내드리니, (오늘 요리 활동은 아이들이 즐기고 먹어 보며 하는 것에 중점을 두었답니다.)

한번씩 맛 보아 보시고, 멋지게 집중해서 활동에 참여한 친구들에게 고맙다고 이야기 해주세요! 나머지도 모~두 먹고 싶은 마음 꾹 눌러 담고, 엄마, 아빠에게 드린다고 챙겨둔 것이니 그 마음에 대해서도 꼭 칭찬과 마음 표현 해주세요.^^

KEYPOINT

아이들과 활동을 할 때에 직접 체험을 하는 것이 가장 좋지만, 간혹 위험한 상황이 있을 수 있습니다. 언제나 이 부분에 유의해 주시고, 안전에 대한 정확한 대비를 한 후 진행하였음을 전달해주세요.

124 첫 눈 오는 날

안녕하세요! 00반 교사 000입니다.

행복한 겨울을 축하하듯, 하늘에서 예쁜 첫눈이 내려왔어요! '우리 친구들이 얼마나 좋아했을까? 첫눈을 보고 어떤 마음이었을까?' 하는 생각에 주말임에도 첫눈 인사를 남겨봅니다.^^

눈은 아이, 어른 할 것 없이 모두 좋아하는 것 같습니다. 설레이고 행복한 마음을 가져다 주는 첫눈, 올해는 좀 더 빨리 찾아온 듯 합니다! 따뜻한 코코아 한잔을 마시며 창밖의 눈을 감상해보면 어떨까요? 날씨가 춥기는 하지만, 겨울의 차가운 날씨는 왠지 정신을 더 맑게 해주는 것 같습니다.

한 해의 마지막 계절인 겨울, 하얀 눈이 찾아온 오늘 우리 00반 친구들의 가정에 따뜻한 웃음소리가 넘치고 행복한 에너지가 가득하시길 바랍니다.

천사같은 우리 아이들과 첫눈을 보며 행복한 하루 되세요! 감사합니다.^^

주말과 연휴, 휴일 등은 알림장을 작성하지 않습니다. 하지만 이런 기분 좋은 이슈가 있을 때에는 간단히 인사를 전해주시면 어떨까요? 함께 하는 우리 아이들과 가족이 한마음이 되어 더 행복한 하루가 될 수 있을 것 같습니다.

125 가을 숲, 자연 관찰 놀이

오늘은 즐거운 금요일 우리 친구들과 가을을 주제로 놀이를 해보았어요. 다양한 오감을 활용한 놀이를 하며 상상의 나라로 떠나볼 수 있었답니다!

친구들과 가을 바람에 대해 이야기를 나누어 보았어요. 산책을 하며 느꼈던 가을 바람이 어떤 느낌이었나 물어보니, 저마다 자신의 생각을 표현하는 친구들입니다. 여름 바람과는 또 어떻게 다른 것 같은지 물어보니 다양한 표현을 사용해 생각을 이야기 하네요. 봄 바람과 겨울 바람도 생각해 볼 수 있었던 시간이었습니다. 1학기에는 마냥 아기 같았던 우리 친구들, 이제는 스스로 생각을 표현하는 모습이 정말 기특하고 멋진 것 같습니다.

멋진 모자를 쓰고, 귀여운 가방을 메고 살랑 살랑 가을 바람에 떨어진 밤과 도토리를 주워보았어요.

바구니에 하나씩 담으며 숫자를 세는 친구들도 있네요! 누구에게 줄꺼야? 하고 물으니, 도토리를 좋아하는 다람쥐한테 선물해 주고 싶다고 이야기 하기도 하구요.

한쪽에는 버섯도 잔뜩 있었어요! 버섯을 따보기도 하고, 낙엽을 휘날리며 가을 바람이 된 듯 다양한 움직임을 시도해 보았습니다. 나무 사이, 낙엽 밑에 숨어 있던 다람쥐가 혹시 깨지 않을까 조심조심 움직이는 사랑둥이 친구들! 누구보다 진지하게 도토리를 하나씩 바구니에 담아 봅니다. 밤의 모양도 관찰하고, 도토리와 비교해 보기도 하였어요. 버섯을 따서 바구니에 담아 선생님에게 달려와 자랑하기도 합니다.^^

가을을 보내며, 우리 친구들이 또 한번 성장해 가고 있습니다. 한계절 한계절을 같이 보내며, 시간이 참 빠르게 지나가는 것이 아쉽기도 하지만, 그 시간 동안 예쁘게 여물어 가는 우리 친구들의 모습이 자랑스럽고 참 예쁘네요.

활동을 마무리 하며 "가을아 잘가~ 다음에 또 만나자!" 하고 인사를 해주었어요. 내년 가을에도 재미있는 놀이와 활동으로 가을을 맞이할 수 있겠지요?^^

오늘도 놀이에 즐겁게 참여해준 친구들과 하원 길 빨강 노랑으로 수놓은 듯 예쁜 모습을 감상해 보기도 하고, 하늘에, 또 바닥에 흩날리는 알록 달록한 예쁜 낙엽을 찾아보아도 좋을 것 같습니다.

감사합니다!

126 동물 관련 놀이와 그 외 다양한 놀이

안녕하세요! 00반 교사 000입니다.

오늘은 즐거운 금요일이에요.^^ 아이들과 한주동안 즐겁게 지내다 보니, 벌써 주말이 찾아왔네요.^^
우리 친구들과 이번 주도 재미있는 놀이를 하며 함께 지내보았습니다. 새벽에 눈과 비가 온다고 했는데, 다행히 날이 춥지 않은 것 같아요.

요 며칠 갑자기 추워진 날씨에 바깥 놀이가 어려운 날도 많았는데, 오늘은 오랜만에 바깥 놀이도 다녀왔지요.^^ 친구들과 오랜만에 나가 놀이하는 시간이 정말 즐겁고 좋았답니다. 겨울철에는 많이 추운날은 실내에서 대체 활동을 합니다. 하지만, 아이들의 컨디션이 나쁘지 않고 바깥 놀이를 하는 날도 있으니 점퍼와 장갑 등을 챙겨 주세요.^^

다양한 동물 그림 위에 끼적이기를 해보았어요. 우리 친구들이 좋아하는 그림을 골라 크레용과 색연필로 예쁘게 끼적여 보았답니다. 손에 힘이 좋아져서, 전보다 더 꼼꼼하게 하는 친구들도 있고, 선생님을 따라 동글동글 무늬를 그려 넣어 주는 친구들도 있어요.^^
아이들과 가정에서도 끼적이기 활동을 자주 해주시면 눈과 손의 협응력도 좋아지고 두뇌 발달에도 좋은 영향을 미칠 수 있답니다.

알록 달록 예쁜 동물 헝겊책을 탐색해 보았습니다. 우리 친구들이 손을 넣어 동물 입을 움직여 보고, 입 안에 쏘옥 맛있는 음식도 넣어 주었어요! 선생님이 동물 소리를 흉내내어 주었더니, 좋아하며 따라하는 우리 친구들이었답니다. 다양한 동물의 생김새도 함께 살펴볼 수 있었어요.

동물이 좋아하는 음식은 무엇이 있을지 함께 알아 보며 동물 인형에게 먹이를 주었어요. 우리 친구들 주중에 자주 놀이하며 익숙해 졌는지, 이제는 동물과 먹이를 잘 연결해 줄 수 있네요.^^ 사자와 호랑이에게 먹이를 먹여주며 "나도 고기 좋아해요" 하며 이야기를 합니다. 원숭이와 토끼, 닭 등에게도 맛난 먹이를 줄 수 있었어요.

우리 친구들이 좋아하는 신체 놀이도 해볼 수 있었답니다. 흔들 흔들 움직이는 목마 위에 타보기도 하고, 꽃게 모양의 시소에 나란히 앉아 시소도 타보았지요. 넘어지지 않게 조심조심, 재미있는 시간이었어요.^^

우리 친구들이 이번 주 동물 놀이를 하며 동물 모양의 놀이 기구에 더 많은 관심을 보이는 모습이었어요.

이번 주 우리 친구들은 신체 놀이를 주로 해보았어요. 우리 몸의 다양한 신체 부분의 명칭도 알아보고, "머리 어깨 무릎 발" 동요도 자주 불러보았더니, 이제는 척척! 선생님이 물어보면 대답도 잘 하고, 잘 가리켜 보여주는 모습입니다. 발바닥 찍기 놀이를 하며 누구 발이 더 큰가 찾아보기도 하였는데, 선생님 발바닥을 보고는 깜짝 놀라며 그 위에 발바닥을 대어 크기를 비교하는 귀여운 친구들입니다.

모래위를 맨발로 걸어 보는 활동을 계획해 보았어요. 주초에는 발바닥에 모래가 묻는게 조심스러운지 친구들이 하는 모습만 관찰하던 친구들도, 반복하며 재밌게 놀이하는 모습을 보고 참여하기 시작했어요.
발로 모래를 밟으며 나는 소리도 들어보고, 발바닥 모양이 나타나는 것이 신기 한지 꾹꾹 힘의 세기를 조절해 보기도 합니다. 동물 인형의 발바닥도 찍어보며 즐겁게 놀이할 수 있었습니다.

블록으로 만든 계단에 선생님 손을 잡고 오르락, 내리락 놀이해보았어요. 조심조심 넘어지지 않으려고 애쓰는 모습이 정말 사랑스럽네요.😊 친구들과 예쁜 그림이 그려진 블록 계단을 탐색하며 즐겁게 오르고 내려와 볼 수 있었습니다. 블록 위에서 포즈를 취하는 여유를 보이기도 하네요.^^

우리 친구들은 새로운 놀잇감에 흥미가 매우 높은 편이에요. 선생님이 에어캡으로 매트를 만들어 넓게 깔아주었더니, 에어캡을 터뜨리거나 그 위에 물감을 발라 보기도 하였습니다. 예쁜 색으로 물든 에어캡 매트를 잘 말린 후, 그 위에 걸어보기도 하였어요. 색깔을 찾아 옮겨 다니기도 하고, 친구와 콩콩 점프를 하며 에어캡을 터뜨리기도 하며 즐겁게 놀이할 수 있었습니다.

이번 주도 즐거운 놀이를 경험하며 우리 친구들이 많은 것을 배우고 이해해 볼 수 있는 시간이었어요. 친구들과 함께 놀이하면서 좋아하는 것도 더 자세히 알아 볼 수 있었던 것 같습니다.
일상생활에서 경험하는 것들을 놀이를 통해 다시 탐색하며 물건의 이름과 성질도 알아볼 수 있었지요.

친구들과 추운 겨울을 맞이하며 더 활발하게 움직임이 많은 놀이를 계획해보려고 해요. 또한 겨울과 관련된 다양한 놀이 주제를 계획해서 아이들이 좋아하는 겨울 계절을 더 알차고 즐겁게 보낼 수 있도록 준비하겠습니다.

오전에 잠시 함박눈이 내려 우리 친구들이 박수를 치며 좋아했어요.^^ 짧게 내리고 그치는 바람에 아쉽기도 했지만, 모두 함께 눈을 감상하는 시간이 되어서 참 좋았답니다.

주말에도 우리 친구들, 겨울을 즐기며 가족과 함께 행복한 시간을 보낼 수 있기를 바랍니다.
감기에 걸리지 않게 옷차림도 따뜻하게, 주변의 풍경을 감상해 볼 수 있길 기대해요! 감사합니다! ^^

KEYPOINT

날씨가 많이 추워지면서 실내에서만 생활하기를 바라는 부모님이 있을 수 있습니다. 기관에서는 이 부분을 무조건 수용하기는 어렵습니다. 아이들의 놀이는 실내외에서 고르게 이루어지며 전인적인 발달을 도모하게 되는 부분을 잘 설명해주시고, 필요한 전달사항도 놓치지 말고 전해주세요.

127 동물 체험 – 백한, 콜덕, 닥터 피쉬 등

안녕하세요! 00반교사 000입니다.

이번 주는 날씨가 풀려서 그리 춥지 않은 겨울날씨입니다. 아이들과 반갑게 인사를 나누고 점퍼와 양말등을 정리해 보았어요. 이제는 자기 물건 정리도 스스로 잘해내는 00반 친구들입니다.

오전간식을 먹은 후, 동물 친구들 만날 준비를 해보았어요. 제 자리에 앉아 주의집중 손유희도 하고, 즐거운 겨울 동요도 들어보며 동물 선생님을 기다려보았답니다.^^ 동물 선생님이 예쁘고 사랑 스러운 동물 친구들을 데리고 오셨어요! "우와 꼬꼬닥이다!" "어디어디?" 하며 누가 왔는지 궁금해하는 모습이 너무 귀여워요.🖤
친구들과 선생님께 인사를 드린 후, 오늘 동물 친구들은 누구인지 설명을 들어보았습니다.^^

학기 초에는 설명을 들으면서도 엉덩이가 들썩들썩 동물 친구들을 보고 싶은 마음이 더 급했는데, 이제는 설명도 끝까지 잘 듣고, 집중하는 모습을 보여줍니다. 동물 선생님도 우리 00반 친구들을 칭찬해주셨어요.

오늘은 백한과 콜덕이라는 새 친구들과 닥터피쉬가 찾아왔답니다! 백한이라는 새는 우리친구들 정도의 몸 길이를 가지고 있었어요. 머리 뒤쪽과 등에 있는 검은 무늬가 정말 멋졌어요.^^평소 새를 좋아하던 친구들도 조금은 큰 몸짓에 주춤했지만, 선생님과 함께 얼굴도 살펴보고 깃털도 슬며시 만져보았지요.🖤

"선생님 부드러워요~" 하며 여유있게 웃어보이기도 하네요.😊 콜덕이라는 친구는 정말 예쁘고 사랑스럽게 생 긴 오리였어요. 요즘 반려동물로도 많이 키우고 있다고 합니다.^^ 귀여운 외모와 울음소리로 친구들에게도 인기 만점! 나란히 앉아 찍은 사진도 너무 예쁘지요? 콜덕이 놀라지 않게 조심조심 만져주며 즐거워 했답니다.

마지막으로는 닥터피쉬를 만나보았어요. 우리 친구들이 물 안에 손을 넣어 시범을 보이는 선생님을 보고 박 수를 치며 신기해 하네요.^^ 할 수 있는 친구들만 해볼 수 있도록 무리되지않게 조절해가며 자유롭게 탐색해보 았어요.
그만큼 동물 친구들을 아껴주고 사랑해주어야 한다는것도 배울 수 있었습니다.

동물 친구들과 인사를 나누고, 아쉽지만 다음에 또 만날수있길 바라며 활동을 마무리해보았어요. 평소에 자 주 보고 놀이하는 동물 사진, 인형과는 전혀 다른 살아있는 동물 친구를 만나는 이 시간을 통해 친구들이 자연 에 더 많은 관심을 가지고 사랑하는 마음을 배웠으면 합니다.^^
오늘 만난 친구들에 대한 내용으로 활동지도 해보고 놀이도 연계해보았어요. 우리 친구들과 오후일과도 잘 보내고 하원하겠습니다.감사합니다.^^

 KEYPOINT

아이들이 기관에서의 활동에 적응하고 잘 참여하는 모습을 전해주시면 좋겠습니다. 가정에서 보여지는 모습과 다르게 의젓하고 멋진 모습들을 알려주세요. 그리고 활동과 프로그램의 특성, 아이들이 이 과정에서 얻게 되는 것들도 전해주시면 좋겠습니다.

안녕하세요! ^^ OO반 교사 OOO입니다.

1월도 벌써 막바지를 향해 달려가고 있습니다. 우리 친구들과의 얼마 남지 않은 시간이 아쉬워 하루하루 더 많이 웃고 안아주며 지내고 있답니다.^^ 이번 주는 다양한 행사가 있었어요. 12간지 동화책도 보고, 전통 놀이도 해보았지요.^^ 고사리 같은 손으로 만두피 위에 소를 올려보고 만두도 빚어보았어요.

새로운 요리 활동에 우리 친구들이 재미있었나 봅니다. 똘망똘망한 눈으로 소를 살펴보고 조심스럽게 숟가락으로 만두피 위에 얹어보네요. 만두피를 만지는 느낌이 새로웠는지, 이리 저리 늘려보고 접어보고 찢어서 탐색하기도 합니다. 정성스럽게 빚은 우리 친구들의 만두 맛있게 드시길 바랍니다.^^ 어떤 맛이었는지 표현해 주시며 우리 OO반 친구들을 칭찬해 주세요!

만두를 빚은 후, 자리를 정돈하고 제기차기, 윷놀이, 활쏘기 등 다양한 전통놀이에 대해 알아보고 함께 놀이해 보았어요.

우리 나라 전통 문화에 대해서도 알아 볼 수 있는 좋은 시간이었습니다. 선생님이 제기를 발로 차는 모습을 보고 "우와~" 하며 박수를 치는 친구들이에요. 선생님도 익숙하지 않아 몇번 못 찼는데도 좋아해 주네요.^^ 다음에는 좀 더 연습해서 멋지게 제기차기 하는 모습을 보여주어야 겠어요.

윷을 던져 뒤집어진 윷의 수를 세어보기도 하고, 윷 위에 올라가 놀이를 하기도 합니다. 말판의 말을 가지고 가위바위보 놀이도 재미있게 해보고, 윷놀이 방법과 규칙도 배워보았습니다.

평소 우리 친구들이 즐겨 하는 놀이와는 다른 매력에 더욱 즐겁게 참여할 수 있었던 것 같아요. 우리 친구들과 전통놀이도 자주 체험해 볼 수 있도록 지원해 주어야 겠습니다.

가정에서도 우리 친구들과 즐겁게 전통놀이를 하며 웃음이 가득한 설 연휴를 보내시는 건 어떨까요?

설 명절을 맞이하여 새해 인사 드립니다. 새해에도 우리 OO반 친구들과 행복한 일들이 가득하시길, 항상 건강하시길 진심으로 기도합니다. 언제나 믿음으로 우리 OO반을 응원해 주신 학부모님 감사합니다. 그럼 설 연휴 후에 건강한 모습으로 만나요! 감사합니다.

 KEYPOINT

아이들과 함께 놀이하는 선생님의 모습을 전해주시는 것도 정말 좋습니다. 1년이란 긴 시간을 함께 하는 데도 정작 선생님과 아이들이 함께 웃고 놀이하는 사진이 없는 경우도 참 많아요. 이번 기회에 한번 사진과 영상도 남겨보면 좋겠습니다.

129 다양한 겨울 놀이, 겨울 실내 관련 안내

안녕하세요! 00반 교사 000입니다.

이번 주 우리 반 놀이 주제는 "0000" 이었습니다.^^ 여러 가지 색의 알록달록한 놀잇감을 보며 환호성을 지르고 콩콩 점프도 하는 모습의 친구들이랍니다.

옹알이를 하며 친구에게 보여주기도 하고, 까꿍 놀이도 합니다.^^ 선생님이 다가가면 소리를 지르며 이리저리 뛰어가기도 해요.😊

시간이 흐를 수록 우리 00반 친구들이 정말 많이 자랐구나~ 하고 느낄 때가 많답니다.^^

우리 아이들은 평소 자주 접하는 익숙한 물건, 놀잇감으로 놀이할 때에 더욱 몰입하고 즐거움을 느낍니다. 적극적으로 탐색하며 보다 창의적인 표현도 할 수 있습니다.

00반 친구들과 함께 보자기 안에 장난감을 숨겼다 찾아보는 놀이를 해보았어요.

찾았다! 하고 이야기 하면 눈이 똥그래져서 보자기를 들었다 낳다 반복하지요.^^ 반복하면서 원리와 이치를 깨달아, 선생님의 행동을 따라해 보여주기도 하는 똑똑이들!

천을 날려 바람을 만들어 보기도 하고, 상자 안에 헝겊을 구겨 넣어 보기도 하며 소근육으로 놀잇감을 탐색하고 조작하는 놀이에 흥미를 보였습니다.

이번 주 낮동안은 햇빛이 정말 좋았습니다. 따뜻하게 점퍼를 입고, 아이들과 바깥 놀이를 다녀왔어요.^^ 많이 추워지기 전에는 잠깐씩이라도 산책을 할까 합니다. 점퍼와 목수건등을 잘 챙겨 보내주세요. (따뜻한 모자도 좋아요.) 혹 원치 않으신다면 오전 중에 알림장 혹은 등원시 전달해 주세요! (아이들이 등원을 하게 되면, 통화가 어려울 수 있습니다.)

어린이집/유치원 실내는 많이 따뜻합니다.^^

점퍼 안의 옷은 너무 두껍지 않게 입혀 보내주세요.

조끼 등을 입혀 주시면 놀이하다가 더워질 때에 벗어 체온을 적절히 조절할 수 있답니다.

땀이 난 채로 놀이하다 보면 감기에 걸릴 수 있기 때문에 얇은 옷을 겹쳐 입혀 주시는 것이 좋겠습니다. 콧물이 나는 친구들은 코를 닦아주느라, 코 밑이 헐지 않도록 부드러운 수건을 여러장 보내주세요.

다음주는 우리 00반 친구들과 000 놀이를 해보려고 합니다.

우리 친구들이 좋아하는 겨울 동요를 들으며 겨울 분위기도 만끽해 보려고 해요!

그럼, 아이 들과 건강한 주말 보내시기 바랍니다. 주말 사이에 날씨가 많이 추워진다고 합니다. 감기도 조심하세요! 이번 주 감기 등으로 컨디션이 좋지 않았던 친구들도 주말 동안 푹 쉬고 좋아진 모습으로 만나길 바랍니다.^^ 감사합니다.

130 겨울, 색과 모양 놀이

안녕하세요! 00반 교사 000입니다.

가을을 맞이하며 우리 아이들과 매일 바깥 놀이터에서 신나게 뛰어 놀며 지내다 보니 어느새 겨울이 찾아왔습니다. 많이 추워진 날씨에 감기에 걸리거나 컨디션이 좋지 않도록 어린이집/유치원에서도 항상 유의 하여 살펴보고 관리하고 있습니다.^^

가정에서도 아이들의 건강 관리에 적극적으로 협조해 주셔서 항상 감사합니다!

이번 주는 우리 00반 친구들과 모양에 대해 알아보고 놀이해 보았어요. 평소에 자주 모양에 대해 이야기를 하고 있어서, 우리 00반 친구들이 더 쉽게 이해하고 놀이에 참여할 수 있었습니다.^^

동그라미, 세모, 네모 모양의 물건이나 놀잇감을 가지고 놀기도 하고 모양 동요도 함께 들어 보고 동작으로 표현해 보기도 하였답니다!

선생님이 모양 스티커를 크게 준비해 주었더니, 처음에는 종이 블록에만 붙이고 놀이하다가
책상, 바닥, 벽, 선생님의 앞치마에까지 붙이며 박수치고 좋아하는 장난꾸러기 00반 친구들이에요.^^

하하호호 웃으며 한 주를 잘 보낼 수 있었어요. 가정에서도 우리 00반 친구들과 다양한 모양에 대해 이야기 나누고 놀이해 보시면 좋을 것 같습니다. 모양과 함께 색에 대해서도 알아볼 수 있는 좋은 기회가 될거예요!

우리 00반 친구들의 흥미와 관심이 높아 다음주에도 모양에 대한 놀이를 확장해 진행해 보려고 합니다. 동그라미도 다양한 모양으로 변형해 보고, 직사각형 사다리꼴도 놀이를 통해 경험해 볼 거랍니다. 오각형, 육각형, 하트 우리 친구들이 흥미를 보일 만큼 여러 가지 모양 블록놀이도 해보려고 해요.

* 우리 친구들의 예쁜 사진을 보내주세요! 모양 액자 꾸미기 활동도 해보려고 합니다.
* 다음주는 클레이, 찰흙으로 모양 빚기 놀이도 계획하고 있으니 편한 복장으로 입혀 보내주세요.

그럼 우리 친구들과 건강하고 즐거운 주말 보내시기 바랍니다. 감사합니다.^^

 KEYPOINT

아이들의 놀이 흥미에 따라 계획을 하고 운영을 하는 모습! 놀이 중심보육과정의 기본이지요. 학부모가 잘 알고 협조할 수 있도록 간단히 흐름을 안내해 주시고, 준비물도 전달해주세요. 월간계획안, 가정통신문보다 알림장으로 확인을 하는 부모님이 더욱 많으니까요.

131 겨울 놀이 + 솜공 놀이 등

안녕하세요! 00반 교사 000입니다.

이번 주는 겨울 산책을 하기 좋은 날씨였어요! 해도 나오고, 추위도 한층 사그라 들어 아이들과 바깥 놀이도 할 수 있었답니다. 겨울에 춥다고 집안에서만 지내지 않도록 가정에서도 함께 해 주세요.^^

우리 친구들은 이번 주 솜공 놀이를 해보았답니다. 겨울 눈을 연상하며 솜공을 굴리고 던지며 재미있게 놀이했어요. 오늘은 조금 더 큰 크기의 송을 제공해 주니, 신이 나서 소리를 지르며 공을 들고 뛰어 놀이 합니다. 올 겨울에는 눈이 많이 와서 아이들과 눈 놀이도 자주 하기를 바라고 있답니다.^^

참, 우리 00반 친구들이 요즘 소근육을 활용한 놀이에 흥미를 보이고 있어요! 선생님과 함께 여러 가지 재질의 종이위에 색연필로 끼적이기 놀이를 자주 하고 있어요.

가위 놀이도 하고 손가락 인형 놀이도 하며 지내는데, 학기 초에 비해 많이 성장하고 있음이 느껴집니다.^^ 역시 우리 00반 최고!

점심도 맛있게 냠냠! 고기 반찬은 언제나 인기 만점이지요.^^ 식사 후, 양치도 하고 낮잠을 푹 자고 있답니다. (가정에서도 양치 습관은 꼭꼭 잘 지도해 주세요.)

다행히 이번 주는 감기에 걸린 친구들이 많지 않아, 컨디션이 좋았던 것 같아요. 두꺼운 옷보다는 실내에서는 얇은 옷 여러겹을 입는 것이 체온 조절하기에 도움이 되니, 어린이집/유치원에 보내실 때 참고해 주세요. 원에서 수시로 살펴보며 지도하겠습니다.

친구들과 함께 하는 시간은 언제나 즐거워요. 놀이 하다 다툼이 있기도 하지만, 선생님이 이야기 하면 잘 들어준답니다. 이번 주는 책상 위에 올라가지 않기로 약속해 보았어요!

우리 친구들이 어린이집/유치원에서 약속을 잘 지킬 수 있게 집에서도 위험한 행동에 대해서는 잘 알려주시기 바랍니다!

다음주에는 어떤 놀이가 기다리고 있을까요?^^ 우리 친구들과 즐거운 주말 되시기 바랍니다!
* 지난 번 가정에서 준비해 주셔서 주말 지낸 이야기를 사진으로 보았더니, 아이들이 더 즐거워 하고 다양한 표현도 스스로 하려고 노력하는 모습이 보였답니다! 주말 지낸 사진도 보내주세요.

KEYPOINT

가정에서 함께 주의해서 지도해야 할 사항이 있다면 개별적으로 전달하기 전에 반 차원에서 전해주세요. 문제가 생긴 후에 상담을 하는 것보다, 초기 상황에 상의를 해서 함께 해결해 나가는 것이 효과도 높고 긍정적인 관계 유지에도 도움이 됩니다.

132 눈 놀이 + 겨울 철 안전 관련

안녕하세요! 00반 교사 000입니다.
이번 주는 우리 친구들과 하얀 눈을 보며 더 즐거웠던 한주였습니다. 날씨가 추워졌지만, 또 겨울을 느끼며 많은 것을 경험할 수 있었던 것 같아요. 두터운 점퍼, 목도리, 모자, 장갑 등 겨울 옷차림에 대해서도 이야기 나누어 볼 수 있었어요.^^

00반 친구들은 이번 주 선생님과 친구들과 함께 다양한 놀이를 해보았어요. 친구들과 서로 놀잇감을 탐색하며 이야기를 나누는 모습이 정말 사랑스럽답니다.^^ 특히 가장 인기가 좋았던 솜공 놀이와 블록놀이!

솜공 하나에도 꺄르르 웃으며 굴리고 던지며 놀이할 수 있었지요.^^ 솜공에 표정스티커를 붙여 말랑 말랑 눈사람도 만들어 보았구요. 블록으로 다양한 건축물을 만들어 볼 수 있었어요.
블록에 겨울을 연상할 수 있는 다양한 그림을 붙여주었더니 더욱 흥미를 보이며 놀이에 참여하는 00반 친구들입니다. 가정에서도 함께 해보시면 우리 00반 친구들에게 많은 도움이 될 것 같습니다.

선생님이 새롭게 들려주는 새 동요와 손유희에도 관심을 가지며 함께 지내보았답니다. 가정에서도 겨울 동요를 자주 들려주시고 함께 불러봐 주세요.^^

날씨가 많이 추워지며 아이들이 감기에 걸려 컨디션이 좋지 않을까 염려가 됩니다.
충분한 수면과 식사가 잘 이루어질 수 있도록 가정에서도 함께 살펴봐 주세요!

다음주에는 우리 00반 친구들과 00으로 놀이해보려고 합니다. 우리 친구들이 잔~뜩 기대할 모습이 눈에 그려져 벌써부터 기대가 됩니다. 즐거운 놀이로 가득할 우리 00반 교실이 될 것 같습니다.

* 이번 주 높은 곳에 올라가거나 매달리는 등 다소 위험한 행동을 보이는 친구들이 있어 교실에서 지켜야
  할 약속을 이야기 나누어 보고 있습니다. 가정에서도 잘 지도해 주시기 바랍니다.
* 다음주는 크리스마스 행사가 예정되어 있습니다. 가정에서는 산타 행사 안내문을 참고하셔서 아이들에게
  주실 선물을 어린이집/유치원에 O요일까지 보내주세요!
* 12월 마지막 한 주는 가정학습기간입니다. 가정학습기간 동안은 통합 보육이 이루어집니다. 자세한 내용
  은 안내문으로 전달됩니다. 문의 사항은 000-000으로 연락 주시기 바랍니다.

그럼 우리 00반 친구들과 행복한 주말 되시기 바랍니다. 감사합니다.^^

KEYPOINT

기관에서는 연간의 운영 계획에 대해 잘 알고 있지만, 학부모는 사전에 배부한 자료가 있어도, 오리엔테이션에 참여했어도, 잘 숙지하지 못할 수 있어요. 가정학습기간 등의 큰 일정은 여유있게 안내해 주시는 것이 도움이 됩니다.

133 크리스마스

안녕하세요! 00반 교사 000입니다. 곧 설레이는 크리스 마스가 다가옵니다.

크리스마스는 어른, 아이 할 것 없이 모두가 설레이고 기쁜 마음으로 기다리는 날인 것 같습니다. 우리 00반 부모님들은 어떠신가요?

크리스마스는 영어로 그리스도와 미사를 합쳐 탄생한 말이라고 해요. 사실 그리스도라 하면 기독교와 관련이 있다고 생각되어 불편한 마음이 드는 분도 있을 것 같습니다. 하지만 크리스마스 하면 떠오르는 그 분, 바로 산타 클로스 덕분에 온 세계가 큰 기념일로 공통되게 즐기고 기념하는 것 같아요.

크리스마스를 생각하면 산타클로스, 크리스마스 트리, 선물, 이웃, 사랑, 감사.. 다양한 단어가 떠오릅니다. 그리고 가장 중요한 가족! 가족과 함께 하는 크리스마스는 여느때 보다 행복하고 감사할 거라 생각합니다.

우리 00반 친구들에게 또 하나의 추억될만한 시간이 되기를 바랍니다. 거창한 이벤트 보다는 작아도 진심이 느껴지는 관심과 대화가 우리 아이들에게는 에너지가 되고 사랑이 됩니다.

우리 아이들과 함께 하는 시간 하나하나에 집중해 주시고, "사랑해, 고마워, 가장 소중한 우리 00아, 함께 있는 이 시간이 정말 감사해." 평소에는 쑥스러워 하지 못했던 말들도 용기내어 표현해 주시는 하루가 되길 바랍니다.

세상 가장 소중하고 귀한 우리 00반 친구들에게 따뜻한 겨울, 즐거운 크리스마스 되길 바랍니다. 메리 크리스마스! 감사합니다.^^

단순히 축하하고 즐기는 개념에서 벗어나, 의미를 전해주시는 것은 어떨까요? 교사로서 아이들에게 배움을 주는 모습은 언제나 멋집니다.

134 케이크 만들기(부모참여) 행사 안내

안녕하세요! 00반 교사 000입니다. 벌써 연말이 되었어요! 시간이 정말 빠르게 지나갑니다.
우리 친구들과 여름 물놀이를 첨벙첨벙 재미있게 했던 시간들이 아직도 생생한데 말이죠.^^

이제는 형님티가 나는 듯 한 우리 00반 친구들입니다. 선생님이 이야기 하면 대답도 잘하고, 자기 생각도 잘 표현합니다. 물론 매일 울고 웃으며 다투고 넘어지는 일이 끊이질 않지만,
그러면서 쑥쑥 자라나는 아이들을 보면 미소가 절로 지어집니다. 또한 언제나 믿음으로 함께 해 주시는 부모님들 덕분에 든든합니다! ^^

* 이번 주 00일 0요일은 부모님과 함께 하는 케이크 만들기 시간이랍니다! 부모님들께서도 많이 기대가 되실 것 같아요. 우선 귀한 시간 내어 주셔서 다시 한번 감사의 말씀 전합니다.^^
* 안내사항 전달 드립니다. 아래의 내용을 참고해 주시기 바랍니다!!

1. 케이크 만들기 행사의 시작 시간은 00시 00분 ~ 00시 00분까지 1시간 가량입니다.
   시작 시간이 늦어지지 않도록 5분전에는 도착하여 주시기 바랍니다.
   (먼저 입장하지 않고 일괄적으로 들어오실 수 있도록 안내해 드릴 예정입니다.)

2. 아이들이 활동하는 교실에서 이루어져 부모님들이 함께 계시다 보면 다소 비좁을 수 있습니다. 불편하실 수도 있겠지만, 즐거운 추억을 만드는 것에 의미를 두어 주세요!
   이점 미리 양해 부탁드리겠습니다.^^ 그리고 부모님의 점퍼, 가방 등의 소지품을 잘 보관해 주세요.

3. 아이들의 앞치마를 준비해 보내주세요. 아이들은 요리 실습을 할 때에 앞치마와 머릿 수건을 착용합니다.
   당일은 선생님이 아닌 부모님이 앞치마 착용을 도와주시면 우리 친구들이 더 즐거워 할 것 같습니다.^^

4. 요리 활동 전, 선생님과 간단히 인사를 나누고 "주먹, 가위, 보" 손유희를 해볼거예요. 부모님들 조금은 쑥 스러울 수 있지만, 우리 아이들이 즐거워 할 수 있도록 함께 참여해 주세요! 적극적으로 함께 해 주시는 부모님의 모습을 보고 배울 수 있을 거예요!

5. 요리 활동이 끝난 후, 아이와 함께 동반 하원을 하시는 부모님과 여건 상 그렇지 못하는 가정이 있습니다. 아이들이 속상하지 않도록 동반 하원하는 가정은 교사의 안내에 따라 조용히 인사를 나누고 퇴장하도록 하겠습니다! (부모님과 하원을 하는 친구들과 달리 오후 시간을 보내는 친구들이 혹여나 속상할 수 있을 마음을 위해 배려 부탁드립니다.)

그럼 00요일, 케이크 만들기 행사날에 뵙겠습니다.^^ 오늘도 감사합니다!

KEYPOINT

부모 참여 행사등이 있다면 주요 사항을 알림장으로 미리 전해주세요. 행사를 하는 현장에서 전달하기 전, 알림장을 통해 간략히 안내를 해주시는 것은 원활한 행사 운영에 정말 큰 도움이 됩니다!

135 크리스마스 행사 안내

안녕하세요! 00반 교사 000입니다.

드디어 우리 친구들이 기다리고 기다리던 크리스마스가 다가옵니다.^^ 매일 등원하며 "산타할아버지 와요?" 하고 묻는 우리 친구들, 금요일에 산타할아버지를 만나면 얼마나 기뻐할까요?
(울음을 터뜨리며 놀랄 수도 있겠지만, 제가 옆에서 잘 살펴보겠습니다.😊)
부모님! ^^ 우리 친구들이 요즘 교실에서 놀이도 정말 잘하고 정리는 더할 나위 없이 정~~~~ 말 잘하고 있어요! "산타할아버지가 우리 친구들이 정리를 잘 하는지 보고 계신대~"
하고 이야기 하며 캐롤 동요를 들려주면, 모두가 신이 나서 열심히 정리를 한답니다!
산타할아버지는 선생님인 제게도 참 고마운 분이에요.^^

돌아오는 00일, 산타할아버지가 우리 어린이집/유치원을 찾아옵니다. (체육 특강 선생님이 산타 복장을 하고 선물을 주러 오신답니다.)
형님, 동생반 친구들과 함께 모두 모여 캐롤도 부르고, 산타할아버지를 외치면 "쨔잔~!" 하고 나타나실 거예요. 생각만 해도 두근두근 마음이 설레이는 듯 합니다.

즐거운 산타 행사를 위해서 가정에 부탁드립니다.

1. 산타할아버지가 주실 선물을 포장해 0요일까지 보내주세요.
포장 겉면에는 우리 친구들이 한해동안 잘해왔던 일, 아쉬웠던 일을 함께 적어주세요. (간결하게 적어주셔도 됩니다.)

-> 산타할아버지가 직접 읽어주실 예정입니다. 아이들이 산타할아버지의 이야기를 듣고, 앞으로 더 잘할 수 있을 거라 생각해요.^^

2. 오늘 모든 친구들의 가정에 이불 가방을 보내드려요, 등원할 때 가방 안에 선물을 몰래 넣어서 보내주세요. 들키지 않게 조심! ^^ 우리 아이들의 동심을 지켜주시기 바랍니다.😊

며칠 뒤면 만나게 될 산타할아버지 덕분에 이번 주 내내 우리 친구들의 얼굴에 미소가 가시질 않습니다.^^ 언제나처럼 즐겁고 행복한 마음으로 산타를 기다리겠습니다. 우리 친구들에게 좋은 추억이 될 수 있도록 많이 준비했으니, 기대해 주세요.^^ 항상 적극적으로 협조해 주시는 부모님들, 감사합니다. ^^

KEYPOINT

여러 번 안내를 해도 부모님이 빠뜨리는 경우, 정작 속상한 건 아이들입니다. 가정에 용도나 이유 등을 정확하게 안내해 주셔서, 아이들이 즐거운 행사, 활동이 되었으면 좋겠습니다.

136 크리스마스 등 12월 마지막 주 행사 안내

안녕하세요! 00반 교사 000입니다.

12월도 벌써 둘째주가 되었습니다. 친구들과 다음주 크리스마스 행사와 산타 할아버지와 만날 날을 기다리다 보니 평소보다 더 빨리 시간이 흘러간 것 같아요!

시끌벅적 오늘은 즐거운 금요일입니다. 등원하는 우리 친구들의 얼굴에도 미소가 한가득!
이번 주 주말에는 무얼 하고 지낼 지 서로 자랑하느라 바쁘네요.^^ 반갑게 인사를 나누고, 친구들과 놀이를 시작해요. 이번 주 겨울을 주제로 다양한 소품과 놀잇감, 실물 자료 등을 지원해 주어서 교실에도 겨울, 크리스마스 분위기도 가득하답니다. 친구들과 함께 교실도 꾸미고 여러 가지 놀잇감을 탐색하며 즐겁게 놀이에 참여하고 있어요!

"눈을 굴려서~ 눈을 굴려서~" 우리 친구들의 겨울 친구 눈사람이 교실에도 찾아왔어요!
지난 주부터 함께 하고 있는 우리 눈사람 친구에게 "눈눈이" 라는 이름도 붙여주었어요(우리 친구들 생각이랍니다.😊) "눈눈이"에게 모자도 씌워주고, 옷에 무늬도 그려주고 멋쟁이로 변신 시켜 주었어요!

오늘은 털실로 머리카락도 만들어 주었는데 너무 재미있었어요.^^

눈사람안에 빨강 파랑 노랑 볼풀공도 하나씩 넣어서 채워주고 또 하나씩 빼내어 굴리며 놀이해보았답니다.

겨울 하면 눈이 가장 먼저 떠오르지요! 아직 눈이 펑펑 내리지 않아서 아쉬운 마음이 크지만 교실에는 눈송이가 가득해요! 천정에도 눈 모빌이 달려 있어서 눈이 오는 듯한 느낌이 든답니다. 우리 친구들의 요즘 가장 좋아하는 놀이는 눈송이 블록 놀이! 눈송이 블록을 데굴데굴 굴려보기도 하고, 나무 젓가락으로 끼워서 눈 사탕을 만들어 보기도 하였어요!

눈사탕 가게로 놀이가 확장되면서 겨울 간식 놀이도 함께 해볼 수 있었답니다.

예쁜 색으로 물든 얼음을 보며 우와! 예쁘다! 하며 감탄하는 00반 친구들이지요.^^

친구들과 같이 색 얼음을 만져 차가운 느낌도 표현하고, 색얼음으로 놀이터 바닥에 멋진 그림도 그려보았습니다. 점점점 커지며 큰 원을 그려 그 안에서 잡기 놀이도 해보았어요!

얼음으로 놀이하는 건 언제나 흥미가 높습니다. 우리 친구들이 직접 주워 온 예쁜 열매와 나뭇잎을 넣어 꽁꽁 얼음을 얼렸더니, 멋진 겨울 얼음 모빌이 탄생했답니다.^^

친구들과 모두 축하와 감동(?)의 박수를 치며 우리 어린이집/유치원 주변의 나무들에게 선물해 주었어요.😊 추운 겨울, 나무가 아프지 않고 잘 지낼 수 있었으면 좋겠다고 표현하는 우리 친구들 마음이 정말 예쁜 것 같아요.😊

안전 망치로 뚝딱뚝딱 얼음을 깨며 놀이해보았는데, 우리 친구들 망치 다루는 실력에 깜짝 놀랐답니다.^^

주저하지 않고 한방에 탕탕! 얼음을 깨며 스트레스도 획~ 날려보낸 것 같아요.

친구들이 아쉬워 하는 모습을 보여, 매일 매일 얼음을 준비해 지원해 주었어요! 그래도 아쉬워 하는 모습에 돌멩이 두드리기, 나무껍질 납작하게 하기 등 망치를 활용한 새로운 놀이도 함께 해보았답니다!

이번 주는 날씨가 많이 춥지 않아서 길가에 물웅덩이가 얼어 있지 않았어요! 다음 주에는 물웅덩이를 찾아다니며 망치 놀이, 얼음 위에 그림그리기 놀이도 해보아야 겠어요.^^

이번 주 날씨가 따뜻해서 자주 나가서 놀이하고, 또 겨울이 되어 달라진 날씨와 환경을 탐색하고 직접 경험하는 시간이 참 좋았습니다.😊 친구들과 함께 한 이번 주, 다양한 겨울 놀이로 행복 에너지가 더 많이 충전되었답니다.

주말 지나며 영하의 날씨로 갑자기 추워진다고 합니다. 우리 00 어린이집/유치원의 친구들과 가족들 모두 행복하고 따뜻한 주말 보내며 0000년도를 마무리 하는 연말도 잘 계획해 보시기 바랍니다.

* 다음주는 크리스마스 주간으로 어린이집/유치원에서 다양한 행사가 이루어집니다.

계획안을 꼭 참고하셔서, 준비물이 누락되지 않도록 챙겨 보내주세요.

1) 월요일 : 크리스마스 파티/ 준비물 : 음료와 과자1봉

2) 화요일 : 크리스마스 영화 관람

3) 수요일 : 크리스마스 케이크 만들기/ 준비물 : 앞치마와 머릿수건

4) 목요일 : 크리스마스 페스티벌/ 준비물 : 원복, 크리스마스 소품

5) 금요일 : 산타 행사/ 준비물 : 선물(수요일까지 미리 보내주세요.)

그럼 이번 주말도 가족과 함께 소중한 시간 보내시길 바랍니다.
다시 만나는 월요일, 신나는 일들오 이야기 주머니 가득 채워서 볼 수 있었으면 좋겠습니다.
건강한 모습으로 월요일에 만나겠습니다. 감사합니다.

 KEYPOINT

전달 해야 하는 내용이 많다면 순서대로 숫자를 붙여 동일한 기준으로 구분해 작성해 주시면 보기도 쉽고 바르게 이해할 수 있습니다.

137 산타 행사 알림장

안녕하세요! 00반 교사 000입니다.^^

즐겁게 주말을 보내고 온 우리 친구들과 추운 날씨에 대해 이야기를 해보았어요.

갑자기 영하로 떨어져 우리 친구들이 감기에 걸리지 않았을까 걱정했는데, 그래도 건강한 모습으로 와주어서 정말 다행이라고 생각했답니다.^^
감기 기운이 있는 친구들도, 이번 주 유의해서 살펴보고 있어요. 아프지 않고, 얼른 나을 수 있기를 바랍니다!

오늘은 두근두근 산타할아버지가 오시는 날이었어요! 설레이는 마음으로 지난 주부터 기다렸던 터라,
우리 00반 귀요미들은 아침부터 언제 오시나, 눈이 빠지게 기다리는 눈치였답니다.😊

"얘들아, 이제 곧 산타 할아버지가 오신대!" 하고 이야기를 하니 우와! 소리를 지르며 너무너무 좋아하더라구요! 떨리는 마음으로 모두 모여 앉아, 산타 할아버지를 맞이할 준비를 하였답니다.^^

산타 할아버지가 들릴 정도로 멋지게 캐롤을 부르자고 이야기를 했더니 사랑스러운 목소리로 캐롤도 부르고 예쁘게 율동도 해보았어요!

똑똑똑! 산타 할아버지가 노크하는 소리에 모두 깜짝 놀라 쉿! 하고는 문 쪽을 쳐다보았어요.
루돌프가 끄는 썰매를 타고 왔다며 허허허 웃으며 들어오시는 산타 할아버지의 모습에 아이들이 정말 좋아했답니다.^^ (몇몇의 친구들은 깜짝 놀라 울음을 터뜨리기도 했지만, 금세 진정할 수 있었어요.)

산타할아버지가 멋진 선물을 하나씩 꺼내어 보며 친구들의 이름을 불러주고, 무릎에 앉혀서 칭찬과 덕담도 해주셨어요! 산타 할아버지의 말씀을 듣고 고개를 끄덕이거나 "네!" 하고 대답도 잘 해주어서 또 칭찬을 받았어요!

우리 친구들 모두, 산타 할아버지와 약속한 것 잘 기억하고 내년에는 더 멋진 선물로 만나기로 했답니다.^^
산타 할아버지와 즐거운 댄스타임도 가져보고, 함께 모여서 기념 사진도 찍고, 정말 즐거운 하루였어요!
조금 이르게 선물을 받았지만, 우리 친구들은 왠지 더 좋아하는 것 같습니다.^^

하원하는 우리 친구들, 집에 도착하자마자 어떤 선물일까 뜯어 보고 싶을거에요! 함께 선물 보시며, 산타할아버지와 즐거웠던 오늘 하루도 이야기 나누어 주세요.^^ 감사합니다!

KEYPOINT

반에는 다양한 친구들이 있습니다. 행사와 프로그램을 반별로 전달할 때에는 모든 아이들의 개별 반응이나 모습을 세세하게 전하기는 어렵습니다. 다수와 함께 소수, 일부 친구들의 내용도 함께 전달해 주세요. 아이들의 성격이나 성향을 잘 알고 있는 부모님은 내 아이의 이야기는 아니라고 생각해 아쉬운 마음이 들 수 있으니, 센스있게 덧붙여 전해주세요.

138 겨울 가정학습기간

안녕하세요! 00반 교사 000입니다.
어느 새 겨울이 절정에 다다르며 날씨가 더 많이 추워지고 있는 듯 합니다.
작년보다는 눈 소식도 더 많은 것 같아요! 친구들과 눈 놀이를 하며 지낼 겨울이 기대가 되네요.^^

등원을 한 후, 우리 친구들과 겨울 옷차림에 대해 이야기를 나누어 보았어요. 답답해도 털모자와 목도리, 장갑을 꼭 착용해야, 감기에 걸리지 않고 따뜻한 겨울을 보낼 수 있다고 이야기 해주었더니, 고개를 끄덕이며 자신이 하고 온 옷차림을 자랑하네요! 😊

12월은 다른 달보다 더 빨리 지나가는 것 같아요. 겨울 눈놀이로 시작했던 1주가 지나고, 벌써 마지막주가 다가왔네요. 크리스마스 행사로 일주일을 바쁘게 지내다 보니, 벌써 가정학습 기간이 다가왔어요!
이제 곧, 새해를 맞이하다니 시간이 정말 눈깜짝할 새 지나간 것 같습니다.

한해동안 즐거웠던 일들로 우리 친구들과 행복하게 추억할 수 있어서 참 감사합니다.
속상하고 아쉬운 일도 있었겠지만, 그 또한 잘 이겨내고 건강하고 멋진 형님으로 자라나는 모습이 참 대견합니다. 학기 초 아기 같았던 우리 친구들이 하나씩 배워나가고, 또 새로운 경험을 쌓아나가며 이만큼 잘 자라준 모습에 고마운 마음이 들어요.^^

지난 안내와 같이 다음주 00월 00일 ~ 00일까지 본원의 가정학습기간입니다. 움츠렸던 몸을 쭈욱 피고, 신나게 뛰어 노는 시간이 되길 바랍니다. 가정학습기간 동안 가족과 더 행복한 시간으로 채워나가며 건강한 모습으로 만나길 바랍니다.^^ 가정학습기간 동안 집에서 혹은 여행을 떠나 즐겁게 지냈던 시간을 사진으로 남겨 보내주세요! 다시 만나는 새해 첫주를 더 즐겁고 알차게 보낼 수 있을 것 같습니다!

그럼, 우리 00반 친구들과 가족 모두 건강하고 행복한 연말 보내시길 진심으로 바랍니다.

언제나 00반 운영에 적극적인 관심과 협조로 함께 해 주신 학부모님께 이번 인사를 통해 감사하단 말씀 다시 한번 전하고 싶어요. 남은 학기, 새해에도 우리 친구들과 행복한 시간 만들어 가도록 하겠습니다.

감사합니다.^^

- 가정학습기간 기타 안내사항-
1. 가정학습기간동안 통합 보육이 운영됩니다.
2. 등하원 계획에 변동이 생긴 경우, 사무실로 반드시 연락 주시기 바랍니다.
3. 투약의뢰서는 10시 이전에 전달해 주셔야 확인이 가능합니다.
4. 가정학습기간동안에는 알림장은 생략됩니다.
5. 기타 문의 사항은 원으로 문의 주시면 상세하게 안내해 드리겠습니다.

 KEYPOINT

너무 길게 작성하는 것 보다는 (원의 공지 등에 대해 잘 알고 있는 부모님이 다수인 경우) 간단하게 요점만 정리해서 전달해 주시는 것이 전달력이 높습니다.

139 크리스마스 파티, 에어바운스

안녕하세요! 즐거운 0요일입니다.^^ 등원하는 길에 반짝이는 크리스마스 트리의 불빛을 보며 더 신난 모습으로 선생님에게 인사를 합니다! "이제 곧 크리스마스야, 산타할아버지가 오시면 우리 00반 친구들 얼마나 행복할까?" 이야기를 하며 하루를 시작합니다.

우리 친구들과 이번 주는 크리스마스와 관련된 다양한 놀이를 하고 있어요! 크리스마스 분위기에 맞추어 교실도 예쁘게 꾸며보고 산타 복장과 선물 블록, 다양한 크리스마스 소품과 음식 모형 등으로
즐거운 놀이를 하고 있지요.^^

오늘은 정말 신나는 다과 파티와 에어바운스 놀이 시간이 있었어요. 친구들과 오전 일과를 마무리 하고, 모두 모여 에어바운스를 타기 전 안전에 대해 이야기를 해보았답니다. 연중에도 자주 이용하는 에어바운스 이지만, 항상 안전에 유의해야 하기 때문에 우리 친구들과 다시 한번 강조해, 약속해보았습니다.

친구들과 서로 밀지 않고, 사이좋게 뛰어 놀기로 하고, 신나게 에어바운스로 입장! 계단으로 올라가 슈우웅~ 미끄럼틀을 타고 내려오기도 하고, 점프점프! 멋지게 에어바운스 위에서 뛰어 놀기도 하고요.
이리 저리 숨으며 숨바꼭질도 해보았답니다.😊

에어바운스 시간이 끝나고 점심을 먹은 후, 모두 모여 준비한 간식을 함께 먹어보았어요. 달콤한 음료와 간식을 먹으며 도란도란 이야기도 나누어 보았어요.😊 우리 친구들, 방금 전에 밥을 먹은게 맞나 싶을 정도로 정말 맛있게 잘 먹는 모습이었어요.^^

크리스마스를 기다리며, 설레이는 마음으로 오늘 하루도 정말 즐겁게 보낼 수 있었답니다. 친구들과 함께하는 시간이 참 행복하다는 것도 새삼 느낄 수 있었어요! ^^

크리스마스는 누구에게나 행복을 가져다 주는 것 같아요. 다가오는 크리스마스를 기대하며 우리 친구들은 산타클로스에게 어떤 소원을 빌까요? 오늘 밤 우리 친구들과 소곤소곤 이야기 나누어 보시길 바래요!
오늘 하루도 건강하고 즐거운 하루 보낼 수 있음에 감사한 하루였어요!
그럼 즐거운 저녁 되세요.^^

KEYPOINT

아이들이 어떤 하루를 보냈는지, 특별한 이벤트가 있는 날이면 더욱 기다려 지는 알림장입니다. 아이들의 모습을 전해주시며, 식사와 간식등 일과에 대해서도 변경 사항이 있다면 기록해 주세요.

140 크리스마스 주간 12월 일상 전달

안녕하세요! 00반 교사 000입니다.

어린이집/유치원에서는 아침부터 크리스마스 축제 분위기에요.^^ 캐롤이 들려오는 소리에 절로 어깨가 들썩이고 설레입니다. 등원하는 우리 친구들의 얼굴도 행복한 미소가 가득 퍼져있어요! 날씨는 정말 춥지만 마음만은 따뜻한 금요일오전이었답니다!

이번 주 우리 00반 친구들은 크리스마스를 주제로 다양한 놀이를 하며 지내보았습니다. 크리스마스 동요, 캐롤도 자주 들어보고, 종소리가 예쁜 벨도 연주해 보고, 크리스마스 카드 꾸미기 산타와 루돌프가 되어보기, 썰매 놀이 등 다양한 놀이를 하며 더없이 즐거운 크리스마스를 기다리고 있답니다.^^

주말을 보내며 얼마나 떨리고 기대가 될까요?^^

아이들의 크리스마스날의 이야기들이 저 역시 정~ 말 기다려 집니다.😊

이번 주 갑자기 기온이 많이 떨어지켜 영하 10도를 웃도는 추운 날씨였어요. 아이들과 겨울철 건강에 대해 더 자주 이야기 하며, 실내에서 스트레칭도 자주 하고, 운동도 열심히 하고 있습니다. 손도 깨끗이! 식사도 고르게! 따뜻한 물 자주 마시기! 우리 00 반의 겨울 건강 지키기 약속 멋지지 않나요?^^

집에서도 함께 꼭 실천해 주시고, 칭찬도 해주세요.😊

아쉽게도 바깥 놀이를 하기에는 많이 추운 날씨여서 실내에서 주로 생활을 하였는데, 겨울철 다양한 놀이 도구와 소품을 공간과 함께 구성해 주어, 지루할 틈 없이 재미있게 놀 수 있었어요!

그 중 방석 썰매 놀이와 눈사람 볼링 놀이는 정말정말 인기가 좋았답니다!

겨울이 왔다고 이야기를 하며 12월을 시작한 그 날이 아직도 생생한데 벌써 0000년의 마지막이 다가오고 있다는게 실감이 안나는 것 같아요. 아직은 어린 우리 친구들이 시간에 대해 정확히 이해하기는 어렵겠지만^^ 선생님이 남은 시간 더 소중하게 보낼 수 있도록 선생님이 진심으로 우리 친구들을 아끼고 사랑하는 마음을 더 많이 전하고 있어요!

왠지 마음은 가장 따뜻해 지는 것 같은 12월, 우리 친구들의 예쁜 미소 보시며 더 따뜻하게 보내시길 바랍니다. 사랑둥이 00반 친구들과 함께 이번 주도 행복하게 지내며 잘 마무리 할 수 있었습니다.

이번 주말, 가정에서도 세상에서 가장 달콤한 크리스마스를 보내며 행복한 연휴 되시길 바랍니다.

감사합니다.^^

KEYPOINT

날씨나 기타 다양한 상황 등으로 실내에서만 생활하게 되는 시기에는 부모님 입장에서 단조롭고 지루해 질 수 있다고 생각하는 경우가 있습니다. 기관에서는 가정과는 비교가 되지 않을 정도로 다양한 놀이와 풍부한 환경을 제공하고 있지만, 잘 알려지지 않는 경우도 간혹 있습니다. 이러한 부분을 충분히 전달해주세요.

141 연말 인사 + 겨울가정학습기간 안내

안녕하세요! OO반 교사 OOO입니다. 시간이 정말 빠르게 지나간 것 같습니다.

벌써 12월도 막바지를 맞이하며 연말 연시 분위기가 가득합니다. 마냥 아기 같았던 우리 OO반 친구들도 많이 성장해 제법 의젓한 모습을 보이기도 하고, 이제는 눈빛만 봐도 서로의 마음을 아는 우리가 되었지요.^^

새 학기를 맞이하며 오리엔테이션을 준비했던 긴장과 설레임이 가득했던 그 시간이 떠오릅니다. 부모님들께서 박수와 격려로 맞이해 주신 그 날의 기억으로 하루하루 소중하게 또 의미있게 아이들과 시간을 보낼 수 있었던 것 같습니다!

아이들과 함께 한 시간동안 저 역시 많이 성장했던 것 같습니다. 부모님의 이해와 공감으로, 또 진실된 소통으로 우리 아이들을 사랑 안에서 자랄 수 있도록 이끌어 갈 수 있었습니다. 다시 한번 감사드립니다.

2학기를 기대하며 맞이했던 여름 가정학습기간과는 다르게 이번 겨울 가정학습 기간은 얼마 남지 않은 시간에 아쉬움이 더 큰 것 같습니다.

남은 시간 귀하고 소중한 우리 친구들과 즐겁고 안전하게 지낼 수 있도록 가정학습기간 동안 저 또한 재정비 하는 시간이 되도록 하겠습니다.

우리 아이들에게 행복함이 가득한 겨울이 되길 기도합니다. 또 아픈 곳 없이 건강하게 마음껏 뛰어놀며 지낼 수 있기를 소망합니다.

항상 따뜻한 사랑과 관심으로 함께 해 주신 부모님, 새해에도 좋은일만 가득하시길 바랍니다.
건강한 모습으로 새해에 뵙겠습니다. 행복한 시간 되세요! 감사합니다.

- 가정학습기간 안내 및 협조사항 -
1. 가정학습기간 동안에도 규칙적인 생활을 할 수 있도록 도와주세요.
2. 작은 일도 스스로 해볼 수 있는 기회를 많이 지원해 주시고, 칭찬과 격려를 부탁드립니다.
3. 가정학습기간 동안 가족과 함께 보낸 즐거운 시간을 사진에 담아 보내주세요! 1월 한달 동안 활용해 놀이해 보려고 합니다.
4. 가정학습기간 동안 코로나 혹은 독감 등에 걸린 경우, 어린이집/유치원에도 연락 부탁드립니다.
5. 가정학습기간 동안은 통합 보육이 이루어지며 알림장은 전송되지 않습니다. 건강 등 특이 사항이 있을 경우, 유선으로 상황을 전달하겠습니다.

 KEYPOINT

가정학습기간에 대해 안내문이 발송되겠지만, 한번 더 전달해주시면 부모님이 더욱 잘 기억할 수 있겠지요? 알림장을 발송하지 않는 경우가 많으므로, 사전에 이 내용도 함께 전해주세요.

안녕하세요! 00반 교사 000입니다.

0000년 00의 해를 맞이하고 새해 인사를 드린 지도 벌써 보름이 훌쩍 지나고 있어요!
시간이 정말 빨리 흐르는 것 같아 아쉽고 서운한 마음이 드는 오늘입니다.

우리 아이들의 예쁘고 사랑스러운 모습을 볼 수 있는 시간이 많이 남지 않은 것 같습니다. 그래서인지
소소한 일상 하나하나가 더 감사함으로 다가오는 듯 합니다.

새해가 되니, 우리 친구들이 하루가 다르게 조금씩 더 성장하고, 의젓한 모습을 보여주고 있어요. 형님이 되
었다는 자부심을 보이며, 형님반을 기웃거리기도 하는 우리 친구들 😊
잘 기다려 주고, 행동이 아닌 말로 표현하려고 노력하는 모습, 더 책임감 있는 행동을 보이는 친구들이 많아
졌습니다.

요즘 교실에서는 겨울과 관련된 놀이가 계속되고 있어요.
하얀 겨울을 상상하며 크레용으로 그림을 그리고 있는 우리 친구들이지요.
멋진 화가가 되어 교실 벽면을 가득 채워주고 있는데, 정말 아름다운 작품이 완성되고 있어요.
매일 다양한 그림도 한장씩, 알록달록 물감도 사용하며 색과 모양, 다양한 방법으로 겨울을 꾸며주고 있답
니다.
한 해동안 우리 친구들은 끼적이기, 표현 실력도 많이 늘었습니다.
즐거운 마음으로 예술경험을 하는 자체만으로도 정말 기특하고요!

이번 겨울의 인기 놀이 1위! 솜공 눈싸움 놀이.
겨울에 눈이 많이 오길 기대했건만, 그렇지 않아 아쉬운 우리 친구들
친구들의 마음을 달래주기 위해 솜공을 아주 많~이 준비해 두었지요.
우리 친구들은 눈을 뭉쳐(아이들의 놀이가 다양하게 확장하며 서로 연결할 수 있도록 밸크로를 붙여주었어요)
길을 만들고, 다리를 만들고, 눈사람을 만들어 봅니다. 과녁에 눈을 던지고, 친구들과 눈을 쓸어 한쪽에 옮겨
두기도 하고요^^ 겨울철 안전에 대해서도 표현하며 즐겁게 놀이하고 있는 요즘이랍니다.

한파로 인해 이번 주는 햇빛이 나오는 잠깐 산책을 하는 정도로 바깥놀이를 축소하여 운영하였어요.
추운 공기에 입김을 내부는 것조차 재미있는 우리 친구들은, 벌벌 떨고 있는 나무가 춥겠다고 걱정하며 교
실에서 가지고 온 천을 둘러주기도 하고, 작은 종이에 끼적인 편지도 걸어주었어요.
고양이들이 잘 보이지 않자, 어디에 있을까 걱정해주던 사랑이 많은 우리 친구들이었습니다.

요즘 독감과 코로나19가 다시 유행하면서 전국적으로 빠른 속도로 확산되고 있어요!

더불어, 우리 00반 부모님들의 적극적인 우리 친구들의 건강 관리에 더욱 주의를 기울여 아프지 않고 잘 지
낼 수 있도록 살펴보아야 겠습니다. 우리 00반 부모님들의 적극적인 관심과 응답으로 확인한 내용 전달 드립

니다. 00반의 친구들은 00월 중 모두 독감을 완료 하였고, 현재 건강한 상태를 유지하고 있답니다.

하지만, 그래도 감염되고 아플 수 있으니 교실에서도 손 씻기, 마스크 착용, 기침 예절을 철저히 지도하고 아이들도 스스로 건강을 챙길 수 있도록 도와주겠습니다.

부모님께서도 가정에서 아이들의 면역력을 높일 수 있도록 균형 잡힌 식사와 충분한 수면을 챙겨주세요! 춥다고 웅크리지 않기! 외출 후에는 손 씻기와 옷 갈아입기를 생활화하여 바이러스를 예방하는 데 힘써주신다면 우리 친구들이 보다 건강하게 이 겨울을 보낼 수 있을 것입니다.

이번 주도 잘 지내준 우리 친구들을 꼬옥 안아주며 칭찬을 해주었더니, 선생님 등을 토닥토닥 해주는 기특한 우리 00반 사랑둥이들입니다.

남은 겨울 동안도 하루하루 우리 친구들의 마음을 읽어주는 선생님으로 더 많이 표현하고 더 많이 웃으며 지내려고 합니다.

아이들이 건강하고 행복하게 지낼 수 있도록 항상 사랑과 관심 보내주시는 우리 부모님들!
이번 주말도 가족과 함께 따뜻한 시간 되세요. 감사합니다.

 KEYPOINT

아이들의 건강 관리는 무엇보다 중요합니다. 우리 아이는 잘 관리하고 있는데, 다른 아이들은 어떤 상태인지 궁금해 하는 부모님의 마음을 이해해 주세요. 남은 기간동안도 변함없이 꼼꼼하게 아이들의 건강과 안전을 잘 챙겨주시는 모습에 더욱 신뢰할 수 있을 것입니다.

143 가정학습기간 기간 중

안녕하세요! 00반 교사 00입니다.

00 가족 여러분 즐거운 크리스마스 보내셨나요? 하얀 눈이 소복히 내리는 화이트 크리스마스, 우리 00반 친구들이 정말 좋아했을 것 같아요!

며칠 전부터 "눈"이 왔으면 좋겠다고 이야기 하던 우리 친구들의 소원을 산타클로스 할아버지가 들어주신 것 같습니다.😊 크리스마스 이브날 어떤 선물을 받을까 기대하는 마음에 잠은 잘 자고 일어 났을까요?
아침에 선물을 받아 들곤 또 어떤 표정을 지었을까요?^^

우리 친구들의 재미있고 신났을 크리스마스 이야기가 궁금합니다.

우리 친구들 가정학습 기간을 보내는 동안, 가족과 함께 즐거운 시간 보내며 건강하게 지낼 수 있도록 지도해 주세요! 다행히 지난 주보다는 날씨가 풀리는 것 같아서, 한낮에는 산책을 하거나, 새로운 곳으로 방문을 해보는 것도 좋을 것 같아요.^^

1. 집안에서 웅크리고만 지내지 않도록!
   TV, 핸드폰에 빠져 지내지 않도록 규칙적인 생활을 할 수 있게 살펴봐 주세요.^^
2. 인스턴트, 불량 식품을 많이 섭취하게 되면 이도 썩고 건강에도 좋지 않다는
   사실도 이야기 해주셔서 우리 친구들이 건강한 식습관을 유지할 수 있었으면 좋겠습니다.

언제나 처럼 우리 친구들, 신나고 즐겁게 생활하고 멋진 모습으로 새해에 만나도록 해요! 연말을 보내며, 가족과 함께 새해 다짐과 약속을 해보는 것도 좋은 시간이 될 것 같습니다. 가정학습기간 동안 즐거웠던 시간을 사진으로 남겨 알림장으로 보내주세요.^^ 새해를 시작하는 첫주에 우리 친구들의 이야기를 풀어내며 즐겁게 보낼 수 있을 것 같아요.

독감이 끊이지 않고 계속 유행이라고 하니, 외출 시에는 항상 마스크를 착용해 주시고, 외출 후 손씻기 약속도 꼭 지킬 수 있게 지도해 주세요.^^

*** 가정학습 기간 등원시 안내사항 ***
1. 가정학습기간 동안은 통합보육이 이루어 지며 사진 및 알림장은 전송되지 않습니다.
2. 10시 이전에 등원을 할 수 있도록 지도해 주시고, 투약의뢰서도 10시까지는 꼭 작성해 주세요.
3. 기저귀, 속옷 등 개인 물품에는 꼭 이름을 써주시기 바랍니다.
4. 등하원 계획이 변경되는 경우에는 오전 등원시 일정에 대해 안내해 주시거나, 사무실로 연락주세요.

우리 00반 친구들과 올 0000년 행복했던 시간을 추억할 수 있도록 지난 알림장과 앨범의 사진을 한번 훑어 보는 건 어떨까요. 친구들과 함께한 소중한 시간을 기억하는 이번 주가 되길 바래봅니다. 감사합니다!

우리 00반 가족 모두 행복한 연말 연시 되세요!

KEYPOINT

가정학습 기간 혹은 연휴 등에는 아이들의 생활 습관이 흐트러질 수 있습니다. 주말만 지나면 또 준비물을 챙겨 보내지 않는 부모님도 있을 수 있습니다. 우리 아이가 편안하게 생활할 수 있도록 규칙적인 생활, 건강과 안전을 전달해 주시고 아이들이 생활하는 우리 반이 잘 운영되기 위해서, 준비물 등 체크할 부분을 안내하고 있음을 전달해 주시기 바랍니다.

144 겨울 가정학습기간 후

안녕하세요! 00반 교사 000입니다.

1주일간의 가정학습기간이 끝나고 이제 다음주면 우리 친구들을 만날 수 있겠네요.^^ 우리 00반 가족 여러분 새해 복 많이 받으세요! 언제 들어도 행복한 새해 인사인 것 같습니다. 우리 친구들 작년에도 건강하고 즐겁게 잘 지냈지요. 올 해에는 더 많이 성장하고 행복한 에너지 가득하길 바랍니다.

우리 00반 사랑둥이 친구들 가정학습기간 동안 어떻게 지냈나 궁금해요! 우리 친구들 아픈데 없이 즐거운 일들이 가득했겠지요?^^ 가족과 함께 했던 즐거운 모습의 사진을 함께 보내주세요! 어린이집/유치원 교실에 예쁘게 장식하고 이야기 나누며 놀이해보면 좋을 것 같아요.

꼭 외출을 하고 어딘가에 방문하지 않아도 가족과 함께 하는 시간은 언제나 행복하고 따뜻한 것 같습니다. 일상을 보내는 우리 친구들의 사진도 너무 좋습니다!

새해를 맞으며 우리 00반 친구들도 이젠 0살이 되었네요! 지난 해 봄, 우리 친구들의 앳된 모습이 아른 거립니다.^^ 조금 더 어엿한 형님이 되어 만날 수 있을까요?!

한 해를 마무리 하며 우리 친구들과 그동안 배웠던 것들도 살펴보고 하나하나 스스로 할 수 있는 일들도 더 많이 경험해 볼 수 있도록 준비하고 있어요. 즐거운 겨울 놀이도 기대해 주세요.^^

언제나 설레이는 1월, 시작이 반이라는 말이 있는 것처럼 올 한 해를 잘 시작하고 화이팅할 수 있도록 더 알차고 즐거운 놀이와 경험을 준비할게요!

그럼, 우리 친구들 남은 주말 행복하게 보내고 월요일에 건강한 모습으로 만나요! 우리 친구들, 선생님과 친구들 모두 보고싶었겠지요? 선생님이 너무너무 보고 싶었다고 꼭 전해주세요.^^

행복한 웃음소리로 가득 찰 교실을 기대하며 우리 친구들을 맞이할게요.^^ 00반 가족 여러분, 다시 한번 새해 복 많이 받으세요! 언제나 한결같은 마음으로 응원해 주셔서 감사합니다. 월요일에 뵙겠습니다! 😊

 KEYPOINT

우리 친구들이 가정학습기간을 지낸 후, 만나기 전에 간단한 인사말을 전해주셔도 좋겠습니다. 새해가 되어 만날 아이들이 가정에서 잘 지내고 있는지, 남은 기간을 두고 어떤 계획을 가지고 있는지 전해주세요.

안녕하세요! OO반 교사 OOO입니다.

가정학습기간이 지나고, 새해가 되어 만난 우리들, 날짜로 생각하면 며칠이 지났을 뿐인데, 훌쩍 자라서 온 것 같아요! 가정학습 기간이 있어서 더 그랬던 걸까요? 우리 친구들 아침부터 왁자지껄 할 이야기도 정말 많아요.😊

친구들과도 큰 소리로 더 반갑게 인사하며 "새해 복 많이 받아~" 하고 안아주었답니다.^^
선생님도 친구들을 꼬옥 안아주며 "새해에도 복 많~ 이 받아" 하고 이야기를 해주었지요.
씨익 웃으며 엉덩이를 흔들며 장난을 치는 OO반 친구들입니다.

가정학습기간 동안 무얼 하면서 지냈는지 이야기를 나누어 보았어요. 우리 친구들, 가족과 함께 눈썰매장, 스키장, 호텔, 찜질방 등 정말 다양한 곳을 다녀왔더라구요! 비행기를 타고 여행을 다녀온 친구들도 있구요^^ 서로서로 이야기를 들어주며 "다음에는 같이 가자(?)"는 걸요.😊 우리 반 교실에 여행 주제로 놀이를 계획해 봐야겠습니다.^^

오늘은 우리 친구들과 겨울 간식 행사에 참여해 보았어요! 봄, 여름, 가을, 겨울 중 겨울은 정말 간식의 꽃이라 칭할 만큼 맛있는 간식이 정말 많은 것 같아요.

어린이집/유치원 오후 간식으로도 겨울 계절에 맞는 다양한 음식을 먹어보고 있어요. 겨울 동안 먹을 수 있는 모든 간식을 모아~ 모아~서 한자리에서 친구들과 같이 먹는 맛은 그 어떤 것과도 비교할 수 없겠지요?^^

붕어빵, 호떡, 군고구마, 어묵, 떡볶이까지..!!! 우리 친구들 신이 나서 박수를 치며 한달음에 간식 코너에 달려갑니다.^^ 점심을 먹기 전이라 그랬는지, 더욱 먹고 싶어하는 듯한 표정이었어요.😊

어떤 걸 먹을까 고민하는 모습이 어찌나 귀엽던지요.^^ 교실에서 만든 지갑 안에 놀이용 동전과 지폐를 담아 와서, 간식을 하나 살 때마다 OO원, OOO원씩 내고 사먹었습니다!

실제 길거리에서 사먹었던 간식과 똑같이, 맛은 더 건강하게! 준비해 주셔서 우리 친구들 추운 겨울을 간식을 먹으며 거뜬히 이겨낼 수 있을 것 같아요.😊 가정학습 기간이 지난 첫주, 우리 친구들 역시 어색해 하거나 피곤해 하지 않고 원래의 에너지 그대로 잘 등원해 주고 적응해 주고 있어요.

오늘 있었던 간식 파티 이야기 나누어 보시며, 하원하는 길 혹시 붕어빵 가게는 없나 들러보시면 어떨까요? 😊 아이들이 앞장 서서 "이건 OO 붕어빵이야" 하고 이야기 할 것 같아요.

붕어빵 외에도 맛난 겨울 간식은 한두개가 아니지요! 군밤, 계란빵, 호두 과자, 타꼬야끼, 호빵, 만두 등 다양한 겨울 간식도 한번씩 먹어 보면 좋을 것 같습니다.😊 감사합니다.^^

146 새해 시작

안녕하세요! 00반 교사 000입니다.

새해를 시작하는 한주, 더욱 힘차게 우리 친구들과 지내보았습니다.^^ 새롭게 시작하는 마음으로 즐거운 놀이를 해보았어요. 연말에 어떻게 지냈는지 이야기를 하며 놀이로 표현해 보는 친구들도 있었어요.

가족과 함께 파티를 하고, 불꽃놀이를 보고 온 친구들, 할머니, 할아버지와 여행을 다녀온 친구들, 놀이 동산에 다녀온 친구들^^ 즐거웠던 경험을 놀이로 표현하며 서로의 생각과 마음도 알 수 있었답니다.

교실에서 친구들과 하는 놀이는 언제나 재미있고 신이 나지요.^^ 블록으로 비행기를 만들어 날아가는 모습을 표현하면서 하하호호 웃으며 서로 비행기를 구경하기도 해요. 친구들의 얼굴 그림을 준비해 주었더니, 눈, 코, 입도 예쁘게 꾸며주고 사랑한다고 뽀뽀도 쪼옥~ 00반 친구들과 함께 우리 반 교실이 사랑으로 가득채워진 것 같았답니다!

00의 해를 기념해서 교실에 000 인형도 가져다 두고, 00 그림도 지원해주었어요. "우와! 멋지다" 하면서 좋아하는 친구들!^^ 삼삼오오 모여서 동화책도 살펴보고 그림위에 끼적이기도 하며 새해의 마음을 나누어 볼 수 있었어요.

이번 주는 좀 더 포근한 날씨여서, 친구들과 바깥 놀이도 해볼 수 있었어요. 꽁꽁 얼어 있는 얼음은 없었지만, 겨울 나무를 보고, 차가운 바람 사이로 따뜻한 겨울 햇볕을 느껴보기도 했어요.

"개미는 어디에 갔을까?" 궁금해 하며 개미 집을 찾고 싶어하기도 했답니다.😊 겨울 잠을 자는 친구들에 대해서도 잘 기억하고 이야기 하는 우리 친구들이에요.

새해가 되어서 그런지, 우리 친구들이 더 멋진 형님이 되어 가는 모습이 보여요. 선생님에게 속상한 마음도 울지 않고 잘 표현하고, 반찬도 가리지 않고 골고루 먹으려고 노력하는 모습, 손 씻기도 꼼꼼히 하는 우리 친구들 칭찬도 듬뿍 받아 보았어요.

이제 2개월도 채 남지 않은 시간들을 어떻게 채워 나갈까 우리 친구들에게 어떤 놀이와 추억을 선물해 주면 좋을까 고민하고 있답니다.^^ 선생님의 아쉬운 마음을 아는지, 더 자주 와서 안아주고 표현해 주는 우리 00반 사랑둥이들과 이번 주도 행복한 시간 보낼 수 있었어요!

이번 주말에도 우리 친구들과 행복한 시간 되시길 바랍니다. 독감이 계속 유행이라고 해요. 다행히 우리 원에는 이번 주에는 독감에 걸린 친구들 없었답니다. 올 겨울 아프지 않고 건강하고 튼튼하게 보낼 수 있도록 어린이집/유치원에서도 더 많이 살펴보겠습니다.^^

감사합니다!

 KEYPOINT

이맘 때 쯤이 되면 가정에서는 반의 운영과 흐름에 대해 잘 이해하게 됩니다. 많은 말을 전하지 않아도 잘 이해하고 알테지만, 남은 기간을 더 알차고 보람있게 보내겠다는 교사의 메시지는 언제나 고맙고 감사한 마음이 들 것 같습니다. 초심과 같은 마음을 한번 씩 전해주시는 것도 좋겠습니다.

147 새해 인사 및 놀이

안녕하세요! OO반교사 OOO입니다.

즐거운 새해 첫주였습니다! 가정에 한번 더 인사드려요. 새해 복 많이 받으세요!
월요일부터 우리 이제 몇 살이지? 하고 이야기를 나누었더니, 손가락을 꼬물꼬물하며 웃어보이는 우리 OO반 친구들이예요.
벌써 한해가 지나고 우리 아가들이 꼬마 형님(?)이 되었네요.^^ 친구들과 가정학습기간을 지내고 와서 반갑게 인사를 나누어 보았어요. 한주 만에 등원한 친구들도 어색해하는 모습 없이
안아주고 뽀뽀도 해주네요. 사이좋은 우리 OO반 친구들 이번 주도 신나게 놀이하며 지냈답니다.

많이 추웠던 날씨가 조금 수그러드는 듯 하여 바깥 놀이도 다녀와 보았어요! 손에 잡히는 눈의 촉감이 재미있는지 하하호호 웃으며 눈놀이도 해보았어요! (다음주도 바깥 놀이는 계획되어 있어요. 손이 시렵지 않도록 장갑, 목도리, 모자 등을 챙겨 보내주세요.)

이번 주 안전 교육의 주제는! *** 이었답니다.
우리 친구들 이제는 먼저 관심을 표현하기도 하고 선생님의 이야기를 따라하기도 해요.
가정에서도 함께 이야기해주시면, 우리 친구들 안전약속도 꼭꼭 지켜볼 수 있을 것 같아요.

우리 친구들 놀잇감을 탐색하며 다양한 표현도 들어보고, 선생님과 겨울, 새해를 주제로 한 그림책도 보고 있어요! 소근육 힘도 좋아져서 끼적이기 실력도 쑥쑥! 가위질 놀이에도 관심을 가지는 우리 00반 친구들이예요. 영아용 가위(칼날이 플라스틱으로 되어 있어요.)로 작은 종이도 싹둑싹둑 놀이도 해보았지요!

다음주에는 우리 친구들과 과자 상자로 다양한 놀이를 해보려고 합니다! 평소 우리친구들이 좋아하는 과자 상자나 봉지 깨끗이 하여 보내주세요.
슈퍼놀이, 상자꾸미기 놀이, 퍼즐놀이등 재미있게 한주 보내겠습니다!^^

항상 변함없이 믿어주시고 응원해주시는 부모님,
세상에서 가장 소중한 우리 아이들을 믿고 보내주시는 부모님들께 감사합니다! 우리 00반 친구들과 즐거운 한주 또 계획하겠습니다.

1. 여벌옷은 매주 월요일에 보내주세요.
2. 투약의뢰서는 10시 이전에 보내주시고, 증상과 보관 방법등 정확히 기재해주세요!
3. 실내에서 입는 옷은 너무 두껍지 않게 여러 겹 입혀 보내주세요.

우리 친구들 내일도 건강한 모습으로 만나요.

 KEYPOINT

익숙한 일과와 준비 사항도 가정학습기간, 혹은 주말이 지나면 잊을 수 있어요. 한번 더 전달해주셔서 원활한 보육 과정을 운영할 수 있기를 바랍니다.

148 자동차 놀이

부릉부릉 자동차! 우리 친구들이 언제나 좋아하는 최고의 놀잇감이지요.^^
마냥 비슷하게 놀이하는 것 같기도 하지만, 자세히 들여다보면 놀이 마다 아이들의 생각이나 경험이 담겨 있어요. 귀엽고 사랑스러운 스토리가 있기도 하구요^^

이번 주는 행사와 일과 등이 많아 한주간의 일과를 알림장을 통해 전달드립니다. 우리 친구들과 즐거운 자동차 놀이를 신나게 해보았어요! 여러 가지 크기와 모양의 박스로 커다란 자동차도 만들어 주어, 우리 친구들이 더욱 즐겁게 참여할 수 있었어요! 이번 활동을 통해 더 다양한 자동차의 종류에 대해서도 알아볼 수 있고, 특징도 구분해 볼 수 있었습니다.

바퀴 모양에도 관심을 가지고, 창문이 몇 개인지, 핸들과 와이퍼는 어떤 역할을 하는지도 놀이를 통해 알아보며 즐겁게 놀이해보았답니다!

"자동차가 도장으로 변신한다면?!" 자동차에 물감을 묻혀 하얀 전지 바닥 교실위를 달려보았어요!
레이싱 경주를 해도 충분할 정도로 공간을 넓게 구성해 준 후, 우리 친구들과 이리 저리 달려보며 바퀴길을 만들어 보았습니다. 하하호호, 서로 잡으며 즐겁게 움직임 놀이도 할 수 있었지요.

벽돌 블록은 언제나 여러 가지 공간을 구성하는데 좋은 것 같아요! 선생님이 미리 붙여 준 주차장 사진을 보고, "나도 가봤는데!" "엄마가 이렇게 이렇게 주차했어요" 하고 경험을 표현하기도 해요.😊
벽돌 블록을 넓게 넓게 주차장 공간을 만들어 준 후, 사이사이에 두개씩 세개씩 주차 라인도 만들었어요.
소방차가 들어오는 길도 만들어 주며 놀이도 해보았어요.😊

땅위를 달리는 자동차를 탐색하며 정말 다양한 종류의 자동차가 있다는 것도 알 수 있었어요.^^ 우리 친구들과 자동차 책을 만들어 보기도 하고, 자동차 블록과 퍼즐 등으로도 탐색해 볼 수 있었습니다.^^
"내가 가장 좋아하는 자동차는 무엇일까?" 이야기를 나누어 보기도 했어요. 이번 주 자동차 동요를 자주 들려주었더니, 이제는 가사도 잘 알고 놀이하며 흥얼거리는 우리 00반 친구들입니다.^^

날씨가 따뜻한 날에는 친구들과 자동차로 변신! 산책길도 나가보았어요. 물론 자동차가 되었지만 인도로 다니면서요^^ 안전 교육에 대한 내용도 알아볼 수 있었던 좋은 시간이었습니다. "자동차는 어떻게 달리지?" 유심히 관찰하는 친구들도 보이고, 움직임 뿐만 아니라 그림과 놀이로도 표현하는 모습이었습니다.

교실에 만들어진 자동차 집은 친구들이 가장 좋아했던 공간이었어요. 친구들과 자동차 안에 여러 가지 놀잇감, 블록 등을 넣어서 더 멋지게 꾸며보았어요. 그러다가 캠핑카로 변신! 친구들과 캠핑 놀이를 하며 겨울 간식을 먹는 놀이를 해보기도 하고, 천을 가지고 와서 따뜻하게 차 안을 꾸며보기도 하였습니다.

우리 친구들에게 이번 주 즐겁고 재미있는 놀이로 가득했던 시간이었습니다.

 KEYPOINT

매일 작성하기 어려운 주간이 있다면, 사전에 안내해 주신 후, 한 주간의 이야기를 정리해서 요일 별 혹은 놀이 별로 전달해주세요.

149 평소보다 늦은 알림장 전송, 동물 관련 놀이 및 다양한 놀이

안녕하세요! 00반 교사 000입니다.

오늘 우리 친구들의 행사와 바쁜 일과를 마무리 하다 보니, 알림장이 평소보다 늦은 점 양해 부탁드립니다. 친구들과 갑자기 추워진 날씨를 이야기 하며, 감기에 걸리지 않도록 조심하자고 약속을 해보았어요!^^ 우리 친구들 오늘 코가 빨개져서 등원하는 모습이 너무 귀여웠답니다. 따뜻한 교실에서 친구들과 인사를 나누고, 즐겁게 하루를 보낼 수 있었어요.

동물을 주제로 다양한 놀이를 해보았는데요.^^ 엄마와 아기 동물의 사진을 보며 이름도 이야기 해보고, 소리를 흉내내거나 움직임을 따라 하며 즐겁게 놀이할 수 있었어요! 새로 알게 된 동물 친구들도 많았답니다!

친구들과 즐겁게 놀이하며 동물 짝꿍도 찾아보고, 그림 위에 끼적이기도 하며 동물에 대해 더 관심을 가지고 친숙한 마음을 가질 수 있었던 것 같아요. 동물 울음 소리를 들려주니 눈이 휘둥그레! 우와! 이런 소리가 나는 구나, 하고 새삼 깨닫기도 하고요. 소리에 흥미를 보이며 사운드북의 인기도 높아졌어요.😋
덕분에 소리를 활용한 놀이도 다양하게 해볼 수 있었습니다.

우리 친구들과 동물 흉내를 내며 이번 주는 교실에 기어다니느라 바빴답니다. 😊 교실 바닥이 반질 반질 해진 듯 해요.^^ 주말에 아이들과 주변의 동물을 유심히 관찰해 보는 것도 좋을 것 같아요.^^ 엄마, 아빠 동물에 대해서도 이야기 나누고, 어디에서 무얼 먹고 사는지 알아봐 주세요! 다음주에도 동물 이야기로 즐겁게 놀이하며 지내려고 한답니다.^^

친구들과 모두 모여 00이의 생일을 축하했던 자리, 이제는 마음을 표현하는 것이 익숙해진 것 같아요. 더 꼭 껴안아 주고! 축하한다는 표현도 나누며 행복한 파티를 보냈답니다! "00아! 생일 축하해!" 하며 선물도 건네어 주고 생일 축하송도 불러주어 00이가 하늘 높이 날아갈 듯한 예쁜 미소를 선물해 주었어요.^^

우와! 우리 친구들이 도구를 사용해 하나씩 무언가 해결해 나가는 것이 재미있다는 사실을 깨닫기 시작했어요. 처음에는 큰 흥미를 보이지 않던 친구들도 이제는 적극적으로 참여하고 있어요. 다양한 도구를 교실에 두고 활용해 보며 놀이를 하고 있답니다.
보자기 안에 소중한 음식이나 물건을 넣어 포장을 해보았어요. 무엇을 넣고, 어떻게 묶는지 살펴보니, 우리 친구들의 성격과 흥미가 그대로 보여집니다.^^ 잘 안되면 천천히 같이 묶어 보기도 하면서, 즐겁게 보자기 가방 놀이를 해보았어요. 우리 친구들 보자기 가방 매고 산책하는 모습도 너무 귀엽고 사랑스럽네요!

집게로 폼폼이를 통에 넣는 놀이도 하고, 새하얀 밀가루 점토 위에 모양틀로 모양을 찍어 보기도 하였습니다. 역시 우리 친구들은 점토 놀이를 좋아해요! 점토에 색 물감을 섞어 여러 가지 색도 표현하고, 모양틀로 빚어낸 예쁜 반죽은 말리고 굳혀서 또 소꿉놀이를 하거나 물감을 발라보기도 하고요. 여러 가지 놀이로 확장되는 과정에서 우리친구들 또 즐거움을 맛볼 수 있었습니다.^^

우리 친구들과 다양한 놀이를 하며 즐겁게 지낸 한주간의 이야기를 사진과 함께 전달 드려요. 봄, 여름, 가을을 보내고 겨울을 맞이하며 4계절을 함께 하다 보니, 서로 더 많은 애정을 가지고, 함께 마음을 나누며 지내게 되는 것 같아요. 하루하루 시간은 왜이리 빨리 지나가는 걸까요? 소중한 시간 더 귀하게 아이들과 나누고 즐기도록 하겠습니다.

친구들이 항상 기대하는 금요일! 이번 주는 어떤 즐거운 가족 행사가 있을지 벌써부터 기대가 되나봅니다.
친구들과 이번 주말도 행복한 시간으로 채워나가시길 바랍니다. 날씨가 갑자기 다시 추워지면서 감기에 걸릴까 염려가 되어요. 옷도 단단히 잘 입고, 방한 용품도 잘 착용할 수 있도록 지도해 주세요.
감사합니다.^^

 KEYPOINT

매일 일정한 시간에 알림장을 전달하는 것이 가장 좋겠지만, 현장에서는 다양한 일들로 늦어지거나 생략될 수 있지요. 이런 점을 부모님이 당연히 이해하면 좋을텐데 그렇지 않은 경우도 있지요. 이 부분에 대해서 불편한 마음이 들 수는 있겠지만, 너무 번거롭게 생각하지 마시고 알림장의 서두에 기록해 주세요. 부모님의 이해를 돕는 데에 도움이 됩니다.

150 겨울철 건강 및 놀이

안녕하세요! 00반 교사 00입니다.

이번 주도 많이 춥지 않아서, 아이들과 겨울 날씨를 즐기며 한주를 보내보았어요. 더 추워지기 전에 많이 뛰어놀고 즐기고 싶은 마음이랍니다.^^ 다행히 우리 반 친구들의 이번 주 컨디션이 좋네요! 감기에 걸려 기침을 하거나 콧물이 나는 경우도 많은데, 이번 주는 전체적으로 편안하게 보낼 수 있었답니다.

주말에도 친구들의 건강 관리 함께 살펴봐 주세요! 감기에 한번 걸리면 오래 가는 친구들도 있고, 함께 생활하다 보니 친구들과 서로 옮겨 같이 아프기도 합니다. 원에서 저 역시 아이들의 건강 상태 살펴보며 잘 운영하도록 하겠습니다!

친구들과 다양한 놀이로 이번 주도 재미있는 시간을 보내보았습니다. 움직이는 인형을 탐색하며 따라 움직이는 놀이도 해보았어요. 고양이, 강아지, 토끼, 호랑이 등 우리 친구들이 좋아하는 동물 친구들이 총출동!
블록으로 평소에 자주 산책하는 우리 동네를 표현하여 길도 만들고 차도도 만들고, 신호등, 나무, 편의점 등도 구성해 보았어요. 블록 길을 걷는 놀이도 즐겁게 할 수 있었습니다.

며칠 전 함박눈이 하늘에서 내려오는데, 친구들이 발견하고 너무 좋아하더라구요^^
눈을 좋아하는 우리 친구들이 창밖을 바라보며 콩콩 뛰며 좋아하는 모습이 정말 사랑스러웠습니다!
눈 모형 놀잇감이 아닌 정말 눈으로 놀이 실컷 할 수 있도록 이번 겨울은 눈소식을 더 기다려 봅니다!
겨울 눈 놀이를 하며 또 건강하고 튼튼하게 겨울을 보내고, 추운 겨울을 아프지 않고 잘 보내려고 해요.^^

추운 겨울이지만, 아이들과 함께 있으면 항상 즐겁고 행복한 마음에 따뜻해 지는 것 같습니다. 이번 주말 각 가정에서 아이들과 함께 하는 시간이 더 행복하고 따뜻하시길 바랍니다. 집에서도 할 수 있는 다양한 놀이를 하며 시간을 보내는 것도 좋을 것 같습니다.

감사합니다.^^

KEYPOINT

아이들의 건강한 원 생활을 위해 특별히 아픈 친구들이 많은 주간에는 한번 더 강조하여 전해주세요. 그리고 주중의 즐거웠던 이야기들을 한번씩 에피소드처럼 다루어 주시면 행복한 원 생활을 잘 알 수 있을 것입니다.

151 두부 놀이

안녕하세요! 00반 교사입니다. 오늘은 우리 친구들과 오감 놀이를 하는 날^^ 촉감 day에는 우리 친구들이 마음껏 즐기며 탐색할 수 있어서 정말 즐거워요! 평소에 자주 접하던 것들을 좀 더 충분히 만지고 먹어 보고 냄새도 맡아보고 뿌려보고, 다양하게 접하는 시간을 통해 놀이의 즐거움을 알고 그 과정에서 우리 친구들은 또 많은 배움을 가지게 된답니다!

김장매트를 보더니 우리 친구들 이제는 익숙한 듯 자연스럽게 기어 갑니다.😊 아이쿵! 귀여운 엉덩이가 정말 사랑스러워요! 00반 친구들 우리 오늘은 두부를 가지고 놀이해볼까요? 하고 이야기를 하니 고개를 끄덕이고 벌써부터 손가락으로 두부에 구멍을 내며 깔깔 웃고 있어요.^^

놀이하는데 방법을 정해두면 아이들이 자유롭게 생각을 표현하기 어렵겠죠? 선생님은 우선은 아이들이 원하는 대로 움직이고 반응할 수 있도록 기다려 줍니다.^^ 이미 김장매트 안에 들어가 수영을 하는 친구도 있고요, 두부를 으깨어 맛보느라 바쁜 친구들도 있고요.😊 비닐팩, 소꿉놀이 놀잇감에 넣어 놀이하는 친구들도 있어요!

더 다양한 놀잇감을 또 제공해 주었어요. 놀이가 한층 더 업그레이드 되는데, "우리 00반 친구들이 한해동안 정말 많이 배우고 성장했구나." 하는 마음이 들었어요. 이리 저리 돌려보고 옆 친구와 선생님의 모습을 따라하기도 하며 자유롭게 놀이하는 모습이 참 평안하고 행복해 보이네요!

색소를 넣어 두부를 반죽해 비닐팩에 넣어 쭈우~욱 짜는 놀이에도 흥미를 보이며 적극적으로 참여하던 우리 00반 친구들^^ 쿠키틀로 찍어내기도 하고, 두부볼을 만들어 가루를 묻혀 보기도 하며 즐겁게 놀이해 보았습니다!

음식으로 먹기만 했던 두부를 가지고 놀이하니 더 재미있었나봐요! 촉촉하고 부드러운 촉감에 흥미는 더 높아지고, 만지는 대로 모양이 달라지는 것에 재미도 더해졌던 시간이었습니다.

우리 친구들과 두부 놀이로 오늘 하루 즐겁게 보낼 수 있었어요. 저녁 반찬으로 두부 요리를 주시면 우리 친구들이 더 반가워 하지 않을까요?^^ 작은 도마에 두부를 주셔서 아이들이 직접 잘라 보는 것도 재미있을 듯 합니다.

오늘도 우리 친구들과 행복한 시간 보내고 하원합니다! 내일 뵐게요^^ 감사합니다.

 KEYPOINT

교사가 아이들의 놀이를 어떻게 바라보고 지원하는 지 전해주세요. 교사의 태도와 모습을 부모님에게도 좋은 귀감이 됩니다.

152 겨울철 소품 활용 놀이 및 겨울 그림 그리기

안녕하세요! 00반 교사 000입니다.

포근한 요즘, 아이들과 즐겁게 겨울을 보내고 있습니다. 가족 여러분도 행복한 겨울 날들 보내고 계신가요? 벌써 한주가 다 지나가고, 금요일이 되었네요.^^ 왠지 분주한 금요일이지만, 오늘도 밝고 건강한 모습으로 하루를 보내고 오후 시간을 맞이하였어요.

"겨울에는 어떤 물건을 사용할까?"
장갑, 모자 등을 친구들에게 제공해 주고 다양하게 활용해 보며 놀이하며 지냈어요. 벙어리 장갑도 껴보고, 손가락 장갑에 손가락을 하나씩 넣어 끼워보기도 하는 우리 00반 친구들 처음에는 구멍 하나에 손가락을 두세개씩 넣었는데 이제는 곧잘 스스로도 장갑을 착용할 수 있어요. 모자를 쓰고 놀이하는 것도 즐거워 했지요.^^ 모자를 쓰고 장갑을 쓴 모습이 꼭 겨울 요정 같아 사랑스러웠답니다. 부모님, 시간이 걸리더라도, 집에서도 우리 친구들이 스스로 해볼 수 있도록 기다려 주세요!

평평 눈이 내리는 겨울 날을 상상하며 검정색 도화지에 예쁘게 눈을 표현해 보기도 하고 부드러운 털실공을 탐색하며 굴리기 놀이를 해보았어요. 털실공의 감촉이 좋아서 친구들이 자주 활용해 놀이하는 모습을 보여주었어요. 털실에 물감을 찍어 바르는 아이디어까지! 놀이를 하며 다양하게 생각을 표현할 수 있었답니다.

선생님이 준비해 준 크리스마스 풍경의 예쁜 그림 위에 끼적이기도 하고, 그림 안의 크리스마스 트리, 선물, 산타의 모습을 가리키며 이야기도 나누어 보았어요.

알록 달록 반짝이는 포장지로 꾸며진 선물 상자를 쌓고, 또 친구에게 전해 주며, 곧 다가올 크리스마스를 기다려 봅니다. 교실에 벌써 크리스마스가 다가온 듯 캐롤을 들려주었어요. 캐롤을 들으며 친구들과 따라 부르고, 또 악기를 흔들어 함께 연주해 보는 시간은 정말 즐거웠어요!

"울면 안돼~" 하며 노래를 따라하는 우리 00반 친구들의 노래 솜씨가 정말 최고! 바깥 놀이를 갈 때에도, 산책을 갈 때에도 캐롤을 들으며 흥겹게 놀이해 보았어요.

우리 친구들과 이번 겨울은 더 따뜻하고 행복하게 보낼 수 있을 것 같아요. 이번 한 주도 선생님, 친구들과 즐겁게 지낸 우리 친구들 주말에는 또 가족과 함께 다양한 경험을 쌓아 보길 바래요.

감사합니다! ^^

 KEYPOINT

낯설고 어려웠던 것들도 반복해서 스스로 시도하고 경험하는 과정에서 잘 터득하고 배우는 우리 아이들의 모습을 전해주세요. 요즘에는 아이 대신 부모님이 모든 것을 해결해 주는 경우가 적지 않습니다. 아이들이 할 수 있는 기회를 제공할 수 있도록 알려주세요.

안녕하세요! 00반 교사 000입니다.

이번 겨울은 어떻게 보낼까? 매일매일 즐거운 겨울 놀이로 가득한 교실, 우리 친구들의 해맑은 표정으로, 행복한 웃음소리로 채워나가고 있어요!

함께 하는 시간의 소중함과 즐거움을 더 많이 느끼고 있답니다. 서로를 위하는 마음, 좋아하는 마음도 자주 나누고 표현해요. 스스로 할 수 있는 일들도 이제는 더 적극적으로 하는 모습이 예쁘고 사랑스럽습니다.^^

이번 주에도 다양한 놀이로 우리 친구들과 시간을 보내보았어요.

달콤한 냄새로 더 행복했던 요리 활동 시간! 친구들과 요리 활동 준비를 하며 콧노래를 흥얼거렸지요.^^
아직은 눈사람 만들 정도의 눈이 오지 않아 아쉬웠던 마음을 요리 활동을 통해 표현해 보았어요. 새콤 달콤한 과일로 눈사람을 꾸며 보았는데요. 눈도 코도, 눈사람이 쓰는 모자와 목도리도 예쁘게 꾸며볼 수 있었어요! 우리 친구들이 직접 만드니, 더 맛있나 봅니다.^^ 한입 베어 먹고는 "최고!" 엄지 손가락을 흔들어 보이네요.😊

교실 한 켠을 스케이트 장으로 구성해 친구들과 스케이트 놀이를 해보았어요. 처음에는 그냥 뛰어 다니기만 했지만^^ 스케이트 교구도 써보고 라인을 따라 돌아 보는 모습을 보여주며 친구들과 함께 신나게 겨울 놀이를 해볼 수 있었어요.

알록 달록한 색의 다양한 크기의 폼폼이로 눈놀이를 해보았어요. 우리 친구들 정말 눈이 온 것처럼 즐거워하며 눈싸움 놀이, 눈 굴리기 놀이, 눈을 비닐 백에 담아 더 큰 눈 만들기 등을 하며 즐겁게 놀았어요.
얼른 진짜 눈이 펑펑 내렸으면 좋겠다는 생각이 들었답니다.^^

우리 반 교실을 지켜주려고 찾아왔다고 소개를 해준 눈사람 인형 안에 공도 넣어 보았어요.
이제는 원하는 위치도 정해서 조준하려는 모습이 보이네요.😊
눈사람이 아프지 않게 살살 던져보기도 하고, 눈사람이 공을 맞고 쓰러지면 그게 또 재미있어 웃으며 놀이 하기도 했어요.

빙어 낚시터에서 얼음 속에 숨어 있는 빙어를 잡아 바구니에 담아보고, 또 꽁꽁 얼어 있는 얼음 판 모양의 교구를 망치로 깨어 보기도 합니다. 우리 친구들과 가정에서도 함께 할 수 있는 눈사람 만들기/ 신문지 눈놀이와 관련된 자료를 함께 전달 드리니, 주말에 우리 친구들과 함께 즐겨 보시면 좋을 것 같습니다!
어떻게 놀이했는지, 우리 친구들의 모습을 사진으로 담아 보내주시면 다음주에 또 이야기가 풍성해 질 것 같아요.^^

다가오는 주말에도 우리 친구들 즐거운 시간 보낼 수 있길 바랍니다.
아프지 않고, 건강한 모습으로 월요일에 만날 수 있기를 바래요^^
감사합니다!

154 신문지 눈사람

신문지를 탐색하는 우리 친구들! 신문지 안에 어떤 그림이 있나, 글자는 어떻게 생겼나 함께 관찰해 보며 신문지를 오리고, 찢어보고 구기며 놀이해 보았어요. 자연스럽게 탐색을 하는 과정에 친구들의 호기심이 쑥쑥! 신문지를 구겨 큰 원을 만들어 테이프로 고정해 준 후, 눈사람을 만들어 보았어요.

우리 친구들도 직접 붙여 보고 싶어서 사용하기 쉬운 하얀색 마스킹 테이프를 활용해 보았어요! 울퉁불퉁한 신문지 눈사람이지만, 우리 친구들이 직접 만들어 더 애정이 가는지, 일주일 내내 안아주고 뽀뽀해 주는 모습이네요.^^

다양한 겨울 용품의 그림 카드고 자주 살펴 볼 수 있도록 지원해주었어요. 모자, 목도리, 붕어빵, 어묵, 썰매, 눈사람, 크리스마스 트리, 등등 다양한 그림을 잘 알고 이름을 말해 보기도 하고, 우리 교실에 비슷한 놀잇감을 가지고 와서 놀이하기도 합니다.

어린이집/유치원에 입고 옷과 소품을 정리하며 직접 만져 보고 탐색하며 여러 이야기를 나눌 수 있었어요. 친구들의 물건이나 점퍼에도 관심을 보이며 만지는 느낌, 색과 모양 등에 대해서도 알아볼 수 있었답니다.

겨울은 뭐니뭐니 해도 눈이 최고이지요! 눈이 온 겨울 날을 상상하며 물감으로 겨울 나무를 꾸며주었어요. 면봉에 콕콕 찍어 작은 눈을 표현하는 친구들, 솜공이나 손바닥으로 찍어 새로운 겨울 풍경을 꾸미는 친구들 각자 자신의 생각을 자유롭게 발산하며 활동에 적극적으로 참여하는 모습이었답니다!
멋진 작품은 교실에 게시해 주어 주 동안 자주 살펴보고 이야기 나누어 보았어요. 생각이 떠오를 때마다 또 그림 위에 새롭게 꾸며주는 열정을 보여주는 꼬마 화가들, 바깥 놀이에서 주워온 자연물을 붙여 보기도 했답니다.

예쁜 털장갑이라는 동요를 들려주며 장갑 그림 도안 위에 끼적이기도 하고, 털실을 손에 감아 장갑을 표현하기도 합니다. 선생님이 준 다양한 모양의 장갑 그림위에 끼적이기도 하고 가위질도 도전! 귀여운 털장갑을 만드는 친구들도 있었어요.

친구들이 좋아하는 볼링 게임! 볼링 핀을 눈사람으로 꾸며 준 후, 원하는 친구들이 자유롭게 쓰러뜨려 볼 수 있도록 눈사람 볼링장을 구성해 주었어요! 볼링핀이 잘 쓰러지지 않자 직접 가서 쓰러뜨리기도 하는데
정말 재미있어서 한참을 웃으며 즐겨볼 수 있었습니다.^^ 개성 만점 즐거운 놀이로 확장될 수 있었어요.

 KEYPOINT

아이들이 놀이하고 활동하는 교실은 아이들이 만들어 가는 공간이기도 합니다. 아이들이 만드는 작품들, 그리고 다양한 작업물, 놀이의 과정과 결과 들을 공유하고 감상하고 있음을 전해주세요. 덧대어 표현해 나가며 생각을 깊이 있게 하는 과정, 그리고 새로운 것들을 발견하고 함께 어울려 만드는 기쁨을 배워나가는 과정을 알려주시기 바랍니다.

155 과자마을 퍼포먼스

00어린이집/유치원이 과자마을로 변신! 친구들이 좋아하는 달콤한 과자들로 놀이 공간이 채워졌어요!
우리 친구들의 눈이 반짝반짝하며 하나씩 만져 보고 가까이 가서 살펴보네요.^^
정말 즐거워 하며 내가 좋아하는 과자를 찾아 봅니다.
선생님과 함께 과자 마을안의 다양한 놀이 공간에서 활동을 해보았어요. 어찌나 진심인지^^ 선생님이 불러도 못듣고 놀이 세상에 푹 빠져버렸답니다!

딸기 쨈 파이, 초코 과자, 젤리, 마시멜로우 등등 평소에 우리 친구들이 손에 하나씩 쥐고 오던 과자들도 보이네요.^^ 쿠키 만들기 활동은 역시가 인기가 좋았어요! 반죽을 굴려 꾸욱 눌러보고 귀여운 모양의 쿠키틀로 찍어 내 보았어요. 선생님이 오븐에 구워주는 동안, 고소하고 달콤한 냄새가 놀이 공간안에 퍼져 나옵니다.^^

직접 만들어 본 쿠키를 먹어 가며, 쿠키 모양의 인형으로 게임도 하고, 놀이도 하고 과자 마켓에서 맛있는 과자도 골라 사보기도 하구요.^^ 반죽과 다양한 도구를 활용해 요리 놀이도 합니다.
과자 마을이 정말 있다면 얼마나 좋을까요?^^ 맛있지만 너무 많이 먹으면 안되는 이유에 대해서도 알기 쉽게 설명해 주었어요! (선생님보다 더 잘 알고 대답하는 모습에 깜짝 놀랐답니다.😊)

친구들에게, 과자나 쿠키를 먹은 후 꼭 양치를 해야 한다고 이야기도 하며 건강과 영양에 대해서도 알아볼 수 있었던 뜻깊은 시간이었어요.

우리 친구들 오늘 활동으로 더 즐겁고 행복한 마음인 것 같아요. 이번 한 주도 멋진 모습으로 놀이하고 하나

하나 배워나간 친구들에게 칭찬과 사랑의 표현 많이 해주세요! 다음주에 뵙겠습니다.^^

KEYPOINT

우리 아이들에게 매일 일상, 안전, 건강에 대해 전달해 주고 계시지요? 즐거운 놀이와 활동만큼 중요한 내용이니까요. 놀이에서 끝나지 않고 자연스럽게 생활과 연결되어 있는 과정을 보여주세요.

156 기저귀 파티

안녕하세요! 00반 교사 000 입니다.

오늘 기저귀 파티가 있는 즐거운 날이지요.^^ 친구들과 반갑게 인사를 나누었어요! "얘들아, 오늘은 즐거운 기저귀 파티날이야!" 하고 선생님이 이야기 해주었더니 신이 나서 선생님 품에 꼭 안겨 등을 토닥여 주는 걸요! "선생님이 잘 도와줘서 고마워요~" 하는 듯한 느낌에 코끝이 시큰했답니다.^^

친구들과 모여 우리의 어린 시절을 이야기 했어요. 물론 지금도 어리지만요.^^ 엉금엉금 기어가던 아기 때를 기억해 보았어요. 아장아장 걷기 시작하다가 이제는 달리기도 잘하는 형님이 되었다고 이야기를 하니, 우리 친구들 신이 나서 "네!" 하고 대답을 해주어요.^^

"기저귀야 안녕! 우리는 이제 멋진 형님이야! 변기랑 친하게 지낼께~^^" 하고 인사를 해보았답니다. 기저귀를 뗀 우리 친구들을 축하해 주는 것처럼 선생님이 기저귀 요정이 되어 인사를 해주었더니, 너무 재미있어 하는 00반 사랑둥이들입니다.😊

아직은 실수를 할 때도 있지만^^ 서두르지 않고 찬찬히 해나가면 더 잘할 수 있을 거라 생각해요! 기저귀를 떼는 과정이 우리 친구들에게 앞으로 나아갈 새로운 도전과 시도에 밑거름이 될 거예요. 성공한 경험 뿐만 아니라 실수해도 다시 하면 된다는 마음이 우리 친구들을 채워줄 것입니다!

기저귀 파티를 하며 선생님인 저도 행복하고 뭉클했던 오늘이었어요. 멋진 형님이 된 00반 친구들의 앞날이 더 빛나길 기도합니다! ^^

KEYPOINT

기관에서 참 다양한 행사와 활동을 하는 것 같습니다. 아이들이 성장하는 과정을 기념하고 추억하는 시간, 재미있는 이벤트에 그치는 것이 아니라 또 하나의 의미가 있음을 전해주시며 응원하는 메시지를 함께 보내주세요.

우리 친구들 선생님을 보고 "오늘 찜질방 놀이 해요!" 하고 이야기를 하며 콩콩 점프를 하고 신나 하는 모습을 보여줍니다.😊 친구들과 모여 앉아 오늘 재미있겠다고 이야기를 하며 기대를 잔뜩 하는 모습이 귀여워요!^^

찜질복으로 갈아입고 머리엔 귀여운 양머리를 써보았어요! 선생님과 함께 찜질방에서 지켜야 할 약속과 예절을 이야기 나누어 보았답니다.

벌써부터 놀고 싶은 마음에 몸이 근질근질 한 듯, 엉덩이가 들썩이네요.^^
실제로 찜질방에 방문했을 때에도 약속을 잘 지킬 수 있도록 꼭꼭 새끼 손가락도 걸어보았답니다!

냉탕과 온탕이 있는 목욕 공간으로 가서 샤워기, 샴푸, 물바가지 등 목욕 용품으로 목욕을 하는 흉내를 내어 보았어요. 때타월로 서로 등을 밀어주기도 하고요^^ 친구와 샤워기를 뿌려주며 머리를 감아주기도 하는 우리 OO반 친구들이에요.^^

목욕 후, 불가마로 출동! 친구들과 빨갛게 달궈진 불가마 안에서 도란도란 모여 앉아 이야기도 나누고 맛있는 계란과 요쿠르트, 식혜 간식도 먹어보았답니다!

뜨거워진 몸을 식혀줄 아이스방! 우리 친구들 가족들과 찜질방에 다녀왔던 경험을 이야기 하며 자신있게 들어갑니다.^^ "우와아~ 엄청 시원하다!" 하며 어깨를 으쓱하는 걸요.^^ 눈송이와 얼음으로 채워진 아이스방에서도 즐거운 시간을 보낼 수 있었어요!

가족과 함께 했던 특별한 경험을 어린이집/유치원에서 친구들과 하니, 더 재미있고 신선했던 것 같아요.
우리 친구들 놀이 하는 동안 이리 저리 둘러보고 즐겁게 탐색하며 찜질방 데이트 멋지게 잘 해주었답니다!

이번 기회로 우리 친구들이 청결과 위생에 대해서 더 잘 이해하고 실천할 수 있기를 바래봅니다.

찜질방 활동에 참여함으로써 함께 사용하는 공용시설에서 지켜야 할 약속과 예절도 잘 배워볼 수 있었던 좋은 시간이었습니다. 감사합니다!

 KEYPOINT

아이들이 활동을 통해 어떤 것을 배우고 실천하면 좋을지, 하원한 후 가족과 함께 나눌 만큼 대화의 주제를 전해 주세요.

158 이글루

안녕하세요! 00반 교사 000입니다.

영하로 떨어진 날씨가 계속되면서 독감이 다시 유행하고 있다고 해요. 우리 친구들 건강하게 올 연말을 보낼 수 있도록 잘 살펴보아야 겠습니다!

친구들과 반갑게 인사를 나누며, 오늘 등원길에 대해 이야기를 나누어 보았어요. 꽁꽁 얼어 있는 얼음길을 지나왔다고 이야기를 해요. 얼음위를 지나며 미끄럼을 타는 것도 재미있지만, 넘어지면 크게 다칠 수 있으니 조심해야 한다고 일러주었답니다.

지난 밤 하얗게 내리는 눈을 보고 기분이 좋았다고도 표현하는 친구들, 오늘 눈이 소복히 쌓인 눈길은 아니었지만, 그래도 겨울눈에 행복했던 저녁이었으니, 그걸로 충분하지요! 눈이 쌓이면 눈사람도 만들고, 눈싸움도 하며 재미있게 놀자고 약속해 보았어요.

오늘은 즐거운 체험 행사가 있는 날이에요.^^ 매월 새로운 이벤트로 다양한 경험을 할 수 있어 놀이를 통해 많은 것을 배울 수 있답니다.

이번 놀이 주제는 이글루 체험! 추운 겨울과 딱 어울리는 주제입니다.^^ 그림책에서 보았던 이글루를 보는 순간 우리 친구들 눈이 휘둥그레~ 하고 "우와" 하는 탄성이 나왔어요.

"이글루에는 누가 살까?" 친구들과 이야기를 나누어 보았어요!

겨울날씨가 계속되는 추운 곳에 사는 에스키모(이누이트)가 사는 곳이라고 이야기를 해주며, 사냥을 하러 떠났을 때 머무는 임시 집이라는 사실도 알려주었어요! 아이들과 놀이를 하고, 또 준비하다보면 저 역시도 새로 알게 되고 배우는 것들이 많아 지는 듯 합니다.^^

열심히 영차영차 눈벽돌을 옮겨 집도 직접 지어보았어요! 정말 에스키모가 된 것처럼 열심히 집중해서 서로 힘을 합쳐 집을 완성하는 모습이 정말 멋졌답니다.^^ 우와! 멋진 집을 완성해 그 안에 들어가 놀이를 해보았어요.😊 맛있는 음식도 가지고 들어가고, 추울까봐 이글루 안에서 따뜻하게 불도 피워보고요.

이글루 안에 쏘옥 들어가 있는 모습이 정말 귀엽고 사랑스러웠답니다.

오늘의 놀이를 통해 우리 친구들이 색다른 경험을 할 수 있었어요. 우리와는 다른 삶을 사는 사람들에 대해서도 관심을 가지고, 겨울 날씨에 대해서도 잘 이해할 수 있었답니다!

친구들과 함께 겨울에 대해 더 다양한 주제로 놀이해볼게요! 하원 후, 이글루 외에 세계의 다양한 집에 대한 책을 함께 보는 건 어떨까요?^^ 꿈속에서 에스키모 친구들을 만나 신나게 뛰어노는지 기분 좋은 미소를 띄며 잠에 들었답니다. 낮잠 후, 편안한 오후 일과를 보내고 하원할게요!

우리 친구들과 행복하고 즐거운 저녁 되시길 바랍니다. 감사합니다.^^

KEYPOINT

우리 아이들은 기관에서 "나와 우리", 그리고 점차 넓은 "세상"을 이해하고 경험하게 됩니다. 놀이를 통해 하게 되는 직,간접적인 경험은 아이들의 호기심을 자극하고 성장과 발달을 하는 데에 큰 도움을 줍니다. 또 일상 역시 주요한 부분이니, 가끔은 즐거운 놀이와 함께 이루어지는 편안한 일과도 전해주세요.

159 롤리팝 연주, 돋보기 등

알록 달록 예쁜 사탕 모양의 롤리팝을 흔들어 연주하는 우리 00반 친구들^^ 선생님과 함께 서로 마주 보고 노래도 불러보고 롤리팝 위에 놀잇감을 올려 던져 보기도 하며 즐겁게 표현해 보았어요. 동요도 함께 들려주니 흥이 나는지, 일어나서 어깨를 들썩들썩 엉덩이를 흔들흔들 큰 소리로 부르며 재미있어 합니다.^^

이번 주는 친구들과 같이 놀이하는 모습을 자주 볼 수 있었어요. 2학기도 벌써 많이 지나갔네요. 시간이 지나는 건 너무 아쉽지만 그만큼 친구들과는 더 가깝게 지내고 돈독해진 마음을 느낄 수 있답니다.^^
그림책의 그림을 살펴보던 친구들에게 돋보기를 건네 주었더니 "우와!" "이것봐" 하며 그림책 속의 작은 그림들을 찾아보기도 하고 커다랗게 보이는 모습에 웃음을 터뜨리기도 하네요.

지난 크리스마스에 눈이 내려서 너무 즐거웠던 이야기는 이번 주 우리 00반 친구들에게 최고의 놀이 주제였죠! 이번 주 아이들의 놀이와도 연결되어 눈놀이를 자주 해보았답니다. 솜을 보고는 "눈이다!" 하고 그 위에 누워 눈밭을 구르는 모습을 표현하기도 하고, 솜을 뭉쳐 던져보기도 하고, 눈사람도 예쁘게 꾸며주었어요. 에너지가 넘치는 우리 친구들 교실 안을 솜눈으로 가득채우며 즐겁고 신나게 놀이할 수 있었습니다.

겨울에 입는 따뜻한 점퍼의 단추, 지퍼를 잠그어 보며 놀이했어요. 선생님이 도와주지 않아도 스스로 할 수 있는 모습이 정말 대견했답니다.^^ 꼬물꼬물 작고 예쁜 손가락으로 하나씩 열고 닫는 친구들! 시간이 걸리더라도 기다려 주시면 우리 친구들이 잘 할 수 있을 거에요. 일상생활을 하며 손가락을 사용해 놀이하는 이 과정은 우리 친구들의 주의력과 인지 발달, 신체 능력 발달, 눈과 손의 협응력 발달에도 큰 도움이 된답니다!

이번 주 눈사람과 관련된 놀이를 자주 하였는데요! 볼풀공을 비닐 팩 안에 넣고 눈코입 스티커를 붙여
눈사람을 만들어 보기도 하고, 점토를 둥글려서 눈사람을 만들어 보기도 하였어요.^^ 동그란 눈사람을 만든 친구들도 있었고, 네모 세모의 얼굴을 가진 눈사람을 만든 친구들도 있었어요.😊 사람이 아닌 눈강아지, 눈오리도 만들어 주었더니 우리 친구들이 더 좋아하는 모습을 보이네요.^^ 눈오리 만드는 놀잇감을 가지고 직접 찍어 보면서 자연스럽게 틀에 점토를 찍어 내는 놀이도 함께 이루어졌답니다. 혹시 가정에서 사용하는 눈 놀잇감이 있다면 가정에 보내주세요. 깨끗하게 사용하고 0요일에 가정에 보내드리겠습니다.^^

160 새해 맞이 12간지 꾸미기 및 놀이

안녕하세요! 00반 교사 000입니다.

이번 한 주도 즐거운 시간 되셨나요? 벌써 금요일이 다가왔어요. 아이들과 놀이를 하며 즐겁게 지내다 보니 일주일이 금방 지났네요.^^

새해를 맞이하여 12간지를 떠올려 볼 수 있도록, 친구들과 교실 천정에 다양한 모양의 도안과 색지로 올해의 동물과 12간지 친구들을 만들어 꾸며보았어요."우와 멋지다!" 동생반 친구들도 놀러와서 구경할 정도로 멋져진 우리 반 교실입니다.

00과 함께 새해를 시작하며 교실에는 더 에너지가 가득한 것 같아요! 한살 더 먹은 형님이 되어서 만난 우리 00반 친구들, 요즘에는 몇살이 되었는지 나이 이야기를 하며 누가 더 멋진 형님인가 놀이하며 겨루기도 하고, 실력을 뽐내어 보기도 하지요.😊 숫자도 세어 보고, 이름을 이야기 하거나, 좋아하는 블록으로 멋진 작품을 만들거나 우리 친구들이 형님이 되더니, 놀이에 더 재미있는 스토리가 생겨나는 것 같아요!

선생님도 우리 친구들의 놀이에 참여하며 즐거움을 더할 수 있는 다양한 방법을 보여주고 함께 하고 있답니다.

우리 친구들은 이번 주, 색을 주제로 놀이하고 있어요! 여러 가지 색깔 이름을 이야기 하고, 알록달록한 놀잇감을 탐색하며 즐겁게 놀이하고 있지요.^^

평소 우리 친구들이 신체 동작을 나타내는 놀이를 정말 좋아해요! 색깔 블록을 줄 세워 보고, 한 걸음 두 걸음 징검다리를 건너 보았지요. 친구들마다 징검다리를 건너는 방법도 달라요.^^ 같은 색 징검다리만 건너는 친구들도 있고, 좋아하는 색들을 골라서 건너기도 하고. 음악에 맞추어 동작을 다르게 해서 묘기 하듯 건너기도 합니다.

색과 더 친해지기 위해 우리 친구들과 빨강, 파랑, 노랑색 예쁜 색깔이 등장하는 동요를 듣고 색과 관련된 다양한 동요들을 부르며 악기도 연주해 보고 있어요. 색깔 동요를 들으며 마라카스를 찰찰찰 흔들고 색깔 스카프를 흔들며 놀이해 보았습니다.😊

좋아하는 색이 같은 친구들은 마음 맞추어 동작도 함께 표현해 보았어요.😊 악기를 다루며 색깔도 더 잘 알아볼 수 있었답니다!

예쁜 색 공을 계란판에 하나씩 담아 보는 놀이도 친구들에게 인기가 좋았어요. 자연스럽게 계란판의 갯수도 세어볼 수 있었는데, 10개까지는 너무 잘 세어 주네요.^^ 친구들과 일상 생활을 하면서도 다양한 물건이나 상황에 대해 관심을 가지고 수를 세어 보고 특징을 알아 보는 것이 도움이 될 것 같아요.
요즘 우리 친구들이 더 많은 것들에 대해 관심을 가지고 탐구하는 모습을 보이거든요.😊
솜공을 계란판에 하나씩 담는 모습도 개성이 넘치는 00반 사랑둥이들과 여러 가지 놀잇감도 담아 보고, 계란판 위에 서 보기도 하며 즐거운 시간 보냈습니다!

풍선 놀이는 항상 즐거워요! 풍선을 통통 튀기고, 바람을 날려 보고, 아기처럼 안으며 어부바도 하고요^^
내가 좋아하는 색 풍선에 눈알 스티커를 붙여 귀여운 얼굴로 꾸며주기도 했습니다. 집에 가지고 가고 싶다고 이야기 하는 친구들은 풍선을 가지고 갔답니다. 친구들의 아이디어로 풍선을 여러 개 붙여 애벌레를 만들어 주었는데, 친구들이 정말 좋아하네요. 기다란 요술 풍선도 불어 주어, 이런 저런 모양을 만들기도 하고, 자유롭게 탐색해 보는 놀이도 해보았답니다.

선생님과 함께 놀이하는 것이 참 즐거운 우리 친구들! 사랑하는 마음을 더 많이 표현하고 있어요.^^

우리 친구들이 좋아하는 캐릭터 머리띠를 쓴 선생님과 손을 잡고 여러 가지 놀이를 해보아요!
선생님 발 위에 발을 얹어서 함께 걸어 보았어요. 친구들이 모두 줄을 서고 선생님 손 잡고 발 놀이를 하고 싶다고 해요. 선생님 뒤를 졸졸졸 따라 오기도 하구요. 교실 바닥에 지그재그 선 외에도 동그라미, 세모, 네모 모양을 만들어 주었어요. 모양 선 안에서 친구들과 놀이하는 것도 재미있어 하는 친구들!
함께 마스킹 테이프로 새로운 모양도 만들어 보았어요.
빙글빙글 달팽이를 만든 다음 친구들과 자동차로 길을 따라가 보기도 했답니다.

이번 주 놀이 주제 덕분에 친구들과 더 깊이 이야기를 나누고 소통하고 있어요.
선생님과 함께 하는 시간을 담은 사진들을 벽면에도 게시하고, 책도 만들어 보고, 그 위에 끼적이기도 해보았어요. 00반 친구들은 화가가 된 것 처럼알록 달록한 색 물감들을 섞어서 얼굴에 화장도 해주고,
옷도 염색해 주었답니다.^^ 멋지게 변신한 선생님의 모습을 서로 자랑하며 벽에 붙여 달라고 하기도 하구요. 친구들 덕분에 예쁜 선생님이 되었다고 고맙다고 인사하니, 방긋방긋 예쁘게 미소를 짓네요.

우리 00반 친구들과 즐거운 한주를 보내며 시간이 너무 빠르게 지나가 아쉬운 만큼 더 많이 함께 하고 진심을 담아 표현해야겠다는 생각을 해보았답니다.
친구들과 서로 아끼고 사랑하는 마음을 표현할 수 있도록 여러 가지 말 표현과 행동도 함께 하고 있어요.

만나고 헤어질 때에도 꼭 눈을 마주치고 인사를 나누어 보기!
친구가 속상해 할 때 지나치지 않고 마음으로 걱정해 주기!
함께 놀이하는 시간엔 내 마음 솔직하게 표현하기^^

6

이렇게 시간을 차곡 차곡 채워나가다 보면 우리 친구들이 더 멋지게 성장해 있을 것 같습니다.
새해가 되어 한살 더 먹은 형님이 된 만큼 00반 친구들이 스스로 시도하는 과정을 응원해 주세요.
혼자 힘으로 할 수 있는 일이 점점 많아 지고 있다는 것을 깨닫게 해주세요!

결과 보다는 항상 과정이 중요한 것임을 부모님이 보여주신다면, 앞으로 더 반짝이는 친구들이 될 것 같습니다. 감사합니다.^^

이번 주말은 지난 주보다는 덜 추울 듯 합니다. 친구들과 옷 따뜻하게 입고 겨울 날씨를 즐겨 보시길 바래요. 행복한 주말 되세요!

 KEYPOINT

아이들이 할 수 있는 일, 기관에서는 당연하게 배우고 스스로 시도하도록 도움을 주지만, 가정에서는 아이 대신 모든 것을 해주고 있을 수 있습니다. 성장하는 과정에서 아이들이 상황을 인식하고 사고하며, 자조적으로 행동할 수 있도록 안내해 주시면 좋겠습니다.

161 구강 교육

오늘은 치카치카 양치를 잘 하는 방법에 대해 알아보았어요!
평소 이 닦기를 싫어하는 친구들은 어떤 반응을 보일까 궁금하기도 하고 기대도 되었습니다. 우리 00반 친구들은 어린이집/유치원에서 식사를 한 후, 모두 모여서 양치송을 부르고 손유희도 하며 즐거운 마음으로 양치를 할 수 있도록 하고 있어요. 하지만 아직도 양치를 하는 느낌이 좋지 않아 불편한 마음을 표현하는 친구들도 있답니다.

서둘러서 억지로 시키는 건 오히려 아이들에게 좋지 않을 수 있어, 단계적으로 아이들 마음을 읽어주며 찬찬히 해나가고 있는데, 이제 곧 형님반이 되니 남은 기간 더 잘 배워서 할 수 있도록 계획해 보았습니다.^^

양치를 하는 이유와 방법에 대해 동화를 보았어요. 건강한 치아 요정이 나타나 인사를 하고, 양치를 왜 해야 할까 질문을 했더니 어머나, 우리 친구들 너무 멋지게 대답을 해주더라구요!^^

치아의 건강에 도움을 주는 음식과 그렇지 못한 음식을 구분해 보는 게임을 해보았는데, 척척박사 00반 친구들! 모두들 잘 맞춰 주어 친구들의 응원과 환호를 듬뿍 받았답니다.😊

193

마지막으로는 충치 벌레가 등장! 깨끗한 이를 새카맣게 변하게 해버리는 모습에 친구들이 정말 속상해 했어요. "안돼! 양치할꺼야!" 하며 충치 벌레를 떼어내는 모습에 웃음이 나오기도 했답니다.^^

더러워진 이를 양치 교구를 가지고 쓱싹 쓱싹 닦아 보았습니다. 다시 깨끗해진 하얀 이를 보고 모두들 박수를 치며 좋아했어요.^^ 충치 벌레가 못 찾아오게 우리 이도 이젠 더 깨끗하게 닦아 보자는 선생님의 말씀에도 큰 목소리로 대답하며 먼저 하겠다고 씩씩하게 나서는 친구들이었어요.

친구들과 함께 한 이번 시간을 통해 양치의 중요성과 방법에 대해 알 수 있었어요. 아이들이 매일 이닦기를 실천하고, 바르게 할 수 있도록 꼭 마무리는 함께 해 주세요.^^ 오늘도 알차고 즐거운 시간이었습니다. 감사합니다!

KEYPOINT

아이들을 지도하는 과정에 대해 전달해 주시며, 가정에서도 더불어 함께 지도할 수 있도록 안내해 주세요.

162 동화 데이

오늘은 즐거운 동화 데이 날이에요.^^ 친구들과 어떤 동화를 보고 놀이할까 이야기 해보았답니다.^^
재미있는 손유희를 하며 친구들의 관심을 집중시킨 후, 소곤소곤 이야기로 시작해 보았어요.

옆친구와 장난을 치기도 하고 엎드려 있거나 다른 놀잇감을 가지고 놀던 친구들도 집중! 드디어 동화가 시작되었답니다.😊

1. 영아반 혹부리 영감 동화 활동
우리 영아반 친구들은 혹부리 영감 동화를 들어 보았어요. 혹이 달린 할아버지 모습에 친구들이 재미있어 하던걸요^^ 무서워 하지 않을까 걱정했던 도깨비의 등장에도 "얼씨구나, 절씨구나!" 하는 노랫가락에 어깨를 들썩이는 친구들도 있었고, 앞으로 뛰어 나가 도깨비를 혼내주려던 친구들도 있었습니다.😊
물론 무서워서 선생님 옆에 꼭 숨었던 친구들도 있었어요.

욕심을 내어 혹이 두개나 생긴 할아버지를 보면서 "욕심 내면 안되요! 도깨비한테 혼나요!" 하며 이야기를 해주었어요. 두 손을 꼭 모아 큰 목소리로 이야기 해준 멋진 친구들이에요.😊

동화가 끝나고 포토존에서 찰칵! 사진도 찍어 보았어요.^^ 포토존의 도깨비를 보더니 나쁜 할아버지를 혼내

쥐서 고맙다고 인사를 하네요.이제는 형님이 되어서, 한번 본 동화도 내용을 잘 알고 이해할 수 있어요.

내 생각도 말로 멋지게 표현하는 00반 친구들이랍니다.

친구들과 교실에 돌아와 작은 풍선에 밀가루를 넣어 혹을 만들어 주었어요. 친구들이 얼굴에 풍선을 달고 이리저리 휘두르며 놀이하네요.^^ 동화와 놀이과 연결되어, 도깨비가 등장하기도 하고 장난꾸러기 손주와 예쁜 요정이 나타나 도와주기도 했어요. 새로운 인물들까지 등장하며 즐거운 동화 놀이가 계속되었답니다!

2. 유아반 배고픈 애벌레 동화 활동

유아반 친구들의 동화는 "배고픈 애벌레" 였어요. 평소 교실에서도 자주 보던 동화라서 우리 친구들이 더 친근한 마음으로 애벌레의 이야기를 들어볼 수 있었어요.😊 애벌레가 무얼 먹을까 고민할 때, 같이 집중하며 소곤소곤 이야기를 하네요. 다음에는 무얼 먹을지 먼저 말하고 싶어서 서로 친구들의 입을 막으며 장난을 치기도 하고요.^^

후반부에 이것 저것 먹어치우던 애벌레의 모습을 보고는 "배가 아파서 병원에 가면 어떻게 될까?" "나도 저렇게 다 먹어 보고 싶은데!" "애벌레 친구 생일인가?" 하면서 여러 가지 생각을 표현하기도 합니다.

같은 동화를 보고도 생각하는 건 다 달라요~ 어떤 생각이든 지지하고 경청해 주니, 친구들이 동화를 보고 생각을 표현하는 것이 한층 더 자유롭고 편안해 지는 걸 볼 수 있었습니다. 새삼 우리 친구들의 상상력에 감탄을 했답니다.^^

이제는 친구가 된 듯한 애벌레에게 마지막 인사를 하고 우리 00반 친구들은 요리 활동을 해보았어요.

다양한 과일과 재료를 탐색한 후, 애벌레가 아프지 않고 잘 먹었으면 하는 마음으로 요리를 만들어 보았답니다.😊

이번 동화데이 활동을 통해 우리 친구들이 얼마나 멋지게 성장하고 있는지 한번 더 느낄 수 있었던 시간이었습니다. 책을 가까이 하고 다양한 활동과 연계하며 놀이하는 것은 친구들에게 정말 좋은 도움이 된답니다. 책의 내용을 이해하고 표현하는 과정에서 언어 발달은 물론, 인지 발달과 정서 안정에도 긍정적인 영향을 줍니다. 인물의 감정이나 상황에 대한 느낌 등을 상상하며, 생각하는 힘도 더 탄탄해 지고요!

교실에서도 동화를 떠올리며 놀이할 수 있는 다양한 놀잇감과 환경을 지원해 주도록 하겠습니다.

오늘 어린이집/유치원에서 함께 본 동화는 영상과 책으로 다시 한번 같이 보시면 좋을 것 같아요.

감사합니다.^^

KEYPOINT

하루 종일 행사, 활동을 진행하는 경우에는 교사들이 함께 알림장을 작성해서 전체적으로 통일하여 보내는 것도 좋습니다. 영유아의 활동에 대해 함께 전달하게 되면 기관의 프로그램의 체계와 연령별 운영에 대해서도 잘 이해하게 됩니다.

163 겨울 다양한 놀이

이번 겨울에는 눈이 많이 오는 것 같아요.^^ 친구들과 아직 길거리에 녹지 않은 눈을 발견하는 일은 정말 즐겁고 재미있어요.^^ 산책을 하며 보았던 눈을 떠올리고, 눈이 소복하게 쌓여 있던 겨울 나무를 관찰하던 때를 기억해 보았어요! 친구들과 직접 찍었던 사진을 발견하고는 정말 반가워 하네요.^^ 우리 동네 어디에 있는 나무인지도 이야기를 해주는 친구들이랍니다.😊 눈이 오는 배경에 우두커니 서 있는 겨울 나무를 보고 친구들이 추울까봐 걱정을 해주네요 ^^ 예쁜 옷도 입혀 주고, 나뭇잎을 다시 달아주기도 하고 겨울 눈도 하얗게, 혹은 알록달록하게 상상하는대로 멋진 색깔 눈으로 꾸며보았어요!

친구와 함께 놀이했던 사진들을 보며 즐거운 시간을 보냈어요! 블록을 쌓으며 성을 만들고, 다리를 만들던 시간 인형을 꼬옥 안고, 마트를 다녀오는 모습을 나타내던 시간, 데굴데굴 콩콩콩 몸을 움직이며 신체 놀이를 하던 것까지 다양한 모습을 사진으로 남겨 주었더니, 우리 친구들 사진 속 나와 친구들의 모습을 유심히 살펴보고 이야기를 나눕니다.

이제는 언어 표현도 더 다양하게 하는 친구들^^ 목소리도 녹음해 들어봐야겠어요!

"우리 00반 친구들은 어떤 음식을 좋아할까?" 친구들과 함께 좋아하는 음식에 스티커를 붙여 보았어요.
우리 반 친구들에게 가장 인기가 좋은 음식은 바로! "치킨" 이었답니다.😊
우리 교실에는 치킨 모형 놀이감이 없어서, 클레이로, 천으로, 치킨을 만들어 보기도 했어요. 자연스럽게 치킨집 놀이가 이루어 졌는데, 00반 친구들이 정말 실감나게 표현하더라구요! 치킨무와 음료, 뻥튀기까지..^^ 정~말 재미있게 놀이 해보았답니다.^^

비닐봉지에 바람을 넣어 풍선을 만들어 보았어요! 선생님이 입으로 바람을 부는 모습이 재미있었는지 하하호호 웃는 친구들, 방구소리를 내며 재미있다고 표현하기도 하고요^^ 비닐봉지에 바람을 넣고 묶어 준 후, 교실에서 이리 저리 튀겨 보았답니다. 끈을 달아 달라고 해서 끌고 다니기도 하고, 바구니 안에 넣어 소중히 가지고 다니기도 하네요.
예쁜 색깔 싸인펜으로 비닐봉지 풍선에 그림을 그리다가 손에 잔뜩 묻었던 친구들도 있었어요.😊
친구들마다 좋아하는 놀이로 마음껏 표현할 수 있었어요.

친구와 함께 풍선을 영차 영차 옮기는 놀이는 이번 주 가장 인기가 좋았던 놀이였어요! 좋아하는 풍선 색을 고른 후, 팀을 만들고 친구들과 협력해 목표지점까지 이동해 보는 놀이였는데, 천 위에 풍선을 넣어 떨어뜨리지 말고 옮기기, 친구와 품에 안고 터뜨리지 않고 옮기기 등 다양한 방법으로 놀이를 변경해서 즐겁게 해 볼 수 있었답니다.

 KEYPOINT

아이들의 예쁜 마음, 귀여운 생각과 행동에 대해서 한번 씩 전달해 주세요. 동심이 가득한 우리 아이들의 모습을 읽는 부모님의 마음도 따뜻해 지고, 세심한 교사의 지원과 일과에 대해 더욱 신뢰할 수 있습니다.

164 블록 데이

평소 우리 친구들은 교실에서도 블록 놀이를 즐겨 하는 편이에요. 특별활동 수업으로도 블록 수업을 하고 있어서, 새로운 주제의 작품도 뚝딱뚝딱 잘 만드는 우리 친구들! 같은 연령의 다른 또래들에 비해 세밀한 작업도 멋지게 잘 하는 친구도 많답니다!

오늘은 더 많은 블록을 가지고 놀이해 보기로 한 날! 우리 친구들의 블록 놀이 시간으로 실력을 뽐낼 수 있도록 블록 데이를 계획해 보았어요.^^ 아침부터 들뜬 마음을 표현하며 기대하던 친구들은 블록 놀이 시간이 되자 마자, "우와 진짜 재밌겠다!" "나 저거로 놀이해야지!" 정말 좋아하네요.^^

선생님과 함께 놀잇감을 바르게 사용하는 방법과 친구와 다투지 않고 사이좋게 놀아야 하는 이유에 대해서도 이야기 나누어 보았어요! 친구들과 새끼 손가락 걸고 꼭꼭 약속해 보았습니다.^^

여러 가지 색깔과 모양을 보더니 눈이 휘둥그레~ "어떻게 끼워 맞출까?" 고민하는 친구들의 모습이 사뭇 진지했답니다.😊 선생님과 이런 저런 이야기를 나누며 아이디어를 떠올려보았어요. 멋진 궁궐과 공주님을 만드는 친구들, 동물 사파리를 만들어 놀이하는 친구들, 엄마, 아빠가 좋아하는 음식을 만들어 친구들 초대하기도 하고요^^ 또 친구들과 협력하여 커다란 기차를 만들어 칙칙폭폭 기차 놀이를 하고, 수영장을 만들어 그 안에 들어가 수영 놀이하기도 해보았답니다! 시간 가는 줄 모르고, 왁자지껄 신나게 놀이해 볼 수 있었어요.

블록 나라에 온 듯, 좋아하는 블록으로 실컷 놀이할 수 있어서 우리 친구들이 정말 즐거웠나 봅니다. 낮잠을 자기 전에 소곤소곤 선생님에게 "오늘 진~~~~ 짜 재밌었어요. 또 하고 싶어요." 하고 이야기를 하네요.^^ 행복하고 즐거운 하루 마무리 하고 하원합니다. 오늘 우리 친구들이 어떤 작품을 만들었는지, 물어봐주세요! 집에 있는 블록으로도 함께 놀이해 보면 정말 좋을 것 같아요.😊

 KEYPOINT

우리 반 아이들은 어떤 특징이 있나요? 개별적인 정보도 좋지만, 대체적으로 우리 반 아이들은 어떻게 지내고 있는지, 어떤 것을 잘하고 무슨 놀이를 좋아하는 지, 우리 반의 소식과 정보에 대해서 전달해 주시는 것도 좋은 내용이 됩니다.

165 모양과 색 놀이

안녕하세요! OO반 교사 OOO입니다.

즐거운 금요일, 우리 친구들과 인사를 나누며 힘차게 하루를 시작해 보았습니다. 어린이집/유치원에 오면서 어찌 그리 재미있는 일들이 많았을까요? "선생님, 이것 보세요!" "이거 내가 가지고 왔어요" "빠빵 봤어요" 등등 이런 저런 이야기를 하며 선생님과 친구들과 즐거운 대화를 나누는 OOO반 친구들입니다.

OO의 해가 다가온 것을 축하하며 새해를 맞이하고 벌써 보름이 지나 1월도 막바지에 이르러 가네요.^^
2학기는 1학기에 비해 더 빠르게 지나가는 것 같아 아쉬운 마음이 듭니다.

남은 시간 더 많이 표현하고 함께 하는 시간에 최선을 다하며 지내려고 합니다. 우리 친구들도 선생님과 같은 마음인지, 더 많이 안아주고 사랑한다고 표현해 주네요!

이번 주에는 지난주에 이어 동그라미, 세모, 네모 여러 가지 모양과 알록달록 예쁜 색에 대해 알아보고 있어요. 잘 알고 있었던 모양과 색도 있지만, 새로운 것도 배워보는 시간을 가지고 있습니다. 여러 가지 모양의 퍼즐을 제공해 주어, 친구들이 관심을 보일 때 하나씩 맞추어 보았어요.^^ 퍼즐 판에 조각을 맞추는 친구들도 있고, 퍼즐 조각을 다시 재조합해서 새로운 모양을 만들어 내는 친구들도 있었어요! 역시 우리 친구들의 상상력과 창의력은 최고입니다.^^

우리 생활속에서 모양, 색깔이 어떻게 있는지 익숙해서 모르고 지나쳤던 주변에 대해 더 관심있게 살펴볼 수 있었답니다! 교실에서도 즐겁게 찾아보고, 바깥 놀이 갈 때에도 찾아보았어요. 선생님과 함께 만든 모양 안경을 쓰고 나가서 "여기 있다!" "내가 찾았다!" 우리 친구들 탐정이 된 것 처럼 눈살을 찌푸리고 여기저기를 탐색하고 다니는 모습이 정말 사랑스러웠어요.😊

우리 OO반 친구들이 제일 좋아하는 풍선과 볼풀공 놀이!! 교실 한쪽에 매트를 깔아 주고, 그 안에 좋아하는 볼풀공을 가득 담아 주었더니, 좋아하는 색들만 모아서 대야에 담아 놀기도 하고, 매트 안에 들어가 수영 놀이도 합니다. 자유롭게 놀이할 수 있도록 이번 주 내내 구성해 주었어요. 오늘은 풍선이 아기라고 소개하며 어부바 하고 산책을 가는 친구들이었지요.^^

우리 가족은 누가 있을까? 이번 주 놀이 주제를 통해 가족에 대해 더 잘 이해하고 사랑하는 마음, 감사하는 마음을 표현해 볼 수 있었습니다. 가정에서 보내주신 가족 사진을 탐색하며 관심을 보이는 경우,
함께 이야기도 나누어 보고, 자유롭게 사진을 꾸며보았어요! 우리 친구들 그동안 열심히 미술놀이를 한 덕분인지 꾸미기 실력이 한층 더 업그레이드 되었네요! 예쁘게 파마머리도 해주고, 넥타이도 매어 주고, 망토도 입혀주었어요. 알록달록한 모양 스티커로 꾸며주니, 더 없이 멋진 작품이 되었답니다.

"우리 OO이가 가장 좋아하는 음식은 무엇일까요?" 선생님이 질문하니 달콤하고 맛있는 음식들이 줄줄이 나옵니다.^^ 우리 OO반 친구들이 좋아하는 음식을 듣고 얼마나 귀여운지요! 짜장면, 돈까스, 아이스크림, 초코

빵, 복숭아 젤리, 콜라맛 사탕까지.. 😊

평소에도 하는 생각이지만, 우리 친구들이 건강한 식재료로만 구성된 어린이집/유치원 식단을 잘 먹는 것이 정말 기특하고 예쁘다는 생각을 하게 되었답니다. 우리 가족은 어떤 음식을 좋아하는지도 잘 알고 있던 OO 반 친구들이지요!

가족과 음식을 먹는 모습을 상상하며 즐겁게 놀이해 보았어요. OO반 교실에서 놀이하며 이번 주 "닮은 곳이 있대요." "곰 세마리" 등 가족과 관련된 동요를 들어보았어요. 이제는 가사말도 더 잘 이해하고 율동도 잘 따라 하는 친구들이에요. 우리 OO반 친구들 사랑하는 가족을 주제로 놀이하며 즐거운 분위기 안에서 이번 주도 잘 지낼 수 있었답니다.

다음주 일기 예보를 살펴보니, 주초에는 다시 영하의 날씨라고 합니다. 이번 주는 그래도 좀 포근한 듯 하여 바깥 놀이도 자주 나갔는데 다음주에는 상황에 따라 조절해 보아야 겠습니다. 바깥 놀이를 할 때 우리 친구들이 손이 시렵지 않도록 장갑을 꼭 보내주세요! 모자나 머플러도 함께 보내주시면 좋겠습니다.^^

이번 주말은 영상의 날씨이니 겨울 날씨도 느끼며 즐겁게 보낼 수 있을 것 같아요. 벌써부터 가족과 함께 지낼 주말을 기대하는 친구들입니다. 재미있게 보내고, 건강한 모습으로 다음주에 만나자!

하루하루 소중한 추억을 만들고 있는 우리 OO반 친구들, 이번 주 더 멋진 형님의 모습으로 함께 해주어서 고마워요. 속상하고 화가 나는 일이 있기도 하지만, 이제는 말로 표현하려고 노력하고 있답니다. 가정에서도 함께 잘 배워나갈 수 있도록 항상 살펴봐 주세요.

그럼 우리 OO반 친구들과 행복한 주말 되시기 바랍니다. 감사합니다.

 KEYPOINT

우리 반의 이번 주 모습은 어떠했는지, 주말에 들어서기 전 알림장을 통해 전해 주시는 것도 좋습니다. 매월 놀이 보고서 혹은 포트폴리오 등을 작업한 다면 이러한 내용을 참고하여 더욱 쉽게 만들 수 있습니다.

166 밀가루 놀이

밀가루 놀이는 언제나 재미있어요.^^ 집에서 하기는 어려운 놀이라, 이번에는 원에서 준비해 보았답니다. 하얀 눈을 상상하며 눈 놀이를 해볼 수 있었어요.

구멍이 송송 나 있는 채반을 탐색하고 그 안에 밀가루를 담아 보았어요. 두 손으로 가득히 모아 담아 보기도 하고, 그릇에 담아 옮겨 보기도 하고, 우리 00반 친구들이 정말 즐거워 하였답니다.

하얀 밀가루를 만지며 어떤 느낌인지도 표현해 보았어요. 즐거운 동요를 들으며 하는 밀가루 놀이는 정말 재미있었어요! 채반 안에 밀가루를 흔들어 눈이 내리는 모습을 표현해 보았는데, 우리 친구들 "우와 눈이다!" 하며 좋아하네요.^^ 눈이 흩날리는 듯한 모습에 친구들이 그 안에서 놀이해 볼 수 있었어요.
가루가 날리게 되면, 아이들의 호흡기에 좋지 않을 수 있는 부분도 감안하여 가루는 조금씩만 안전을 고려하여 간단하게 참여하고 반죽으로 놀이해 보았습니다.
뭉쳐지지는 않아도 꾸욱 손에 힘을 주어 동그라미를 만들어 보고 모양 틀에 담아 세모, 네모, 하트 모양도 만들어 보았어요. 흐트러 지는 모습이 재미있었는지, 여러번 반복하며 놀이해볼 수 있었답니다.

덤프차 놀잇감을 제공해 주어, 공사장을 상상해 보았어요. 우리 친구들이 평소 좋아하는 공사장 탈것이라서 더 관심이 많았습니다. 덤프차에 밀가루를 싣고 부우웅~ 여기저기를 지나가 보았어요, 밀가루 위에 바퀴 자국을 보며 어떤 모양인지 관찰해 보기도 했지요.^^ 누구 차에 더 많이 실렸나, 내기도 하고 달리기가 빠른 차는 어떤 차인지 달리기 시합도 해보구요^^ "우와아앙" 갑자기 밀가루가 쏟아지는 것마저 즐거웠던 놀이였어요.

모래놀이 놀잇감으로 모래놀이를 하듯 삽으로 구덩이를 파보고 그릇에 음식을 담아 냠냠 맛있게 먹는 모습도 표현해 보았어요. 밀가루를 넣어 움직이는 물레방아 놀잇감은 인기도 최고였어요.^^
그릇안에 물을 조금 담아 주어, 반죽도 만들어 보았답니다! 밀가루 반죽으로 여러 모양을 만들어 꾸미기도 하고, 수제비를 뜨듯 하나씩 떼어내 그릇에 담아 보기도 했어요. 우리 친구들의 손도장도 찍어 보았는데 귀여운 손가락과 지문, 손금의 모양을 보며 즐거운 탐색시간이 되었답니다.

조물조물 밀가루 놀이! 역시 선생님의 예상대로 우리 친구들이 그 매력에 풍덩! ^^ 여러 가지 놀잇감과 함께 놀이하며 즐거운 시간 보낼 수 있었습니다. 밀가루 외에도 다양한 가루로 가정에서도 놀이해 보면 재미있을 것 같아요. 소근육을 활용하며, 눈과 손의 협응력도 길러지고, 표현력, 상상력도 쑥쑥 자라날 수 있을 거예요.
우리 친구들과 함께 놀이했던 사진을 보며, 가정에서도 함께 이야기 나누어 주세요. 오늘 저녁엔 밀가루로 함께 음식을 만들어 보면 어떨까요?^^ 행복한 저녁 시간 되길 바랍니다. 감사합니다.

KEYPOINT

기관에서 특별한 행사, 특히 퍼포먼스를 준비한다면 부모의 입장에서 반기기도 하지만 한편으로는 건강이나 안전, 아이의 선호도 등에 따라 걱정을 할 수도 있습니다. 이 부분에 대해서도 충분히 고려하여 운영하고 있음을 전달해 주세요.

167 1월 마지막주

안녕하세요! OO반 교사 OOO입니다.
우리 친구들과 즐거운 겨울을 보내다 보니, 벌써 2월이 코앞으로 다가왔어요.

아쉬운 마음에 더 많이 안아주고 표현하고 지내지만, 빠르게 지나가는 시간을 잡을 수가 없어 서운함이 더해갑니다. 우리 친구들과의 하루하루를 잘 추억하며 지낼 수 있도록 결석 없이 건강한 모습으로 보내주세요.^^

이번 주 역시 친구들과 즐거운 놀이를 하며 지냈어요. 생각 주머니가 쑥쑥 자라는 우리 친구들! 오늘은 또 무얼 하고 놀까? 장난스러운 표정으로 교실을 두리번 두리번 둘러보는 모습입니다.^^ 친구들과 같이 어울려 놀이하기도 하고, 혼자만의 놀이에 푹 빠져 집중하는 모습을 보이기도 하구요. 가끔은 투닥투닥 다툼도 있지만 그래도 함께 하는 생활이 즐겁고 편안합니다.^^

여러 가지 모양의 머리띠와 가면을 지원해 주었어요. 친구들이 이제는 모양의 이름도 잘 알고, 우리 교실 안의 다양한 물건의 모양과 비교하고 구분하기도 합니다.^^ 얼마나 멋진 모양박사님인지 모르겠어요.😊
동그라미, 세모, 네모 모양으로 이루어진 롤러코스터! 평소에는 금방 싫증을 내기도 했던 놀잇감인데,
모양을 주제로 놀이하다 보니 다시 관심을 보이기 시작했어요. 선생님과 모양구슬에 눈알을 붙여주기도 하고, 누가 빨리 도착하는지 내기도 하며 즐겁게 탐색해 볼 수 있었습니다.

아이들과 즐거운 하루를 보냈던 오늘, 우리 친구들이 일상 안에서 행복하고 감사한 마음을 느낄 수 있도록 항상 긍정의 메시지를 전해주고 있답니다. 선생님의 이야기에 미소를 띠며 더욱 멋지게 참여하고 적극적으로 생활하는 우리 친구들입니다.

오늘 저녁에는 우리 친구들과 행복한 대화를 나누어 보시길 바랍니다. 감사합니다.

 KEYPOINT

우리 아이들의 반응이 항상 좋고, 적극적이지 않을 수도 있습니다. 하지만 교사는 이러한 부분도 충분히 잘 알고 긍정적으로 이끌어 낼 수 있는 능력이 있는 전문가입니다. 새로운 관점과 시도로 즐겁게 참여했던 의미있는 시간이 있었다면 꼭 전달해 주세요.

168 전 만들기 놀이

안녕하세요! 00반 교사 000입니다.

오늘은 설날을 맞이하여 전 만들기 놀이를 해보았어요.^^ 설날의 유래에 대해 이야기를 나누어 보고 활동을 시작해 보았답니다! 우리 00반 친구들 초롱초롱한 눈빛으로 선생님을 쳐다보네요!

오늘도 즐겁게 활동해 보자고 하니, "네!" 하고 큰 목소리로 대답하는 귀염둥이들이에요.

전 만들기 활동을 해보았어요. 여러 가지 맛있는 재료로 전을 만드는 과정을 보여주었더니, "집에서도 먹어 보았어요!" "나는 00전이 좋아요." 하고 이야기를 하며 손가락으로 가리키기도 하고, 전을 뒤집어 보기도 해요. 프라이팬 모양의 교구 위에 알록달록한 다양한 전 모양의 교구를 올려두고 뒤집개로 뒤집어 봅니다.

선생님이 "치익~ 치익~" 소리가 나네! 하고 이야기를 하니 미소를 지으며 "뜨거우니까 조심해요." 하고 말해주네요.😊

기름도 두르고 좋아하는 전을 하나씩 올려 뒤집는 모습이 진지합니다. 맛있게 전을 완성하고는 채반에 하나 하나 정성껏 올려놓고 박수를 치고 좋아해요. 맛있는 전 만들기 활동을 하며 우리 친구들이 평소 좋아하는 전통 음식에 대해서도 이야기 나누어 보았어요!

이번 설날에는 엄마, 아빠와 같이 전부치기도 함께 해보면 더 좋을 것 같습니다. 반죽도 해보고, 따뜻한 전을 입에 쏘옥~ 넣어 먹어보며 가족과 함께 도란도란 이야기를 나누는 행복한 설 명절이 되길 바랍니다.

KEYPOINT

활동에 대해 소개를 할 때, 우리 아이들의 반응은 어떠할까요? 즐겁게 놀이에 참여하는 아이들의 모습을 전달해 주시면 알림장을 읽는 부모님 역시 즐거운 마음으로 일과에 대한 내용을 이해하게 될 것입니다.

169 떡 카페 놀이

우리 친구들은 오늘 떡 카페 놀이를 해보았어요! 음료를 파는 카페에는 자주 가보았을 텐데, 떡 카페는 조금 생소했을 것 같아요. 우리 나라의 전통 음식인 떡에 대해 이야기를 먼저 나누어 보았어요. 어린이집/유치원에서 오후 간식으로 자주 먹는 꿀떡, 백설기, 증편 등 익숙한 떡을 보더니 "우와! 맛있는 떡이다!" 하면서 좋아하네요.

떡을 예쁜 그릇에 하나씩 담아 보고, 식혜를 담은 컵도 옆에 두었어요. 친구들이 좋아하는 떡이 무엇인지 한 눈에 알 수 있었네요! 쫄깃쫄깃 고소한 떡을 꼭꼭 씹어 먹어야 한다고 이야기를 해주니, 오물오물 떡을 먹는 시늉을 하는 우리 00반 친구들이에요. 친구들과 즐겁게 떡 카페 놀이를 할 수 있었습니다.

떡 카페 놀이를 하며 교실에 있던 소꿉놀이도 활용해 보았어요. 여러 가지 요리 도구로 떡을 만드는 시늉을 하는 모습을 보여, 절구와 절구방아 놀잇감도 제공해 주고 함께 놀이해 보았답니다. 내일은 실감나게 놀이해볼 수 있도록 떡 반죽과 비슷한 밀가루 반죽도 제공해 주어야 겠습니다.^^
집에서도 함께 놀이해 보면 좋을 것 같아요.

우리 나라 고유 명절인 설, 새해를 시작하는 뜻깊은 시간입니다. 친구들이 한살 더 먹어 형님이 된 만큼
새해를 새로운 다짐으로 시작해 볼 수 있었으면 좋겠어요! 얼마 남지 않은 설날 어떤 계획을 가지고 계신가요? 아이들과 함께 가족 모두 모여 새해 계획도 세워 보고, 좋은 말씀도 많이 나누어 주셔서 우리 친구들이 즐겁게 0000년을 시작할 수 있도록 응원해 주세요.

내일은 우리 친구들과 한복을 입고 전통 놀이도 해보고 세배도 해보려고 해요.^^ 예쁜 한복 입고 등원을 하면 얼마나 기분이 좋을까요?^^ 내일은 등원할 때에 한복을 입혀서 보내주세요. (한복을 입고 등원하는 것이 번거로운 경우, 한복을 종이가방에 넣어서 보내주세요 한복과 함께 사용하는 소품에도 이름을 꼭 적어주세요!)

오늘도 우리 00반 사랑둥이 친구들과 행복한 저녁 되세요! 우리 나라의 전통 음식을 알아 볼 수 있었던 좋은 시간을 이야기 하며 겨울철 건강을 위한 바람직한 식습관에 대해서도 살펴보면 좋겠습니다.
감사합니다.^^

 KEYPOINT

기관에서 특별한 행사를 준비하다 보면, 가정에서 협조했을 경우 더욱 수월하게 시작을 할 수 있는 경우가 많습니다. 선생님이 준비한다면 일대 다수로 한명씩 모두 확인해야 하지만, 사전에 가정에 협조를 요청한다면 좀 더 원활히 시작할 수 있습니다. 만약의 경우에 대한 코멘트도 잊지 말고 함께 작성해주세요.

170 가래떡 만들기

안녕하세요! 00반 교사 000입니다.

금요일부터 0일간 설 연휴가 이어집니다. 새해 첫 명절 준비로 가정에서도 바쁘시지요?^^ 어린이집/유치원 친구들도 설을 맞이해 우리 나라의 전통과 문화를 배우고 새해 맞이와 관련된 다양한 놀이를 하며 지내느라 바쁘게 지내고 있답니다.

오늘은 가래떡 놀이를 하는 날! 길고 하얀 가래떡 모양의 이미지를 보여주었더니, 우리 반 친구들 중 시장 떡집에서 본 경험이 있었다고 표현하는 친구도 있었어요! 엄마랑 가래떡을 사서 꿀에 찍어 먹어본 친구들도 있었습니다.😊 친구들의 부러움을 사고는 어깨가 뿜뿜! 으쓱하는 모습이 귀여워요.^^

친구들에게 가래떡의 의미를 알려주었지요! 장수와 풍요를 관장하는 신에게 올렸던 가래떡을 썰어, 육류와 함께 담아 끓인 다음 복을 받고자 하는 데에서 떡국이 시작되었다고 합니다. 양을 상징하는 가래떡은 길고 가늘어 가족의 건강과 장수를 기원하는 의미가 있다고 해요!

우리 친구들과 길고~ 더 길~게 만들어 보자고 했더니, 의지를 다지는 모습을 보입니다. 😊 요즘에는 선생님이 설명하는 걸 잘 이해하고 다시 질문도 하고, 본인의 생각도 잘 표현하는 우리 00반 친구들!
"선생님 제일 길게 만들면 우리 아빠가 건강해진대요!" 하고 이야기를 하네요.^^

가래떡을 길게 만든 후, 놀이용 칼로 하나씩 썰어 보았어요. 말랑말랑한 질감에 클레이가 납작해 지기도 했지만, 재미있게 해볼 수 있었답니다! 살짝 굳힌 후에 잘라보기도 하고, 가위로 싹둑싹둑 잘라 작게 다기 둥글려 반죽하기도 했어요.

우리 친구들 동그란 그릇 안에 클레이떡국을 담고, 알록 달록한 고명 장식도 담아 맛있는 새해 떡국을 완성해 보았습니다! "우와! 잘 먹겠습니다!" 선생님에게도 떡국을 선물해 준 사랑둥이들과 맛있게 떡국 먹는 놀이도 해볼 수 있었어요.^^ 숟가락으로 한 가득 떠서 하마처럼 입을 쩌억~ 벌리고, 하하호호 웃는 친구들이었답니다.^^

이번 설날에는 우리 친구들이 선생님에게 배운 이야기를 해줄 수 있을까요?^^ 복이 가득 담긴 따뜻한 떡국 먹으며 행복한 설날을 보내길 바래봅니다. 감사합니다.^^

KEYPOINT

놀이에 적극적으로 참여하는 우리 아이들의 모습, 다양한 아이들과 함께 하는 선생님들은 아이들의 개별적인 모습을 잘 알고 더 좋은 방향으로 이끌어 주시지요. 이 부분에 대해 언급해 주시면 부모님의 입장에서 우리 아이도 잘 적응해서 지내고 있다는 사실에 감사한 마음을 가지게 됩니다.

171 설날 행사 + 조부모 참여

안녕하세요! 00반 교사 000입니다.

이번 한 주간 우리 친구들과 설날을 주제로 다양한 놀이와 이야기를 하며 지내다 보니, 벌써 설날이 코앞으로 다가왔습니다! 등원하자 마자 선생님 손을 잡고 이야기를 해요. "선생님 할머니네 갈거에요." 하고 이야기를 하는 친구들^^ "버스 타고 간대요~" 하며 자랑하는 친구들! 벌써 설 명절 분위기를 느낄 수 있게 해주네요.

예쁘고 멋진 한복을 입고 세배를 잘 하는 모습을 상상하며 친구들과 한번 더 설날의 의미에 대해 이야기를 나누었답니다! 선생님의 말을 잘 기억하고 "까치까치 설날과 우리 설날"도 알고 이야기 해요. 설날에 어른들께 어떻게 인사하는지도 잘 표현을 하는 군요.^^ 이제는 정말 한살 더 먹은 티가 나는 것 같아요. 의젓하고 멋진 형님 답습니다!

우리 친구들 한복을 입고 모두 모여 앉아 설날 동요를 들어보았어요. 설날과 관련된 동화도 함께 보고, 웃어른께 인사를 하는 우리 나라의 문화를 배워보았답니다. 세배를 하는 모습을 보니, 작년 추석때가 생각이 나네요.^^ 그때만 해도 뒤뚱뒤뚱한 모습으로 세배를 했었는데, 오늘은 정말 멋지게 장난도 치지 않고 세배를 할 수 있었습니다. 세배를 한 후, 바르게 앉아서 원장님께 세뱃돈을 받고 "감사합니다" 인사를 해보았어요. 원장님이 우리 친구들에게 복을 빌어주시며 덕담도 해주셨어요. 초롱초롱 반짝이는 눈으로 원장님의 말씀을 듣고 인사를 해보았답니다! 설날이 되면 친구들이랑 함께 배웠던 것을 잘 기억하고 할 수 있겠지요?^^ 할머니, 할아버지께 예쁘게 세배하는 모습 사진으로 담아 보내주셔도 좋겠습니다!

설날 하면 떠오르는 떡국! 백업으로 떡국을 만들어 놀이해 보았어요. 놀이용 칼로 떡을 썰어보고, 노란 계란과 검정색 김, 초록색 파 등은 색종이로 표현해 고명으로 올려주었어요. 예쁜 그릇에 정성껏 담아 떡국 완성! 냄비에 국물을 팔팔 끓이는 시늉도 해보았지요.^^ "뜨거우니까 천천히 호~ 해서 먹어요" 하고 이야기를 하는 센스쟁이 00반 친구들!

백업 떡으로 떡볶이도 만들고, 떡꼬치도 만들며 떡으로 할 수 있는 다양한 요리도 표현해 보았어요. 모두 모여 즐겁게 놀이해 볼 수 있었습니다.^^

우리 친구들의 설 명절 행사에 조부모님이 오셨어요! 친구들 모두 기다리고 기다리던 시간^^ 할머니, 할아버지를 보고 단숨에 뛰어가 안기며 좋아합니다. 바쁘신 와중에 귀한 시간 내어 참여해주신 조부모님께 정말 감사드리는 마음입니다. (뵙고도 인사 전했지만, 한번 더 감사하는 마음 꼭 전해주세요.^^)

할머니, 할아버지와 함께 다양한 활동을 해보았습니다. 한복을 입고 세배를 드린 후, 우리가 함께 배운 설 동요를 부르며 율동도 보여드렸답니다! 선생님한테 배운 대로 세배도 멋지게 잘 해주고 공손히 손무릎하고 예쁘게 앉아 덕담도 들어보았어요! 한복을 갈아입고 조부모님과 만두를 빚어 보는 시간! 만두소에 들어간 재료를 살펴보며 즐겁게 담소를 나누고 예쁜 만두를 빚는 법도 배워볼 수 있었습니다.

친구들과 설 명절을 맞이해 전통 놀이에 대해서 알아보았어요. "옛 어른들은 어떤 놀잇감을 가지고 놀이하셨을까?" 이야기를 해보았답니다! 연중에 여러 차례 전통 놀이를 경험해서 잘 알고 발표하는 친구들도 있었어요.

전통 놀이의 이름과 놀이 방법 등을 살펴보고 선생님들이 준비한 놀이를 해보았습니다. 팽이가 돌아가며 예쁘게 색이 섞이는 것을 보고는 정말 좋아해요. 처음에는 잘 안돌아 가서 속상해 했지만, 점차 익숙해 지며 멋진 실력을 뽐낼 수 있었습니다.

줄 당기기, 판재기 놀이도 해보았어요.^^ 선생님의 설명을 잘 듣고 친구들과 팀을 짜서 힘겨루기 놀이를 해보았는데, 엄청 진지한 모습이 정말 사랑스러웠답니다. 커다란 복주머니에 볼풀공(복)을 담아보는 놀이도 해보았습니다. 친구들에게 복의 의미를 알려주고, 복주머니에 가득 담아보자고 하니 땀이 송글송글 맺힐 정도로 열심히 복을 담아보네요! 이번 0000년도는 우리 친구들에게 복이 넘치는 한해가 될 것 같습니다.

새해의 기운을 느껴볼 수 있도록 00도 만들어 보았어요. 다양한 놀이를 경험하며 우리 나라의 전통 문화 외에도 많은 것을 배울 수 있었습니다.

2월도 어느새 중순을 바라보고 있네요! 다가오는 설 연휴, 가족과 함께 하는 시간동안 웃음으로 가득하시길 기원합니다. 우리 친구들과의 설 명절을 행복하게 보내세요! 0000년도 2학기를 잘 마무리 할 수 있도록 건강한 모습으로 만나요!

우리 00반 친구들의 복 넘치는 새해를 기원합니다. 새해 복 많이 받으세요.^^

KEYPOINT

기관의 행사, 프로그램에서 원장님이 함께 하는 시간이 있다면 그 부분에 대해서도 함께 작성해 주세요. 담임교사와 함께 하는 일상과 놀이도 좋지만 기관장이 참여해 아이들과 교감하는 시간을 전해주시면 기관에 대한 신뢰가 한층 더 향상 될 것입니다.

172 급식센터, 손 씻기

오늘은 급식관리센터 선생님이 오시는 날!

모두 자리에 모여 앉아 선생님이 오시기를 기다려 보았어요. 재미있는 손유희를 하며 주의 집중을 하는 모습을 보고 급식관리센터 선생님이 엄지척! 해주시며 칭찬도 해주셨답니다.^^

"선생님! 안녕하세요" 배꼽손 예쁜 인사를 나누고 오늘 주제에 대해 이야기를 나누어 보았어요. 오늘은 손 씻기의 중요성과 올바른 방법에 대해 배워보는 시간이었습니다.

친구들에게 손을 한번 살펴보자고 이야기를 하시니, "내 손이 제일 예쁘고 깨끗해!" 하고 말하며 이리 저리 손을 돌려가며 이야기를 해요. (방금 전에 선생님 뵙기 전에 손을 씻고 와서 자신감이 뿜뿜이었답니다.😊) "얘 들아, 그런데 깨끗해 보이는 손에도 세균벌레가 숨어 있을 수 있대!" 하고 소곤소곤 이야기 해주시는 선생님의 말씀에 친구들이 깜짝 놀라 손을 자세히 살펴보았어요.😊

보이지 않는 세균벌레 이야기에 깜짝 놀란 친구들은 선생님이 말씀해 주시는 "손을 깨끗이 씻어야 하는 이유"에 대해 더 집중해서 듣는 모습을 볼 수 있었답니다.^^ 세균 벌레가 사라지도록 깨끗이 손을 씻는 방법에 대해 배워보고 한명씩 앞으로 나와 친구들 앞에서 손씻기 시범을 보였답니다. 배운대로 척척 잘해주는 친구들^^ 평소에도 선생님이랑 같이 손씻기를 하고 있어서 더 잘 할 수 있었던 것 같아요. 한명한명 칭찬을 해주시는 급식관리센터 선생님 덕분에 우리 친구들이 기분 좋게 교육을 받을 수 있었습니다.

급식센터 선생님과 다음에 또 만나요! 포옹까지 하며 애틋한 인사를 나눈 후 교실에 돌아온 우리 00반 친구들! 교실안에 있는 놀잇감을 가지고 놀이하면서도 손씻는 이야기를 하는 모습이 기특하네요! 평소에도 자주 자주 이야기 하며, 깨끗하게 손을 씻고 관리할 수 있도록 지도하겠습니다.😊

우리 친구들과 가정에서도 함께 실천해 주세요! 얼른 놀고 싶은 마음에 빨리빨리 물만 묻히고, 놀이하려는 모습이 있는 친구들도 있어서, 함께 지도해 주시면 더 좋을 것 같습니다. 감사합니다.!

 KEYPOINT

활동과 프로그램을 시작할 때에 아이들과 어떤 대화와 분위기로 참여했는지 전달해 주시며, 더욱 생생하게 상황을 알려줄 수 있어요. 매일 있는 일상이라 교사에게는 당연한 부분일 수 있지만 부모님에게는 새로운 정보가 될 수 있습니다.

173 스파 놀이

우리 친구들과 스파 놀이를 하는 날! 친구들이 가족과 함께 다녀와 본 경험이 있는지 이야기를 해보았어요. 맛있는 것도 먹고, 피로도 풀고 돌아왔던 즐거운 경험에 대해 서로 서로 신이 나서 이야기를 합니다!
스파 배경의 그림을 살펴보며 피부 마사지를 하는 공간, 꽃과 스톤 마사지를 받는 공간도 둘러보았답니다.^^

귀여운 양머리띠를 하고, 가운을 입어 보았어요. 우리 몸을 깨끗하게 해야 하는 이유에 대해 이야기를 하며 향긋한 꽃냄새가 가득한 장미탕속에 쏘옥 들어가 보았답니다. 정말 목욕을 하는 듯한 편안한 표정으로 기대어 누워 있는 00반 친구들이에요. 때수건으로 등도 쓱쓱, 팔도 쓱쓱 스스로 때를 밀어 보았어요.😊
우리 친구들 서로서로 등을 밀어주는 게 재미있었나봅니다.^^ 한참을 하하호호 웃으며 놀이해 보았어요.

깨끗하게 몸을 씻은 후, 스톤이 들어 가 있는 찜질방안에 들어가 보았어요. 선생님이 베개를 베고 누워있는 모습을 보더니, 친구들도 옆에 쪼르르 누워서 뒹굴뒹굴 즐거워 합니다.

예쁜 얼굴이 되어 보자고 이야기를 하며 오이도 얼굴 위에 하나씩 올려가며 오이 마사지도 해보았어요. 친구의 얼굴에도 하나씩, 선생님 얼굴에는 두 개씩 즐거운 마사지 시간이었지요.^^ 몸의 피로를 확~! 풀어줄 부항기를 보더니 눈이 휘둥그레^^ 처음 보는 듯한 표정에 어떤 도구인지 설명해 주며 사용법을 보여주었어요. 우리 친구들의 팔과 등에 부항을 해보았답니다.

마지막으로 족욕 대야에 발을 담그고 친구들과 서로 발마사지를 해주었어요. 발가락은 꿈틀대며 간지러워 하는 모습이 정말 귀여었답니다.^^ 선생님 발도 시원하게 마사지 해주는 우리 00반 친구들!
향긋한 차를 마시며 스파 놀이를 마무리 해보았어요.

놀이가 끝난 후, 우리 친구들에게 즐거웠는지 물어보았더니 교실이 떠나갈 듯 "네! 진짜 재밌어요!" "또 해요!" 하고 대답을 합니다. 이번 주말, 친구들과 스파에 놀러가면 어깨를 으쓱이며 설명을 해줄 것 같아요!
새로운 놀이를 통해 우리 친구들의 다양한 모습을 엿볼 수 있었던 시간^^ 오늘도 행복한 하루를 보냈습니다. 감사합니다.

KEYPOINT

즐거운 놀이 안에서 아이들이 어떻게 반응하고 생각했는지, 마무리 하는 부분에 덧붙여 작성해 주세요. 행복해 하는 모습이 고스란히 전해지며 기관에서의 프로그램이 즐거움만 준 것이 아니라 교육적으로도 유익했다고 생각하게 될 것입니다.

174 설 연휴 후, 신체 검사, 병원 놀이

안녕하세요! 00반 교사 000입니다.
00반 가족 여러분 행복하고 즐거운 설 연휴 보내셨나요?^^

우리 친구들의 얼굴을 보니, 떡국도 맛있는 명절 음식도 많~ 이 잘 먹고 온 것 같아요! 세배도 하고 덕담도 듣고, 세뱃돈도 받고 했던 이야기를 해주는 00반 친구들! "이제는 몇살이 되었지?" 하고 물어보니, 손가락을 하나씩 펴서 보여주네요.😊

이번 주는 연휴를 지나고 난 후 함께 지내는 날이 짧아서 시간이 후다닥 지나간 것 같습니다.

2월이 얼마 남지 않아 아쉬운 마음이 가득한 채 지내고 있어요.

우리 00반 친구들은 선생님의 마음을 아는지 모르는지, "00아, 이제 형님반에 가면 선생님 보고싶어서 어떡하지?" 하고 물어보아도 씨익 웃는 친구들이에요.😊 오늘도 해맑은 모습으로 행복하게 보냈답니다!

이번 주에는 병원 놀이를 해보았어요! 친구들과 병원에 갔던 경험에 대해 먼저 이야기를 나누어 보았지요.^^ 친구들이 감기에 걸려서 아팠던 일, 넘어져서 다치거나 다른 질병에 감염되었던 일 등을 떠올려 보며 그림과 함께 생각해 보았어요.

병원마다 치료를 하는 곳이 다르다는 것도 알 수 있었답니다! 우리 친구들은 대부분 소아과를 자주 가는 편이지만 치과와 내과 등 다른 병원도 있다는 사실을 알아보았어요. 각 병원의 간판과 환경을 보며 아픈 곳에 따라 어디를 가야 할지 생각해 보고 놀이를 하기도 했어요!

우리 친구들이 잘 기억하고 있나 살펴보니 몇몇 친구들은 소아과에만 가고, 어떤 친구들은 아픈 곳에 맞게 잘 찾아가기도 하고 합니다. 약국에 가서 의사선생님께 처방받은 약을 받아보았어요! 우리 친구들 처방전도 멋지게 약사님께 드리고, 약봉투안의 약도 꼼꼼하게 확인하네요.^^ 주사도 씩씩하게 잘 맞고 멋지게 이젠 건강해 질거라고 약속 도장도 꾸욱! 즐겁게 병원 놀이를 해볼 수 있었습니다.

 KEYPOINT

우리 아이들이 보다 다양한 시각으로 여러 상황에 대해 배우고 경험하고 있음을 전해주세요. 아이들이 이해하기 쉽도록 설명해주고 함께 놀이하는 모습을 전달해 주시면 부모의 입장에서 아이들이 잘 배우고 있구나, 안심을 하게 될 것입니다.

우리 친구들의 2월 놀이 주제는 성장이에요.

형님이 된 우리의 모습을 생각하고 지난 시간을 되돌아 보며 추억하기도 하는 의미있고 뜻깊은 시간이랍니다. 친구들이 지난 해 3월 처음 만났던 사진을 보고 "우와 우리다! 여기 00이다! 여기 놀이터다" 하고 반가워 했지요. 3월에 신체검사했던 기록을 찾아 벽에다 표시하고, 얼만큼 컸는지 대어보기도 하고요.
우리 친구들 몸무게는 얼마나 늘었나, 숫자 카드로 표시도 해주었어요!

친구들과 키를 재고, 몸무게를 확인하며 그동안 정말 많이 자랐구나 하는 생각이 들었어요!
신체적인 성장 뿐만 아니라 우리의 마음도, 다양한 능력도 성장하고 있다는 사실을 일과를 보내며, 놀이를 함께 하며 자주 표현해 주었어요.

예전에는 금방 울음부터 나왔던 일들도, 이제는 형님이 되어 한번 더 생각하고 표현하는 모습
가위잡기가 어려워 종이를 잡고 찢었던 우리가 아직 삐뚤삐뚤 하긴 하지만 가위질을 하기 시작하는 모습
걸어가다가도 잘 넘어지던 친구들이 이제는 다람쥐처럼 빠르게 달려가기 시작한 모습 등
매일 만나다 보니 그 소중함을 당연히 여기며 지내왔던 시간이 새삼 시간이 얼마나 감사한지요.
우리 00반 친구들이 하루하루 지내며 어엿한 형님이 되어가고 있었던 모습을 떠올려 보며
친구들이 멋지게 잘 성장하고 있다는 것을 느끼고 배울 수 있었답니다.

이번 주말은 또 어떤 계획을 하고 계신가요?
연휴를 보내고 난 후 바쁘고 정신없는 한주였지만, 또 가족이 함께 하는 시간 동안 쉼을 가지고 회복할 수 있길 바랍니다.

날씨가 조금은 포근해 진 듯 봄이 찾아오고 있다는 게 실감이 나네요. 봄 내음 찾아 가족과 함께 즐거운 겨울 나들이를 떠나보셔도 좋을 것 같아요. 감사합니다.

KEYPOINT

학기 초, 어색하고 낯설었던 시간, 그 시간부터 지금까지 성장해 온 시간을 몇마디로 정의할 수는 없겠지만 그 시간들을 추억하며 남겨주는 메시지 하나하나가 아이들과 부모님에게는 기억에 남는 메시지가 됩니다.

176 동물 체험 – 비단 잉어, 왕관 앵무, 사랑 앵무 등

안녕하세요! 00반 교사 000입니다.

오늘은 즐거운 동물 체험이 있는 날! 동물, 식물 친구들과 만나는 날은 언제나 즐겁습니다.

"오늘은 어떤 동물이 와요?" 하고 물어보는 친구들에게 미리 확인한 안내문을 보고, 비단 잉어와 앵무 친구들이 온다고 이야기를 해주었더니 "우와 예쁘겠다!" 하고 물고기처럼 움직이기도 하고, 앵무새 흉내를 내며 날갯짓을 하기도 하네요.😊

친구들과 오전 간식을 정리한 후, 모두 모여 옹기종기 앉아서 선생님과 인사를 나누어 보았어요!
매월 만나 이제는 너무 가까워진 우리 선생님^^ 친구들 이름 한명한명 불러주시며 반가운 마지막 2월 인사를 해보았답니다.

예쁜 무늬가 매력적인 비단 잉어와 왕관을 쓴 것 같은 모양의 왕관 앵무, 이름도 모습도 너무 사랑스러운 사랑 앵무, 그리고 알록달록한 나뭇잎이 멋진 슈케라 식물까지 하나하나 꼼꼼히 설명해 주시는 선생님 덕분에, 우리 친구들이 1년동안 새롭게 알게 된 동물 친구들, 더 잘 이해하게 된 동물 친구들이 많이 생겨날 수 있었답니다. 식물에 대해서도 예전보다 더 많은 관심이 생기기도 했고요.^^

동물 친구들을 차례차례 만나 인사를 하고, 사랑하는 마음도 전해주었어요. 동물 만날 때 지켜야 할 약속도 잊지 않고 지키는 우리 00반 친구들! 선생님과 마무리 인사를 나누고, 손을 깨끗이 씻어보았답니다.

새 학기에도 또 새로운 동물 친구들을 만날 수 있겠지요? 우리 00반 친구들과 함께 하는 건 마지막이 될 오늘 이 시간을 우리 친구들이 정말 즐거워 해서 좋았습니다.

오늘도 행복한 추억 하나 더하며 하루를 마무리 해보았어요! 00반 친구들의 동물과의 재미있었던 만남! 함께 이야기 해주세요.^^
갑자기 비가 오면서 날씨가 많이 서늘해 졌어요.감기도 조심하시고 건강한 모습으로 내일 뵙겠습니다.

 KEYPOINT

학기의 마지막날까지 최선을 다하는 모습, 변함없이 마무리하는 시기까지 알림장을 작성해 주세요. 우리 아이들과의 시간을 잘 전달해 주시며 놀이와 일상에서의 즐거웠던 점을 전달해 주세요.

177 2월의 마지막 주

안녕하세요! 00반 교사 000입니다.

우리가 함께 했던 시간을 추억하는 2월, 친구들과 형님이 되어 더 큰반으로 이동하는 것을 서로 이야기 하며 설레임을 표현하고, 또 아쉽고 서운한 마음도 보여주며 지내고 있습니다.

선생님 보고 싶으면 또 올께요! 하고 안아주는 모습이 얼마나 귀여운지 😊 반짝반짝 별같이 빛이 나는 우리 00반 친구들은 어디에서든 빛이 날 거라 생각합니다.

새로운 반이 되어, 혹은 새로운 곳으로 이동하여 적응해 나갈 우리 친구들이 더 자신감 있게 잘 해나갈 수 있도록 "내가 할 수 있어요." 라는 주제를 준비해 보았습니다. 우리 친구들 평소에도 열심히 배워왔던 실력을 뽐내는 시간! 일상생활에서 경험하던 것들을 놀이로 다시 표현해 보는 건 우리 친구들에게 많은 도움을 준답니다! 실제로 자조 능력 뿐 아니라, 자존감, 대소근육 발달, 눈과 손의 협응력 등 평상시에 하던 일들을 다시 놀이하며 좀 더 세심하게 관찰하고 구체적으로 탐색하며 내가 좋아하는 것, 잘하는 것, 어려운 것들을 알아나가게 되기도 하지요.

형님반에 놀러가서 형님반 구경도 하고, 함께 정리도 해보았답니다! 우리 00반 친구들과의 다음 일주일이 정말 마지막 시간이 되겠네요. 하루하루 소중하게 여기고 감사하는 마음으로 잘 지내겠습니다.
감사합니다.

 KEYPOINT

학기를 마무리 하는 과정에서 아이들이 새로운 반으로 혹은 새 기관으로 이동하게 될텐데, 이 역시 교사가 놀이안에서 또 다양한 대화로 잘 준비하고 있음을 전달해 주세요.

178 졸업/수료식

안녕하세요! OO반 교사 OOO입니다.
항상 든든한 지원군이 되주셨던 사랑둥이 OO반 친구들의 멋진 부모님께 마지막 인사를 드리려고 합니다.

항상 반갑게 인사말을 적으며 가족들의 안부를 묻고 왁자지껄 재미있게 지내는 우리 아이들의 이야기를 나누었던 우리 친구들과 가족의 소중했던 추억이 담긴 알림장을 오늘을 끝으로 정리하게 되었습니다.
하루하루가 왜이리 빨리 지나갔는지, 2월은 더 그랬던 것 같아요. 친구들과의 아쉬움이 없도록 더 많이 표현하고 함께 해야지! 다짐을 해서일까요? 놀이하고, 함께 지내고, 새 학기에 잘 할 수 있도록 더 많이 도와주느라 우리의 마지막 날을 준비하느라 정말 눈코뜰새 없이 바쁘게 지내다 보니, 벌써 졸업식/수료식이 되었습니다.

친구들과 그동안 즐거웠던 이야기를 나누며 2월을 마무리 하고, 앞으로의 일들을 잘 준비하고, 단단하게 잘 자라날 수 있도록 매일 당부를 하고, 격려와 응원을 하며 지냈어요!

오늘 우리 친구들, 졸업/수료식에서 보여주었던 멋진 모습 그대로 언제나 건강하고 씩씩하게, 어디에서건 잘 지내줄 수 있으리라 생각합니다. 처음만난 날 그때처럼, 순수하고 맑은 미소로 세상을 환하게 채워줄 우리 친구들! 소중한 추억 마음속에 오롯이 간직한 채, 앞으로 또 한발 내딛는 이 순간을 진심으로 사랑하는 마음 가득 담아 축하합니다. 만남이 있어 헤어짐이 있는 것처럼, 헤어짐 뒤에는 또 새로운 만남이 있는 거지요.^^ 새로운 환경에서도 모두에게 사랑과 존중받으며, 세상의 빛이 되어나가길 기도합니다.

학부모님, 지난 1년간 함께 해주신 그 시간을 잘 기억하겠습니다. 울고 웃으며 좋았던 적이 더 많았지만, 한편으로는 아쉽고 서운한 일들도 있었을지 모르겠습니다. 혹 그런 일들이 있었다면, 추억의 한켠으로 잘 넣어주시고, 행복하고 즐거웠던 소중한 기억을 많이 떠올려주세요!

우리가 함께한 시간들이 참 선물같았던 것 같아요. 부모님과 우리 OO반 친구들에게도 이 시간들이 따뜻한 기억속에 오래오래 남을 수 있길 바랍니다. OOOO년도 새 학기를 진심으로 응원합니다.
우리 OO반 친구들과 가족 여러분 앞으로도 행복의 기운이 가득하시길, 바랍니다.

감사합니다!

 KEYPOINT

아이들과 한 해를 마무리 하는 시기는 정말 중요합니다. 그 동안의 시간을 되돌아 보며, 함께 해주었던 부모님에게도 감사의 인사를 전해 주세요. 좋았던 일들이 많았겠지만, 아쉽고 어려웠던 시기도 있었음을 함께 나누며 좋은 결말로 정리하는 시간이 되길 바랍니다.

179 학기 마무리

안녕하세요! OO반 교사 OOO 입니다!

항상 기쁘고 즐거운 마음으로 인사를 드렸던 알림장이었는데, 오늘은 아쉬운 마음 가득 안고 작성하고 있습니다. 그동안의 시간이 정말 빠르게 지나간 것 같습니다. 2월 한달동안 1년을 회상하며 우리 친구들과 지내보았는데, 정말 소중한 추억들로 가득했던 시간이었습니다!

학기 초, 설레임 가득한 마음으로 인사를 드리고, 학부모님과 만나뵀었던 날이 기억납니다.
조금은 쑥스럽고 어색한 모습이었던 것 같아요. 하루하루, 한주 또 한주를 보내며 믿어 주시고
응원해 주시는 부모님들이 계셔서 더 힘을 내어 노력하고, 발전할 수 있었습니다. 고맙습니다.

부족한 점이 많았음에도, 항상 이해해 주시고, 함께 아이들의 바람직한 성장을 위해 소통해 주셔서 감사드려요. 비록 새 학기에는 우리 OO이가 형님반으로 올라가게 되며 함께 하지 못해 많이 아쉽지만, 항상 곁에서 응원하고 격려하는 선생님이 되도록 하겠습니다.

언제나 마주하면 친근하게 인사 나누어 주신 부모님! 항상 적극적으로 어린이집/유치원, 반의 운영에 참여해 주신 부모님! 부모님들 덕분에 제 어깨는 항상 으쓱했답니다.
물론 우리 OO반 친구들의 밝은 에너지가 무엇보다 가장 큰 힘이 되었기도 했습니다.^^

우리 OO반 친구들과 부모님 그동안 정말 감사했습니다. 글로는 제 마음을 다 전달하지 못하겠지만, 진심은 전달되기를 바래봅니다. 새 학기 담임 선생님은 아니어도, 우리 OO이의 선생님으로써 항상 변함없이 초심의 마음으로 앞으로도 우리 친구들, 부모님과 함께 하겠습니다. OO반 친구들과 함께 하는 교사로서의 시간을 값지게 만들어 주셔서 고맙습니다.

 KEYPOINT

한 해를 마무리 하는 시간, 부모님에게 감사의 메시지를 전해주시며 남은 기간도 안정적으로 잘 보낼 수 있으면 더욱 좋겠습니다.

CHAPTER

02

기본 예시 외
추가 알림장
예시

CHAPTER 02

기본 예시 외 추가 알림장 예시

원아 관련 상황

01 생일 축하 인사

안녕하세요!^^ 00반 교사 000입니다.
오늘은 세상에서 가장 행복한 날^^ 우리 미소가 예쁜 00이의 생일이예요.

친구들과 며칠전부터 생일 이야기를 하거나, 케이크놀이, 선물 놀이를 하며 생일을 기다리는 설레이고
두근거리는 마음을 표현하기도 했답니다.^^ 드디어 오늘! 우리 00이의 행복한 생일파티가 있었습니다!
멋진 옷을 입고왔네요.^^ 너무 잘 어울리는걸요!
아침부터 만나는 선생님들과 친구들에게 칭찬 가~득 듣고는 어깨가 으쓱으쓱^^ 기분좋은 우리 00이예
요.^^ 친구들과 모여 엄마 뱃속에서 꼬물꼬물 소중한 아기였던 우리 00이가 세상에 태어나 한살, 두살, 세 살
^^ 멋지게 자라 형님이 되고 있는 모습에 대해서도 함께 이야기를 나누어 보았어요!

선생님이 한마디 한마디 사랑으로 표현하니 우리친구들이 우와~! 하며 박수를 쳐주었어요.
우리 00이는 쑥스러웠는지 배시시 하고 웃어보이네요.^^

즐겁게 생일축하 노래도 불러보고, 케이크의 초를 세어본 후 "호~"하고 불었어요.^^
역시 ^^ 우리 00이 한번에 촛불을 꺼주었어요.😊 친구들도 또 한번 웃으며 박수를 크게 쳐주었답니다.
00반 친구들이 정성껏 준비한 선물을 주고 받았어요.^^ 00이가 "고마워"하며 함박웃음을 지으며 받아보았
답니다.^^

우리 OO이에게 세상에서 가장 행복한 하루가 되기를 소망합니다. 귀하고 소중한 우리 OO이를 낳아주시고 길러주시는 우리 부모님께도 축하의 말씀 함께 드려요!^^

내일은 어떤 이야기를 해줄지 기대가 되네요.^^ 가족들과 즐거운 일들이 가득한 저녁이 되길 바래요.
미소가 정말 예쁘고 사랑스러운 우리 OO아, OO이의 생일을 진심으로 축하해!

감사합니다.^^

 KEYPOINT

기관에서는 보통 월별로 생일파티 등을 운영하는 경우가 많습니다. 당일엔 반에서 조촐하게라도 함께 축하하는 자리를 만들어 주시고, 아이가 행복해 하고 즐거워 한 모습을 전해주세요. 생각지도 못한 이벤트에 아이와 부모님은 더욱 감동할 것 같습니다.

02 생일 축하 (생일 원아)

안녕하세요! OO반 교사 OOO입니다.

오늘은 우리 OO반 친구의 사랑둥이 OO이의 생일이었어요! 만나자 마자 "OO아 생일축하해!" 하고 인사를 해주었더니, OO이가 함박웃음을 지어 보이네요.^^

친구들도 OO이의 생일인 것을 알고, 놀이할 때도 OO이부터 챙겨주고, 맛있는 음식도 만들어 가져다 주는 모습이 보이더라구요^^ 종이 블록으로 자동차를 만들어 선물해 주는 친구들도 있었답니다.
즐거운 놀이 시간을 마치고, 모두 모여 생일파티를 하는 시간!

친구들과 모두 모여 케이크에 초를 꽂고, 박수를 치며 노래를 불러주었어요. 쑥스러운 듯 선생님 옷깃을 잡아 당기는 모습마저 사랑스러웠답니다.^^

"생일 축하합니다!" "우리 OO이가 멋진 형님이 된 걸 축하해!"
다른 반 형님, 동생들과 선생님들도 함께 축하해 주어, 더욱 행복한 시간이었어요.^^
아장아장 걸음마하던 우리 OO이가 이제는 어엿한 형님이 되어가는 모습, 밝고 건강하게 잘 자라고 있는 모습을 진심으로 축하하며 친구들에게 선물도 받아보았어요.

하나하나 소중히 받고 고맙다는 인사도 할 줄 아는 우리 00이, 언제나 오늘처럼 모두에게 사랑받고 존중받는 날이길 바라는 마음으로 선생님도 우리 00이를 꼬옥 안아주었답니다.^^ 00이가 고사리 같은 손으로 선생님의 등을 토닥토닥 해주는데 눈물이 시큰! 했어요. 선생님의 마음이 느껴졌구나, 하는 마음에 너무 고마웠답니다.😊

오늘 우리 00이의 생일,
세상에 태어나 하루하루 즐거운 일들을 경험하며 자라나는 우리 00이에게
앞으로 더 행복하고 신나는 일들만 가득하기를 진심으로 바랍니다.

때로는 어려운 일, 힘든 시간도 있을 수 있겠지만,
그 시간 역시 00이가 성장하는데에 꼭 필요한 과정이라 생각하고 긍정적으로, 씩씩하게 이겨낼 수 있는 00이가 될 수 있게 저 역시 항상 옆에서 지켜보고 도와주는 선생님이 될게요.

우리 00이의 부모님, 항상 사랑으로 00이를 보듬어 주시고 길러주신 그 마음 00이가 잘 알고 있는 것 같아요. 언제나 사랑이 가득한 00이를 보면 부모님에게 참 잘 배우고, 잘 지내며 사랑안에서 자라고 있다는 것이 느껴지거든요.

00이가 태어난 오늘, 부모님과 00이, 가족 모두에게 행복하고 빛이 나는 날이 되길, 바랍니다.
00아 생일 축하해!^^

 KEYPOINT

생일과 같은 특별한 날을 축하함으로써 아이들 간의 긍정적인 사회적 상호작용을 촉진하고 공동의 생활에 잘 적응하고 있음을 전해주세요. 단순히 축하만 하고 끝나는 것이 아니라 과정을 통해 아이들의 자존감을 높이고, 친구들과의 관계를 더욱 돈독히 하는 기회가 된다는 것을 알려주시기 바랍니다.

03 우리 반 친구의 생일 축하

안녕하세요! OO반 교사 OOO입니다.^^
오늘은 우리 OO반의 친구 OO이의 생일파티날이었어요.

친구의 생일날은 내 생일만큼 기쁘고 감사한 날이지요.
아침에 인사를 나누며 "OO아, 오늘 생일 축하해!"하고 이야기 해주었는데, 우리 OO반친구들도 생일인 OO이에게 다가가 인사를 해주네요.^^

꼬옥 안아주기도 하고, 좋아하는 인형과 블록을 주기도 하고, 화장실에서 순서를 바꿔주기까지 합니다.
덩달아 생일인 OO이의 기분도 너무 좋아졌어요!^^
오전 놀이 시간에는 자연스레 케이크 놀이, 생일 놀이도 이루어지기도 하고,바깥 놀이 시간에도 모래케이크에 나뭇가지 초로 꾸며 생일파티도 해보았습니다.

맛있는 케이크와 간식으로 차려진 예쁜 생일상을 보고 우리 OO반친구들의 얼굴에 함박 미소가 지어졌어요.
준비한 소중한 선물을 조심스레 건네어 주며 축하인사를 한번 더 해주었어요.
선물을 전해주고는 뿌듯한 표정, 혹은 쑥스러운 표정으로 선생님을 쳐다보는 모습이 어찌나 사랑스러운지요.^^ 우리 사랑이 가득한 OO반의 친구들 덕분에 온종일 행복 비타민이 가득했던 하루였습니다.

단순히 태어난 것만을 기념하고 선물을 주고 받는 날이 아니라
세상에 태어나 소중한 가족을 만나고, 이렇게 행복하게 친구들과 선생님과 지낼 수 있게된 의미있는 날임을 배울 수 있었습니다.

그리고 우리 모두 그 누구보다 소중한 존재임을 이야기해주고, 더 많이 표현할 수 있었답니다.^^

서로를 진심으로 축하해주며 감사함을 느낄 수 있었던 뜻깊은 날이었어요.
친구의 생일을 축하해주는 것이 내 생일에 축하받는것 만큼 기쁘고 감사한 일이라는 걸 우리 OO반친구들도 조금씩 이해하는 것 같습니다!

오늘도 우리 친구들과 행복한 저녁되세요.^^ 감사합니다.🖤

 KEYPOINT

생일 파티 준비 과정에서 아이들은 협동심과 배려심을 배우게 됩니다. 서로를 존중하고 축하하는 마음을 가지게 됩니다. 내 생일만 중요한 것이 아니라 친구의 생일을 함께 축하하며 긍정적인 경험을 가질 수 있도록 지도한다는 내용도 좋은 알림장이 될 수 있습니다.

04 수족구로 아파서 결석한 원아

안녕하세요! 00반 교사 입니다.
(통화가 혹 어려우실까 싶어 알림장으로 인사 전합니다.)

00이는 좀 어떤가요? 우리 00이가 수족구로 많이 힘들진 않았는지 걱정이 됩니다.
지난 주 건강한 모습으로 등원했던 00이가 갑자기 아프다고 해서 많이 놀랐답니다. 보통 더운 여름에 많이 유행한다고 하는데 올해는 늦여름까지도 지속되는 것 같습니다.

00이가 아파서 어머님께서도 염려가 되실 것 같아요. 감기나 장염등도 유행이라고 해요. 다른 아픈 곳은 없는지 지금은 좀 어떤지, 많이 나아졌는지 궁금합니다. 수족구같은 경우 아이들마다 증상의 차이가 있어 심한 경우, 엉덩이나 무릎, 팔꿈치 쪽에도 올라와 많이 힘들어 하기도 한다고 해요. 많이 아프지 않고 잘 이겨내길 바랍니다!

어린이집/유치원에서도 아이들의 건강 관리에 만전을 기하고 있습니다.
지난주부터 수족구로 아픈 친구들이 있어서, 매일 소독, 방역을 실시하는 등 더욱 유의하여 관리하고 있답니다!

우리 00이의 증상이 빨리 호전될 수 있기를 바랍니다.
참, 어머님! 수족구에 걸린 경우 입안이 불편해 아이스크림이나 시원한 물을 자주 마시면 좀 더 편하게 느껴지기도 하고, 아이들 식사하는데에도 도움이 된다고 해요!
00이 밥맛이 없더라도 식사도 거르지 않고 운동도 하며, 잘 지낼 수 있도록 도와주세요.

언제나 밝고 예쁜 모습의 우리 00이가 없으니, 교실이 허전한 듯 합니다. 친구들도 00이가 안오니 걱정이 되는지, 사진을 보고 00이는 언제오나 물어봅니다.😊 얼른 나아서 우리 00반 친구들과 즐겁게 지내자고 꼭 전해주세요!

다음주 재등원시에는 수족구 완치 판정서를 함께 준비해 보내주세요! 우리 00이와 다시 만나 즐겁게 놀이하는 날을 기다리겠습니다! 그럼 평안한 저녁 되세요.

 KEYPOINT

전염성이 있는 질병으로 가정에서 보육을 하게 되는 경우, 전달 사항은 알림장으로도 한번 더 전해주시는 것이 정확해요. 아프고 난 후 재등원을 하였는데, 서류 이야기부터 하게 되면 서운하거나 불편함이 있을 수 있어요. 안부 인사와 함께 필요한 서류를 간단히 안내해주세요.

05 입소 후, 적응이 어려운 경우

안녕하세요! 00반 교사 000입니다.

앞으로 우리 00이와 함께 지내게 되어 정말 반갑고 기쁜 마음입니다.^^ 어머님과 헤어질 때에는 속상한 듯 눈물이 그렁그렁했는데, 들어오는 길에 따뜻하게 포옹해 주고 토닥여 주니 편안한 모습을 보여주었어요.

시간이 조금 더 소요될 수는 있겠지만, 지금처럼 안정적으로 등원시 인사해 주시면 00이도 잘 적응할 수 있을 것 같습니다.😊

"00아 선생님은 우리 00이와 같이 지내게 되어 정말 기뻐" 하고 이야기 하니,

00이도 선생님의 마음을 아는지, 생긋 웃어 보이네요. 미소가 참 싱그럽고 예쁜 00이인것 같아요!

00이와 지낸 첫날, 우리 00이는 조금은 쑥스러운 것 같아요. 친구들의 놀이를 지켜보고 있어 선생님이 다가가 "같이 놀이 해볼래?" 하고 물어보니 작은 목소리로 "아니에요. 그냥 보는거에요." 하고 이야기를 해요.

"그럼 친구들과 놀이하고 싶을 때에 함께 놀이해보자!" 하고 전하니 선생님과 인형놀이를 하고 싶었다고 하네요 ^^

00이가 엄마가 되고, 선생님은 아기 역할을 하며 즐거운 놀이를 할 수 있었어요. 00이의 풍부한 감정과, 상대방을 잘 배려하는 모습이 놀이에서도 보여지네요.^^ 친구들이 다가와 같이 하고 싶다고 표현을 하니까 큰 미소를 보이며 맞이 해요. 함께 모여 인형의 집도 만들고, 마트놀이도 하며 즐거운 놀이 시간을 보낼 수 있었습니다.

우리 00이가 집에서는 어린이집/유치원에 대해 어떻게 표현을 했을까 궁금합니다.^^

혹여라도 불편한 상황이 있었거나, 속상한 마음이 들면 바로 이야기 해달라고

전하였는데 조심스러운 마음에 말하지 못하고 넘길 수도 있으니, 가정에서도 잘 적응할 수 있도록 당분간은 기관에 대해 긍정적으로 인식하고 좋아할 수 있게 칭찬과 격려 많이 해주세요!

그리고 00이가 전하는 이야기도 알림장 등을 통해 전달해 주시면 저도 00이의 마음을 더 잘 헤아리고 살펴볼 수 있을 것 같습니다.😊

학기 중간에 기관을 옮기게 되어 정든 친구들과의 헤어짐이 있어 00이에게도 아쉬움이 컸을 것 같은데, 다행히 첫날 부터 밝은 모습으로 함께 하고, 오후 시간이 되니 적극적으로 행동하며 목소리도 커져서 마음이 놓입니다. 어머님도 걱정되는 부분이 많으실텐데, 오히려 더 많이 표현해주시고, 믿고 맡겨주셔서 감사합니다! ^^ 앞으로도 우리 00이가 건강하고 즐겁게 00반에서 함께 잘 지낼 수 있도록 살펴보겠습니다.

* 어머님 2학기 정기 상담이 00월 00주에 계획되어 있어요. 하지만 00이의 경우, 학기 중 입소 원아라서 제가 조금 더 빨리 00이에 대한 내용은 어머님과 나누어 보고 싶어요. 혹 시간이 되시면 정기 상담일이 도래하기 전에 20분 가량 유선으로 상담을 하면 어떨까 생각합니다. 평소 00이의 성향이나 흥미, 이전 기관에서의 생활 등을 알게 되면 00이에게도 더 많이 도움을 줄 수 있을 것 같아요. 살펴보시고 일정이 되시면 말씀해주세요.^^

* 입소 후 적응기간이라 조금 더 상세하게 00이와의 일과를 전달해 드렸어요.

유아반의 경우, 따로 휴식시간이 주어지는 것이 아니라 알림장의 전달은 최소한으로 1주에 1회씩 하고 있답니다! 많이 궁금하시겠지만, 00이의 어린이집/유치원 생활은 정기 알림장으로 확인해 주시고, 불편한 점이나 문의사항이 있으신 경우에는 알림장 댓글 남겨주시면 통합보육 시간 등에 전화드려 안내해 드리겠습니다.^^

* 요즘 일교차가 커지면서 아이들이 감기에 자주 걸리고 아프기도 한답니다.
혹시 투약의뢰를 하시게 된다면 반드시 10시 이전에 보내주셔야 정확한 투약이 가능해요.^^
약병에도 이름은 꼭 기입해 주세요!
* 기타 학기 적응과 관련된 내용은 안내 자료 보내드리니, 참고하시고 궁금하신 것은
등/하원 시에나 유선으로 안내해 드릴게요! 감사합니다.^^

 KEYPOINT

중간에 입소한 원아의 부모님에게 조금 더 적극적으로 다가가 주세요. 아이들만큼 부모에게도 적응하는 시간이 필요합니다. 더욱 배려해 주시고, 상세하고 친절하게 안내해 주시면 좋겠습니다.

06 가족 여행으로 장기간 결석 예정

안녕하세요! 00반 교사 000입니다.

우리 00이가 일주일간 가족여행을 다녀오는 군요! 00이가 얼마나 행복할까요?
우리 00이, 가족과 함께 즐겁고 여유있는 시간을 보낼 수 있을 것 같아요. 안그래도 어제 등원해서는 친구들과 선생님에게 여행간다고 신나게 자랑을 하더라구요.^^
친구들도 부러운지 "와~" 하고 박수를 치며 00이의 이야기에 귀기울였답니다!

엄마, 아빠와 새로운 곳에서 좋은 것도 많이 보고 맛있는 음식도 잔뜩 먹으며 즐겁게 지낼 00이에게
친구들과 선생님도 "잘 다녀와~!" 하고 꼬옥 안아주었어요.^^
일주일이나 못본다니, 우리00이 정말 많이 보고 싶을 것 같아요!

돌아오는 날, 우리 00이가 신이 나서 자랑할 이야기들이 벌써부터 궁금해 지네요.^^
우리 00이와 가족에게 소중한 추억이 가득한 힐링의 시간이 되길 바랍니다.

낮밤의 일교차가 커서 감기에 걸리는 친구들도 많다고 해요. 타지에서는 더욱 조심하는게 좋을 것 같습니다. 우리 00이와 가족분 모두 건강 유의하시고, 조심히 잘 다녀오세요! 행복한 추억 많이 쌓으시길 바래요.^^

또한 에너지 재충전! 되는 시간이 되길 바랍니다. 행복한 추억이 가득한 소중한 여행이 되시길 바랍니다.
우리 00반 친구들도 선생님과 함께 00이의 여행 이야기 기대하며 잘 지내고 있겠다고 전해주세요. 감사합니다.^^

일주일 동안 등원하지 않는 부분은 체험학습 신청서를 작성해 주시면 인정결석 처리된답니다.
한달 11일 이상 출석해야 보육료 자부담금이 발생하지 않아요. 체험학습 내용에 가족 여행이라고 기재해 주시면 됩니다.^^ 작성해 주셔야 하는 서류 함께 보내드리겠습니다.

* 어머님, 여행 중 즐거웠던 사진을 몇장 함께 보내주세요. 우리 00이가 이야기 할 때 많은 도움이 될 것 같아요.^^

* 재등원 하는 주간의 계획안과 준비물 등 안내사항은 돌아오는 주 금요일에 알림장으로 먼저 전달드리겠습니다. 지면 자료는 재등원 하는 월요일에 보내드릴게요! 조심히 다녀오세요.^^

 KEYPOINT

장기간 결석을 하게 되는 경우, 특히 외국으로 여행을 다녀오는 경우라면 필요한 서류 등이 있을 수 있어요. 기관에서 먼저 확인하시고 준비하는 데에 차질이 없도록 안내해 주세요.

07 기관에서 다쳤을 때

어머님 안녕하세요.
오늘 오전에 00이가 놀이하다가 다쳤다는 이야기에 많이 놀라고 속상하셨을 것 같습니다.

상황에 대해 유선으로 전달드리긴 했지만, 00이의 상태가 염려되시진 않을까 싶어요.
다행히 지금은 00이가 편안하게 다시 일과를 보내고 있어요. 순간 다치게 되면서 놀란 듯 하였는데, 토닥여주고 달래주니, 지금은 평소와 같은 컨디션입니다.

그래도 하원 후 00이의 얼굴을 보시면 속상한 마음이 드실 것 같아 한번 더 연락드려봅니다.

교실에서 놀이 할 때는 뛰지 않도록 이야기를 나누고 있는데 우리 00반 친구들은 아무래도 에너지도 활발하고, 시도하는 것을 좋아하다 보니 신나게 놀다 보면 한번 씩 다치기도 하는 것 같습니다.

그래도 선생님이 옆에 있어 잡아준 덕분에 크게 넘어지지는 않아 다행히 상처가 깊지는 않아요. 의사 선생님께서도 연고를 바르고 손이나 물이 닿지않게만 잘 관리해 주면 된다고 하셨습니다.

놀이 공간의 안전도 재정비 하고, 항상 유의해서 살펴보고 지도하겠습니다.

오늘은 OO이 마음을 생각해 둘이서 조용히 이야기를 나누어 보았어요, 내일은 친구들과도 함께 우리 반 놀이 약속에 대해 이야기 나누어 보려고 합니다.

따끔했을텐데도 소독할 때 씩씩하게 기다려준 OO이의 모습도 많이 칭찬해주세요. 하루에 3회 정도 바르면 된다고 하셔서, 낮잠 자고 일어나서 한번 더 발라주려고 합니다. 집에서 잠자리에 들기 전 발라주시면 될 것 같아요.

내일 등원하면 한번 더 상처 부위 살펴보고 소독 후, 연고도 발라주겠습니다. (혹시 원에서 보내드린 연고 외에 따로 사용하시는 연고 있으시면 보내주세요.)

OO이가 어린이집/유치원에서 건강하고, 안전하게 지낼 수 있도록 더 많이 살펴보겠습니다!

속상하실텐데 이해해주셔서 감사합니다.

OO이와 행복한 저녁 되세요.

 KEYPOINT

기관에서 아이가 다친 경우, 부모님은 당연히 너무 속상하고 걱정되는 마음이 듭니다. 누구의 잘잘못인지를 따지는 것이 아니라, 우선 상황에 대해 빠르고 정확하게 대응하는 것이 필요해요. 통화가 불편하다는 이유로, 다짜고짜 알림장으로 사진과 다쳤다는 내용만 전한다면, 오히려 오해가 깊어질 수 있습니다. 다친 상황과 이유에 대해서 정확하게 전달해 주신 후, 후속 조치와 아이의 상태 등을 알림장으로 전해주시는 것이 좋습니다.

08 감기 등으로 장기간 결석의 경우

안녕하세요 어머님^^ 우리 OO이와 가족분들 모두 잘지내고 계신가요?

감기로 긴 시간 만나지 못해 OO이가 걱정되고 염려되는 마음이 크답니다.

항상 밝고 씩씩하게 친구들과 놀이하던 OO이가 보고싶어요.

친구들도 OO이 이야기하며 많이 보고싶어 한답니다. **OO이는 집에서 어떻게 지내고 있나요? 몸은 좀 괜찮아 졌나요? 선생님과 친구들이 우리 OO이를 많이 보고 싶어한다고 꼭 전해주세요!**

어머님, 어린이집/유치원에서 OO이가 어서 나았으면 하는 마음을 담아 OO이를 위해 작은 선물을 준비했어요! 혹시 OO이에게 인사도 하고, 직접 전달을 할 수 있다면 언제가 좋으실까요?

(대면하는 부분이 부담스러우시다면 00일 00시전후에 현관앞에 살짝 두고 가도록 할께요.^^)

그럼 00이와 오늘도 행복한 하루 되시길 바래요. 건강한 모습으로 다시 만나자고 꼭 인사전해주세요.

 KEYPOINT

> 건강 등의 이유로 장기간 결석을 하게 되는 경우, 한번 쯤은 안부를 확인해 주세요.
> 가벼운 질병으로 쉼을 가지다가 간혹, 크게 아프게 되는 경우가 있을 수 있고, 또 가정에서 지내는 동안 아이와 부모님은 기관의
> 연락을 기다릴 수 있으니까요. 부담이 되지 않는 선에서 간단히 안부 인사를 전하는 것은 서로에게 긍정적인 효과를 줄 것
> 입니다.

09 중간 입소 시 – 유아

안녕하세요! 00반 교사 000입니다.
우리 00이가 엄마와 함께 등원하던 첫날, 약간은 쑥스러워 하는 모습이 기억납니다. 어머님도 00이의 모습에 잘 적응할 수 있을까 많이 염려하셨던 것 같아요.

며칠 지나지 않았는데 벌써 씩씩하게 등원을 하는 모습에 깜짝 놀랐답니다! 오늘은 선생님한테 인사도 큰 목소리로 잘해주어서 칭찬도 듬뿍 받았어요. 우리 00이 정말 의젓하고 멋진 것 같습니다.^^

새로운 어린이집/유치원에서 적응하느라 낯설기도 할 텐데 자신의 생각도 잘 표현해 주고, 선생님에게 먼저 다가와 이야기도 해주는 멋진 00이랍니다. 필요할 땐 도움도 요청할 수 있지요.^^
"선생님 나 연필이 없어요." 하고 이야기를 하길래 새 연필을 하나 주었더니 감사 인사도 잘 하고, 멋지게 그림도 그리는 00이에요. 00이의 그림실력을 보고 깜짝 놀랐답니다! 친구들도 00이가 그린 포켓몬스터를 엄청 부러워 했어요.😊 친구들한테 한장씩 그려주며 오늘의 00반 인기스타가 되었어요!^^

어머님! 오늘 00이가 포켓몬스터를 그리며 상당히 자신있어 하는 모습이 보여 인상적이었답니다. 00이가 평소에 집에서는 어떤 놀이를 좋아하는지 궁금해요. 물론 어린이집/유치원에서도 보여지고 있지만, 편안한 집에서는 어떻게 지내는지 말씀해 주시면 더 빠르게 적응해 나가며 00반 교실에서 친구들과 즐겁게 놀이할 수 있는데 도움이 될 것 같습니다.^^

00이가 오늘은 하원준비를 하며 "선생님 나 00이랑 노니까 재밌어요~" 하고 이야기를 해주었어요!
이제는 친구들과의 놀이에도 적극적으로 참여하고, 좋아하는 친구도 생긴 것 같아요.

어머님이 믿고 보내주신 덕분에 우리 00이가 더 잘 적응하는 듯 합니다!

언제든 궁금하신 점, 걱정되시는 부분 있으시다면 주저말고 연락주세요.😊
00이의 어린이집/유치원에서의 모습 전달해 드리며 많이 소통하고 싶습니다.^^

참 어머님, 00이의 입소 준비물 한번 더 확인 부탁드립니다! 00반 친구들과 편안한 일과를 보낼 수 있도록 다음주 월요일까지 부탁드릴게요!

1. 매주 월요일에는 여벌옷을 챙겨보내주세요, 다양한 놀이를 하다 옷을 버릴 수도 있어서요.
2. 투약의뢰를 하실 경우에는 꼭 10시 이전에 전달해주세요!
3. 바깥 놀이를 매일 하고 있어요, 원치 않으실 경우에는 알림장에 간단히 전달해주세요.
4. 필요한 준비물 : 색연필(12색) 싸인펜(12색) 고체물감, 스케치북 2권

 KEYPOINT

중간 입소를 한 경우, 잘 적응하는 과정도 중요하지만 혹시 학기 별 필요한 준비물에 누락이 없는지 확인하는 것도 중요합니다.

10 중간 입소 - 영아

안녕하세요! 00반 교사 000입니다. 우리 00이와 이제 본격적으로 적응기간을 시작하게 되었네요.
엄마와 함께 있었던 시간동안 우리 00이가 어린이집/유치원 선생님과 친구들과 조금은 가까워 진 것 같아요. 어머님께서 안정적으로 함께 지내 주셔서, 우리 00이가 더 잘 지낼 수 있을 것 같아요!

매일 편안하게 보내던 가정에서의 일과와 조금은 달라 어색해 할 수도 있고, 낯선 마음이 들기도 하겠지만 부모님께서 믿고 기다려 주시며 응원과 격려의 말씀 전해주신다면 우리 00이 잘 적응해 나갈 수 있을 거에요!

우리 00이가 아직은 어려서, 의사 표현도 서툴고 속이 상하면 울음부터 보일까 염려되실 것 같아요.
제가 우리 00이의 마음이 편안해 질 수 있도록 더 세심히 살펴보고, 사소한 일도 00이의 입장에서 헤아리며 함께 지내보겠습니다.^^

우리 00이의 밝게 웃는 모습을 보면 정말 행복해 져요!
오늘은 선생님과 함께 하는 클레이 놀이와 공놀이를 정말 즐겁게 참여했어요! 00이는 동물 인형도 참 좋아하네요.^^ 친구들이 놀고 있는 모습도 유심히 살펴보기도 하며 관심을 표현하기 시작합니다!

식사 시간에는 선생님과 숟가락으로 밥도 떠 먹어 보고, 포크로 반찬도 집어보며 천천히 배워나가고 있어요. 기저귀 갈이를 할 때에는 매트에 누워서 선생님의 눈을 보고 싱긋! 하고 웃어보이기도 하는 우리 OO이랍니다!

한걸음 한걸음 우리 OO이의 속도에 맞추어 잘 지낼 수 있도록 하겠습니다.^^

혹시라도 걱정되시는 부분있으시면 언제든지 말씀해 주세요! 오늘도 우리 OO이와 행복한 저녁 되시기 바랍니다. 우리 OO이가 제~ 일 좋아하는 엄마가 온다고 하니, 선생님 손을 잡아 끌며 가방을 꺼내자고 합니다.^^ 오늘도 정말 멋지게 잘 지내주었다고 칭찬도 많이 해주세요.^^ 감사합니다.

KEYPOINT

아이가 어린 경우, 언어로 표현하기 어려워 표정이나 소리, 울음 등으로 감정을 나타내곤 합니다. 그래서 오해가 생기기도 쉽습니다. 아이가 적응하는 과정에서 보여주는 행동이나 모습등을 전해주시면 알림장의 내용을 통해 부모님이 좀 더 안심하고 맡길 수 있습니다.

11 새로운 환경에 적응하기 어려운 아이

어머님 안녕하세요!
OO이가 학기 초부터 새로운 환경에 대한 두려움이 있고,
낯을 가리는 경향이 있어, 부모님께서 많은 염려를 하시는 부분 잘 알고 있습니다.
시간이 지나며 학기초의 모습에 비해 점차 적응하고 익숙해 하는 모습도 보여지지만 아직 새로운 활동이나, 특별활동 선생님을 뵐 때 등에는 어려움을 표현하기도 합니다.

다행히 저와의 관계는 매우 안정적으로 형성되며 제가 옆에서 세심히 살펴보며 상황에 대해 미리 이야기해주고, 함께 탐색을 하면 스스로 적응해 보려고 하는 행동을 나타내기도 합니다.

부모님이 우리 OO이의 생활이 궁금하실 것 같아, 오늘은 개별 알림장으로 전달드립니다. 가정에서는 또 어떻게 지내고 있는지 알려주시면 좋을 것 같아요. ^^

오늘도 OO이는 새로운 활동을 시작할 때 조금 망설였지만,
선생님과 함께 조금씩 활동에 참여하면서 점차 마음이 편안해지는 모습을 보여주었어요. 익숙하지 않거나,

새로운 환경에서는 익숙해지는 데 시간이 조금 더 필요하긴 하지만, 조금씩 나아지는 모습이 보이니 격려와 응원 해주는 메시지를 꼭 자주 전달해주세요. ^^

00이는 새로운 환경이나 활동에 대해 주의깊게 관찰하고, 본인의 기준에 적절하다고 생각이 되었을 때, 천천히 탐색하며 적응해나가는 모습을 보이고 있는 것 같습니다. 이러한 경우, 다른 아이와의 비교, 혹은 평가의 말은 아이에게 큰 상처가 되니, 더 조심해주세요.^^ 낯가림이 심한 것은 이 시기의 아이들에게 흔한 발달 과정 중 하나이기도 해요. 00이는 그 외 다른 부분에 대해서는 잘 해주고 있으니, 어려운 점에 대해서 아이가 스트레스를 받지 않고 스스로 해결해 나갈 수 있도록 따뜻한 관심과 격려를 주시면, 더욱 잘 해낼 수 있을 것 같습니다.

반복되는 생활을 하는 과정에서도 장소의 이동이나 자주 보지 않는 사람의 등장에는 민감하게 반응할 수 있습니다. 채근하거나 재촉하지 않고 미리 예측할 수 있도록 대화를 나누어 주시고 00이의 속도에 맞게 탐색하는 시간을 충분히 주시면 좋겠습니다.

하루하루 성장하는 모습이 참 대견하고 기특합니다.
오늘은 블록 놀이를 하며 몇몇의 친구가 다가오니, 잠깐 주저하는 모습을 보이다가
친구들에게 자신의 블록을 몇개 내어주고, 놀이하는 모습을 보여주었어요!

전에는 너무 긴장하고 어렵다는 표현을 하기도 했는데, 우리 00이 정말 멋진 모습이었지요.^^ 제가 어린이집에서 우리 00이에게 충분한 사랑과 관심을 표현하며
하나씩 잘 배워나가고, 또 용기있게 새로운 상황을 경험할 수 있도록 지도해나갈테니, 지금처럼 믿고 격려해주세요. ^^

가정에서 우리 부모님이 00이에게 해주시는 말씀 한마디가
우리 00이에게는 가장 큰 힘이 될 것 같습니다. 감사합니다.😊

 KEYPOINT

부모님이 아이에 대한 걱정과 염려가 있다면, 기관에 보내면서도 마음 한켠이 불안할 것 같습니다. 매일 개별적인 내용을 주고 받을 수는 없지만, 이런 경우에는 한번 쯤, 아이의 행동과 상황에 대해 코멘트를 적어 주시면 가정과의 신뢰를 깊게 쌓고, 아이에 대한 소통으로 발달 지원에도 도움이 될 것입니다.

12 계속 우는 아이

안녕하세요! 00 어머님, 00반 교사 입니다.

오늘 등원하면서 우리 00이가 엄마와 떨어지기 싫었던 마음을 표현하며 울음을 보일 때 00이를 바라보시던 염려가 가득한 어머님 표정이 제 마음에 남아 '알림장으로나마 전달드려야지!' 하고 생각했답니다!

우리 00이가 어린이집/유치원에서 많이 울며 지내서 마음이 쓰이실 것 같아요. 매일 울면서만 지내지 않을까 걱정하실 것 같아서 어머님께 00이의 요즘 원 생활에 대해 전달드리고 싶었어요.

00이가 어린이집/유치원에서 어떻게 지내는지, 어머님께 그대로 전달 드리고 함께 상의하고, 또 도움을 주는 것이 가장 좋은 방법이라고 생각해요.
우리 00이가 어떤 상황에 대해 불편함이 있거나 어려우면 울음으로 표현하는 경우가 있습니다.
하지만 3월 초에 비해 하나씩 본인의 속도에 맞게 천천히 적응을 하고 있어요. 기분이 나쁘거나 화가 났을 때, 속상할 때 울음을 보이곤 하는데, 00이가 생각하는 것, 요구하는 바가 구체적이고 정확해서 자신의 생각을 표현하기 위해 나타나는 모습으로 생각됩니다.

이 과정에서 아이의 성향이나 기질을 잘 이해하고 도와주는 것이 효과적이에요. 가정에서의 환경과 기관에서의 생활이 일관되게 발달 단계에 맞게 도움을 주어야 아이도 발 맞추어 성장할 수 있답니다!

우리 00이가 불편하고 싫은 상황이 있을 수 있지만 모든 상황이 00이 마음에 들 수 없을 수 있고, 또 00이가 기다려 주어야 하는 상황 등에 대해서도 잘 이해하고 배워나갈 수 있도록 알려주고 또 이야기 나누고 있습니다.

다른 친구들과 비교해서 바라보는 것이 아니라, 00이에게 어떤 필요가 있을까, 어떻게 도움을 주면 좋을까 생각하며 00이와 더 깊이 소통하고 공감하고 있어요! (다른 친구들이 샘을 낼 때도 있답니다.^^)

우리 00이 웃을 때 정말 예쁘고 사랑스러워요, 잠깐씩 웃기도 하고, 놀이에 집중하기도 해요.
예전보다 자주 마음이 편한한 모습을 보이기도 한답니다. 00이를 조금 더 믿고 기다려 주세요.^^ 저 역시 우리 00이가 좀 더 안정적으로 생활할 수 있도록 잘 살펴보고 어머님과 자주 소통하도록 하겠습니다!

엄마나 담임선생님을 보면 더 빨리 정확하게 문제를 해결하거나 욕구를 해소하고 싶은 마음에 더 자주 울음을 보일 수 있어요. 울음으로 표현할 때 바로 반응을 하기 보다는, 조금 기다려주시며 시간을 두고 00이에게 메세지를 전달해 주시면 좋겠습니다.

울음으로 해결하는 것보다는 대화로 표현하는 것이 00이에게 편안한 것이고 가장 빠른 길이라고 인지할 수 있도록 그리고 00이가 어머님의 반응을 살펴볼 수 있도록 불안한 표정이 아닌
안정감 있게 기다려 주는 모습을 보여주세요. (좀 더 느긋하게 대응해 주세요.)

00이가 스스로 시도하고, 또 실수도 해보고 하는 건 정말 중요합니다. 속상하고 화가 나고, 부끄럽고, 싫은 마음이 드는 것도 필요한 감정이구요. 서두르지 않고 기다려 준다면 우리 00이 잘 해낼 수 있을 거에요! 당장은 어려울 수 있지만, 가정에서도 00이의 행동을 도와줄 수 있게 함께 노력해 주신다면 00이에게도 정말 큰 도움이 될 거랍니다!

긴 글 읽어주셔서 감사합니다, 우리 00이가 앞으로 더 잘 지낼 수 있을거라 생각하고, 또 어머님과 마음을 나누고 싶었습니다. 오늘도 어제보다 나은 모습으로 잘 지내고 하원하겠습니다!

"우리 00이 오늘은 어제보다 더 씩씩하게 놀이했구나!" 하고 칭찬해 주세요.^^
오후에 뵙겠습니다.

KEYPOINT

기관 생활에 어려움이 있는 경우, 특히 부모님이 민감하게 반응할 수 있습니다. 가정에서의 양육환경이 중요하게 작용하는 것이 사실이지만, 이 부분을 전달할 때 탓을 하는 것처럼 들리지 않도록 유의해주세요. 함께 아이에 대해 이해하고 어떻게 도움을 주면 좋을지 부모님의 입장과 생각을 감안해서 전해주세요.

13 아파서 늦게 등원한 아이

어머님! 안녕하세요.😊 00반 교사입니다.

우리 00이가 오늘 평소보다 등원 시간이 늦어져서 걱정이 되어 연락 드렸어요.
00이가 주말 지내고 콧물과 기침을 조금씩 보여서 감기가 심해지진 않을까 싶었는데, 어제는 저녁에 많이 힘이 들었나봐요.
감기 때문에 병원에 다녀왔었던 거군요.

그래도 빨리 진단을 받고 약을 처방받아서 다행이에요. 밥도 잘 먹고, 약 먹고 잘 쉬면 우리 00이 금방 나아질 거라 생각해요!
병원에 다녀오느라 친구들과 함께 낚시 놀이를 하지 못해 아쉬웠을 텐데, 그래도 밝은 모습으로 인사를 해주는 00이가 참 예쁘고 기특합니다.^^

선생님이 교실에도 작은 연못을 만들어 낚시 놀이를 해보자고 이야기 하니 큰~ 미소를 지으며 고개를 끄덕 끄덕 하고 웃어 보이는 걸요^^ 00이를 위해 우리 00반 교실에서 연못을 준비해야겠어요!

00이는 등원 후 친구들과 인사를 나누고 교실에서 자유놀이를 하며 지냈어요.
친구들도 00이가 늦게 와서 걱정을 했는데 00이가 씩씩하게 등원하는 걸 보고 안심했나봅니다.
뛰어와 안아주기도 하고, 놀잇감을 주기도 하고! 00반 친구들의 멋진 우정이 느껴졌답니다.

오늘은 컨디션을 더 유심히 살펴보고 있어요.
남은 평일도 무리 없이 지낼 수 있도록 활동이나 행사 등에 대해서는 어머님과 상의하며 진행하도록 하겠습니다.

어제보다 눈에 띄게 나빠지진 않았지만 여전히 콧물이 자주 나고 기침을 간간히 하는 모습을 보이고 있어 따뜻한 물을 먹으며 휴식도 적절히 취할 수 있도록 도와주었어요.
지금은 낮잠을 자고 있답니다. 뒤척이는 모습이 보여 숨쉬기 편안하도록 살짝 베개를 높여 주었어요.
우리 00이 자고 일어나서 약 먹고, 친구들과 재미있게 지내고 하원하겠습니다. 감사합니다.

* 혹시 00이의 컨디션이 나빠지면 유선으로 연락드릴게요.^^
* 요즘 여름 감기가 유행인 듯 해요. 아직 심한 친구들은 없답니다. 함께 지내는 친구들의 안부도 물어 주시고, 항상 생각해주시는 마음 감사합니다!

 KEYPOINT

아이의 현재 건강 상태와 교사가 취한 조치 사항을 명확히 기록하여 부모님께 안심을 제공하면 좋겠습니다. 또한, 아이가 친구들과의 상호작용을 통해 긍정적인 모습을 보이는 점을 강조함으로써 부모님이 아이의 사회적 적응에도 신경 쓰고 있음을 알릴 수 있습니다. 교사의 세심한 관찰과 배려를 통해 아이가 편안하게 지낼 수 있도록 지원하고 있다는 점을 전달하면, 부모님이 더욱 신뢰하고 안심할 수 있을 것입니다.

14 중간 퇴소 하는 아이

안녕하세요! 00반 교사 000입니다.
매일 나누던 인사도, 알림장도 오늘이 마지막이라고 생각하니 정말 아쉽고 서운한 마음이 들어요.

우리 00이가 아기때부터 다녔던 우리 어린이집/유치원을 떠나게 되어 더 그 마음이 큰 것 같습니다.

저 뿐만 아니라 원장님과 선생님들 모두 헤어짐을 아쉬워 하고 00이를 볼 때마다 한번 더 안아주시고, 인사 나누어 주시며 보내고 있었답니다. 우리 해맑은 00이도 선생님의 마음을 아는지, 폭~ 안겨서 손으로 토닥토닥

해주는데, 어찌나 뭉클하던지요.

　우리는 헤어지지만 새로운 기관에서 또 다른 만남이 있음을 알고 응원해 주고, 행복을 바라는 마음을 전해 주었어요. 우리 00이고 고개를 끄덕이고, 멋지게 대답해 주네요! 친구들이 한번씩 다가와 안아주고 인사를 해 주었더니, 밝게 웃으며 00이의 트레이드 마크인 윙크를 날려줍니다.^^
　아직은 어려, 헤어짐을 실감하기는 어렵겠지만, 우리 00이가 조금은 이해하는 듯 해요. 00이가 잘 이해하고 받아들이는 모습이 고맙고 대견할 뿐입니다. 그동안 잘 지내준 00이가 참 예쁘고 기특하구요.
　함께 지내는 동안 선생님과 친구들의 마음이 온전히 00이에게 전해졌기를 바랍니다.

　어머님, 아버님
　우리 00이의 첫기관으로 우리 어린이집/유치원을 선택하신 그 믿음이 감사합니다.
　보내시는 동안 아쉬운 점도 있으셨을 텐데, 언제나 교사의 입장을 먼저 헤아려 주시고, 기관의 상황을 이해해 주시는 마음으로 더 보육에 집중할 수 있었고, 더 많이 00이의 마음을 알고 교감할 수 있었습니다.
　그리고 수없이 터지는 영유아 교육 기관 관련 사건 사고에도
　흔들림 없이 우리 원을 믿어 주시고, 한결같은 마음을 전해주셔서 감사합니다.
　그 마음과 믿음이 우리 00어린이집/유치원을 더 탄탄히 하는데 큰 밑거름이 되었습니다.

　세상 누구보다 00이에게 많은 것을 가르쳐 주실 부모님,
　00이를 비롯해 항상 좋은 곳에서 좋은 사람들과 함께 하기를 소망합니다.
　그리고 언제나 우리 00이의 가족의 행복과 건강을 진심으로 바랍니다.

　그동안 정말 감사했습니다!
　혹시라도 우리 00어린이집/유치원 근처에 오시게 된다면, 꼭 들러주세요. 우리 00 어린이집/유치원 친구들 모두 그리고 원장님과 선생님 모두 두팔 벌려 반갑게 맞이할게요!

　- 00이에게 -

　00반 친구들과 선생님에게 행복한 웃음을 선물해 주었던
　존재 자체만으로도 빛이 나는 우리 00아,
　정말 정말 아끼고 사랑하는 마음이 꼭 전해지길 바래.
　항상 너를 응원하고 있는 우리를 기억해주렴!
　새로운 곳에서도 우리 00이의 매력과 에너지를 마음껏 발산하며
　즐겁고 행복하게 잘 지내! 사랑해 00아!

　(이 말은 꼭 우리 00이에게 읽어 주세요! ^^ 직접 들려주기도 했지만, 새로운 기관에 등원하는 날 어머님 말씀으로 한번 더 전해주시면 우리 00이가 더 힘내서 잘 적응하고 지낼 수 있을 것 같아요.)

KEYPOINT

아이와 기관 간의 정서적 연결을 세심하게 다루며 아이가 떠나는 과정에서 느끼는 감정과 교사, 친구들과의 이별에 대한 아이의 반응을 전달해주세요. 아이의 긍정적인 경험과 성장 과정을 전달하며 부모님이 기관에 대한 신뢰와 만족감을 유지하게 될 것입니다. 아쉽고 서운하지만 아이의 퇴소 과정을 긍정적으로 받아들이고, 기억하게 됩니다.

15 개학 후 울며 등원하는 경우

안녕하세요! 00반 교사 000입니다.

우리 00이와 친구들, 가정학습 기간 동안 즐겁게 지내고 온 듯 해요. 친구들과 놀이 하다가 문득문득 표현하는 걸 들어보면 재미있게 놀고 왔구나 싶더라구요^^ "우리 00이는 뭐하고 지냈어?" 하고 물어보니, 바다에도 다녀오고, 마트에도 다녀왔다고 합니다! 00이의 이야기를 듣고, 친구들도 재미있는 이야기를 많이 들려주었어요. 하하하 웃으며 즐거운 이야기를 나누어 볼 수 있었어요.

어머님,^^

우리 00이가 가정학습기간이 지나고 재등원을 하면서 울먹이고, 속상해 하는 모습을 보여서 많이 염려도 되시고 걱정되실 것 같아요.

아무래도 가족과 함께 지내는 시간이 길어지면서 어린이집/유치원에 들어서는 순간 떨어지는 마음이 불안했었을 것 같아요. 마냥 어린 것 같지만, 우리 00이처럼 인지발달이 잘 이루어진 친구들은
앞의 상황을 미리 예측을 하고 준비하거나 걱정을 하는 등의 반응이 친구들보다 빠르게 보여지기도 하거든요.

아마 우리 00이도 그런 마음에 엄마 앞에서 눈물을 보였던 것 같아요.

그래도 원에 들어와서는 평소와 같이, 이전처럼 잘 지내고 있답니다. 헤어지는 인사를 나누는 시간 동안 불안했던 마음을 선생님이 잘 읽어주고, 기다려 주며 격려하였더니, 밝게 웃으며 좋아하는 곰인형을 가지고 놀이하기 시작하네요.^^

마음을 표현하는 것은 아주 당연하고 자연스러운 일이기 때문에 00이의 마음을 그 자체로 존중해 주고 그 마음을 전하는데 노력하고 있어요. 어머님께서도, 지금처럼 우리 00이를 믿고 기다려 주시면
(걱정없다는 듯 편안한 표정으로 인사 나누어 주시면) 우리 00이 금세 이전 처럼 또 씩씩하고 밝은 모습으로 등원하고 친구들과 잘 지낼 수 있을 거에요.

오히려 집에 가는게 아쉽다고 표현할 00이의 모습을 보실 수도 있을 거에요.^^

저 역시 우리 00이와 친구들이 매일매일이 기다려지는 어린이집/유치원 생활이 될 수 있도록 즐겁고 재미

있는 일이 가득한 OO반 교실, OO반이 될 수 있게 준비하고 또 살펴보겠습니다. 언제나 편안하게 OO반 친구들의 일과를 응원해 주시는 어머님, 감사합니다.^^ 오늘도 즐겁게 지내고 하원하겠습니다. 이번 주에서 다음주 초까지 OO이의 컨디션 등을 좀 더 세심히 살펴보고 또 말씀 드리도록 할게요.

  * "내일은 씩씩하게 가자." 라고 이야기 하는 건 오히려 스트레스를 가중시키고 부담될 수 있어요, "오늘 OO이가 등원하는 모습이 더 멋져 보였어!" 라고 이야기 해주세요.

  * "오늘 뭐했어? 재미있었어?" 하는 질문은 당분간은 OO이에게 불필요한 걱정을 가져다 줄 수 있으니, OO이가 먼저 이야기 할 때에 충분히 대화 나누어 주세요!

  그럼 OO이와 행복한 저녁 되세요.^^

 KEYPOINT

> 아이가 겪는 정서적 불안과 두려움을 세심하게 이해하고 전달하는 것이 중요합니다. 아이가 집과 기관 사이의 분리를 어려워할 수 있으므로, 교사는 아이의 감정을 세심히 관찰하고 이를 부모님께 상세히 공유해주시면 좋겠습니다. 아이가 다시 익숙해지고 있다는 긍정적인 변화를 강조함으로써 부모님의 안심을 도모해주세요.

16 형제, 남매간 다툼이 많아 상담을 원하는 경우

안녕하세요! 어머님^^ OO반 교사입니다 .

우리 OO이와 오빠간의 갈등문제로 고민이 많으신 것 같아요. 나이 터울도 있지만, 사실 형제, 남매 간의 다툼이나 싸움을 자연스럽고 일상적인 상황이랍니다.

이 과정에서 부모님이 어떻게 역할을 수행하는지에 따라 아이들이 도움을 받을 수 있을 것 같아요!
우선은 아이들에게 마찰이 발생했을 때 항상 일관적인 태도를 유지하셔야 하는 점 기억해 주시길 바랍니다.^^

1. 충분히 관찰하는 시간이 먼저 필요해요.
우리 친구들이 언제 다툼을 자주 보이는지, 어디서(어떤 공간)에서 갈등이 발생하는지,
무엇으로(매개체 등) 싸움을 하는 경우가 있는지, 다툼이 발생했을 때 두 아이의 반응은 어떠한지 등
막연하게 "그랬던 것 같아."가 아닌
아이들이 다툼을 할 때 위의 내용을 꼭 기억하시고 메모를 해주세요!(2~3일만 해주셔도 충분합니다.)
그 내용을 토대로 상담을 나눈다면 훨씬 도움이 될 수 있는 내용을 전달 드릴 수 있을 것 같습니다.

2. 다툼이 발생했을 때 감정에 대해 먼저 읽어 주세요.

누가 잘했고, 잘못했는지 판단을 하고 답을 정해 주는 것은 오히려 아이들에게 도움이 되지 않아요. 꼭 아이들의 개개인의 감정과 생각에 대해 대화를 잠깐이라도 나누어 주세요. 그 과정만 있어도, 아이들은 엄마에게 충분히 인정받고 있다는 생각을 하게 되어서, 이후의 다툼이 반복적으로 발생해도 대처하는 방법이 좀 더 유연해 지고 융통적으로 사고할 수 있게 된답니다!

3. 칭찬을 활용해 주세요.

아이들이 놀이 하기 전, 외출을 하기 전, 항상 어떤 일과를 미리 예측할 수 있도록 해주시고, "약속"에 대해서 먼저 이야기를 나누어 주세요. 엄마가 "~~~ 이렇게 해야해." 라고 말씀해 주시는 것보다

예를 들어, "우리 장을 보러 마트에 가려고 하는데, 장바구니를 하나씩 드는게 좋을까? 아니면 오늘은 대표로 한명이 들기로 할까?"

"공원 놀이터에 가려고 하는데, 무엇을 가지고 갈까? 각자 필요한 놀잇감이 있다면 지금 가지고 올래?"

하는 식으로 아이들이 스스로 생각해서 자신의 행동을 정할 수 있도록 해주세요.

위의 세가지를 이번 주에 한번 시도해 주세요! 아빠도 함께 참여주셨으면 좋겠습니다.^^

기관에서도 부모님이 전해주신 내용을 토대로 좀 더 면밀히 관찰하고 있겠습니다. 다음주 일정을 정해 다시 한번 상담 나누어 보도록 하겠습니다! 감사합니다.^^

KEYPOINT

아이들이 겪는 정서적 스트레스와 갈등의 원인을 세심하게 이해하고 부모님께 전달하는 것이 중요합니다. 교사는 형제 간의 다툼이 자연스럽고 일상적인 현상임을 부모님께 알리며, 부모님이 일관된 태도로 아이들을 지도할 수 있도록 구체적인 조언을 제공해 주세요. 아이의 행동을 기관에서 해결해주기를 바라는 것이 아니라 부모가 적극적으로 행동할 수 있도록, 아이들의 갈등 상황을 면밀히 관찰하고 기록하도록 독려함으로써 보다 효과적인 상담과 지원이 가능할 수 있게끔 전달해 주세요.

17 적응이 어려운 아이

안녕하세요! 00반 교사 000입니다.

우리 00이가 어린이집/유치원에 들어설 때 많이 불안해하는 모습을 보여
부모님께서도 걱정되실 것 같아요.
'다른 친구들은 잘 들어가는 것 같은데 00이가 왜 그럴까?' 하는 마음에

조급해 지신다는 말씀에, 저 역시 부모님의 마음에 공감이 되고, 염려가 되었답니다.

00이가 어린이집/유치원 등원을 준비하면서부터 울음을 보이고, 들어오면서 엄마와 떨어지는 순간에 대해 특히나 더 많이 불편하다는 마음을 울음으로 표현하고는 있지만, 첫주부터 이번 주까지의 00이의 행동이나 반응을 보니 울음을 그치는 시간이 조금씩 빨라지고, 울음을 멈추고 친구들을 바라보는 시간이 조금 늘어나는 것이 관찰됩니다.

그리고 선생님이 다가설 때 00이의 움직임이나 울음 소리, 반응을 보니 초반보다 더 많이 수용하는 느낌이 들기 시작했어요!

00이가 용기를 내어 스스로도 감정을 조절해나가는 모습을 칭찬하고 격려해 주고 있답니다.
다른 친구들과 비교하는 말은 00이에게 도움이 되지 않아요. 충분히 잘 하고 있다는 메세지를 잘 전해주세요. 00이의 속도에 맞게 기다려 주고, 지지해 주는 마음이 가장 큰 도움이 될 것입니다.

어린이집/유치원에서도 00이의 행동 반응에 너무 과민한 반응을 보이기 보다는
00이의 성향에 맞게 함께 움직이며 관심을 보이니, 더 긍정적인 모습이 나타나기 시작했어요.
자신의 물건도 잘 구분하고, 좋아하는 놀잇감을 탐색하는 모습 등이 보인답니다!

불안한 모습에 일시적으로 잘하던 행동을 안하거나, 못하는 경우, 무조건 도움을 요청한다거나, 밤잠을 설치는 등이 보일 수도 있어요. 떨어지는 것에 대한 불안감이 지속되지 않도록 00이가 원할 때, 언제나 함께 계셔주시고 등원하고 하원하는 시간까지의 과정을 함께 이야기 해 주셔서 "떨어지는 것이 아니라, 곧 다시 만난다."라고 전체의 과정을 이해할 수 있게 도와주세요.
어린이집/유치원에서 즐거워 했던 놀이, 일상의 모습을 자주 전해드릴게요. 어머님께서도 00이와 어린이집/유치원에 대한 긍정적인 생각, 경험을 많이 말씀해 주세요.

00이의 모습에 걱정이 되셨을텐데, 그래도 저를 믿고 마음 속 속상한 이야기도 나누어 주셔서, 감사합니다. 채근하지 않고 여유있게 기다려 주며 언제나 00이에게 안정감을 주도록 하겠습니다.

00이가 잘 적응해 나중에는 저를 보고 먼저 뛰어와 안기는 모습을 상상하고 있어요. 제 생각에는 곧 그날이 다가올 것 같습니다.^^ 등원을 할 때 00이가 불안한 모습을 보이더라도, "괜찮아, 너에게 안전한 곳이야. 엄마도 좋아하는 곳이야." 라는 메시지를 눈빛으로, 표정으로도 함께 보여주신다면 00이가 더 힘을 내어 잘 할 수 있을 것 같습니다.

이번 주말 충분한 휴식을 취하며, 00이와 미리 어린이집/유치원 가방도 챙겨보고, 그 안에 좋아하는 놀잇감이나 물건을 넣어 보는 것도 좋을 것 같아요.
00이와 행복하고 즐거운 주말 되시기 바랍니다. 감사합니다!

기본 예시 외 추가 알림장 예시

적응이 어려운 아이에 대한 알림장을 작성할 때는 아이가 겪고 있는 정서적 불안과 그 원인을 세심하게 이해하고 부모님께 전달하는 것이 중요합니다. 아이의 현재 상태와 점진적인 개선 모습을 구체적으로 공유하여 부모님이 아이의 적응 과정을 명확히 이해하고 안심할 수 있도록 도와 주세요. 또한, 부모님이 일관된 지지와 격려를 제공할 수 있는 구체적인 방법을 제시함으로써 아이가 안정감을 느끼고 더 쉽게 적응할 수 있도록 지원하면 도움이 됩니다.

18 적응 과정에 걱정이 많은 학부모

안녕하세요! 00 어머님, 000반 교사 000입니다.

00이가 어린이집/유치원에 다니면서 어떻게 지내는지, 항상 관심가져주셔서 감사드려요.
00이가 기관에서 지내는 모습을 전달드리며, 가정에서는 또 어떤 반응을 보이는지 궁금합니다.^^

0세반 친구들은 아무래도 언어로 표현하는 부분이 어렵기 때문에 행동이나 울음 등으로 표현을 하는 경우가 많아요! 제가 옆에서 세심하게 살펴보며 00이의 마음을 헤아리고 있으니, 너무 염려마세요.😊
00이도 엄마가 응원하고 격려해주시는 마음을 느낄 때 더 잘할 수 있는 힘이 생긴답니다.

아직은 어린 00이의 모습이 걱정되시기도 하지만, 아이들은 생각보다 훨씬 더 씩씩하게 원에 적응해 나갈 수 있어요. 새로운 환경에도 잘 적응해 나가고, 선생님과의 관계도 아주 원만한 우리 00이,
이번 주에는 특히 블록 놀이를 즐겁게 하며 선생님에게도 여러번 사랑스러운 미소를 보여주었어요.

기저귀를 갈거나, 식사를 할 때에도, 편안한 모습으로 생활하고 있어요. 낮잠을 자는 시간에도 친구들이 이부자리에 누워서 자려고 하면 선생님에게 다가와 안아달라고 표현을 하며, 마음을 나타내기도 합니다.^^
놀이 시간에는 누구보다 멋지게 앉아서 놀잇감을 탐색하는 00이에요.
엄마가 걱정하는 그 마음을 아는 듯, 우리 귀여운 애교쟁이 00이가 저의 예상보다도 훨씬 멋진 모습으로 적응을 잘 하고 있습니다!

우리 00이가 매일 어린이집/유치원에서 생활하며 새로운 것도 배우고, 다양한 것을 경험해 나가며
건강하고 즐겁게 성장해 나갈 수 있도록 지도하고 있어요. 친구들, 선생님과의 상호작용에도 관심을 보이고 있어, 금방 언어 표현도 잘 하게 될 것 같습니다.^^

부모님께서도 안심하시고 행복한 마음으로 어린이집/유치원에 00이와 등원해주세요! 우리 00이가 부모님의 사랑과 관심을 느끼고 더 잘할 수 있을 거라 생각됩니다. 언제 든지 궁금한 점이 있으시면 편하게 말씀 나누

어 주세요.

00이가 더 잘 지낼 수 있도록, 어린이집/유치원에서의 생활이 00이에게 소중한 추억이 되어나갈 수 있도록 살펴보겠습니다.

어머님이 소중한 00이를 저에게 믿고 맡겨주시며, 항상 응원해주시고 격려해주셔서 제게 정말 큰 힘이 되고 있답니다.^^ 오늘도 즐겁게 지내고 하원합니다. "00아 오늘도 정말 기분좋게 잘 놀이하고 왔구나! 멋지다." 하고 칭찬해주세요! 그럼, 내일 뵙겠습니다.😊

 KEYPOINT

아이의 정서적 불안과 그 원인을 세심하게 이해하고 이를 전달하는 것이 중요합니다. 교사는 아이의 현재 적응 상태와 긍정적인 변화 과정을 구체적으로 공유하여 부모님이 안심할 수 있도록 도와주세요. 교사와 가정간의 지속적인 소통을 통해 아이의 적응 과정을 함께 모니터링하고, 필요한 경우 추가적인 지원을 제공함으로써 아이가 보다 편안하게 기관 생활에 적응할 수 있도록 협력하면 좋겠습니다.

19 편식하는 아이

기관에서 생활하는 우리 친구들은 다양한 기본생활습관도 배우게 됩니다.^^
"집에서는 잘 안하는데, 어린이집/유치원에서는 어떻게 지낼까?"
하고 염려하시는 부분들이 있어, 주기적으로 상담을 하고 우리 00반 친구들에게 적절한 도움을 주며 개선해 나가려고 합니다.

그 중 편식을 하거나 음식을 뱉어내는 습관이 있는 친구들에 대해 도움이 될만한 내용을 전달드리려고 합니다. 기관에서는 매일 일정한 시간에 친구들과 모여 앉아 식사를 하게 됩니다. 아이들의 습관 형성에 가장 중요한 것 중에 하나가 규칙적인 일과입니다.

아이들의 식사량을 알고, 개별의 상황에 맞게 제공하는 것이 중요해요. 가정에서도 아이가 편식을 한다면 억지로 권하기 보다는 적은 양부터 경험할 수 있도록 점차 늘려주시는 방법을 추천합니다.

매일 비슷한 조리법의 음식은 금세 싫증을 낼 수도 있어요. 아이와 함께 여러 가지 조리법을 시도해보며, 우리 아이가 어떤 맛을 좋아하는 지 알아보는 것도 도움이 됩니다! 어린이집/유치원에서 먹는 식판 등의 용기에 아이들이 스스로 먹을 것을 담아보는 것도 즐거운 자극이 될 수 있으니, 참고해주세요.^^

아이의 식습관과 관련된 행동을 세심하게 관찰하고 이를 전달해 주세요. 아이가 어떤 음식을 선호하고 어떤 음식에 거부감을 보이는지 구체적으로 기록하여 부모님께 공유해 주시면 좋습니다. 또한, 기관에서 시행하고 있는 긍정적인 식습관 형성 방법과 가정에서도 실천할 수 있는 실질적인 조언을 제공함으로써 아이의 식습관 개선에 도움을 주고자 하는 모습은 신뢰감 향상에도 도움이 됩니다.

20 음식을 뱉어내는 아이

식사를 하기 시작하면서 음식을 뱉어내는 습관이 생긴 친구들이 있어서
관련하여 안내드리려고 합니다.^^

음식을 뱉어내는 모습을 보면, 부모님은 속상한 마음도 들고, 걱정이 되시기도 할거예요.
기관에서도 바람직한 식습관 형성을 위해 함께 살펴보고 있으니,
조급해 하지 마시고 우리 친구들을 격려해 주시며 차근차근 나아질 수 있도록 도와주세요.^^

모유(분유)에서 고형식으로 이행을 하며,
아이들이 씹히는 느낌이 불편하고 어색하여 뱉어낼 수 있어요.
그동안 편안하게 먹었던 느낌과는 다르기 때문에 적응을 하는 과정이 불편할 수 있답니다.
대부분의 친구들은 잘 먹으니까, 우리 아이도 잘 먹었으면 하는 마음은 십분 이해합니다.^^
하지만 아이들마다 개별적인 상황과 발달, 이유가 있을 수 있으니 우선은 아이의 입장을 고려해주세요.

기질적으로 감각이 더 예민하게 발달한 친구들의 경우,
뱉어내는 모습이 더 자주 보이고, 심하면 헛구역질을 하거나 토를 하기도 해요. 이 때에는 아이가 익숙한 음식을 충분히 경험하고 탐색하며 씹고 삼키는 행동에 대해 긍정적으로 받아들일 수 있도록 도와주시는 것이 중요합니다.

또 어떤 경우에는 특정 음식만을 먹고, 다른 식감의 음식들은 거부하는 모습을 보이기도 합니다.
씹히는 느낌이 좋아서 단단한 식감의 음식을 고집하는 경우에 해당합니다. 아이가 좋아하는 음식을 제공해 주시되, 새로운 질감의 식재료도 적절하게 제공해 주시며 한번씩 번갈아 먹어볼 수 있도록 천천히 지도해주세요.

아이가 음식을 뱉어내면 억지로 먹이려 하지 않아야 합니다. 식사 사이에 간식이 자주 있으면, 간식을 통해 허기짐을 해결할 수 있어 식사 습관의 형성이 더 어려울 수 있습니다.

식사 간격과 양을 조절해 주시기 바랍니다. 아이가 다른 음식을 먹고 싶어서 뱉을 수도 있으니, 아이의 의사를 존중해주세요.

스스로 하고자 하는 마음이 생기는 시기에는 부모님의 제안, 지도에 반항하고 싶은 마음이 생겨 그러한 행동을 보이거나 더 강하게 표출할 수 있어요. 아이가 싫어한다면 그 이유에 대해 함께 표현하고, 새로운 음식을 경험할 수 있는 다양한 기회를 제공해 주세요. 오감을 활용한 놀이를 하며 만져보고, 냄새를 맡아보고, 입에 갖다대어보는 것 만으로도 식재료에 대한 거부감을 줄이고, 스스로 시도하고자 하는 횟수가 늘어날 수 있습니다.

가장 중요한 건 부모님의 의지와 여유있는 태도입니다. "꼭 그 음식을 먹어야 한다." 라는 강박이 들게 되면 아이가 식사를 하는 시간이 매우 불편하고 어려워지게 됩니다. 아이의 식사시간이 즐거울 수 있도록 살펴봐주시고, 항상 그 과정 안에서 아이의 모습을 격려해주세요!
긍정적인 모습으로 모델링을 해주시면 좋겠습니다.

KEYPOINT

전에 아이들 식사와 관련해 학대가 일어났던 사건이 여러 건 있었습니다. 당연히, 이러한 문제를 의심할 만큼 상황이 있지 않겠지만 아이들의 말로 옮겨지는 상황에 때로 오해가 생길 수도 있으니, 항상 주의하시길 바랍니다. 아이들이 골고루 먹어야 한다는 이유로 억지로 권하지 않는다는 사실도 부모님이 묻기 전에 해주시면 좋겠습니다.

21 엄마와 헤어지기 힘들어 하는 원아

안녕하세요! 00반 교사 000입니다.

어린이집/유치원에 들어갈 때 엄마와 떨어지기 힘들어 하는 모습에 걱정되실 것 같아요.
선생님이 다가가 "00이 왔구나! 오늘은 예쁜 머리핀을 하고 왔네"
하고 관심을 보이니 손가락으로 머리핀을 한번 더 만져 보네요!
친구들이 다가오니 조금 주춤하는 듯 하지만 선생님의 손을 잡고 안정을 취합니다.

오늘은 평소보다 조금 더 빨리 울음을 그치고 선생님을 바라보고 웃어보이네요.^^
00이가 어제 재미있게 놀이했던 아기 인형과 까꿍상자를 주었더니, 열심히 탐색하고 놀이하기 시작해요.^^
아직 많은 말을 표현하지는 않지만, 선생님이나 친구들이 이야기를 하면 바라보거나 간단히 대답을 해주기도 합니다.

천천히 00이의 속도로 적응하고 있으니 염려하지 마세요.^^

저와 친구들 모두 00이를 좋아하는 마음을 놀이를 통해 표현하고 있답니다.^^

00이도 슬그머니 놀잇감을 친구에게 건네어 주는 모습을 보여 "우와 우리 00이 친구한테 놀잇감을 나눠주었구나!" 하고 박수를 치니 함박 웃음을 보이다가 얼굴을 가려요, 부끄러웠나 봐요.😊

웃는 모습이 너무 귀엽고 사랑스러운 00이와 잘 지내고 있답니다.^^

00이가 바깥 놀이터 가는 걸 정말 좋아하는데, 이번 주에는 폭염으로 바깥 놀이가 어려웠어요.

친구들과 00이에게 이야기를 해주고, 기차놀이를 해보았답니다! 기차 안에 들어가 동요를 들으며 유희실을 오가는 놀이였는데, 발로 콩콩 뛰기고 하고 거꾸로 돌아서며 장난을 치는 모습도 보여요. 활발하게 움직이고 친구들과 몸놀이도 하는 모습을 보이며 즐겁게 참여했답니다!

어린이집/유치원에 다닌지 얼마 되지 않아, 우리 00이가 잘 적응하고 있는지 친구들과는 어떻게 지낼지 궁금하실 것 같아요.^^

다음주 0요일 00시에 유선으로도 한번 더 전해드리도록 하겠습니다!

등원할 때 00이가 울음을 보이거나 떨어지기 힘들어 해도 엄마가 지금처럼 웃으며 밝은 모습으로 인사해 주시고 기다려 주신다면 00이도 '어린이집/유치원이 엄마가 웃으며 보내는 곳이니 좋은 곳이겠지.' 하는 마음이 더 빨리 생겨 이내 씩씩하게 등원하는 모습을 보여줄 거라 생각합니다.^^

저역시 00이가 등원할 때 힘들지 않도록 00이가 좋아하는 놀이, 편안한 일과를 계획하고

00이의 마음을 헤아리고 공감하는 선생님이 되겠습니다.^^ 항상 밝은 모습으로 함께 해 주셔서 감사합니다! 믿고 기다려 주시는 마음에 더욱 힘이 난답니다.^^

그럼 이번 주말도 00이와 행복한 시간 가득하시길 바랄게요!

주말 동안 알림장 사진 보시며 친구와 선생님에 대해서도 좋은 이야기 나누어 주세요.^^

다음주 낚시 놀이도 미리 알려주셔서, 00이가 기대하는 마음으로 가질 수 있게 해주세요!

감사합니다!

 KEYPOINT

중간에 입소하는 친구들이 있다면 아이들도 기관에 적응 기간을 가지 듯, 부모님도 기관, 교사, 반의 운영 시스템에 적응을 하는 기간이 필요합니다. 편안한 마음으로 우리 학부모가 될 수 있게끔 세심한 배려와 안내, 지원을 해주세요. 가정에서 함께 지도할 수 있는 내용도 전해주시며 자주 소통하는 시간을 가지는 것이 매우 중요합니다.

소풍 및 견학

소풍 및 견학과 관련한 알림장 작성 시, 공통 KEYPOINT

① 소풍/견학의 목적과 일정 명확히 전달하기

소풍/견학의 목적(예: 자연 체험, 문화 견학 등)과 구체적인 일정을 상세히 안내하여 부모님이 소풍/견학의 중요성과 아이들이 어떤 활동을 하게 될지 이해할 수 있도록 합니다.

날짜, 시간, 장소 등을 명확히 기재하여 혼란을 방지합니다.

② 준비물 및 복장 안내하기

소풍/견학 당일 필요한 준비물(예: 도시락, 물병, 여벌옷 등)과 적절한 복장(예: 계절에 맞는 옷차림, 운동화 등)을 구체적으로 안내하여 부모님이 아이들이 필요한 것을 미리 준비할 수 있도록 돕습니다.

특히, 날씨 변화와 장소적 특성에 대비한 추가 준비물도 언급하는 것이 좋습니다.

③ 안전 관리 및 교통 수단 설명하기

소풍/견학 동안의 안전 관리 방안과 교통 수단에 대해 상세히 설명하여 부모님의 안심을 구합니다.

교통수단, 이동 시간, 장소 정보, 교사와 인솔자의 배치, 응급 상황 시 대응 방법 등을 포함시켜 아이들의 안전을 최우선으로 하고 있음을 강조합니다.

④ 소풍 중 의사소통 방법 안내하기

소풍/견학 중 부모님과의 의사소통 방법(예: 연락 가능한 전화번호, 비상 연락처 등)을 명확히 안내하여 긴급 상황 발생 시 신속하게 대응할 수 있도록 합니다. 또한, 소풍/견학 중 아이들의 상태나 특별한 상황이 발생한다면 즉각 연락을 취할 수 있도록 안내하는 것도 필요할 수 있습니다.

⑤ 소풍 후 피드백 및 추억 공유하기

소풍/견학이 끝난 후 아이들의 경험과 배운 점을 공유하여 소풍/견학의 의미를 전달합니다. 사진이나 간단한 영상등으로 소풍/견학의 즐거움을 전달하고 알림장은 간단하게 작성할 수 있습니다. 부모님의 피드백을 통해 다음 소풍을 더욱 개선할 수 있는 기회를 마련하는 것도 좋은 방법이 될 수 있습니다.

안녕하세요.^^ 00반 교사 000입니다.

다음주는 우리 00반 친구들과 딸기를 따러 가는 날이에요! 봄날씨를 느끼며 우리 친구들과 달콤한 딸기를 수확해 보려고 합니다! 우리 친구들과 3월 동안 바깥 놀이를 하며 선생님과 함께 이동할 때에 안전하게 다닐 수 있도록 이야기를 나누고 있어서, 4월 첫 소풍때에도 잘 해낼 수 있을 것 같아요!

부모님께서도 소풍날 아침 우리 친구들에게 한번 더 응원해 주시면 좋겠습니다.^^

00 딸기 농장에 방문해 딸기농장 선생님의 설명을 들어본 후, 체험장으로 이동해 딸기를 따보려고 해요.

옷이나 신발 등에 딸기가 묻을 수 있답니다! 사전에 양해 부탁드립니다.^^

우리 친구들 버스에 타는 시간이 촉박하지 않게 00시 00까지 등원부탁드려요!

* 준비물 : 원복, 도시락, 물병(목걸이형) 등
* 등원시간 : 00시 00분까지
* 투약의뢰서 : 00시 00분까지 전송
(투약의 경우, 귀원 시간에 따라 투약하는 시간이 조금 차이가 날 수 있습니다.)

즐겁고 안전한 견학이 될 수 있도록 유의해 살펴보겠습니다.

주말 동안 아이들과 봄에 볼 수 있는 다양한 나물과 과일 이야기를 해보는 것도 좋을 것 같습니다.^^

딸기로 만든 주스, 우유나 케이크, 쿠키 등을 먹어보는 것도 재미있을 것 같아요! 어린이집/유치원에서도 다양한 놀이로 사전 경험도 풍부히! 해보도록 할게요.

첫 나들이라 우리 00 반 친구들이 많이 피곤해 하지 않을까, 혹시 다치지 않을까 염려되기도 합니다.

부모님의 마음처럼 저 역시 항상 건강과 안전에 유의하도록 하겠습니다.

소풍 당일, 가정에서도 우리 00반 친구들에게 "선생님과 친구들과 함께 조심히 잘 다녀올 수 있도록" 이야기 나누어 주시고, 건강 상태나 컨디션이 좋지 않은 경우에는 미리 말씀해 주셔서 개별적으로 배려할 수 있도록 협조해 주세요!

부모님! 체험 활동 운영 시 특히 돌발 상황이나 안전 사고에 각별히 주의하여 진행합니다. 활동 사진이 적을 수 있으니 양해 부탁드립니다. 00반 친구들의 안전을 최우선으로 하겠습니다.^^

기타 문의사항이 있으신 경우, 댓글 남겨주시면 안내해드리도록 하겠습니다. 감사합니다.^^

안녕하세요! 00반 교사 000 입니다!

오늘은 즐거운 소풍날^^ 우리 00어린이집/유치원 친구들 모두 딸기 따기 체험을 다녀왔답니다.
우리 00반 친구들도 신이 나서 등원을 했네요! 아침에 선생님을 만나자 마자 "딸기 따러가요?" 하고 물어보는 걸요^^ "부릉부릉 토끼차 타고 다녀올꺼야!" 하고 이야기를 하니 펄쩍펄쩍 뛰며 친구들하고 손을 맞잡고 좋아합니다.

요 며칠 비가 오기도 하고, 건강이 염려되어 원에서 지냈더니 바깥 바람을 쐬며 즐겁게 놀이하는 시간이 더 많이 기다려졌나봅니다.^^

소풍 갈 준비를 하고 모두 모여 한 줄 기차를 했어요! 우와! 우리 00반 친구들 이제 큰소리로 대답하며 척척척! 멋지게 줄을 설 수 있네요.^^

버스를 타고 이동하며 예쁘게 핀 개나리와 목련, 진달래를 보았어요. 교실에서 불러보았던 봄 동요도 불러보고, 기대되는 마음도 표현해 보았답니다.^^

딸기 농장에 도착했어요! 농장 선생님께 딸기의 성장과정과 수확하는 방법에 대해 설명을 들었습니다. 멋지게 집중하는 모습에 우리 00반은 칭찬도 받았어요.^^
딸기 하우스로 이동해, 딸기를 하나씩 따보았습니다. 빨간 딸기가 탐스럽게 열려있었어요! 딸기 향도 가득~해서 더 기분이 좋았답니다. 딸기를 따서 입으로 쏘옥! 달콤한 딸기 한입에 행복한 우리 00반 친구들.
'우리 친구들, 점심은 어떻게 먹지?' 하는 생각이 들 정도로 엄청 맛있게 많~ 이 먹었어요.😊
(걱정이 무색할만큼 점심도 냠냠 잘 먹었답니다.^^)

돌아오는 길에도 즐거웠던 시간을 떠올리며 대화를 나누어보았습니다. 집에 가져가서 엄마, 아빠와 같이 먹어보자고 이야기를 하니 더욱 신이 났어요!^^ 기사님에 감사 인사를 하고 교실로 들어와 낮잠 준비를 했답니다. 우리 친구들 피곤했는지, 금세 잠이 들었어요! 푹 자고 일어나 즐겁게 오후 일과를 보내고 하원하겠습니다!

감사합니다.^^

03 어린이날 소풍

안녕하세요! 00반 교사 000입니다. 오늘 등원하는 우리 00반 친구들의 얼굴에 기대감이 가득하네요.^^
어느 때보다 밝은 모습으로 등원하며 "오늘 어디가요?" 하고 물어보는 친구들!
이번 주 내내 어린이날 행사로 즐거웠었지만 가장 기다렸던 날은 오늘이 아니었을까 생각이 됩니다.^^

우리 친구들이 가장 기다렸던 어린이날이 내일로 다가왔어요! 친구들과 모여, 어린이날 축하 인사도 나누고! 무엇을 가지고 싶은지, 어떤 걸 하고 싶은지 이야기도 나누어 보았답니다.^^

"어린이날 기념으로 소풍가자!" 하는 선생님의 이야기에 하늘이 떠나갈 듯 큰 소리로 대답하며
즐거워 하는 우리 00반 친구들이었어요.😊

친구들과 준비물을 챙기고, 버스에 올라탑니다. 가는 동안 왁자지껄 떠드는 소리에 절로 미소가 지어지네요.😊 무얼 하고 놀이할지, 누구랑 놀고 싶은지 종알종알 이야기 하는 우리 00반 친구들과 더워진 날씨에 더욱 초록초록해진 나무를 구경하고, 지나가는 경찰차와 인사를 나누어보기도 했답니다.^^

키즈카페에 도착^^ 우와~ 하는 소리와 함께 뛰어들어가네요!
잠깐 멈추어, 오늘 알림장에서 지켜야 할 약속도 이야기 나누어 보았어요.
마음은 이미 놀이기구로 향해 있었을 텐데도, 선생님 말씀에 귀기울여 들어주었답니다.^^

바운스와 기차, 블록, 낚시 놀이 등 다양한 놀이 기구를 타고 놀이해보았어요. 우리 반 친구들뿐 아니라 우리 어린이집/유치원 다른 반 형님, 동생들도 함께 있어서인지 더욱 즐겁고 신나는 시간이었답니다.^^

놀이 후 점심을 먹어보았어요. 조리사님이 해주신 볶음밥이 세상에서 가장 맛있다는 우리 친구들
간식과 함께 맛있게 한그릇 뚝딱! 하였답니다.^^

돌아오는 길에도 즐거움을 표현하며 노래를 불러보았어요. 봄 동요를 자신있게 부르며 개구진 동작도 취해보이는 우리 00반 이었습니다. 내리는 길에 기사님께 공손히 인사도 드리고^^ 원에 도착해 달콤한 낮잠을 자고 있어요!

우리 친구들, 과연 이번 어린이날 어떤 일이 있을까 많이 기대하는 것 같아요! 세상에서 가장 소중한 우리 아이들에게 행복한 시간을 선물해 주세요. 어린이날 만큼은 핸드폰이나 미디어는 내려두고, 서로의 눈을 마주보며 함께 하는 시간으로 채워나가길 바래봅니다.
아이들에게는 부모님과의 시간이 가장 소중한 선물이 될것 같습니다.^^

사랑하는 우리 00반 친구들!
내일 어린이날은 우리 00반 친구들이 주인공이 되는 거란다!

존재만으로도 세상을 밝게 비추어줄 우리 친구들, 누구보다도 어린이날 행복하게 보내길 바래요.^^
우리 건강한 모습으로 월요일에 만나자고 살짝 전해주세요!
감사합니다.

04 식물원 나들이

안녕하세요! OO반 교사 OOO 입니다.

즐거운 O요일, 오늘은 우리 친구들과 소풍을 가는 날이에요.^^

우리 OO반 친구들과 식물원 나들이를 하기 전, 지켜야 할 약속에 대해 이야기를 나누어 보았어요!
OO반을 부르면?! "네네! 선생님!" 하고 대답해요.^^ 버스를 타고 내릴 때 지켜야 할 약속도 이제는 잘 알고 대답하네요!

버스를 타고 이동하며 목련 꽃, 산수유 나무, 개나리, 진달래등 예쁜 봄꽃을 볼 수 있었어요!
교실에서 보던 봄 꽃을 직접 보고는 눈이 휘둥그레! 해졌어요. "얘들아, 노랑 개나리가 저기 많~ 이 있네!" 하고 이야기 하니 약속 한 듯 "우와~!!!" 하고 환호성을 지르는 모습이 정말 사랑스러웠어요.^^
봄 동요를 들으며 즐거운 마음으로 식물원에 도착했어요!

선생님 설명을 들으며 다양한 나무와 꽃 등을 관찰해 보았어요. 식물원 관람을 하며 나무나 꽃이 상하지 않도록 조심하자고 한 약속도 잘 기억하고 지켜주었지요.^^ 식물원을 돌아 보며 만났던 여러 가지 나무와 꽃 등을 사진 찍어 교실에서도 함께 보려고 해요!
우리 친구들이 평소 길거리에서 보던 나무와 다른 모양의 나무가 여러 가지가 있어서, 새롭고 신기한 경험이 되었던 것 같습니다.

이번 주말, 우리 아이들과 자연에 대해 좀 더 관심을 가지고 살펴보시면 어떨까요? 나무의 이름도 알아보고, 나뭇가지의 모양도 살펴보며 우리 친구들에게 즐거운 시간이 되길 바래봅니다. 감사합니다!

05 봄소풍, 키즈카페

안녕하세요! 00반 교사 000입니다.

오늘은 두근두근 봄소풍날이랍니다.^^ 등원하면서 콩콩콩 뛰는 발걸음이 벌써부터 기대가 가득한 우리 친구들의 마음을 표현하는 듯 하네요!

"얘들아, 우리 오늘 키즈카페에서 신~ 나게 놀이하고 오자!" 하고 이야기를 하니, 우리 00반 친구들 "우와!" 하며 박수를 치고, 점프점프를 합니다. 평소보다 더 멋지게 간식을 먹고, 소풍 나갈 준비를 하는 우리 반 친구들이었어요! (매일 소풍날이면 어떨까? 라는 생각을 잠시 하게 되었답니다..^^)

소풍 나가기 전, 버스에서 지켜야 할 안전 약속을 이야기 해보았어요!

1. 안전벨트 꼭 하기!
2. 자리에서 장난 치지 않기!
3. 차례차례, 선생님 손을 잡고 타고 내리기!

세가지 약속을 잘 기억하고 따라준 우리 00반 친구들 너무 멋져요! ^^

키즈카페에 도착해서 신발을 정리하고 놀이를 시작했답니다. 바운스, 대형 미끄럼틀, 볼풀장, 편백 놀이방, 역할 놀이, 낚시 놀이, 블록 놀이공간 등 여러 가지 공간에서 자유롭게 놀이해 볼 수 있었어요.
놀이를 하며 입이 귀에 걸린 우리 00반 친구들과 더 많이 웃고 떠들며 안전하게 놀이할 수 있었습니다.

어린이집/유치원에서 놀이하는 것도 즐겁지만, 키즈카페에서 다른 반 친구들과도 함께 놀이하며 지내는 시간은 또 다른 매력이 있는 것 같아요. 우리 친구들 다투지도 않고 서로 잘 어울려 놀이했어요.
놀이하다 만나는 형님들과도 잘 지내고, 동생들을 배려하는 모습도 보여 칭찬도 듬뿍! 받았답니다.^^

즐겁게 놀이하고 돌아오는 시간, 놀이했던 시간을 회상하며 이번 주 함께 배웠던 봄 동요를 불러보았어요.
우리 친구들 돌아와서는 피곤했는지, 금세 꿈나라로 여행을 갔답니다.
푹 자고 일어나 오후 일과 후 안전하게 하원하겠습니다.^^
내일은 또 어떤 즐거운 일들이 기다리고 있을까요? 저녁 시간에 우리 00반 친구들의 놀이 이야기로 즐거운 대화가 이루어 지길 기대해 봅니다. 사랑하는 우리 00반 친구들! 내일 또 건강한 모습으로 만나요.^^
감사합니다!

06 한국 민속촌 견학 (장거리 이동)

안녕하세요! 00반 교사 000입니다.

오늘은 우리 친구들과 용인에 위치한 한국 민속촌에 다녀왔어요! 장거리 이동이라 더 조심할 수 있도록,
우리 친구들과 소풍 전 약속을 이야기 하며 안전하게 다녀올 수 있었습니다.^^

1. 짝꿍과 손 잡고 다니기
2. 선생님을 잘 보고 함께 다니기
3. 화장실에 가고 싶을 때에는 꼭 이야기 하기
4. 모르는 사람을 따라가지 않기

우리 00반 친구들, 선생님의 당부에 우렁찬 목소리로 대답도 잘 해주었어요!

차량을 탑승하며 기사님께도 씩씩하게 인사드렸어요.^^ 자리에 앉아 안전벨트를 착용한 후, 설레이는 마음을 안고 출발! 1시간 정도 소요 되었는데, 우리 00반 친구들 창밖을 보며 봄 날씨를 이야기 하기도 하고, 가족과 여행을 다녀온 이야기, 좋아하는 놀이를 했던 이야기를 하며 오늘 소풍 장소는 어떤 장소일까 궁금해 하였답니다! 이동하는 동안 아이들이 힘들어 하지 않는지 살펴보았습니다. 모두들 무리없이 잘 도착할 수 있었습니다.

우리 나라를 대표하는 전통 문화 테마파크 답게! 한국 민속촌의 멋진 한옥과 건물들이 우리 00반 친구들을 맞이해 주었어요! 우리의 전통의 아름다움을 배워볼 수 있었습니다. 입구에서 우릴 반겨준 까망토끼와 하양토끼와도 찰칵! 기념 사진을 찍어보았답니다.^^ 복주머니앞에서 우리 00반이 올해 행복하게 보낼 수 있게 해주세요! 하고 소원도 빌어 보았어요.

민속촌에서는 다양한 전통 체험을 할 수 있었습니다. 옹기 체험, 목기 체험, 승마 체험 등등
우리 00반 친구들은 00 체험을 해보았어요. 평소 자주 접하는 놀잇감이 아니라 더 신기 한듯 눈이 똘망똘망했답니다! 선생님의 설명을 듣고 차례차례 해보았지요.^^

친구가 하는 모습도 유심히 보며 작은 움직임에도 까르르 웃어 보이는 우리 00반 친구들이었어요.😊

우리 00반 친구들과 민속촌을 돌아보는 동안 공연도 볼 수 있었답니다! 평일이어서인지 한산한 덕분에 좋은 자리에서 공연을 관람할 수 있었어요. 흥겨운 옛 가락에 어깨가 덩실덩실 움직입니다.
우리 친구들과 다음주에는 전래동요도 자주 들어봐야겠어요!

한참을 돌아 본 후, 점심을 먹었습니다. 평소보다도 더 맛있게 점심을 먹는 우리 00반 친구들,
오늘 이런 저런 체험을 하며 에너지를 마음껏 발산하고 식사도 잘 해주었네요.^^

돌아오는 길에는 피곤한지 잠에 든 친구도 있었고, 함께 보고 경험한 것들을 이야기 나누는 친구들도 있었어요. 모두에게 즐거움이 가득했던, 배움이 있는 좋은 시간이었습니다.

가족과 함께 다시 방문해 봐도 좋을 것 같아요! 우리 친구들이 신이 나서 이곳 저곳을 안내할 수 있을 거라 생각됩니다.^^ 보내드리는 사진 보며 우리 친구들과 저녁 시간 이야기 꽃을 가득 피워보시길 바랍니다.
그럼 즐거운 저녁 되세요! 감사합니다.😊

07 고구마 캐기 활동 + 부모 참여 수업

안녕하세요! 00반 교사 000입니다.

이번 고구마 캐기 활동에 참여해주신 부모님들 감사의 말씀 다시 한번 전합니다!
귀한 시간 내어 주신 덕분에 더욱 의미 있고 즐거운 시간이 될 수 있었습니다!

매일 손꼽아 엄마, 아빠와의 만남을 기다리던 우리 000반 친구들이었답니다. 뜨거운 볕에 땀을 흘리며 고구마를 캐는게 힘들었을텐데, 고사리같은 손으로 꼬물꼬물 흙을 파내어 고구마를 꺼내는 모습이 정말 대견했습니다!

우리 000반 친구들 힘들기도 했을텐데 사랑하는 부모님과 함께 해서인지 더 집중해서, 더 열심히 참여할 수 있었던 것 같아요. 어린이집/유치원에서 배웠던 가을열매와 다양한 뿌리식물을 직접 탐색하고 경험할 수 있는 좋은 시간이었습니다!^^ 친구들과 배웠던 내용을 놀이나 실제로 경험하고 터득하는 과정은 참으로 값진 배움이라 생각됩니다.^^ 즐거운 추억과 유익한 배움의 시간이었습니다.

새학기가 시작되며 우리 00반 친구들과 더 즐거운 놀이를 계획하며 여러 가지 주제를 쉽고 재미있게 경험할 수 있도록 준비하고 있답니다. 선생님의 마음을 알아서인지, 더 씩씩하고 밝은 모습으로 등원하는 우리 00반 친구들이 예쁘고 고맙답니다.^^

00월의 놀이 주제는 [   ]이에요! 우리 친구들이 평소 관심이 많은 주제라 더 즐거운 놀이가 연계되어 활성화될 것 같아 기대가 됩니다!^^ 주말 연휴동안 관련되어 경험할 수 있는 곳을 방문해보아도 좋을 것 같습니다.

그럼 우리 친구들 다음주에도 씩씩한 모습으로 만나요.

안녕하세요! 00반 교사 000입니다.

이번 주 0월 0일은 사과따기 체험이 예정되어 있어요. 가을 열매에 대해 놀이를 통해 경험하고 있는데, 직접 체험한다면 더 많은 배움이 있을 듯 해서 저도 기대가 됩니다.

우리 00반 친구들도 "선생님 사과 언제 따러가요?" "사과 따서 먹어도 되요?", "선생님 나는 귤을 먹고 싶은데요." 하며 관심을 보이며 물어보곤 해요.^^ 귀여운 우리 00반 친구들이지요.^^

사과따기 체험과 관련해 안내사항 전달드립니다. 준비물 등 유의사항 잘 읽어주시고 준비해주세요.^^

1. 일정 : 00월 00일 00시 출발 ~ 00시 귀원
(낮잠을 자는 영아들은 돌아오는 버스안에서 피곤하면 충분히 쉴 수 있도록 하고, 돌아와서 낮잠을 마저 잘 수 있도록 지도할 예정입니다)

2. 장소 : 00 사과 체험장 (000시 00구 000농원)
해당 농원은 아이들이 체험하기 적합한 안전하고 쾌적한 장소입니다.
아이들과 사과 따기 체험 후, 사과 피자와 쿠키 등을 만들어 보는 시간도 계획되어 있어요!

3. 경비 안내 : 필요경비 내에서 지출
매월 초 수납하시는 필요경비로 지출하며, 별도의 비용은 청구되지 않습니다.
혹, 아직 경비를 수납하지 않은 가정이 있으시다면 00일까지 납부 부탁드립니다.

4. 식사 및 간식
점심 : 원에서 준비
간식 : 원, 농장에서 제공 (00빵과 사과 주스)

5. 준비물 ***
✓ 신발 : 흙이 묻을 수 있어요. 묻어도 쉽게 닦일 수 있는 편안한 신발을 착용할 수 있도록 준비해주세요. 이동하는 공간에서 자유롭게 놀이할 수 있도록, 벗고 신기에 수월한 신발을 부탁드립니다. 크록스나 끈이 있는 운동화는 안전상 위험할 수 있으니 자제해 주시기 바랍니다.
✓ 원복 : 원복을 착용합니다. 우리 어린이집/유치원 외 다른 기관에서도 이용할 수 있으니, 어린이집/유치원 가을 원복을 입혀 보내주세요(준비가 되지 않은 가정에서는 00색 상하복을 입혀주세요.)
✓ 물통 : 원에서도 아이들이 마실 물을 제공하지만, 쉽게 마실 수 있도록 목걸이형 물통 등을 준비해 주시고, 반 정도 채워 보내주세요.^^
✓ 식판 : 원에서 일회용기에 식사를 담아 제공합니다. 식판은 준비하지 않으셔도 됩니다.
숟가락과 포크는 이름을 꼭 기입하신 후, 보내주세요!

우리 00반 친구들과 즐겁고 재미있는 체험하고 돌아오겠습니다.

별도의 문의사항이 있으신 경우, 알림장 댓글 달아주시면 확인 하고 전달드리도록 하겠습니다. 감사합니다.

09 사과 따기 후 안내

안녕하세요! 00반 교사 000입니다.

오늘은 우리 00반 친구들과 사과 농장에 다녀왔어요!

등원하면서 설레이는 마음을 표현하는 우리 00반 친구들과 오늘은 어떤 일과가 있을 지 간단하게 설명해 주었답니다! 초롱초롱한 눈으로 "얼른 가고 싶어요~" 하고 말하는 것 같아요.^^

안전하게 버스에 승차하고, 이동하면서 지켜야 할 약속도 이야기 해주었습니다.

우리 00반 친구들이 노란 버스가 오자 콩콩 뛰며 정말 좋아했어요! "라니가 와요~ 라니 타고 붕붕 가요!" 하며 이야기를 하네요.^^ 버스로 이동하는 내내 즐겁게 동요도 듣고, 짝꿍과 이야기도 합니다. 창밖으로 보이는 풍경도 함께 감상하구요.😊

이제는 선생님과 약속한 것도 잘 기억하고, 바르게 앉아 안전벨트도 잘 하고 있는 우리 00반 친구들이랍니다. 이동하는 데에 1시간 정도 소요되었는데, 전혀 지루함 없이 잘 탈 수 있었어요.^^

00농장에 도착! 부모님들께서 공지 사항을 잘 확인하시고 복장을 잘 준비해 보내주셔서 아이들과 편안하게 체험을 할 수 있었답니다.^^

농장 아저씨, 아주머니께 씩씩하게 인사를 하고, 사과 따기 체험에 대한 설명을 들었어요.

사과 체험 선생님이 하나하나 상세히 잘 설명해 주셔서 우리 00반 친구들 대답도 크~게 잘 하고, 시작해 볼 수 있었어요.

선생님의 도움을 받아, 사과를 따보았어요. 탐스럽게 열린 사과를 보고 얼마나 즐거워 하는지요.^^ 직접 따는 과정에 힘이 들지 않을까 걱정했는데, 우리 00반 친구들 멋지게 체험을 마칠 수 있었어요.

사과 나무가 상하지 않게 조심조심, 넘어지거나 다치지 않게 조심조심 하며 잘 해주어 칭찬도 듬뿍 받았답니다.😊

체험 후, 피자 만들기 시간이 있었어요. 직접 딴 사과를 맛보고 잘라보기도 한 후, 피자 도우 위에 예쁘게 올려보았어요. 피자치즈와 야채 토핑으로 멋진 피자를 완성했지요.^^

피자 체험 선생님께서 우리 00반 친구들이 만든 피자를 맛있게 구워주셨답니다.
커다란 화덕을 보더니 신기 한지 눈을 떼지 못한 우리 00반 친구들이에요.😊

돌아오는 길에도 안전에 유의하여 잘 귀원하였습니다. 피곤한 친구들은 낮잠을 잘 수 있도록 지원하고, 이외 친구들은 오후 놀이를 하며 간식을 먹었습니다.

즐거웠던 사과 따기 체험! 다음에도 재미있고 신나는 소풍 기대해 주세요.^^
멋지게 선생님 이야기를 잘 들어준 00반 친구들에게 칭찬도 많이 해주세요!
가정에서 우리 00반 친구들의 사과따기 체험 이야기도 들어보시고 정성 가득한 피자도 맛있게 드세요.^^

* 혹 오늘 일정으로 저녁에 피곤해 할 수도 있을 것 같아요. 너무 늦지 않게 재워주세요.^^
* 체험 사진은 00반 친구들의 안전한 체험을 위해 안정적인 상황에서 최소한의 사진 촬영으로 이루어져 평소보다는 사진이 적을 수 있습니다. 사진 안의 우리 00반 친구들의 즐거운 표정을 봐주세요.^^

10 무뽑기 체험 안내

안녕하세요! 00반 교사 000입니다.
우리 00반 친구들이 기대하고 기대하던 소풍날이 다가왔어요.^^ 바로 다음주 0요일 무뽑기 활동을 하러 00농장에 갑니다!

평소 음식으로만 접해보았던 무를 직접 뽑아보면 얼마나 신기하고 재미있을까요?
우리 아이들이 실제 경험하는 과정을 통해, 더 깊이 이해하고 배울 수 있는 시간이 될 것 같습니다.

사전 경험을 위해 우리 친구들과 실제 무를 가지고 놀이도 해보고,
동화책과 교구 활동을 통해 무에 대해 탐색하고 알아보는 시간을 가졌답니다.
선생님과 함께라면 언제나 즐거운 우리 00반 친구들 이제는 "무" 하고 먼저 이야기 하기도 하지요.^^

농장에 가서 무를 뽑으며 즐거워 할 우리 친구들의 모습이 벌써부터 기대가 됩니다.^^

"얘들아~ 우리 다음주에 무 뽑으러 갈까?" 하고이야기 하니 눈을 반짝이며 옹알옹알 소리내기도 하고 "응응~" 하고 신나서 대답을 하기도 하는 우리 00반 친구들이에요!
안전하고 즐거운 체험학습이 될 수 있도록 살펴보겠습니다.

그럼 우리 친구들과 즐거운 체험활동 할 수 있도록 아래사항 잘 확인해 주시고,

준비해 주세요! 혹시 궁금한 점이 있으신 경우, 댓글로 문의주시면 답변 드리겠습니다.😊
감사합니다!

* 무 뽑기 체험 활동 안내 사항

1. 일시 : 00월 00일 00시 ~ 00시
2. 장소 : 00구 00동 00농원
3. 준비물 : 원복, 운동화(크룩스나 구두는 X, 끈달린 운동화도 불편해요!), 목걸이형 물병, 숟가락과 포크
4. 점심 및 간식, 식판은 원에서 준비합니다.

10시에 출발할 수 있도록 도보로 등원하는 원아들은 09시 30분까지 등원부탁드립니다.
당일 결석을 하거나, 참여가 어려워 원에 남기를 바라는 경우에는
원활한 활동 진행을 위해 09시까지 알림장으로 전달 부탁드립니다.

* 발열이 있는 경우, 견학이 어려울 수 있습니다.
* 아이들의 소지품에는 이름을 꼭 적어주세요!
* 활동을 하다보면 너무 두꺼운 점퍼는 더워서 땀이 날 수 있으니, 고려해 주세요!

11 무뽑기 체험 후

안녕하세요! 00반 교사 000입니다.
오늘은 우리 00반 친구들과 무 뽑기 체험활동을 하고왔어요 ^^

아침부터 기분 좋은 얼굴로 등원하며 선생님과 인사를 나누어 보았답니다!
"우리 00반 친구들 오늘은 무를 뽑으러 다녀올까?" 하니 누가 먼저랄 것도 없이 점퍼를 꺼내 오는 우리 똑똑이들이에요.😊

선생님과 양말도 신고, 점퍼도 입고, 소풍갈 준비를 해보았어요.😊 우와~ 우리 00반 친구들 이제 자기 신발도 잘 찾아서 스스로 신어보려고 하는 모습을 보이네요. 정말 기특한 모습입니다! ^^

버스를 타며 기사님께 배꼽 인사도 하고, 안전하게 차례차례 타보았어요.
안전벨트를 매고, 평소 놀이로 많이 접했던 차량 안전에 대해서도 이야기 해보았답니다.
소풍 가는 길 즐거운 동요를 들려주니 더욱 흥이 나서 노래를 따라하기도 해요.

도착 후에는 농장 선생님과 인사를 나눈 후, 무에 대해 간단한 설명을 들어보았습니다.
의젓하게 앉아 설명을 듣는 모습에 칭찬도 듬뿍 받았습니다.^^

드디어, 무 뽑기 시간! 우리 00반 친구들 선생님과 함께 흙속에 깊이 심어져 있는
무를 뽑아보았어요~ 영차! 영차! 미간을 찌푸리며 열심히 뽑는 모습이 정말 귀엽고 사랑스러웠답니다.^^ 뽑은 무를 꼭 껴안고 선생님을 보여준다며 달려오는 우리 00반 친구들이었어요!

우리 친구들이 열심히 수확한 무로 가정에서 맛있는 깍두기를 함께 담그어 보시면 어떨까요?
설탕과 소금, 식초만 넣어도 새콤달콤 맛있는 하얀깍두기가 된답니다! ^^
그 밖에도 무채놀이하기, 삶은 무 놀이, 물감 무 도장 놀이, 무즙 놀이 등 다양한 놀이가 있으니, 아이들과 오늘 한 체험활동과 연계가 될 수 있는 시간을 가져보시기를 바랍니다.
* 아이들과 가정에서 무 요리를 하거나, 무를 가지고 놀이한 사진을 보내주세요!
어린이집/유치원에서 즐거운 놀이 자료로 활용해 보겠습니다.😊

아이들의 안전을 최우선으로 하여 편안하게 활동하는데에 집중하느라,
사진은 평소보다 적을 수 있습니다.^^ 사진안의 즐겁고 행복한 우리 00반 친구들의 표정을 살펴봐주세요.

오늘도 즐거운 놀이와 배움이 있는 시간이었어요.
평소보다 활동량이 피곤할 수 있으니, 저녁에는 너무 늦지 않게 잘 수 있도록 해주세요.
스스로 해낸 일에 성취감을 듬뿍! 느낄 수 있도록 칭찬도 듬뿍 해주세요.^^

내일 또 즐거운 일들이 가득할 어린이집/유치원에서 우리 모두 좋은 컨디션으로 만나길 바래요!^^

12 레드향 농장 체험 안내

안녕하세요.^^ 00반 교사 000입니다.
다음주는 우리 00반 친구들과 레드향을 따러 간답니다! 벌써부터 설레이는 마음이 느껴지는 것 같아요.

레드향 농장은 00시 00구에 위치해 있습니다! 우리 친구들은 25인승 유아용 안전 장비가 구비되어 있는 버스를 타고 이동을 할 예정입니다. 출발 준비가 늦어지지 않도록 등원 시간은 09시 30분이전으로 부탁드려요^^
* 준비물 : 원복, 도시락, 물병(목걸이형) 등
* 등원시간 : 09시 30분까지

* 투약의뢰서 : 09시 30분까지 전송

우리 친구들과 함께 레드향 나무에서 레드향을 하나 둘, 직접 따보는 시간을 가져 보려고 해요.
(저도 직접 나무에 달린 레드향을 보는 건 처음이라 기대된답니다.^^)

우리 00반 친구들 나무에 달린 레드향을 따며 정~ 말 신기해 할 것 같아요.
어린이집/유치원 교실에도 레드향 나무를 크게 출력해 다음주에 레드향 따러 가자~ 하고 이야기 하니,
"굴!" 하고 이야기 하며 좋아해요.^^

지난 번 00 체험도 즐거워 했었는데, 새콤달콤한 레드향을 맛보면서 얼마나 행복해 할까요?^^

즐겁고 안전한 견학이 될 수 있도록 유의해 살펴보겠습니다. 가정에서도 우리 00반 친구들에게
"선생님과 친구들과 함께 조심히 잘 다녀올 수 있도록" 이야기 나누어 주세요!

부모님! 체험 활동 운영 시 안전 사고에 각별히 유의해야 하여, 사진은 많지 않을 수 있습니다. 언제나 안전
을 최우선으로 하겠습니다.^^ 우리 00반 친구들과 안전하게 잘 다녀오겠습니다!

13 아쿠아리움 소풍 + 버스 이동 시 안전

안녕하세요! 00반 교사 00입니다.
매일 해맑게 웃으며 등원하는 00반 친구들과 밝은 모습으로 인사를 나누어 보았습니다.^^

"오늘 소풍 가는 날이에요?" 하고 묻는 우리 반 친구들이에요.^^ 선생님이 물고기가 있다고 표현하며 손으
로 물고기 흉내를 내어주자 까르르 웃거나 점프를 뛰며 신이 난 마음을 표현하네요.^^

안전 약속에 대해 이야기를 나눈 후, 친구들과 준비를 하고 버스에 탔습니다. 버스를 타고 가는 길 겨울 햇
살에 비치는 나뭇가지의 모습을 이야기 하며 노래도 불러보았어요.^^
우리 00반 친구들이 예쁜 목소리로 동요 부르는 모습은 정말 사랑스럽답니다.^^

차에 타고 내릴 때, 그리고 좌석에서는 꼭 안전 벨트를 해야 한다고 이야기를 전해 주었는데, 우리 00반 친
구들이 약속을 정말 잘 지켜 주었어요. 차에서 장난을 치거나 큰 소리로 떠들지 않고 창 밖의 풍경을 감상하며
이야기를 나누어 볼 수 있었습니다. 이제 조금씩 어엿한 형님 모습이 보이는 것 같아요.^^

아쿠아리움에 도착! 간판을 보고도 소리를 지르며 환호하는 우리 00반 친구들이었어요.^^ 매표소의 직원분

께도 씩씩하게 인사를 하고 입장을 했답니다. 짝꿍 손을 꼭 잡고, 다양한 해양 생물들을 만나보았어요.

여러 가지 특이한 모양의 물고기, 해양 생물, 파충류와 산호초, 다양한 동물들까지 우리 00반 친구들에게 즐겁고 신기한 경험이었어요. 물론 부모님과도 동행하여 다녀와 보았겠지만, 친구들과 함께 하는 시간은 또 색다른 것 같습니다.^^

힘들어 하거나 지쳐하지 않고 끝까지 두눈을 똥그랗게 뜨고 관찰하네요! 형님, 동생들과 함께 예쁜 인어공주의 공연도 멋지게 관람할 수 있었어요. 우리 친구들 오늘 긴 일정임에도 불구하고 잘 참여해주어
정말 고마웠답니다.^^ 또 즐거움이 가득했던 시간인 것 같아 보람되기도 했어요.

원에서 준비한 도시락도 냠냠! 맛있게 먹었어요. 여러 곳을 걸어 피곤했을 텐데도 스스로 꼭꼭 잘 먹어주었답니다. 동물 친구들은 무얼 먹느냐며 궁금해 하기도 하네요.^^ 꿀맛이라며 엄지척!을 해보이는 친구들도 있었어요! ^^

우리 친구들에게 어떤 하루였는지 대화를 나누며 집에서 물고기나 해양생물에 관한 책을 함께 보셔도 좋을 것 같아요. 저녁에는 평소보다 많이 피곤해 할 수있으니, 일찍 식사를 하고 늦지 않게 잠자리에 들 수 있도록 살펴봐주세요!

그럼 우리 00반 친구들과 행복한 저녁 되시기 바랍니다. 감사합니다.^^

14 작은 도서관 – 지역사회연계

안녕하세요! 00반 교사 000입니다.

오늘은 우리 00반 친구들과 도서관에 다녀왔어요! 평소 신체를 활발하게 움직이며 놀이하는 것을 좋아하는 우리 00반 친구들이라, '도서관 활동이 지루하면 어쩌지?' 하는 걱정도 살짝 있었는데, 우리 00반 친구들 "선생님 도서관에 가서 책 보고 싶어요!" 하고 신이 나서 이야기를 하는 군요.^^

도서관에 가기 전, 모두 모여 도서관은 어떤 곳인지, 어떤 분들이 계시는지 이야기를 나누어 보았어요.
손을 들고 발표를 하기도 하고 친구들 이야기를 잘 듣고 다시 질문을 하기도 합니다.
도서관에서 지켜야 할 약속도 잘 알고 있는 우리 00반 친구들이었습니다!

채비를 마치고, 짝꿍 손을 잡고 원을 나섰어요.^^ 도서관에 가는 길은 참 즐겁습니다.
초록초록한 나뭇잎의 다양한 모양을 이야기 나누고, 여름에 볼 수 있는 곤충 이야기도 나누고,

지나 가는 어른들께 인사를 드리기도 합니다.^^ 언제나 밝고 씩씩한 우리 OO반 친구들에게는 산책하는 길도 배움이 가득합니다.

도서관에 도착하니 "우와! 여기 진짜 멋지다!" 하고 눈이 똥그래졌어요! 알록달록 예쁜 쇼파와 다양한 책들이 한눈에 들어옵니다.

신나는 마음에 목소리가 조금 커지는 듯 하여, "얘들아, 우리 도서관에서는 쉿! 조용히 책을 볼까?" 하고 소곤소곤 이야기 하니 그제야 작은 목소리로 대답합니다.😊

우리 OO반 친구들과 책도 보고, 도란도란 이야기도 나누며 즐거운 시간 보내고 돌아왔답니다.^^
오늘 저녁은 우리 친구들에게 도서관에 다녀온 이야기도 물어보시고, 어떤 책을 보았는지 대화를 나누어 보시길 바래요^^ 주말에 가족과 함께 도서관 다녀오는 것도 적극! 추천합니다.😊

OO반 친구들과 행복한 저녁 되세요. 감사합니다.^^

15 체리 농장

안녕하세요! OO반 교사 OOO입니다.

오늘은 즐거운 소풍날! OO반 친구들이 가장 설레여 하고 좋아하는 날이랍니다.

우리 OO반 친구들과 오늘은 체리 농장에 다녀왔어요.^^ 친구들과 버스를 타기 전 안전에 대해 약속을 해보았어요. 선생님 손을 잡고 차에 탄 후, 안전벨트도 착착! 바르게 앉아서 이동하는 우리 OO반 친구들이었습니다.😊

버스를 타고 가며 여름 풍경을 감상하며 즐겁게 동요를 불러보았어요!

체리 농장에 도착한 우리 OO반 친구들은 농장 선생님과 만나 인사를 나누어 보았습니다.
우리 친구들의 씩씩한 모습에 선생님이 깜짝! 놀라실 정도였어요. 대답도 잘하고, 멋지게 앉아서 끝까지 집중한 우리 친구들 정말 대단해요.^^

체리는 우리 몸에 어떤 도움을 주는지, 어떻게 자라는지, 다양한 체리의 종류에 대해서도 알아보고 체리를 따는 방법도 살펴보았습니다.
작은 손으로 조심스럽게 체리를 하나씩 따 보았어요. 새콤 달콤한 냄새가 가득한 체리 농장이 아이들이 집중하느라 쉿! 조용해 졌답니다.^^ 입으로 하나! 컵으로 하나! 맛있게 체리도 먹으며 체험을 잘 마무리 할 수 있었어요.

돌아오는 길에는 선생님이 해주셨던 이야기를 기억하며 우리 몸에 어떤 도움을 줄까? 하고 이야기를 나누어 보았어요. 00반 친구들이 "집에 가서 엄마랑 먹어야지~" 하며 기분 좋게 웃음을 보이는 모습에 저절로 미소가 지어집니다.

오늘 저녁은 우리 친구들의 체리 농장 체험 이야기로 가족 모두가 행복한 시간이 되실 것 같아요.
달콤한 과일 디저트와 함께 즐거운 저녁 보내시길 바랍니다. 감사합니다! ^^

16 감자 캐기

안녕하세요! 00반 교사입니다.^^

오늘은 즐거운 현장 체험 학습의 날! 우리 00반 친구들도 정말 좋아하는 날이랍니다. 어제 비가 많이 내려서 오늘 체험이 어렵진 않을까 걱정을 했는데, 날이 개어서 다행이에요! 날씨도 우리 00반 친구들을 위해 양보하는 것 같습니다.

언제나 시끌벅적 우리 00반 친구들은 어린이집/유치원에서도 항상 신나고 재미있지만,
바깥으로 나가 세상을 만나는 경험을 하는 소풍 날은 더욱 즐거워 하는 것 같아요.😊

등원하자마자 선생님을 꼭 안아주는 사랑둥이들, 오늘은 어디가냐고 묻기도 하고, 감자 많~ 이 따오겠다고 손을 벌려 의지를 보여주기도 해요. 보기만 해도 미소가 지어지는 우리 귀여운 00반 친구들입니다.^^

어린이집/유치원을 나서기 전, 감자에 대해 알아보고 버스를 이용할 때 지켜야 할 약속과 체학 습장에서 활동 할 때 유의해야 하는 사항에 대해 이야기를 나누어 보았어요.
빨리 가고 싶은 마음에 발을 동동 구르면서도 선생님 이야기에 큰 소리로 잘 대답하는 우리 친구들이었답니다! 한학기를 마무리 할 때가 되니, 우리 친구들 더 멋진 형님이 되어가는 모습을 보여주고 있어요!

버스를 타고 이동하며 어제 내린 비에 더 초록초록해진 나무를 보았어요. 예쁜 새를 보고 반갑게 인사도 나누고^^ 이동하는 길도 즐거웠답니다.

드디어 도착한 우리 00반 친구들 땅속에 감자가 숨어있다고 하니, 깜~ 짝 놀라는 표정과 반응을 합니다.
(얘들아, 우리 아까 같이 보고 왔잖아~ 😊 😊)
아이들은 뭐가 재미있는지, 설명해 주시는 선생님 이야기에 까르르 웃으며 즐거워 합니다.

땀을 흘리면서도 열심히 하는 모습이 정말 대견했어요. 다행히 뜨거운 햇빛이 내리쬐는 여름날이 아니라,

아이들이 활동하기에 좋았답니다. 선선하게 바람도 살짝 불었거든요. 감자가 하나씩 쏘~옥 나올 때 마다 (아이들이 뽑기 좋게 미리 준비해 두었어요.) "우와~" "내꺼다!" "와 신난다!" 하며 환호성을 지르며 좋아합니다. 한 바구니를 두둑히 채우고 나서야 일어나 뿌듯한 표정을 짓는 우리 귀여운 꼬마 농부들 입니다!

집에 가져갈 생각에 벌써부터 기대가 되는 것 같아요. 오늘 가족과 함께 우리 00반 친구들이 열심히 캐온 감자로 맛있는 요리, 맛있는 반찬 준비해 드셨으면 좋겠습니다! 오늘도 행복한 저녁 되시길 바래요.^^ 감사합니다.

* 아래의 영상은 우리 친구들이 함께 보았던 내용이에요. 아이들과 함께 보시고
대화를 나누면 단순히 즐거웠던 놀이, 순간이 아니라 학습적인 내용도 더 기억에 잘 남을 것 같습니다.
[관련 영상 링크 첨부]

17 키즈카페

안녕하세요! 00반 교사 000입니다.

오늘은 키즈카페에 가는 날이었답니다! 비가 오는 날은 소풍을 다녀오는 것이
힘들어 연기가 되기도 하는데, 이번에는 우리 친구들이 실내에서 놀이하는 날이라 다녀오게 되었어요.^^

이번 주 내내 어린이집/유치원에만 있었던 우리 친구들에게 정말 행복한 소식이었어요.^^

"선생님! 오늘 소풍가요~" 하고 이야기 하며 달려오는 우리 00반 친구들의 얼굴 표정이 한없이 밝고 예쁩니다.^^ 아침부터 우리 친구들과 소풍 갈 준비를 합니다. 우리 친구들도 선생님과 함께 간식도 먹고 놀잇감도 정리하고^^
'어머나, 이렇게나 멋지게 준비를 한단 말이야..??' 할 정도로 멋진 모습에 감동을 받았던 아침이에요.^^

소풍 나가기 전, 버스에서 지켜야 할 안전 약속을 이야기 나눈 후, 이동을 했어요. 버스 기사님께 공손히 인사도 잘하는 우리 00반 친구들 이번 주 정말 100점 만점에 1000점입니다!! 😛

선생님과 나눈 이야기를 잘 기억하고 약속도 잘 지켜 안전하게 키즈카페에 도착했어요.

키즈카페의 다양한 곳에서 충분히 뛰어놀았습니다. 친구들과 놀이하기도 하고, 형님과 동생들과
함께 어울려 놀이하기도 하며 즐거운 시간을 보냈습니다. 공주님이 된 친구, 공사를 하는 친구,
숨바꼭질, 낚시 놀이, 바운스, 놀이 기구 타기 등 정말 여러 가지 놀이가 재미있게 이루어졌네요.
실내에서만 있던 우리 친구들이 실컷 뛰어 놀다 보니 한주 동안의 답답했던 마음이 확~ 풀리는 듯 했었답니다.

즐겁게 놀이하고 돌아오는 차 안, 재미있게 놀이했던 이야기로 차가 시끌시끌 합니다.😊
학기 중반까지만 해도 소풍 다녀오는 버스안에서 꿀잠을 자던 우리 친구들이, 어느새 많이 자랐네요.^^

원에 돌아와 깨끗이 손을 씻고 잠자리에 들었어요. 기분좋게 잠자리에 누운 우리 친구들,
행복한 꿈나라에 다녀와 오후 일과 후 안전하게 하원하겠습니다.^^

주말에도 비가 계속된다고 합니다.
우리 친구들 비가 오면 밖에 못나갈까봐 걱정부터 하더라구요.^^ 비가 오는 날에도 집에서 재미있게 지낼
수 있다고 이야기 해주었어요. 아이들이 좋아하는 반죽 놀이 하며 부침개도 만들어 보고, 맛있는 꼬치를 만들
어 구워 먹어보아도 재미있을 것 같아요! 부모님과 함께 하는 시간이라면 어디든 행복할거에요.

이번 주말도 건강하고 행복한 시간이 되길 바랍니다.
사랑하는 우리 00반 친구들! 다음주 월요일 건강한 모습으로 만나요.^^
감사합니다!

18 똥 박물관 견학

안녕하세요! 00반 교사 000입니다.

오늘은 즐거운 견학이 있는 날이에요.^^ 친구들과 모두 모여 오늘 어디에 갈지 이야기를 합니다!

친구들과 견학 가는 게 너무 신나고 설레이나 봐요. "우와 ~ 재밌겠다!" 하고 한껏 들뜬 모습이에요.
냠냠 맛있게 오전 간식을 먹고, 견학갈 준비를 해보았어요. 간식 그릇과 물건도 잘 정리하는 우리 00반 친
구들 즐거운 마음으로 버스를 타고 나섰답니다!

평소보다 꽤 긴시간 이동을 하여 우리 친구들의 컨디션을 더 유심히 살펴보았어요.
이동하는 동안 창밖의 풍경도 보고, 좋아하는 동요도 부르며 즐겁게 갈 수 있었습니다.

도착해서 선생님과 견학시 지켜야 할 약속에 대해 이야기를 나누어 본 후, 반별로 관람을 해보았어요.
들어서자 마자 우리를 반겨주던 똥 인형이 어찌나 귀여웠는지 모르겠어요.^^
우리 친구들도 "아이~ 냄새~" 하고 손사래를 치고, 코를 막는 시늉을 하면서도 신기해 하며 만져보며 즐거
워 하네요.^^

- 박물관 체험 내용 -

평소 친구들이 더럽다고 생각하기도 하고, 혹은 웃기고 재미있다고 생각하는 똥이라는 요소에 대해 새로운 관점으로 탐색해 볼 수 있었어요! 일상 생활을 하며 편하게 이용하던 공간 "화장실" 에 대해서도 더 깊이 알아볼 수 있었던 시간이었습니다.

우리 친구들 일정에 무리가 되지 않도록 중간 중간 휴식을 취하며 돌아보았어요.
또 즐거운 놀거리가 가득했던 박물관! 오늘도 뜻깊고 행복한 하루였습니다.

이번 주말 우리 친구들과 또 행복한 일들로 에너지 가득 채우시길 바랍니다. 감사합니다!

19 감 따기 체험

안녕하세요! 00반 교사 000입니다. 가을 하늘이 예쁘게 아침 등원길을 빛내어 주는 듯 한 오늘, 우리 친구들 감따기 체험하는 것이 기대된다며 즐거운 얼굴로 등원하는 모습이었습니다.^^

이번 달 가을을 주제로 다양한 열매에 대해서 놀이도 하고, 활동을 하고 있어서, 더 많이 관심을 보이는 듯 합니다.^^ 가을에 맛볼 수 있는 여러 가지 열매를 놀이를 통해 경험하며 나무에서 열매가 열리는 과정에 대해서도 알게 되었지요! 실제로 나무에 달린 감을 따보는 것이 우리 친구들에게 즐겁고 재미있는 경험이 될 것 같아, 저 역시 기대가 되었답니다.
안전에 대해 이야기를 나눈 후, 버스에 올랐어요. 기사님께 인사를 드리고 자리에 앉아 안전벨트를 착용하였습니다. 이제는 버스에서의 안전 수칙도 잘 알고 지킬 수 있는 우리 친구들, 제 자리에 앉아 즐겁게 이동해 볼 수 있었습니다.

농장에 도착하였어요.^^ 우와~ 입구부터 쭈욱 늘어진 감나무들을 보고 감탄을 금치 못했답니다.^^ 엄청난 규모의 농원에서 우리 친구들은 담당 선생님과 인사를 나누고, 감따기를 할 때 지켜야 할 약속과 유의 사항에 대해 알게 되었습니다. 감을 딸 때 나무가 다치지 않게 조심히 따고, 우리 친구들도 안전하게 체험을 할 수 있도록 꼼꼼히 알려주셨어요.

친구들과 짝궁 손을 잡고 차례 대로 감나무로 이동! 우리 친구들 감나무의 생김새에도 관심을 보입니다.^^
나뭇결도 만져서 느껴보고, 가지에 매달린 감도 몇 개인지 세어 보고, 가장 위에 새가 쪼아서 먹다 남은 감을 보고 웃기도 하네요.^^

선생님의 도움을 받아 작은 사다리에 올라 주렁주렁 매달린 감을 따보았습니다. 어느새 땀방울이 송글송글!

"집에 가서 엄마, 아빠랑 먹을거예요!" 하며 열심히 따서 바구니에 담는 00반 친구들이었습니다.

돌아오는 버스 안에서는 피곤했는지, 쿨쿨 잠이 들기도 하였네요.^^ 원에서 오후 일과 보낸 후, 하원 준비하겠습니다. 우리 친구들과 오늘 저녁 식사 후에 감을 먹으며 오늘 있었던 재미있는 농장 체험 이야기를 나누어 보시길 바래요. 엄마, 아빠가 좋아하실 모습에 벌써부터 들뜬 우리 친구들이 정말 행복해 할 듯 합니다!

즐거운 저녁 되시길 바랍니다! ^^ 감으로 만든 다양한 디저트, 음식도 만들어 보면 재미있지 않을까요?
우리 친구들과 저녁 후, 감을 함께 먹는 사진을 원으로 보내주세요! 이번 주 또 재미있는 활동을 연계해 볼 수 있을 것 같습니다. 감사합니다!

20 식물원 견학

안녕하세요! 00반 교사 000입니다.

오늘은 우리 친구들이 정~ 말 기다렸던 소풍을 가는 날이었답니다.
아침부터 설레이는 마음으로 어딜 가는지 몇번이고 물어보는 00반 친구들이에요.

"오늘은 새콤달콤 귤나무가 있는 식물원에 갈거야." 하고 이야기를 해주니, 콩콩 쿵쿵 점프를 하며 서로 얼싸안고 좋아하는 장난꾸러기들입니다.😊 식물에 대해서는 친구들이 다른 분야에 비해 흥미가 낮은 편이라 살짝 염려했는데 오늘 방문한 승림 식물원은 다양한 볼거리와 놀거리, 그리고 체험 활동이 있어서
정말 좋았답니다.^^ 가족과도 함께 나들이 다녀오시길 추천드립니다.

식물원에 도착해서 우리 친구들을 반갑게 맞이해 주시는 선생님과 인사를 나눈 후, 다양한 공간에 대해서 안내를 받았어요. 견학을 하기 전, 식물이 우리에게 어떤 도움을 주는지도 알아보고 고마운 마음도 표현해 보았지요.^^ 말을 하지 못해도, 살아 숨쉬는 식물들을 소중하게 다루어 주어야 우리 지구가 더 건강해 진다고도 이야기 해보았어요!

식물원에는 몇백년이나 된 나무들도 있었고, 여러 가지 종류의 귤나무관도 있었어요! 지금은 추워서 보이지는 않지만 도롱뇽, 개구리들과 곤충들이 사는 생태 연못도 둘러보았답니다. 햇볕을 좋아하는 다육식물도 구경하고, 다양한 향과 냄새를 내는 허브관, 아름다운 야생화관까지 우리 친구들이 평소에 자주 보는 소나무, 은행나무외에도 정말 여러 식물들이 있다는 사실을 눈으로 보고 배워볼 수 있었답니다.

친구들은 선생님과 함께 하나하나 유심히 살펴보고 탐구해 볼 수 있었어요.
식물의 이름과 색, 모양, 특징 등 다양한 이야기를 하다 보니 우리 친구들의 호기심과 관심이 더 많아 지는

듯 했답니다.^^ 이번 주 안에 여러 가지 종류의 식물과 관련된 다양한 자료를 제공해 주어, 친구들의 흥미를 지속할 수 있도록 도와주어야 겠어요!

00반 친구들이 기대했던 귤청 만들기 시간! 달콤한 귤 향기가 가득한 실습실 안에서 손도 깨끗하게 씻고 선생님의 설명을 들어 보았어요. 노랑노랑 예쁜 귤이 우리 몸에 어떤 도움을 줄까, 알아볼 수 있었어요.

오물 조물 손으로 귤 껍질을 깨끗하게 닦아보고 유아용 칼로 정성껏 잘라 병에 담아 보았어요. 선생님의 손을 거치지 않고, 하나하나 우리 친구들이 열심히 담아 보았답니다. 새하얀 눈 같은 설탕을 뿌릴 때에는 우리 친구들이 환호성을 지르더라구요.😊 당장 먹고 싶지만, 꾹 참고 3일만 기다리기! 약속해 보았습니다.

귤청 만들기가 끝난 후, 신나게 뛰어 놀기로 했어요. 우리 친구들이 가장 좋아했던 곳! 바로 실내 놀이터였답니다. 친구들이 모두 모여서 뛰어 놀아도 될 만큼 넓고 쾌적한 곳이었답니다.

날씨도 춥지 않아서, 놀이 기구도 타고, 잡기 놀이도 하며 즐겁게 놀이 시간을 보냈습니다. 견학도 하고, 신나게 놀이한 후 먹는 밥맛은 그야말로 꿀맛이지요.^^ 점심도 맛있게 먹고, 어린이집/유치원에 돌아왔습니다.

오늘 00반 친구들은 식물을 주제로 탐구하고, 새로운 경험을 통해 배우는 기쁨을 느낄 수 있었던 시간이었던 것 같아요. 저 또한 몰랐던 점을 알게 되어서 즐겁고 보람되었던 시간이었습니다.😊

가족과 함께 저녁에 어떤 식물이 인상깊었는지 이야기도 나누어 보고, 그림을 그리거나, 종이 접기도 해 보면 정말 즐거울 것 같습니다.^^ 친구들과 열심히 만들었던 귤청도 숙성한 후 맛있게 드시길 바랍니다. 감사합니다.

21 장난감 도서관 견학

안녕하세요! 00반 교사 입니다.
오늘은 목요일, 우리 친구들이 장난감 도서관으로 견학을 다녀왔어요.^^

하늘이 맑게 개어 더 예뻤던 오늘, 등원하며 보았던 여러 가지 구름 모양을 이야기하며 이야기 꽃이 피어나고, 우리 친구들도 기분 좋게 등원해 인사를 나누어 볼 수 있었습니다!

견학을 가기전 도서관에 대해 이야기를 나누어 보았어요. 도서관에서 지켜야 할 약속도 알아보았답니다.
하지만 우리가 가는 곳은 그냥 도서관이 아닌 장난감 도서관이라, 자유롭게 놀 수 있다고도 설명해 주었어요. 선생님의 이야기에 고개를 끄덕끄덕, 친구들과 속닥속닥 이야기를 하네요.^^

"OO반 친구들! 도서관이라 하면 책을 읽는 곳이라 생각했는데,
장난감 도서관이라는 곳은 어떤 곳일까?" 하고 질문을 던졌더니
"장난감 나라에요!" 라고 이야기 하며 좋아하는 우리 OO반 사랑둥이들입니다.

연간 회비 1만원으로 장난감과 도서를 대여할 수 있다고 하니, 가족분들도
방문해 이용해 보시면 좋겠다는 생각이 들었답니다.^^

어린이집/유치원에 있는 장난감, 놀잇감도 있었지만, 장난감 도서관에는 다양한 종류의 책과 사운드 북, 언어 놀이 교구, 기타 놀잇감이 가득했어요. 편안하게 꾸며진 놀이 방 안에서 친구들과 삼삼오오 모여 놀이해 볼 수 있었습니다. 장난감 안에서 보물 찾기를 하듯, 좋아하는 장난감을 찾아오는 실력에 선생님들 모두 감탄을 하기도 했어요.^^

놀이하고 정리하는 모습도 어찌나 대견했는지요.^^ 장난감 도서관 사서 선생님께서 우리 OO반 친구들이 정말 멋지다고 달콤한 사탕도 하나씩 주셨답니다.

평소 어린이집/유치원에서도 즐겁게 놀이하지만, 우리 동네의 새로운 곳을 방문해 경험할 수 있어서 참 좋았습니다. 돌아오는 길목의 가게들도 잘 알고 이야기 하며 우리 동네를 살펴볼 수 있었어요.^^

이번 주, 아이들과 시간 내어 우리 동네 길을 산책해 보시는 것도 좋을 것 같아요. 밤 산책하기 좋은 요즘, 아이들과 행복한 시간 되시길 바랍니다.

22 급식센터 방문

안녕하세요 OO반 교사 OOO입니다.

오늘은 우리 친구들과 긴 연휴를 보내고 만나 더 반갑고 더 즐거웠던 아침이었어요.
반가운 마음을 표현하며 선생님을 꼬옥 안아주기도 하고, 쑥스러운지, 슬그머니 웃으며 손을 내밀기도 하는 우리 OO반 귀요미들이랍니다. 연휴 동안 무얼 하고 지냈나 이야기를 나누며 오전 간식을 먹고 급식 관리 지원센터에 견학을 다녀왔습니다. 오래 쉰 탓에 오히려 힘들어 하거나, 어려워 하지 않을까 염려되었지만, 우리 친구들! 역시 멋지게 선생님과 함께 다녀올 수 있었어요.^^

어린이 급식 지원센터에 가는 길, 룰루 랄라 신이 난 우리 OO반 친구들이었어요. 가기 전 미리 건강과 영양에 대해서도 이야기 나누어 보았어요. 평소에 자주 이야기를 나누고 있어, 양치의 중요성도 잘 알고, 건강한 음식에 대해서도 잘 이해하고 있지요.^^ 급식 센터에 도착해 담당 선생님과 인사를 나누어 본 후

다양한 활동을 해보았습니다. 치카치카 양치도 하고, 치약도 만들어 보았어요~!! 대답도 씩씩하게 네! 멋지게 해주었어요!

"우와 우리 OO어린이집/유치원 친구들 정말 멋지군요!" 하고 이야기를 하며 담당 선생님이 깜짝 놀라는 모습에, 우리 친구들과 제 어깨가 더 으쓱했답니다.😊 매일 이닦기를 실천할 수 있도록 우리 친구들을 격려해 주세요. 오늘 급식센터에서 이야기 나누고 살펴본 내용을 잘 기억할 수 있도록 어린이집/유치원에서도 자주 대화 나누며 지도하겠습니다.^^

긴 연휴 후, 오랜만의 등원이었지만 너무나 잘 지내준 우리 친구들 안전하게 견학을 다녀오고 지금은 오후 일과를 보내고 있답니다. 하원하며 오늘 있었던 재미있던 이야기도 들어 주세요. 우리 친구들과 내일도 건강하고 밝은 모습으로 만나겠습니다. 오늘 집에서 양치를 하는 사진을 알림장으로 보내주세요! 지역사회 연계 활동이었던 오늘 견학 프로그램과 가정의 지도 내용을 연계해 다양한 놀이를 지원할 수 있을 것 같아요.
갑자기 쌀쌀해진 날씨에 우리 친구들이 감기에 걸리지 않도록 옷차림에 유의해 주시기 바랍니다.
그럼 오늘도 안전하고 즐겁게 잘 마무리 한 우리 친구들과 남은 일과도 잘 마무리 할께요.^^
내일 또 만나요! 감사합니다.^^

23 숲체험 활동

안녕하세요! OO반 교사 OOO입니다.

오늘 오전에 날씨가 쌀쌀하여서 아이들이 바깥 놀이를 하는데 감기에 걸릴까 걱정이 되었어요.
10시가 좀 지나니, 가을 해가 따스하게 내리쬐어 주네요.^^ 사실 아이들이 놀다 보니, 오히려 땀이 나기도 했답니다.😊 그래도 간간히 불어오는 시원한 가을 바람에 기분 좋게 나들이 다녀온 우리 OO반 친구들입니다.

오늘은 우리 OO반 친구들과 숲체험을 다녀왔어요!
OO반 친구들은 숲에서 들에서 뛰어 노는 걸 정말 좋아한답니다!
"애들아~ 오늘 숲체험 가는 날이야!!" 하고 이야기를 해주었어요. "우와 신난다! 선생님 저 운동화 신고 왔어요!" "물병도 가져 왔어요!" "모기 팔찌도 하고 왔어요!"
우리 친구들 그 동안 자주 다녀온 경험을 떠올리며 준비해야 하는 것도 잘 기억하고 준비해 주었네요!
한명씩 칭찬해주며 소풍 준비를 해보았습니다.

오전 간식을 먹고 난 후, 선생님이 가방을 챙기는 모습을 보며 오늘은 어떤 놀이를 하고 놀지 기대하는 우리 OO반 친구들이었답니다.

버스를 타며 기사님께 공손하게 인사를 드리고, 바르게 앉아 안전 벨트를 했어요. 지난 안전 교육의 이야기를 기억하고 먼저 안전 벨트를 찾는 모습을 보여주네요! 우리 00반 친구들 안전하게 버스 타고 잘 이동할 수 있었습니다. 가는 동안 하늘에 떠 있는 예쁜 구름도 구경하고, 살랑 살랑 흔들리는 나뭇잎도 보았어요!

드디어 숲 체험장에 도착! 친구들과 함께 해바라기가 잔뜩 핀 길을 산책해 보았어요.
우리 친구들 얼굴만큼 예쁜 해바라기 들이 환하게 길을 안내해 주는 듯 하였답니다!
노랑해바라기가 높이 높이 서 있자, 가까이 다가가 키를 대보기도 하네요.😊
우리 친구들과 덕담이 적혀진 포토존에서 사진도 찍어 보고, 행복한 가을 소풍날을 즐겨볼 수 있었습니다.

해바라기 사이로 날아다니는 잠자리와 나비를 보고 신나서 쫓아가 보았어요! 길이 좁지 않아서,
우리 친구들 달리기를 하기에도 충분했답니다. 00어린이집/유치원의 형님 동생들과 함께 이곳 저곳 살펴보고 가을 날씨를 만끽할 수 있었습니다!

가을 날씨를 즐기며 숲속의 건강한 에너지를 가득 느낄 수 있었던 오늘! 우리 친구들의 얼굴에도 싱그러운 미소와 함께 행복함이 진하게 느껴지던 시간이었습니다.

지금은 우리 친구들 원에 돌아와서 충분히 휴식을 취하며 낮잠을 자고 난 후, 오후 일과를 보내고 있습니다. 하원 시간, 부모님을 만나자 마자 들려드릴, "행복했던 숲 놀이, 오늘 하루의 이야기"를 기대해 주세요! 감사합니다.

24 피자만들기 등 체험 센터 소풍(부모 참여)

안녕하세요! 00반 교사 000입니다.

오늘은 우리 친구들과 가을 소풍을 다녀오는 날이었어요.
아침부터 기분좋게 등원해 친구들과 인사를 나누며오늘 어디를 갈지, 어떤 곳에서 무엇을 하며 놀지 이야기를 나누는 00반 친구들^^ 귀엽고 사랑스럽네요.^^

오늘은 조금 길게 소풍을 다녀오는 날이랍니다.^^ 우리 친구들과 오전 컨디션을 살펴보고, 우리 친구들과 함께 버스에 타보았습니다.^^ 버스에 타서 오늘 날씨와 함께 소풍을 다녀오며
지켜야 할 약속에 대해 이야기를 나누어 보았어요! 우리 친구들 씩씩한 목소리로 "네!" 하고 대답하며 한껏 들뜬 모습을 보여주네요. 신나는 동요를 들으며 이동을 해보았습니다.^^

가을 주제의 다양한 동요를 듣고 불러보았어요~^^ 우리 친구들은 윙윙윙윙~ 고추 잠자리! 노래를 제일 좋아해요! 가정에서도 함께 불러보셔요.

드디어 소풍 장소에 도착했어요! 우리 친구들과 버스에서 차례차례 내리고 안전하게 데려다 주신 기사님께도 감사 인사를 드렸어요. 선생님 손을 잡고 집결지로 이동해 보았습니다.

안내 해 주시는 선생님과 인사를 나눈 후, 오늘 일과에 대해서 설명을 들어보았습니다!

"우와~ 신난다!" 하면서 박수를 치며 즐거워 하네요.

아이들과 짐을 내려놓고 소풍 장소를 둘러보았어요! 넓은 잔디 마당에 재미있는 전통 놀이로 채워져 있었어요. 지난 추석 행사로 했었던 놀이들이라 익숙하게 만지고 놀이해 볼 수 있었답니다.^^ 에어바운스에서 뛰어 놀이 하며, 신나는 시간도 가져보았어요.

놀이 후 자리에 모여 맛있는 점심을 먹어보았습니다. 우리 친구들 오늘 정말 즐거웠다며 인상 깊었던 이야기를 했어요.

점심 후, 피자 만들기 체험장으로 이동했어요! 평소 소풍을 갈 때에는 점심 후에 대부분 귀원을 준비하는데, 오늘은 더 많이 놀고 간다고 이야기해 주었더니, 눈이 똥그래 져서 좋아하네요. 피자 만들기 선생님께서 피자 만드는 순서에 대해 알려주셨어요! ^ ^

집중해서 한마디 한마디 놓치지 않고 듣고는 순서대로 하나씩 실습해 보았습니다!

고소한 치즈를 하나씩 올려보며 군침이 꿀꺽! 오븐에서 막 구운 피자를 맛보고 "우와! 진짜 맛있어요!" 하며 엄지를 치켜 세웁니다. 최고의 셰프가 된 것 처럼, 내가 만든 피자를 자랑하기도 하고요.😊

그 외에도 여러 가지 시설을 이용해 놀이를 하고, 대형 놀이터에서 모래 놀이도 해보았습니다. 에너지가 넘치는 우리 친구들 체험장에서 다양한 활동을 할 수 있어 우리 친구들이 쉴새 없이 웃으며 즐길 수 있었습니다.

또한 이번 소풍은 학부모 도우미 분들이 함께 해 주셨습니다. 소풍에 함께 해 주신 학부모 도우미 분들 덕분에 아이들이 좀 더 편안하고 안전하게 이동하고 다양한 활동을 충분히 탐색하고 자유롭게 놀이하는데 큰 도움을 받을 수 있었어요. 틈틈히 도와주시고, 아이들 챙겨주신 부모님들께 감사의 말씀 함께 전합니다!

"선생님 정말 애쓰시는 것 같아요. 감사합니다!" 하며 인사를 나누어 주시는데 따뜻함이 고스란히 전해지는 듯 했습니다. 저희 역시 부모님과 함께 하는 시간을 통해 더 가까워짐을 느끼고, 부모님의 마음이 느껴져 더없이 감사한 마음이 들었답니다.

이번 기회에 함께 하지 못해 아쉬움이 있으신 부모님들이 계시다면 다양한 기회를 또 마련하고 있으니, 또 함께 해 주세요!

오늘 우리 친구들 평소와는 다른 일정으로 오후 시간이 무리될 수 있으니, 평소보다 더 충분히 휴식을 취할 수 있도록 지도해주세요! 또 즐거운 놀이로 건강하고 씩씩하게 만나길 바랍니다. 감사합니다.^^

안녕하세요! OO반교사 OOO입니다.^^

오늘은 우리친구들과 전기안전뮤지컬을 보러 다녀왔어요! 오랜만의 공연 관람이라 기대되는 마음 가득 안고 친구들과 인사를 나누어 보았어요! 평소 일과중에도 자주 나누는 전기 안전에 대해 어떤 식으로 뮤지컬을 풀어나갈지, 저 역시도 궁금하고 설레였답니다.

공연을 보러 가기 전, 친구들과 모여 앉아 공연관람 예절을 알아보았어요.
우리 친구들이 어리기 때문에 중간중간 돌발상황이 있을 수도 있어서, 미리 살펴보았습니다.

1. 자리에 앉아서 돌아다니지 않기
2. 무섭거나 놀랐을 때는 조용히 손들고 선생님 기다리기
3. 공연전에 화장실 다녀오기
4. 공연중 소리지르거나 앞자리 발로차지 않기 등
다양한 약속에 대해 알아볼 수 있었답니다.^^ (실제로 공연장에서도 잘 지켜주었어요.)

버스로 이동한 후 공연장에 도착했답니다! 어두운 공연장이었지만 안내등을 보고 조심조심 자리에 앉아 공연이 시작하기를 기다렸어요.

"언제 나와요? 왜 안나오지?" 하며 두근거리는 마음으로 기다리던 순간!
두둥^^ 멋지게 뮤지컬의 주인공들이 나와 인사를 하며 공연을 시작했어요!
- 중 략(공연 내용) -

우리 친구들이 공연을 보며 전기의 소중함을 다시 한번 알게 되고, 고마운 전기를 바르게 사용해야 한다는 교훈을 얻게 된 좋은 시간이었습니다!

원으로 돌아와 점심을 먹은 후 낮잠자리에 들며 우리 친구들이 소곤소곤 "오늘 진짜 재밌었어요." 하고 이야기를 해주네요 ^^

아이들과 오늘 즐겁게 관람하며 배운 내용을 실천할 수 있도록 가정에서도 함께 이야기 나누어 보시고 지도해주세요! 오후 시간도 잘 보내고 하원하겠습니다. 감사합니다.^^

26 내수면 연구소 견학

안녕하세요! 00반 교사 000입니다.

오늘은 즐거운 견학 날이에요. 지역사회의 다양한 기관을 방문하여 견학하는 날은, 우리 친구들에게 재미 뿐만 아니라 배움을 선물한답니다.

친구들과 인사를 나누고, 오전간식을 먹은 후 모두 모여 앉아 견학 갈 준비를 해보았어요!
한껏 기대에 부푼 얼굴의 00반 친구들에게 "오늘은 내수면 연구소에 갈거에요~" 하고 이야기 해주었더니
눈이 똥그래 지면서 "그게 뭐에요?" 하고 물어보던걸요.😊

우리 동네를 흐르는 호수(혹은 저수지)의 자원을 연구하고 보호하는 역할을 하는 내수면 연구소에 대해서 알기 쉽게 설명해 주었어요! 사실 우리 친구들이 어렵게 여길 수 있는 내용임에도, 선생님이 기관의 사진과 물 고기, 강의 사진 등을 보여주며 이야기를 해주었더니, 잘 이해하고 관심을 보입니다.

강에서 볼 수 있는 여러 가지 물고기 어종을 보여주니, "우와!" 하며 이름이 무엇인지 물어보기도 하네요.^^

내수면 연구소에 도착했습니다. 우리 친구들과 기관을 둘러보고 산책을 해보았어요.
야외 생태 체험장에 가서 물고기 구경도 하고, 생태 연못도 살펴보았답니다!

바깥 놀이 하기에 더없이 좋은 오늘, 우리 친구들 평소와는 색다른 곳을 방문해서 더 새로웠던 것 같습니다. 우리 지역에 이런 곳이 있었구나! 알게 되기도 하고, 다양한 볼거리, 체험 활동에 즐겁게 기관 견학을 마칠 수 있었어요.

우리 친구들과 내수면 연구소에서 받은 안내 자료를 보내드려요. 가정에서도 함께 살펴보고 활동해 본다면 우리 친구들에게 즐거운 시간이 될 것 같습니다. 연계 활동으로 남은 주간과 다음주에는 이번 달 놀이 주제와 함께 물고기와 관련된 놀이와 강과 호수에 관한 놀이도 마련해 보려고 합니다.^^ 즐거워 할 우리 친구들의 모 습이 그려지네요.

오늘 씩씩하고 멋지게 견학 다녀온 우리 친구들, 푹 쉬고 내일 만나요!

안녕하세요! OO반 교사 OOO입니다.

오늘은 우리 친구들과 가을 견학을 다녀오는 날입니다. 엄마, 아빠가 잘 다녀오라고 인사를 해주어 기분이 좋다고 표현을 하는 우리 OO반 친구들^^ 평소보다 더 씩씩하게 인사를 나누고 등원을 하는 모습입니다.

등원해 조금 빠르게 견학을 간 준비를 해보았어요. 친구들과 버스를 타고 이동할 때 지켜야 할 약속도 이야기 나누어 보았지요. 이제는 똑똑한 형님이 되어서, 선생님이 운만 띄워도 바로 고개를 끄덕이며 대답을 하는 멋진 OO반 친구들이랍니다.^^

버스에 오르며 밝은 모습으로 기사님께도 인사를 드리고, 다른 반 형님, 동생들과도 인사를 나누었어요. 바르게 앉아 안전벨트를 맨 후, 즐거운 가을 동요를 들으며 이동해 보았답니다.

우리가 간 견학지는 다양한 공간이 구성되어 있는 OOO이었습니다. 우리 반 친구들과 함께 손잡고 다녀야 한다고 약속을 한 후, 짝꿍 손을 잡고 이곳 저곳을 둘러보고 체험해 보았습니다.

우와! 친구들이 좋아하는 영상을 보는 시간이 되었어요. 설레이는 마음으로 4D 안경을 쓰고 상영관에 들어갔어요. 영상의 제목은 [   ]이었습니다.
실제로 움직이는 듯한 영상과 손에 잡힐 것만 같은 느낌에
친구들이 더 몰입해서 볼 수 있었어요.
(동생반 친구들은 울음을 보이기도 했는데, 우리 친구들은 멋지게 보았답니다.^^)

숲 놀이터에서 신나게 뛰어 놀았어요! 역시나 자연을 사랑하는 우리 OO반 친구들, 가을이 되어 알록 달록 물든 나뭇잎을 던지며 놀기도 하고, 모래 놀이도 하고, 자연물 소꿉 놀이도 재미있게 했어요.^^
얼마전 부터 어린이집/유치원 놀이터에서 함께 하던 "무궁화 꽃이 피었습니다" 놀이도 해보았어요. 😊

귀여운 토끼와 공작새와 인사를 나눈 후, 즐거운 민속 놀이 체험도 해보았습니다.
다양한 놀이기구가 가득한 놀이터에서 우리 원 형님, 동생반 친구들 모두 만나 더 반가운 마음으로 함께 뛰어 놀았어요.^^

실컷 놀고 난 후, 먹는 점심은 그야말로 꿀맛이었겠지요.^^ 점심도 맛있게 먹고, 부모님이 준비해 주신 간식도 친구들과 사이좋게 나누어 먹은 후 원으로 돌아왔습니다. 살짝 아쉬워 하는 마음이 보여, 날이 따뜻해 지면 봄에 또 놀러오자고 새끼 손가락 꼭꼭 걸고 약속해 보았습니다!

돌아오는 길에는 노곤한지 버스에서 잠이 들기도 하였어요. 원에서 마저 충분한 휴식을 취할 수 있도록 해준 후, 하원하도록 하겠습니다. 가정에서도 오늘 긴 소풍 일정에 아이들이 힘들어 하지 않도록

컨디션을 살펴봐 주세요!

즐거운 마음에 에너지 충전 가득할 수 있었던 오늘! 우리 친구들 꿈속에서도 행복했던 기억들이 몽글몽글 피어나길 바래요. 감사합니다.^^

28 귤 농장

안녕하세요! 00반 교사 000입니다.

오늘은 우리 친구들과 귤 농장에 다녀오는 날이었어요.^^ 소풍날 아침, 평소보다 더 즐겁고 설레이는 표정으로 등원하는 우리 친구들의 모습입니다.😊 친구들이 평소 좋아하는 귤을 따러 간다니,
더 좋아했던 것 같아요. 오후 간식을 먹을 때에도 "귤 맛있어요~" 하며 좋아하는 우리 친구들이거든요.

친구들과 모여 앉아 소풍을 가기 전 이야기를 나누어 보았어요!
"얘들아 우리가 좋아하는 귤에는 비타민이 풍부해서 감기에 걸리지 않고 건강하게 지낼 수 있게 도와준단다!" 하고 이야기를 해주었지요.^^ 평소에 음식의 영양가에 대해 자주 이야기를 나눠서인지, 잘 알고 큰 소리로 대답해 주는 친구들이랍니다.

귤 외에도 다양한 겨울 과일에 대해서 알아보았습니다. 소풍을 가기 전 지켜야 할 약속에 대해서도 이야기를 나누어 보고, 안전하게 차에 탑승해 보았어요.

우리를 지켜주는 생명 벨트! 안전 벨트도 꼼꼼히 착용해보았습니다. 이제는 스스로 착용해 보려고 시도하기도 합니다. 즐거운 마음으로 차 밖으로 보이는 가을 풍경도 살펴보았어요.

길가에 떨어진 낙엽을 보고 "우와 나뭇잎이 많이 떨어졌어요~" 하며 고개를 내밀어 바라보네요.^^
빨강, 노랑 물든 나뭇잎을 감상하며 가을 동요를 들으며 기분 좋게 이동해 보았습니다.

귤 농장에 도착!
생각보다 큰 규모에 우리 친구들의 눈이 휘둥그레 해졌어요. 농장 선생님께 인사를 드리고, 귤 나무에 대해서도 간단히 배워보았어요. 멋지게 앉아서 듣는 모습을 보시곤 칭찬도 듬뿍 해주셨답니다.
의젓한 우리 00반 친구들, 너무 기특합니다.^^

귤나무에서 귤을 딸 때 나무가 다치지 않도록 조심하자고 약속을 나누어 본 후, 선생님의 시범을 보았어요.

하나하나 조심스레 따서 바구니에 넣는 친구들이에요. 처음인데도, 친절하게 도와주신 선생님 덕분에 차분하게 하나씩 바구니에 채워볼 수 있었어요.

각자 소지한 바구니에 한 가득 채워 본 후, 귤따기 체험을 마무리 했습니다.
"집에 가서 엄마랑 먹어야지!" "아빠는 세개 줄거에요" 하고 이야기를 하며 웃음이 가득한 장난스러운 모습으로 선생님을 보네요.😊

돌아오는 길, 자신이 귤을 딴 이야기를 자랑스러운 듯 나누어 보고 뿌듯하고 보람된 마음으로 돌아올 수 있었습니다. 낮잠을 자기 전에도 귤이 잘 있나 확인을 하는데, 어찌나 귀엽던지요.^^

오늘 저녁 식사 후, 아이들과 달콤한 귤 맛보시길 바랍니다. 새로운 체험에 신나고 즐거웠던 하루였어요.
우리 친구들의 멋졌던 모습, 즐거웠던 경험을 이야기 나누어 주세요.

그럼 내일도 씩씩한 모습으로 만나요!
감사합니다.^^

29 도서관 견학

안녕하세요! 00반 교사 000입니다.

오늘은 우리 친구들과 견학을 다녀왔어요. 00에 위치한 000 도서관이었답니다.^^

평소 책을 좋아하는 우리 친구들이어서 도서관 가는 소식에 관심도 보이고 궁금해 하는 모습이었어요.^^
도서관은 어떤 곳인지 이야기를 나누어 보았습니다. 어떤 책이 있을까? 하며 친구들과 우리 교실의 책도 한 번 둘러보고요. 도서관에 놀잇감도 있다는 이야기에 너무너무 좋아하네요.^^

도서관에서 지켜야 할 약속에 대해 이야기도 해주었어요. 선생님과 조용 조용 이야기 나누며, 미리 연습도 했는데 친구들이 귓속말을 소곤소곤 하며 재미있어 하네요.😊

친구들과 버스를 타고 도서관으로 이동하였어요! 버스 창문으로 보이는 겨울 풍경에 우리 친구들 교실에서 보았던 책 이야기를 합니다.^^ "책이랑 똑같다! 나뭇잎이 다 떨어졌어!" "우와 저기 위에 감이 몇 개 있네!" 하면서요!

도서관에 도착해서 시설을 둘러본 후, 내부로 들어갔어요. 날씨가 춥지 않아, 들어 가는 길에 산책을 하는

마음으로 도서관 정원도 보았는데, 너무 예쁘게 잘 꾸며져 있었답니다.^^

가족과 방문해 보셔도 정말 좋을 것 같아요!

도서관 사서 선생님과 인사를 나누고, 시설 안내를 받아보았어요. 모두 앉아 선생님의 이야기를 경청하는 모습! ^^ 칭찬해 주었습니다. 좋아하는 책을 가지고 와서 쇼파에 앉아서 보기도 하고 동굴처럼 생긴 매트안에서 누워서 보기도 하고 책과 친해지는 시간을 가져보았습니다.

편안한 분위기에서 책을 보며 이야기를 나누는 모습이 정말 형님 다웠어요! 뛰지 않고 걸어 다니기, 할 말은 작은 목소리로 이야기 하기, 보고 난 책은 정리하기. 세가지 약속 모두 잘 지켜준 우리 친구들! 사서 선생님께도 칭찬 받고 기분 좋게 원으로 돌아올 수 있었어요.^^

아이들이 오늘 도서관에서 있었던 시간을 어떻게 기억할까요? 이번 기회로 책과 더 가깝게 지내는 상상 대장 00반 친구들이 되길 바랍니다. 가족과 함께 책 읽는 시간, 하루에 10분이라도 마련해 보셔도 좋을 것 같아요! 감사합니다.^^

30 생태 체험관 견학

안녕하세요!

아침부터 시끌벅적한 우리 00반 교실^^ 즐거운 소풍날은 모두를 들뜨게 합니다. 친구들과 오전 간식을 얼른 먹고 평소 좋아하는 겨울 동요를 들으며 소풍 준비를 해보았어요. 친구들과 놀이하던 놀잇감도 제자리에 정리하고, 다녀와서 쿨쿨 낮잠을 잘 준비도 도와주는 00반 친구들입니다.^^

버스를 타고 출발!

버스에서 지켜야 할 약속은 이제 눈감고도 이야기 할 수 있어요. 친구들과 생명을 지켜주는 안전벨트를 하고, 자리에 바르게 앉아 창밖의 풍경을 바라보고 이야기를 나누며 즐겁게 이동해 보았습니다.
지난 주와 또 다른 나무들의 모습, 새들이 날아가는 모습을 보며 겨울 이야기도 나누어 보았어요.

생태체험관에 도착하니, 선생님이 우리 00반 친구들을 맞이해 주셨지요.^^ 영상 자료를 함께 보고, 관찰을 할 때에 선생님이 친절하고 자세히 설명해 주셔서 우리 친구들이 고개를 끄덕끄덕 더 집중하고 질문도 하며 똑똑 주머니를 채워가는 모습이었답니다.^^

멸종 위기에 처한 동물들을 살펴보고, 땅속에 길을 만들어 집을 짓고 사는 개미들도 만나 보았어요.

우리 친구들이 가볍게 지나칠 수도 있는 주제였는데 선생님이 알기 쉽게 이야기를 해주니, 관심을 보이기 시작하네요.^^

우리 친구들 어느샌가 탐험가가 된 듯 이리 저리 자세히 관찰하고 탐구했어요!^^ 선생님과 함께 발견하는 기쁨을 알 수 있었습니다. 실물과 비슷하게 만들어진 모형을 보고 탄성을 자아내지 않을 수 없었어요.
함께 보던 저도 너무너무 신기하고 재미있었답니다.^^

뿐만 아니라 다양한 미디어 게임 컨텐츠와 자료들이 있어서 중간 중간 지루할 틈이 없이 재미있게 참여할 수 있었어요! 신기하게 생긴 다양한 식물도 관찰할 수 있었고요.
가족과 함께 따로 시간을 내어 방문한다면 좀 더 여유있게 보고 즐길 수 있을 것 같았습니다.

관람과 체험을 끝내고 돌아오는 시간이 아쉬웠는지 선생님을 꼬옥 안아주며 다음에 또 만나자고 하는 00반 친구들이에요.^^ 그새 선생님도 우리 00반 친구들과 정이 들었다며, 또 만나자고 약속약속을 합니다.

예의 바르게 인사를 하고, 돌아오는 버스 안, 지치지도 않는지 에너지가 더 넘치는 듯한 모습이었어요.
교실에서 또 어떤 놀이를 할 지 즐겁게 수다를 떨며 돌아왔어요.^^
돌아와서 낮잠 이불에 잠시 누워 휴식을 취하자고 이야기를 했는데 어느새 쿨쿨 코고는 소리가 들려옵니다. 오늘 우리 친구들 낮잠을 자는 동안 꿈나라에서 개미 굴을 탐험하고 있진 않았는지 물어보며 즐겁게 이야기를 나누어 보았습니다.
오후 간식 시간에도 소풍 이야기를 하며 즐겁게 대화 나누어 보았습니다.^^

배우는 것이 정말 즐겁고 재미있다는 것을 오늘 더 많이 느낄 수 있었어요. 우리 친구들 이번 소풍을 통해 알게 된 것들을 잘 기억하고 깊이 알아갈 수 있도록 관련된 놀이자료를 충분히 제공해 주어야 겠습니다.

많이 걷고 움직이는 시간이었어서 피곤해 할 수도 있을 것 같아요. 저녁에 너무 늦게 자지 않고 충분히 휴식을 취하고 만날 수 있도록 컨디션 살펴봐 주세요. 오늘도 우리 00반 친구들 잘 해주어 고맙다고도 전해주세요. 감사합니다.^^

31 동물 체험 카페

안녕하세요! 00반 교사 000입니다.
다음주부터는 영하로 날씨가 많이 추워진다고 해요! 우리 친구들 아직까진 특별히 아프거나 힘들어 하지 않아 다행이지만, 남은 겨울 건강하게 보낼 수 있게 더 잘 먹고 잘 쉬고 놀이하자고 이야기 나누고 있답니다.^^

가족 여러분도 건강에 유의하시길 바랍니다.

오늘은 즐거운 소풍날^^

동물 친구들이 있는 동물 카페에 가는 날이에요! 등원하자 마자 선생님에게 쪼르르 다가와 어디 가는지 물어보는 귀요미들이지요.^^

오전 간식을 먹고 교실과 물건을 제자리에 정돈하였어요. 동물 친구들 만나러 간다는 생각에 신이 난 친구들, 오늘은 모두가 정리대장이 되었답니다! 모두 모여 앉아 소풍을 다녀오며 주의해야 할 점, 동물 친구들을 사랑하고 아껴주어야 하는 이유와 방법에 대해서 알아보았어요!

평소에 동물 체험 프로그램을 해서, 잘 알고 대답하는 똑똑한 우리 00반 친구들이랍니다.

버스를 타고 이동하며 동물 농장 동요를 들려주니, 친구들이 동요 가삿말을 듣고 까르르 하고 웃음이 터져나왔어요. 동물 흉내를 내며 즐겁게 동물 카페에 도착할 수 있었답니다. 동물 카페 선생님이 반갑게 맞아 주신 후, 한번 더 유의사항에 대해 이야기 해주셨어요. 똘망똘망한 눈빛으로 집중!

동물 카페에는 토끼와 강아지, 거북이, 미어캣, 도마뱀, 친칠라, 햄스터, 뱀 등 많은 소동물 친구들이 있었어요. 평소 동화책에서 보았던 동물을 보고는 너무 너무 신기했나봅니다.

가까이 가지는 못하고 주저주저 하는 모습이 정말 귀여웠어요.^^

선생님이 도와주자 용기 내어 등을 쓰다듬어 주기도 하고, 좀 더 가까이 다가가 관찰도 해보았어요.

"동물이 좋아하는 먹이는 무엇일까?" "동물은 어디에서 지낼까?" 등 다양한 동물 이야기를 들려주셔서 더 의미있었던 시간이었답니다.

깡총깡총 토끼는 우리 친구들에게 가장 인기가 좋았던 동물이었어요. 토끼 옆에서 귀를 쫑긋 하고 점프를 하기도 하고, 토끼 응가에서 냄새가 지독하다며 코를 막기도 웃어 보기도 하였어요. 당근을 먹는 토끼에게 사랑한다고 이야기도 전해주었지요.

꼬리를 흔들며 따라다니는 강아지와 엉금 엉금 거북이, 이리 저리 살펴보는 미어캣, 그 외에도 여러 동물 친구들과 만나는 시간이었습니다. 돌아오는 길이 아쉬웠는지 다음에 또 가자고 이야기를 하네요.^^

"우리 날이 따뜻해 지면 또 놀러오자!" 하고 약속하며 버스에 올라탔답니다.

지금은 낮잠을 자고 일어나, 기분좋은 오후 시간을 보내고 있어요. 동물 친구들을 떠올리며 인형과 블록으로 동물 카페를 표현하기도 하고, 동물 머리띠를 쓰고 기어다니기도 하는 사랑 둥이들입니다. 즐겁게 일과 마무리 하고 하원하도록 할게요. 감사합니다.^^

안녕하세요! 00반 교사 000입니다.^^

오늘은 즐거운 소풍날이에요! 우리 친구들이 정말 좋아하는 동물 친구들이 있는 곳, 쥬라리움에 가는 날이 랍니다. 친구들 등원하면서 이미 신난 표정으로 선생님에게 달려와 인사를 해요.^^
"오늘 동물 친구들 만나러 가서 기분이 좋아?"
하고 물어보니 "응!" "네!" 하면서 콩콩콩 신난 마음을 표현합니다.😊

친구들과 오전 간식을 먹고, 서둘러 소풍을 갈 준비를 해보았어요! "오늘 토끼도 있어?" "돼지 꿀꿀 보러 가 는 거야?" 하며 서로 꽁냥꽁냥 이야기를 하는 모습이 정말 귀여웠답니다.😊

이동하는 동안에 춥지 않도록 단단히 옷을 차려입고, 버스를 타고 이동했어요!
기사님께 씩씩하게 인사를 하고, 안전 벨트를 한 후 출발! 우리 친구들이 좋아하는 겨울 동요와 캐롤도 들으 며 행복한 마음으로 가는 길도 함께 살펴보았답니다.

쥬라리움에 도착한 친구들^^ 신발을 정리하고 모두 모여 안내 사항을 들어보았어요.
친절하게 설명해 주시는 선생님 말씀을 잘 들어보았답니다.
동물 친구들은 약하고 소중한 존재이니, 조심해서 살펴보고, 함부로 만지지 않기로 약속!
선생님이 주는 간식만 먹이 구멍에 넣어 주기 약속!

약속을 잘 기억하고 대답하는 우리 똑똑이 친구들이었어요.^^ 친구들과 함께 쥬라리움의 동물 친구들을 만 나보았답니다!

- 동물 먹이 주기 체험 내용 -

동물들과 즐거운 만남 후, 키즈카페에서도 놀이해 보았어요! 쥬라리움에는 실내 놀이터도 구비되어 있어,
우리 친구들이 정말 놀기 좋았어요.^^ 미끄럼틀도 타고, 숨바꼭질도 하며 즐거운 시간을 보냈답니다.
신나게 한바탕 뛰어 논 후, 모두 모여 점심을 먹으며 오늘 보았던 동물 친구들에 대해서 다시 한번 이야기도 나누어 보았어요. 친구들이 동물이 좋아하는 먹이도 잘 기억하고 대답해 주네요.^^

다음에 또 놀러오기로 약속하고 즐거운 마음으로 원으로 돌아왔어요.^^ 돌아오는 길 내내 동물 보았던 이야 기가 끊이질 않았답니다. 오늘도 즐거웠던 하루였어요! 친구들과 동물을 사랑하고 아끼는 마음도 가져볼 수 있 었어요.

우리 친구들, 가족과 함께 즐거웠던 오늘 소풍 이야기를 나누며 행복한 저녁 시간 보내길 바랍니다.
날씨가 많이 추우니, 따뜻하고 포근한 이불안에서 쿨쿨 꿈나라에 잘 다녀오길 바래요!
내일 또 건강한 모습으로 만나요.^^ 감사합니다!

33 목재 체험관 견학

안녕하세요! 00반 교사 000입니다.

"선생님! 오늘 어디가요?" 들어오면서부터 궁금한 친구들^^ 지난 주에 비해 많이 춥지 않아, 소풍에 다녀오기에도 좋았답니다. 연이어 영하의 날씨가 이어질 땐, 아이들이 정말 답답해 했는데, 이번 주는 겨울 바람도 쐬고, 겨울 나무도 보며 즐겁게 안에서 밖에서 잘 지내고 있습니다!

오늘은 우리 친구들과 목재 체험장에 다녀왔어요!
혹시 아이들과 방문해 본 경험이 있으실까요? 가족과 함께 와도 정말 좋을 것 같아 추천하고 싶은 마음이 들었답니다.

입구에 진입하면서부터 우리 친구들이 "우와. 엄청 멋지다!" 하고 소리를 지르네요.
창밖으로 보이는 풍경이 너무 멋졌어요.^^ 친구들과 서로 설레이는 마음을 표현하며 재미있게 놀자고 다짐합니다.

목재 체험관에 도착한 후, 기사님께 인사를 드리고 버스에서 안전하게 내려 모두 모여 이야기를 나누어 보았어요. 우리 외에도 많은 친구들이 와 있는 곳이라, 더욱 예의를 지키고 질서를 지킬 수 있어야 한다고 이야기해주었답니다!

2층 건물인 목재 체험장은, 정말 멋지고 이기자기하게 잘 꾸며져 있었어요! 공간의 대부분이 나무로 구성되어 있었어요.^^ 편안한 마음을 주는 나무향이 좋지요!
곳곳에 알록달록 예쁜 색의 나무 테이블과 공간, 의자들이 있고, 나무로 된 다양한 가구도 멋짐을 뽐내고 있었어요!

목재 체험관을 방문한 우리 00반 친구들은 나무의 기원에 대해 알아볼 수 있었어요. 저 역시 우리 친구들과 함께 열심히 공부해 보았답니다.^^ 우리 친구들의 수준과 흥미에 맞게 미디어, 교구, 책, 놀이자료 등 다양한 형태의 교육 자료가 준비되어 있어서 즐겁게 관람하고 체험해 볼 수 있었어요! 우리 생활 속에서 어떻게 나무가 사용되는지의 과정도 새롭게 알아 볼 수 있어서, 우리 친구들에게 큰 도움이 될 수 있었답니다!

홍보 영상실과 목재 문화체험 독서방도 구경해 본 후, 야외로 나와보았어요. 기다란 산책로를 거닐며 겨울 날씨를 느끼고, 놀이터에서 또 신나게 뛰어놀았답니다! ^^

평소에 자주 사용하는 종이컵, 종이, 휴지 등이 모두 나무로 만들어 졌다는 사실을 배우고, 깜짝 놀란 우리 00반 친구들! 고마운 나무를 위해 이제는 아껴 쓰기로 약속! ^^

이제는 멋진 형님이 되어, 마냥 뛰어노는 것뿐만 아니라 배우고 체험하는 활동에도 적극적인 00반 친구들이에요. 가정에서 나무에 대해 좀 더 관심을 가질 수 있도록 함께 이야기 나누어 주세요!

관심이 생긴 주제에 대해 깊이 사고할 수 있는 다양한 경험도 아이들에게 큰 도움이 된답니다.^^

오늘 전달 드리는 알림장의 내용과 사진을 함께 나누며 행복한 저녁 시간 되시길 바랍니다 감사합니다.^^

34 식목일 기념 감자 농장 체험

오늘은 우리 친구들과 농장에 방문하는 날!

농장으로 가는 버스 안에서 식목일에 대해 이야기를 나누고, 예쁘게 핀 거리의 꽃나무를 살펴보기도 하며
즐겁게 이동해 보았습니다.

농장에 도착한 우리 00반 친구들은 버스에서 조심히 내리고, 기사님께 감사인사를 한 후,
짝꿍 손을 잡고 농장 선생님과 만나보았답니다!

"안녕하세요!" 큰 목소리로 인사를 하는 우리 귀요미 00반 친구들! 농장 선생님도 반갑게 맞이해 주시고,
오늘 우리 친구들이 할 활동에 대해 소개해 주셨어요.

먼저 감자에 대해 알아보았답니다. 감자는 영양소도 많고 우리를 건강하게 해주는 식물이지요!
포슬포슬한 맛이 일품인 감자, 전 세계적으로도 사랑을 받는 식재료라고 합니다.^^

감자를 활용한 다양한 요리를 이야기 해보자고 했더니, 우리 친구들 혹여 질세라 큰 목소리로 생각나는 음
식들을 줄이어 이야기해봅니다.

감자튀김, 감자칩, 감자떡, 감자빵, 감자전, 감자조림 등등 어린이집/유치원에서 먹던 반찬도 이야기 하고,
집에서 부모님과 함께 먹었던 음식도 이야기 하며 즐거운 분위기가 이어졌답니다.^^

대화를 마치고, 감자를 심으러 출발! 친구들은 농장용 앞치마를 두르고, 토시를 착용하고
장화도 신어보았어요. 😊 꼬마농부님들 멋진 모습도 함께 보내드려요.^^

감자는 텃밭에서만 기를 수 있는 줄 알았는데, 우와! 우리 친구들을 위해 화분에 심고 집에서 길러볼 수 있
도록 준비해 주셨답니다.^^ 집에 가져가는 걸 유난히 좋아하는 우리 00반 사랑둥이들은 점프를 뛰며 소리를
지르며 즐거워 하는 모습이었어요.

화분 아래에 물이 잘 빠져나갈 수 있도록 망을 올려놓고, 미니삽으로 흙을 담아보았어요. 조심조심 흘리지

않으려고 낑낑대는 모습도 정말 귀여웠습니다.😊 선생님이 도와주지 않아도, 혼자서 할 수 있다고 하는
우리 친구들! 너무너무 대견합니다.^^

흙을 담은 후, 씨감자를 쏘옥 넣어보았어요! 씨감자의 모양도 이리 저리 살펴보고,
직접 마음에 드는 씨감자를 골라서 흙속에 심어보았답니다.

우리 친구들이 정성껏 심은 감자 화분, 집에서 함께 관찰해 주시며 나중에는 맛있는 감자를 꼭 수확해 보시
길 바랍니다. 참! 감자의 줄기가 길어지는 웃자람 현상이 나타날 수 있으니, 햇볕이 잘 드는 곳에서
키워주세요! 감사합니다.^^

35 공룡 공원

우와! 즐거운 소풍날, 우리 친구들과 평소보다 더! 반갑게 인사를 나누어 보았어요.
우리 00반 친구들이 정~ 말 좋아하는 공룡 친구들이 기다리고 있는 공룡 공원에 가는 날이었답니다.^^

이번 달 봄을 주제로 놀이를 하면서 몇몇 친구의 관심으로 공룡 놀이가 함께
이루어졌는데, 자연스레 우리 친구들이 공룡의 이름과 사는곳, 먹는 것 등에 대해
관심을 보이며 우리 00반 교실 안에도 공룡숲이 생겼었거든요.😊

나무토막과 돌멩이, 천과 상자 등으로 만들어준 우리 00반 공룡파크도 친구들에게 언제나 인기 만점이었는
데, 오늘은 더 크고 멋진 살아있는 듯한 공룡을 보러 간다는 사실에 너무나 즐거워하는 00반 친구들입니다.

오전 간식도 얼마나 맛있게 먹는지요.^^ 공룡 친구들은 잘 먹고 씩씩한 친구들을 좋아한다고 하니,
"선생님 저좀 보세요!" 하며 선생님 얼굴을 붙잡고 본인 좀 보라고 합니다.😊

친구들과 버스를 타기 전 안전 약속도 해보았습니다. 우리 친구들 설레이는 마음에 장난을 치거나 자칫 잘
못해 다칠 수 있어 조심 또 조심해야 한다고 일러주었답니다!
"네네!" 큰 소리로 대답하는 우리 00반 사랑둥이들, 기사님께 공손하게 인사를 드리고, 좋아하는 친구와 도
란도란 재미있게 이야기를 하며 공룡 공원으로 출발합니다.😊

친구들과 봄 동요도 부르고 즐겁게 이야기를 나누다 보니, 정말 눈깜짝 할 사이에 도착한 듯 합니다.
약간 흐린 듯한 날씨였지만, 우리 친구들이 놀기엔 최고의 날씨이지요.^^

공원에 도착해서 차례차례 조심히 버스에서 내려 친구들과 두줄로 서 보았어요.^^ 매일 놀이터에 갈 때마다

연습을 해서 이제는 제법 기차 모양을 갖추는 듯 합니다. 삐뚤빼뚤, 선생님이 안보인다며, 내 발을 밟지 말라고 투닥이는 모습도 정말 사랑스럽습니다.😊

저희 말고도 다른 원에서 소풍을 많이 나왔더라고요! 선생님이 가는 길로 꼭꼭 따라오기로 약속하고, 함께 공룡 공원으로 출발! 해보았답니다.

짝궁과 손 잡고 이리 저리 둘러보았어요. OO공룡 공원은 정말 크고 웅장한 곳이었습니다.
우리 친구들 "우와~" "최고야~" "정말 멋지다~!" 하는 감탄이 끊이질 않았어요.😊
입구에 들어서려고 하는데 엄청 큰 공룡이 우리 친구들을 기다리고 있었습니다! 무서운지 주춤하는 친구들, 선생님 손 꼭 잡고 빼꼼 얼굴을 내미는 친구들, 내가 공룡보다 더 멋지다며 두 손 불끈 공룡과 눈싸움을 하는 친구들까지! 입구에 들어가는 것부터 재미있었습니다.

공원 안은 다양한 공간으로 구성되어 있었어요. 공룡 로봇도 볼 수 있었고,
실제 공룡의 화석을 볼 수 있는 곳, 알 속에서 이제 막 깨어난 귀여운 공룡들과 인사를 하고
말하는 나무와도 만나보았어요.^^ 야외에 있는 실물처럼 크고 멋졌던 공룡들까지!
우리 친구들 교실에서 작은 공룡 인형과 피규어로 놀이하던 것과는 비교도 안될 정도로 즐거웠답니다!

다양한 볼거리와 체험들이 많고, 멋진 공연도 볼 수 있었던 OO 공룡 공원, 주말에는 풍선 마술쇼도 한다고 해요! 가족과 함께 여유롭게 공룡 데이트를 하러 나와도 좋을 것 같습니다.^^

이번 주도 너무 뜻깊고 즐거운 시간이 가득했던 한주였어요! 우리 OO반 친구들! 오늘 재미있었던 일들 가족과 즐겁게 대화하고 주말에도 건강하게 보내길 바래요! 감사합니다.^^

36 기차역 견학

안녕하세요! OO반교사 OOO입니다.

이번 달에는 우리 OO반 친구들과 함께 대중교통에 대해 배우고 있어요.^^ 육상, 해상, 항공 교통 기관의 특징을 알아가고 있답니다! 친구들이 발명가에 대해서도 궁금해 하고 있어서 탈 것과 발명가, 스토리가 연계되어 살펴보고 있어요! 똑똑 박사 OO반 친구들, 궁금한 것도 잘 물어보고, 책을 찾아보기도 하며 자기주도 학습 능력도 쑥쑥 성장하고 있는 중입니다.

오늘은 육상 교통 기관 중에서도 평소에 자주 타기는 어려운 기차를 타보았습니다! 오전부터 기차타러 가는

생각에 들뜬 마음을 표현합니다.^^ 친구들과 안전 수칙 뿐 아니라 기차역에서 지켜야 할 에티켓도 배워보고 출발했답니다!

00 기차역에 도착했어요.^^ 우리 친구들 색다른 경험에 더 신나하더라구요. 기차의 문, 바퀴, 창문등 각 부분의 모양도 유심히 보고 교실에서 놀이하며 활용했던 기차 사진과 비교하기도 합니다.

기관사님께 씩씩하게 인사를 하고 차에 올라탔어요.^^ 조심조심 계단을 오르고 자신의 자리에 앉아보았습니다. 짝꿍 친구와 도란도란 이야기를 나누며 창밖 풍경을 감상하기도 했어요!

조금은 특별했던 오늘, 우리 친구들에게 참 소중한 시간이 된 것 같습니다.^^ 배운 것을 직접 경험하면서 더 많이 성장하는 것 같습니다. 우리 00반친구들과 이번 달에는 교통기관에 대해 자주 대화 나누어 보시길 바랍니다. 감사합니다.

37 흡연예방교실 참여 안내

오늘은 흡연예방교실이 있었습니다.

선생님과 함께 종합운동장으로 이동하였어요. 이동하는 동안 길에서 흡연을 하는 사람들이 있어 차안에서도 자연스럽게 흡연에 대해 이야기나누어 볼 수 있었습니다.

간혹, 친구들과 대화를 나누다가 싫은 마음을 너무 세게 표현하는 경우가 있기도 하였습니다.
흡연이 좋지 않은 것은 분명하지만, 그래도 상대방이 잘 이해할 수 있게 전달하는 것이 중요하다고 알려주었어요. 또한 우리가 직접 이야기하지 않아도 같이 사는 사회에서 약속이 있어 어른들이 멋지게 지켜나갈 수 있을 거라고 말해주었답니다! (조금은 어려운 내용이었지만 잘 이해해주었어요.)

우리 00반 친구들을 기다리고 있던 흡연 교육 버스에 차례대로 올라타보았습니다. 자리에 앉아 선생님 설명을 집중해서 잘 듣고 교육을 받을 수 있었어요.

우리 친구들이 교육을 들으며 흡연을 하는 가족 걱정을 하는 모습을 보이기도 하였습니다.
어린 시기 흡연하는 모습의 노출은 좋지 않은 영향을 더 크게 미칠 수 있으니, 함께 노력해주세요.

오늘도 뜻깊은 시간 보내보았습니다. 우리 00반 친구들과 행복한 저녁 되시기 바랍니다.^^

교사의 특별한 상황

01 교사 병가로 인한 연차

안녕하세요! 00반 교사 000입니다.

지난 주 제가 코로나 확진이 되어 부득이하게 일주일간 격리를 하게 되었습니다. 부모님께서도 우리 아이들의 건강에 대해 많은 걱정과 염려가 되셨을 것 같습니다.

추가로 확진된 원아가 있어, 마음이 무겁습니다. 다행히 해당 원아도 큰 증상 없이 잘 지내고 곧 어린이집/유치원에 재등원하게 됩니다. 다른 친구들은 다행히 감염없이 잘 지내고 있다고 해서 안심이 됩니다.

가정에서 격리를 하는 동안에도 우리 00반 친구들의 얼굴이 아른거리며 혹여라도 아프지 않을까 많이 속상하고 걱정이 되었습니다.

코로나가 다시 확산 되며 재감염의 우려도 높아졌습니다.
가정에서도 기관에서 생활하는 우리 친구들의 건강이 많이 염려되실 듯 합니다.

면역력이 약한 영유아의 경우 더욱 쉽게 전염이 될 수 있어 매일 체온 체크 및 컨디션을 살펴보고 있습니다. 지금처럼 가정에서 함께 주의깊게 살펴주시면 감사하겠습니다.

어린이집/유치원에서도 저와 우리 친구들의 건강관리에 유의하며 즐겁고 건강하게 지낼 수 있도록 살펴보겠습니다.

함께 걱정해 주시고, 협조해 주신 부모님께 감사의 말씀 전합니다.
그럼 건강한 모습으로 내일 뵙겠습니다! 감사합니다.

 KEYPOINT

교사의 병가로 인한 연차 알림장을 작성할 때는 학부모님께 정확하고 신속하게 상황을 전달하는 것이 중요합니다. 먼저, 교사의 병가 사유와 기간을 명확히 알려 부모님도 잘 인지하고 있도록 안내해주세요. 병가 동안 대체 교사의 배치 여부와 아이들에게 미칠 영향을 설명함으로써 부모님의 안심을 도모할 수 있습니다. 추가로 확진된 원아가 있는 경우에는 해당 원아의 건강 상태와 현재 진행 중인 관리 방안을 공유해 주셔서 걱정을 해소해 주시기 바랍니다.

안녕하세요!^^ ○○반 학부모님 저는 ○월 ○일부터 사랑스러운 우리 ○○반 친구들과 함께 하게 된 교사 ○○○입니다.

반갑습니다!
직접 뵙고도 인사드렸지만, 이렇게 알림장을 통해 한번 더 인사드리고 싶었답니다.^^

우리 ○○반 친구들과의 첫날, 두근두근 거리는 마음을 안고 인사를 나누어보았어요!^^ 한명 한명 이름을 부르고 꼬옥 안아주며, "오늘부터 우리 신나게 즐겁게 지내보자" 하고 이야기를 건네어 보았어요.

얼굴만큼이나 마음도 예쁜 우리 ○○반친구들! 기다렸다는 듯이 뛰어와 손도 꼭 잡아주고,
폭 안겨서 행복한 미소를 선물해주네요.^^

학기중간에 담임선생님이 바뀌어 부모님들께서 걱정과 염려가 되실 수 있을 것 같아요.
'우리 아이들이 또 새롭게 적응해야 하는건 아닐까?'
'3월부터 함께 한게 아니라 다른 반 처럼 놀이하고 활동하는데 선생님이 힘들진 않을까?'
'벌써 ○월인데, 아이들 파악하고 적응하느라 다른 반과 달리 적응 기간만 보내면 어떡하지?'
이러한 걱정 내려놓으실 수 있도록 ○○반 학부모님께 알림장을 통해 전달드리고 싶어요.^^

물론 다른 반들과 다른 시작이긴 하지만, 교사로서의 전문성과 책임감, 따뜻한 사랑과 관심, 진심어린 애정으로 가득하게 채워나가겠습니다.

부모님과의 긴밀한 소통, 협조와 신뢰를 기반으로 단단하게 만들어 나갈께요 ^^
언제나 신나고 즐겁게 지내는 아이들의 모습 기대해 주시고 적극적으로 소통해 주시면 좋겠습니다.

새로운 시작은 그게 언제가 되든, 기쁘고 설레임이 가득한 일이라고 생각합니다. 그리고 무엇보다 우리 ○○반 친구들이 이전의 선생님께 잘 배우고, 저에게도 마음을 금방 열어주어, 큰 어려움 없이 아이들과의 일과를 시작하고 운영할 수 있을 것 같습니다.😊
부모님께서 긍정적으로 받아들여 주시고 응원해주시는 모습 보여주신다면, 우리 사랑둥이 ○○반 친구들은 더 잘해낼 수 있을거라 생각합니다!

앞으로의 우리 ○○반 친구들과의 어린이집/유치원 생활을 파이팅 넘치게 시작해 보겠습니다! 감사합니다.

인사말과 더불어 안내와 협조 요청드립니다.

1. 아이들의 성향이나 기질, 생활 습관, 관심사등을 잘 알고 지원해 나갈 수 있도록 한달간 주1회 유선상의 상담을 계획합니다. 소요시간은 10분 내외로 댓글에 통화가 가능한 시간을 남겨주세요!

2. 우리 00반 친구들과의 안정적인 생활을 위해 등원시간은 9시 30분까지 부탁드려요, 혹 결석을 하게 되는 경우에는 10시까지 사유를 전달해 주세요!

3. 매월 초 보내드리는 계획안을 잘 보시고 준비물을 챙겨주세요, 놀이를 하다보면 옷이 지저분해질 수 있으니 평소 편하게 입는 복장과 신발을 착용해 주세요!

우리 00반 친구들과의 첫 날! 🖤 안정적으로 생활하는 모습이 정말 고마웠답니다.
그리고 수시로 달려와 안아주는 우리 친구들 덕분에 사랑이 가득한 시간으로 채워졌습니다.^^

초심을 기억하며 함께 해 나가겠습니다. 멋지게 오늘을 보내준 우리 00반 친구들에게도
칭찬과 응원의 메세지 전달해주세요. 감사합니다.

 KEYPOINT

교사가 중간에 변경되는 상황에서 부모님을 대상으로 알림장을 작성할 때는 교사 변경으로 인해 아이들이 겪을 수 있는 적응 문제에 대해 부모님의 우려를 공감하며, 이러한 걱정을 덜어줄 수 있는 구체적인 지원 방안을 제시하거나, 교사의 전문성을 드러내는 것이 좋습니다. 아이들이 원활하게 적응할 수 있도록 당분간 주의깊게 관찰하고 소통을 하는 것이 중요합니다. 이 과정에서 가정과의 긴밀한 소통과 협력을 강조하여, 정기적인 상담 및 피드백을 통해 아이들의 개별적인 필요를 함께 충족시킬 수 있도록 노력하겠다는 메시지도 함께 표현해 주세요.

03 교사의 연차 사용 관련

안녕하세요.^^ 00반 교사 000입니다.
오늘은 우리 친구들과 ~~놀이를 하며 하루를 보냈어요!

-놀이 및 일과 등 전달, 중 략-

* 교사 연차사용 관련 안내드립니다
00일 0요일부터 00일 0요일까지 연차로 인해 대체 선생님(00반 선생님) 이 우리 00반 친구들을 보육해주실 예정입니다.^^

우리 친구들의 개별적인 사항 및 놀이에 대한 흥미 및 반응, 기타 성향 등을 인계하여 제가 잠시 자리를 비우는 동안에도 평소와 다름없이 안정적이고 즐거운 일과를 보낼 수 있을거예요.^^

혹시 아파서 등원을 하지 못하거나, 투약 의뢰 및 기타 전달 사항이 있으신 경우에는
오전 10시 전으로 알림장에 메모 남겨주시면 제가 전달드리도록 하겠습니다!
(이후 시간에는 사무실에 전달주시면 되겠습니다.^^)

연차기간동안 재충전하여 더 밝은 모습으로 우리 친구들 만날 수 있도록 하겠습니다!
항상 우리 00반 운영에 애정과 관심보내주시며 적극 협조해주시는 부모님들 감사합니다.^^

KEYPOINT

교사의 연차 사용과 관련된 알림장을 작성할 때는 먼저 연차 사용 기간과 사유를 명확하게 전달해 주세요. 대체 교사가 누구인지, 어떤 역할을 맡아 아이들을 보육할지 상세히 안내하여 부모님이 상황을 정확히 이해하고 안심할 수 있도록 해주시기 바랍니다. 담임 교사가 자리를 비우는 동안 아이들의 일과가 평소와 다름없이 안정적으로 유지될 것이라는 내용과 함께 가정에서 지켜야할 사항 – 아이가 아파서 등원을 하지 못하거나 투약 의뢰 등 특별한 사항이 있을 경우, 정해진 시간 전에 알림장에 메모를 남겨 교사에게 전달할 수 있도록 안내해 주세요.

04 교사 이사로 인한 퇴사 예정 안내 및 인사

안녕하세요! 00반 교사 000입니다.
우리 00반 친구들과의 시간이 하루하루 참 소중합니다. 이사로 인해 학기 중간에 우리 친구들과 헤어지게 돼서 마음이 참 아쉽고 서운한 것 같습니다.

선생님의 마음을 아는 듯, 이번 주는 더 많이 와서 안아주고, 사랑한다고 표현해 주네요!
저도 아이들을 사랑하는 마음을 더 자주 표현하고 소중한 진심 가득 담아 더 많이 이야기 나누어 보았어요. 웃음 가득~! 함께 놀이하며 따뜻하고 행복한 시간으로 채워나갈 수 있었습니다!

00반 부모님,
갑작스러운 교사 교체로 인해 염려가 많으실 것 같습니다. 부득이한 사정으로 제가 우리 00반 친구들의
어린이집/유치원 생활을 끝까지 마무리 할 수 없는 부분에 대해서도 양해해 주시고, 앞날을 응원해 주셔서 감사합니다. 새로 오실 선생님께 우리 00반 친구들에 대한 내용을 잘 전달드렸습니다.
새로운 선생님이 아이들에 대해 관심과 애정도 많으시고, 또 열정적인 분이 신 것 같습니다.
에너지 넘치는 00반 친구들은 새로운 선생님과도 첫날부터 잘 지낼 수 있을 것 같습니다.^^

엉뚱발랄한 매력이 넘치는 우리 00반 친구들을 기억하며, 우리 00반 친구들이 새로운 선생님과도 잘 지낼

수 있기를, 누구보다 밝고 건강하게 지금처럼 잘 지낼 수 있기를 바랍니다.

언제나 우리 00반 친구들과 저를 응원해주신 부모님, 세상에서 가장 소중한 우리 00반 친구들과 함께 항상 건강하시고 행복하세요!

다음주에 직접 뵙고 인사 드리겠지만, 마지막 주를 맞이 하기 전에 한번 더 말씀 드리고 싶은 마음에 간단히 인사 말씀 전달드립니다. 감사합니다.

KEYPOINT

교사의 퇴사 사유와 퇴사 일정을 전달하여 부모님이 상황을 정확히 이해할 수 있도록 해 주시는 것이 바람직합니다. 퇴사를 하더라도 마지막 업무에 대해 정확하게 마무리하였음을 전달해 주세요. 또한 새로운 교사에 대한 긍정적인 정보를 제공하여 부모님에게 신뢰를 심어주고, 아이들이 새로운 환경에서도 안정적으로 잘 지낼 수 있을 것이라는 메시지를 전해주시기 바랍니다.

05 코로나로 인한 병가 후 복귀

안녕하세요! 00반 교사 000입니다.
코로나 확진으로 인한 일주일간의 격리 기간이 끝나고 복귀하게 되어 인사 전합니다.
오늘은 보슬보슬 가을을 앞당기는 비가 내렸어요! 이제 시원한 가을이 코앞으로 찾아온 듯 합니다.
일주일간 잘 지내셨나요?

갑작스럽게 한주간 우리 00반 친구들을 보지 못하게 되어 마음이 참 무거웠지만, 그래도 얼른 회복해서 건강한 모습으로 복귀하는 것이 중요하다고 생각하며 지냈습니다.

우리 00반 사랑둥이들의 얼굴이 아른거리며 정말 보고 싶었답니다!
선생님을 보자 마자 "우와~ 선생님이다!" 하며 달려와 안겨주는 우리 예쁜 친구들! 꽁냥꽁냥 놀이 하며 평소와 같이 즐겁게 하루를 시작합니다.

- 중 략 - (놀이 전달 등)

갑작스러운 격리 통보로 인해 놀라고 걱정도 되셨을텐데, 오히려 더 걱정해 주시고 격려해 주셔서
빠르게 회복할 수 있었습니다! 감사합니다.
기관에서 더 이상의 감염이 있는지 계속적으로 확인하고 전달 드리고자 합니다. 다행히 이번에는 추가 확진

없이 조용히 마무리 되는 듯 합니다.

방역 지침이 완화되면서 전국적으로 코로나가 다시 유행하고 있다고 합니다.
어린이집/유치원의 친구들은 면역력이 약할 뿐 아니라, 집단 생활로 인한 전염성의 우려도 높습니다.
또한, 부모님의 외부 활동으로 인한 잠복기도 고려하여 더 잘 살펴보는 것이 중요할 것 같습니다.

기관에서도 우리 친구들의 건강을 위해 발열 및 위생 소독 등에 유의하여 철저히 관리 하도록 하겠습니다.

기관에서도 빠르게 공지를 드린 후, 보육 공백 없이 잘 대응해 주셔서 우리 00반 친구들 한 주간 안정적으로 잘 지낼 수 있었습니다. 가정에서도 적극 이해해 주셔서 감사한 마음 전하고 싶었습니다.
항상 어린이집/유치원과 00반 운영에 한마음으로 함께 해주시는 부모님 감사합니다.

 KEYPOINT

교사의 병가로 인한 불편과 어려움이 있었을 수 있으니, 병가 동안 발생한 상황과 그에 따른 조치 사항을 함께 전달해 주셔도 좋습니다. 부모님이 기관의 대응 방안을 이해하고 안심하는 데에 도움이 됩니다. 또한 향후 감염 예방을 위한 방역 지침 강화 등을 공유하여 주시기 바랍니다.

06 2주 이상 장기간 휴직 사용 안내

안녕하세요! 00반 교사 000입니다. 시간이 참 빠르게 흐르는 것 같습니다.
신나게 뛰어놀며 여름을 보내고, 또 웃으며 가을이 왔다고 좋아했던 모습이 떠오릅니다.
벌써 0월의 마지막주가 다가왔네요!

오늘은 평소 알림장의 내용과 더불어 부모님께 전달드릴 부분이 있어 알림장으로 전합니다.
유선으로 혹은 등하원시에 직접 대면하여 말씀드렸지만, 00월 한달간 저의 개인사정으로 인하여 부득이하게 휴직을 하게 되어 자리를 비우게 되었습니다.

1주일 내외라면 연차를 사용하였겠지만, 개인적으로 중요한 일정이 있어, 한달간 우리 00반 친구들을 대체 선생님께 부탁드리게 되었습니다. 학부모님의 입장에서 다소 염려스러우실 수 있을텐데 너그러이 이해해 주시는 마음에 참 감사합니다!

한달간 함께 하실 대체 선생님께 우리 00반 친구들의 일과 및 생활 패턴, 성향 등에 대해 잘 전달하여 드리고, 한달간의 놀이와 활동, 행사에 대한 내용도 인수인계하여 드릴 수 있도록 준비하였으니, 큰 염려 없으셔도 될 것 같습니다. 대체 교사는 00시 육아종합지원센터에서 직접 관리하는 인력으로

전문 보육교사입니다! 우리 00반 친구들을 사랑으로 잘 보듬어 주실 수 있도록 한번 더 전달 드리겠습니다.

부모님, 혹여나 한달의 시간의 공백에 걱정을 하시는 듯하여 자세한 내용은 전하기 어렵지만, 조심스레 안부 전하려고 합니다. 좋지 않은 일로 부재를 하는 것이 아니니, 걱정 마시고 지금처럼 건강하고 즐겁게 원생활 할 수 있도록 아이들 잘 살펴봐 주세요!

매일 보던 우리 00반 친구들과 한달이나 떨어져 있을 생각에 이번 주는 괜시리 아이들과 눈만 마주치면 코 끝이 찡했어요! 그래도, 즐거운 가을 활동과 행사까지 함께 하고 잠시 떨어져 있게 되는 거라 다행이라 생각합니다!

고운 미소를 보이며 선생님을 꼭 안아주는 우리 00반 친구들! 대체 선생님 말씀 잘 듣고 씩씩하게 지내다 만나자고 인사도 나누어 봅니다. 부모님, 그럼 한달 동안 건강하시길 바랍니다.
00월 0주에 밝은 모습으로 뵙겠습니다. 항상 감사드립니다.

KEYPOINT

2주 이상 장기간 휴직을 사용할 때 학부모님께 전달하는 알림장을 작성할 때는 휴직의 사유와 기간을 명확하게 전달해 주시고, 교사가 부재 중일 동안 아이들을 돌봐줄 대체 교사에 대한 정보를 상세히 제공하기 바랍니다. 대체 교사의 전문성을 강조함으로써 아이들이 안정적으로 보육받을 수 있다는 신뢰를 심어주는 것이 중요합니다. 또한, 대체 교사가 아이들의 개별적인 성향과 생활 패턴을 잘 이해하고 지원할 수 있도록 교사가 사전에 철저히 인수인계를 했음을 알리는 것 역시 잊지 말고 전달해주세요.

07 중도 퇴사 안내 및 인사

안녕하세요! 00반 교사 000입니다.

오늘은 학부모님께 아쉽고 서운한 마음으로 인사를 드리게 되어 마음이 무겁습니다.
지난 주에 말씀드린 바와 같이 제 가정의 일로 인해 아이들과 이번 00월까지만 함께 하게 되었습니다.
항상 밝고 예쁜 미소로 선생님을 맞이하고 사랑하는 마음을 듬뿍 표현해 주던 우리 00반 친구들과
이렇게 학기 중간에 헤어지게 되어 많이 아쉽습니다.
친구들과의 시간을 추억하며, 한명 한명 안아주고 이야기를 나누어 보았어요.

선생님의 마음을 아는 듯, 품에 꼭 안겨 이야기를 나누기도 하고 놀이 하다가도 다가와 선생님의 얼굴을 지그시 바라보기도 하네요. 우리 00반 친구들은 언제나 즐겁고 에너지가 넘치는 친구들이에요.

항상 씩씩하고 자신감 있게 모든 일에 적극적인 모습으로 함께 해 주었던 시간들로 더 많이 성장하고 배워 나갈 수 있었던 것은 부모님의 관심과 협조가 있던 덕분이라고 생각합니다.

부족한 점, 아쉬운 점이 있을 수 있었을텐데 언제나 저를 믿어주시고 아이들의 이야기를 함께 소통하고 나누어 주신 부모님, 감사합니다. 언제나 우리 친구들을 기억하고 응원하는 마음으로 잘 마무리 하겠습니다.

00반 친구들의 가정에 언제나 행복과 감사가 넘치는 일들로 가득하길 바랍니다.

새로 오실 00반의 담임선생님께 우리 친구들에 대해 잘 전달드리고, 인수 인계도 잘 마무리 하겠습니다.

낮잠을 자기 전, 친구들과 평소 가장 좋아하는 동요를 들으며 헤어짐이 아쉬워 준비한 간단한 다과를 먹으며 시간을 보내보았어요. 우리 00반 친구들도 새롭게 오실 선생님과 잘 지낼 수 있도록 이야기를 나누고,
어린이집/유치원에서 지켜야 할 약속도 이야기 나누어 보았습니다.

우리 친구들이 씩씩한 목소리로 잘 알겠다고 대답하는 모습을 보니, 마음이 놓이는 것 같습니다. 항상 안전에 유의해서 잘 지낼 수 있게 당부하고, 또 우리 반 교실을 한번씩 살펴보았답니다.

편안한 모습으로 곤히 자고 있는 우리 친구들을 살펴 보았어요. 마냥 아기 같았던 우리 친구들이 참 많이 자랐구나하고 실감하게 되네요.^^

학기를 끝까지 잘 마무리 하지 못하고 헤어지게 되어 부모님께도 죄송한 마음이 큽니다.
부모님께서 이헤헤 주시고 응원해 주시는 마음 기억하고, 또 좋은 인연으로 만나뵐 수 있길 바랍니다.
이번 주말도 우리 아이들과 행복한 시간 보내시길 바랍니다.
마지막 날 부모님과 대면하여 다시 한번 정식으로 감사 인사 드리도록 하겠습니다. 감사합니다.

 KEYPOINT

중도 퇴사를 알리는 글이 쉽지은 않겠지만, 부모님에게 상황을 명확하고 진솔하게 전달하는 것이 중요합니다. 내용에 대한 부모님의 이해와 양해를 구하는 메시지와 함께 아이들이 겪을 수 있는 적응의 어려움을 최소화하기 위한 새 교사의 소개 혹은 인수인계 여부 등을 전달해주세요.
그동안의 부모님의 지원과 협조에 대한 감사의 마음을 전하며 긍정적으로 잘 마무리 할 수 있기를 바랍니다.

안녕하세요! 00반 교사 000입니다.

새학기를 보내고 한달, 또 한주 시간을 함께 보내며 서로 공감하고 소통하며 더 많이 친근해진 것 같습니다.^^ 매일 등원하는 우리 친구들의 발걸음이 가벼워 진 것 같아, 아이들을 기다리는 아침이 참 행복합니다.

우리 친구들과 신나는 여름 맞이를 준비하고 있는 요즘, 하루하루 즐거운 웃음소리로 가득한 00반 이지요.

다름이 아니라, 0000년 새학기 오리엔테이션에서 안내드렸던 바와 같이 0월부터 적용될 알림장 전달 건에 대해 공지해 드리려고 합니다.

혹 시간이 지나 잊으셨을 수 있을 것 같아 안내해 드리니, 참고해 주시기 바랍니다.

0000년 0월 부터는 보육/ 교육활동에 더욱 집중하고, 효율적인 교직원 업무 수행을 위하여 알림장 전달이 주 0회 이루어지게 됩니다.

우리 00반의 경우, 매주 0요일과 0요일을 고정으로 발송되며 0~0요일 경우 어린이집/유치원 일과 및 전달 사항등에 따라 조정될 수 있음을 함께 전달드립니다.

교직원 업무 중 가장 중요한 교육/ 보육에 우선 순위를 두고, 아이들과 함께 하는 시간에 더 집중하여 안전과 건강 관리, 놀이 지원 및 상호작용 등 발달에 도움이 될 수 있도록 위하여 마련한 내용이니,
부모님께서도 이점 양해해 주시고 적극 협조해 주시기 바랍니다.

1. 어린이집/유치원 생활에 궁금한 점이 있으시거나, 요청사항이 있으신 경우에는 알림장 및 댓글 등으로 작성해 주시거나 전화 상담 등을 요청해 주시면 연락 드리겠습니다!

2. 어린이집/유치원 활동 사진은 매주 0요일에 취합하여 보내드리겠습니다. 우리 친구들이 놀이나 활동을 집중하고 있는 동안 촬영을 하며, 오히려 사진 촬영으로 인해 안전 관리에 미흡함이 발생하거나,
놀이에 대한 몰입의 시간이 흐트러질 수 있어 최소한으로 진행될 수 있습니다.

3. 결석 및 기타 건강 상 특이사항 등이 있을 경우, 오전 등원 전에 알림장 전달해 주세요. 상황에 적절하게 대처하여 우리 00반 친구들이 건강하고 안전하게 지낼 수 있도록 지도하겠습니다.

언제나 00어린이집/유치원의 운영에 긍정적으로 이해해 주시는 학부모님 감사합니다. 기타 문의사항은 언제든지 말씀해 주세요.^^ 다가오는 0월도 더욱 신나고 즐거운 시간으로 가득 채워나가겠습니다. 감사합니다.^^

KEYPOINT

> 알림장 전송 횟수 조정을 안내하는 알림장을 작성할 때는 횟수 변경의 목적과 배경을 정확히 전달해 주세요. 이미 안내했음에도 불편한 내색을 하는 경우도 있을 수 있으니, 한번 더 확인이 필요할 수 있습니다. 교육/보육 활동에 더욱 집중하고 교직원의 업무 효율성을 높이기 위함임을 설명하고 이 과정이 모두 아이들의 교육/보육 환경에 직접적인 영향을 미치는 것임을 안내해주세요. 새로운 알림장 전송 일정과 구체적인 요일 등을 안내해 주시고, 기존의 패턴에 익숙하던 부모님이 전송 횟수 변경으로 인해 발생할 수 있는 문제점, 어려운 부분에 대해 대응할 수 있는 방법도 전달해 주시면 좋습니다.

09 태풍 관련

내일부터 태풍 '00' 의 직접적인 영향권에 들어오게 됩니다.

정부에서도 대응 수준이 상향된 만큼, 가정에서도 만반의 대비를 해주시길 바랍니다. 현재 비상 대응 단계가 3단계로 조정되었습니다. 내일 오전 부터 모레 새벽까지는 주의해서 살펴보아야 할 것 같습니다.

전국에 태풍 특보가 내려진 가운데, 우리 지역도 폭우나 강한 바람으로 인한 피해가 없도록 해야 겠습니다!

내일~ 모레까지는 가급적 외출을 자제하고 가정에서 태풍에 관련된 소식을 확인하여 안진에 대비하시기를 권고합니다.

1. 태풍으로 인하여 차량 운행이 변경될 경우, 오전 8시 전후 공지해 드릴 예정이니, 참고해 주시기 바랍니다. 필요시 개별 등원으로 변경될 수 있습니다.
2. 태풍으로 인한 결석의 경우, 담임 교사에게 오전 중에 전달해 주시기 바랍니다.
3. 어린이집/유치원은 태풍을 대비하여 안전 점검을 완료한 상황이며, 긴급 상황 대응 지침 역시 모든 교직원이 숙지하고 준비하였습니다.

모쪼록 우리 나라 전역에 태풍으로 인한 큰 피해 없이 잘 지나가길 바랍니다. 우리 어린이집/유치원의 교직원 및 아이들의 안전을 위해 더 유의하여 살펴보겠습니다. 특이 사항이 있을 경우, 별도로 전달 드리겠습니다. 감사합니다!

 KEYPOINT

> 태풍 등 재해와 관련한 안내는 정확해야 합니다. 태풍으로 인한 기관의 대응 계획과 과정에 대해 신속하게 전달해 주세요. 가정에서 취해야 할 구체적인 안전 조치와 함께 기관의 이후 계획에 대해서도 필요시 전달할 예정임을 알려주셔서, 혹여 긴급 상황이 발생한 경우, 지체없이 확인할 수 있도록 해주시기 바랍니다.

안녕하세요 OOO어린이집/유치원 원장입니다.
방금 시에서 공문이 발송되어, 어린이집/유치원의 교직원 및 학부모님께 긴급히 전달드립니다.

내일과 모레 양일간 태풍 가눈으로 인해 휴원명령이 내려졌습니다.
본원 역시 시 명령에 따라 휴원을 실시하고 긴급 보육을 운영하게 됩니다.

차량 운행 없이 필요시 당직 교사만 배치하여 운영할 예정이며, 당직 교직원 배치는 태풍상황에 따라 판단하여 원장 직권으로 결정합니다. 각 가정에서는 영유아 및 가족 여러분의 안전을 위해 잘 대비하시길 바랍니다.

✓ 긴급보육이 필요한 경우, 어린이집/유치원 핸드폰으로 문자 남겨주시기 바랍니다.
✓ 긴급보육의 사유는 맞벌이 가정 등 가정에서 양육이 부득이하게 어려운 부분에 한하여 허용되는 점 양해 부탁드립니다.

휴원 명령은 현 시점으로 내일과 모레에 OO시 전체 어린이집/유치원에 내려진 상황입니다.
태풍 진행 상황에 따라 휴원 계획은 변경(축소 혹은 취소) 될 수 있으며, 그 경우 역시 공문 하달 되는 대로 빠르게 전달드리도록 하겠습니다.

우리 아이들과 부모님, 조부모님 등 OOO 가족 여러분 모두에게 큰 피해없이 잘 지나가길 바라겠습니다.
기타 문의사항이 있으실 경우 댓글 혹은 개별 문의 부탁드립니다. 감사합니다.

 KEYPOINT

태풍으로 인한 휴원 사유와 기간, 대체 보육 운영 방안, 가정에서 취해야 할 조치 사항 등을 명확히 전달함으로써, 기관의 상황에 대한 이해와 협조를 구하고, 기관의 철저한 준비와 대응 방안을 공유해 주세요.

11 낮잠 생략 (만3세)

안녕하세요! 00반 교사 000입니다.

2학기 운영과관련하여 다음과 같은 안내사항이 있어 전달드립니다.

우리 00반 친구들의 1학기를 응원해 주신 덕분에 친구들이 건강하고 즐겁게 잘 보낼 수 있었습니다. 항상 감사합니다.

0000년도 0학기를 시작하며 오리엔테이션을 통해 전달드렸던 바와 같이 만3세반 00반의 2학기부터는 낮잠을 생략하고 휴식시간으로 대체하여 운영하고자 합니다. 만3세 이전의 영유아에게는 하루 1번의 낮잠이 적당하며 낮잠을 자는 동안 신체와 두뇌가 발달하는데에 도움이 됩니다. 수면을 취하는 동안 머리도 맑아지고 일상생활을 보내며 받아들인 정보나 기억을 정리하고 축적하게 되기도 합니다.

또한, 수면을 통해 스트레스를 해소하며 에너지를 회복할 수 있습니다. 감정을 통제하고 조절하는 데에도 긍정적인 도움을 줄 수 있습니다. 호르몬 분비와 발육과 성장에도 필수적인 낮잠을 통해 우리 친구들의 1학기를 잘 적응해 나갈 수 있었습니다.

2학기를 맞이하며 우리 00반 친구들의 더 다양한 활동과 놀이를 위해 낮잠 시간을 휴식 시간으로 대체하고자 합니다. 1학기를 보내며 가정과 면밀한 상담 및 관찰을 통해 00반 친구들이 낮잠을 휴식으로 대체하여도 충분히 일상적인 생활을 잘 해낼 수 있다고 판단되며, 또한 낮잠으로 인한 스트레스도 해소할 수 있을 것이라 생각됩니다.

낮잠 여부와 관계없이 밤에 많이 피곤해 하거나 숙면을 취하지 못하는 경우, 오후에 많이 피곤해 하거나 낮잠이 아직 필요한 경우에는 개별적으로 지원할 예정이니 가정에서는 필요시, 아이의 2학기 일과를 잘 적응해 나갈 수 있도록 상담을 요청해 주시기 바랍니다.

우리 00반 친구들의 2학기를 잘 준비하고
즐겁고 알찬 시간으로 채워나갈 수 있도록 하겠습니다. 감사합니다.

 KEYPOINT

낮잠 운영 변경의 사유와 기대 효과를 전달하고, 가정에서의 지원 방법을 구체적으로 안내함으로써 아이들의 원활한 적응을 도울 수 있습니다. 아이들의 성장 과정을 충분히 검토하고 운영하는 방안으로, 교사로서의 책임감과 전문성을 강조하여 신뢰를 더욱 강화해 주세요.

12 운동회, 계주 참여 독려 안내

안녕하세요! OO반 교사 OOO입니다.

알려드린 바와 같이 이번 주 O요일 우리 OO어린이집/유치원에서 즐거운 가을 운동회를 하게 됩니다.^^

우리 친구들이 엄마, 아빠, 할머니, 할아버지 등 가족들과 함께 한다고 하니 더욱 기대하고 즐거워 하는 듯 합니다!

바쁘시더라도 꼭 참석해 주셔서 우리 아이들에게 좋은 추억 선물해 주세요. 저희도 즐거운 행사 열심히 준비하도록 하겠습니다.

운동회 준비를 하는 과정에 추가로 안내드릴 사항이 있어 알림장을 드립니다. 운동회 프로그램 중 계주(이어달리기) 경기가 계획되어 있어요. 운동회의 꽃은 계주 프로그램이 아닐까 생각됩니다.^^ 당일에 참여 가정을 모집하고자 하였으나, 프로그램 운영 상 미리 명단을 취합하는 것이 효율적일 것으로 생각되어 사전에 조사하게 되었어요. (당일 참여를 원하시는 경우, 프로그램 참여 인원이 정해져 있어 참여가 어려울 수 있으니 미리 댓글로 신청해 주시길 바랍니다.)

우리 친구들의 응원을 듬뿍 받으며 계주에 참여하실 의향이 있으신 부모님께서는 아래의 댓글에 남겨주세요! (필수 참여 사항은 아니니, 부담 가지지 않으셔도 됩니다.)

✓ 계주 1~ 3등에게는 푸짐한 선물이 기다리고 있어요!
✓ 빨리 달리지 못하셔도 괜찮아요. 계주 중간 재미있는 미션도 있답니다.^^
✓ 부모님이 직접 참여하는 모습에 아이들이 또 배울 수 있을 거라고 생각합니다!

부모님의 적극적인 관심과 협조 부탁드립니다.^^
혹시 프로그램에 문의 사항이 있으시면 댓글 혹은 유선으로 문의 주세요.
그럼 OO반 가족 여러분, 행복한 저녁 되세요! 감사합니다!

 KEYPOINT

운동회 내용과 함께 특별히 요청할 사항이 있다면 세부 내용을 한번 더 전달하고, 부모님의 적극적인 참여를 독려하는 것도 좋습니다. 우리 반 부모님이 적극적으로 참여한다면 더욱 성공적인 행사가 될 것이니까요. 참여 방법과 이벤트, 혜택등이 있다면 함께 안내해 주세요.

13 졸업 여행

안녕하세요! 00반 교사 000입니다.

오늘은 우리 00반 친구들과 이번에 졸업 여행을 다녀왔어요.^^ 선생님이 안아주려고만 하면 쑥스러워 뒷걸음질 치며 미소를 지었던 우리 친구들이 어느 새 이렇게 훌쩍 커서 졸업 여행을 다녀오게 되었네요.^^
감회가 새롭기도 하고, 그동안의 추억이 주마등처럼 스쳐지나갑니다!

친구들과 모두 모여 안전에 대해 이야기를 나눈 후, 기차역으로 이동했어요!
평소 버스를 타고 소풍을 가는 것과는 다른 일정에 우리 친구들이 더 기대하고 설레어 하는 모습이었답니다.

기차역에 도착해서 기념 사진을 찰칵! 개구진 모습의 우리 00반 친구들 해맑은 모습이 정말 사랑스러웠습니다.

선생님과 함께 기차에 올라, 자리에 앉아 보았습니다. 짝꿍과 신나게 떠들며 이야기를 하다가
"기차에는 다른 승객들도 타고 있으니 조금만 조용히 이야기 하자~" 하는 선생님의 이야기에 "네!" 하고 대답하는 우리 00반 친구들 그래도 목소리는 작아지질 않네요.😊
너무 재미있고 즐거워서 그랬던 것 같아요.^^

기차로 이동하며 창밖으로 보이는 풍경을 바라보았어요.
가을 하늘이 어찌나 예쁜지, 우리 친구들의 마지막 졸업 여행을 축하해 주는 듯 하였답니다.

파도가 넘실대는 바닷가에 도착해서 마음껏 뛰어 다녔어요. 모래 위에서 모래성을 쌓기도 하고,
파도를 따라 바다에 발을 담그기도 하고, 찰방찰방 물놀이를 하다 바지가 젖기도 했네요.^^

미리 예약해 두었던 중국집에 가서 맛있게 짜장면도 먹었답니다.
실컷 놀고 나서 먹는 짜장면은 그야말로 꿀맛! 한그릇 뚝딱 맛있게 먹고 선생님께 "잘 먹었습니다!"
인사를 하는데, '우리 친구들, 언제 이렇게 많이 컸지?' 하는 마음에 선생님은 속으로 울컥! 하고 말았네요.^^

선생님의 마음은 꿈에도 모르겠지요.^^ 마냥 즐거워 하는 아이들의 모습을 보며 지난 1년의 시간들을 되돌아 봅니다. 아이들과 돌아오는 시간, 즐거웠던 지난 날을 이야기 해보았어요. 어느 새 쿨쿨 기차에서 짧은 단잠을 자는 우리 00반 사랑둥이들이에요.

돌아와서 마저 휴식을 취하고, 오후 일과를 보내고 있답니다!
우리 친구들에게 오늘은 정말 뜻깊은 날이었을 거란 생각이 듭니다. 행복한 미소로 선생님을 바라보는 우리 친구들과 지금 이시간을 소중하게 생각하며 또 남은 시간을 알차게 보내보겠습니다.

조금은 긴 일정에 저녁에 피곤할 수 있으니, 컨디션 조절을 위해 푹 쉬고 내일 건강한 모습으로 등원할 수

있도록 지도해주세요. 아이들과 오늘 있었던 이야기도 많이 나누어 주세요.^^

언제나 한결같은 마음으로 저희 00반을 응원해 주시고 함께 해 주시는 부모님, 한번 더 감사하단 말씀을 드리고 싶습니다!! 00반 친구들, 내일도 밝은 모습으로 만나요! 감사합니다.

KEYPOINT

졸업 여행과 같은 특별한 행사를 안내할 때에는 그 목적과 의미를 전달하는 것도 좋습니다. 아이들에게 특별했던 순간을 전달해 주시며 어떤 경험을 하였는지 알려주세요. 이 과정에서 안전이나 식사 등 일상적인 지원 사항에 대해 알려주시는 것도 좋습니다.

14 할로윈 행사 미운영에 대한 안내

안녕하세요! 00반 교사 000입니다.
다름이 아니라 이번 10월 마지막주의 할로윈 데이 행사와 관련된 어린이집/유치원의 견해와 운영 계획에 대해 안내를 드리고자 합니다.

할로윈 데이는 1세기 초 켈트족의 샤머니즘 문화가 지금까지 이어져 오면서 변형된 형태의 축제 문화로 영미권의 전통 행사라고 합니다. 10월 31일, 성인의 날 전날에 죽은 영혼이 되살아 나며 유령이나 마녀 등이 출몰한다는 전설이 있어, 사람들이 이들에게 육신을 빼앗기지 않기 위해 그들을 흉내내는 복장을 입고 다니며 사탕을 주고 받는 데에서 유래되었다고 하는데요.

언제부터인지 우리 나라에서도 이러한 문화를 받아들이고 정착되어 가고 있습니다.
매년 젊은이들이 할로윈 데이에 각종 코스튬으로 치장을 하고 즐기는 모습을 어렵지 않게 볼 수 있지요.
하지만, 무조건적인 모방과 통제되지 않는 행동으로 인한 사건들이 있었기도 했습니다.
특히 지난 이태원 사건을 떠올려 보면 안타까움을 금치 못하는 마음이 들기도 합니다.

할로윈 행사 운영에 대해 각 교육기관에서는 다양하게 해석을 하고 있습니다. 저희 원에서는 아이들을 교육하는 기관으로서 교육적 의미에 주안점을 두고 할로윈 행사를 운영하지 않는 것이 바람직하다고 여겨 이에 대한 사항을 각 가정에 안내해 드리고자 합니다.

세계화 시대를 살아가고 있는 지금, 이러한 결정에 의아하다는 가정이 있을 수도 있을 거라는 생각이 듭니다. 우리 기관의 행사와 관련된 결정은 타국의 문화를 부정하고 배척하자는 것이 아니라, 자라나는 아이들에게 우리의 문화를 좀 더 깊이 이해하고 사랑하는 것이 우선이라고 생각되어 할로윈 데이 행사를 진행하지 않는 것으로 최종 결정을 하였습니다.

물론, 아이들이 귀여운 유령, 마녀 등의 복장을 하고 주황색 호박 랜턴을 들고
그 안에 사탕과 젤리로 가득 채워 즐거워 할 모습을 기대하고 계셨던 가정이 있을 수도 있을 거라는 생각 을 합니다. 저희 교직원들 역시 할로윈 행사를 통해 경험할 수 있는 즐거운 재미 요소는 충분히 긍정적인 부분이 있다고 판단을 하는 바입니다.

하지만 단순히 즐기는 의미에서 아이들에게 재미있는 행사가 될 수는 있겠으나 기관 차원에서 교육적인 의의를 고려하는 것이 우선이라는 의미에서 결정한 바이니 양해해 주시기 바랍니다. 또한 할로윈 데이의 문화 자체를 나쁘게 판단하여 내린 결정은 아니오니, 이 부분에 오해가 없으시길 당부드립니다.

우리 00 어린이집/유치원은 항상 우리 친구들과 학부모님, 모든 가정의 바람직한 성장과 배움에 의미를 두고 양질의 교육을 제공하는 것을 최우선으로 하고 있습니다. 다양한 문화와 가치관을 존중하며, 아이들이 잘 배워나갈 수 있도록 또 다른 문화 행사로 아이들에게 즐거움을 선물할 수 있도록 준비하겠습니다.

더불어 이러한 결정에 있어서 아쉬움이 들 수 있겠으나, 모든 가족이 기꺼이 즐거운 마음으로 함께 할 수 있는 다양한 프로그램으로 우리 친구들이 더 의미있는 활동 안에서 성장할 수 있도록 하겠습니다.

할로윈 데이를 대체할 행사나 활동에 대해서는 교직원이 논의 중에 있으며, 추가적인 사항이 결정되는 대로 가정통신문 등을 통해 전달드리도록 하겠습니다. 항상 어린이집/유치원의 운영 과정에 적극적인 관심과 협조를 해주시는 부모님께 감사의 말씀 전합니다. 이에 관련하여 건의 사항이나 좋은 의견이 있으신 경우, 연락 주시기 바랍니다.^^ 언제나 열린 마음으로 000어린이집/유치원의 가족 여러분과 함께 하는 교직원이 되겠습니다. 감사합니다! ^^

KEYPOINT

행사 미실시의 사유와 배경을 전달하여 부모님이 이해할 수 있도록 도와 주세요. 단순한 행사 취소가 아닌 교육적, 안전적 이유 임을 강조함으로써 신뢰를 형성하는 것이 중요합니다. 미실시 결정이 아이들에게 미칠 영향과 대체 활동에 대해 구체적으로 안 내하여 가정에서도 잘 알고 지원할 수 있도록 해주시기 바랍니다. 아쉬울 수 있는 마음에 대해 공감하고, 기관의 결정에 따르는 부모님에게 감사의 마음을 전하는 메시지를 전달해 긍정적인 분위기를 만들어 주세요.

15 건강, 독감 예방, 이불 교체 등

안녕하세요! OO반 교사 OOO입니다.

가족 여러분, 이번 주도 즐거운 일 가득하셨나요?^^ 벌써 OO월 OO주를 마무리 하게 되었어요.

2학기가 되니, 시간이 정말 빨리 지나가는 듯 합니다. 월요일에 모두 만나서 손 잡고 교실에서 점프 놀이를 하며 가을 나무를 꾸미기도 하고, 도토리를 모아 목걸이도 만들다 보니 일주일이 훌쩍 지나가 버렸네요!

가을비도 내리고, 갑자기 기온이 내려가면서 기침을 시작 하는 친구들도 보이고, 열감기로 쉬는 친구들도 있어서 걱정입니다.

독감 예방주사를 맞은 후, 접종열로 하루 이틀 쉬는 친구들, 독감에 걸려 집에서 휴식을 취하는 친구들, 겨울을 더 건강하게 맞이할 수 있도록 우리 친구들 건강관리에 더 유의해야 할 것 같습니다!

이번 주는 우리 친구들과 가을을 주제로 다양한 놀이를 해보았어요. 교실에 가득한 노랑, 주황, 갈색의 놀잇감과 재료들로 신나게 놀이하며 가을을 느껴봅니다. 나뭇잎과 열매, 하늘과 구름을 떠올릴 수 있는 놀잇감과 재료들로 자유롭게 놀이하며 우리 친구들의 얼굴에도 해바라기 보다 예쁜 미소가 지어졌어요.

교실을 웃음소리로 가득 채우며 한주를 보냈답니다!

자연물을 탐색하며 만들거나 조작하는 놀이에 흠뻑 빠져 있다가 어느 새 천이나 바구니 등에 놀잇감을 넣고 상상 놀이를 하기도 하지요. 친구들과 모여 오손도손 이야기를 나누기도 하고, 박스 안에 들어가 까꿍 놀이를 하는 친구들도 있어요.

같은 교실 안에서 각자 자신의 생각을 자유롭게 펼치며 상상의 나래를 펼치는 모습이 참 예쁘고 사랑스럽답니다!

건강하게 한 주는 보내며 우리 친구들에게 주말에도 밥도 잘 먹고, 운동도 열심히 하고, 충분한 휴식도 취해서 씩씩한 모습으로 만나자고 약속! 해보았답니다. 우리 친구들과 가족 여러분 모두, 이번 주말도 잘 보내시기 바랍니다. 감사합니다.^^

1. 주말 사이에 기온이 더 떨어져 추워진다고 합니다. 옷 차림도 단단히 해주시고, 어린이집/유치원에서 사용하는 여벌 옷과 이불도 교체해 주세요!

2. 독감 예방접종을 실시해 주세요. 우리 친구들이 독감에 걸리지 않고 잘 겨울을 보낼 수 있도록 접종해 주시기 바랍니다. 예방 접종 전후에도 유의해 살펴봐 주세요!

환절기에는 특히 우리 아이들의 건강 관리에 유념하고 있습니다. 등원 전, 아이들의 건강 및 컨디션을 확인해 주세요. 기관에서도 함께 살펴보고 개별적으로 세심히 지도하겠습니다.

16 졸업 사진 촬영

안녕하세요! OO반 교사 OOO입니다.

오늘은 이전에 공지해 드렸던 바와 같이 우리 OO반 졸업생 친구들의 졸업 기념 사진을 촬영하는 날입니다.^^ 아침에 등원하는 우리 OOO반 친구들! 평소에도 사랑스럽고 깜찍하지만, 오늘은 더욱! 멋지고 예쁜 모습에 선생님들이 모두 연예인을 본 것 처럼 환호성과 박수를 보내주었어요.

(쑥스러워 하기는 커녕 어깨를 으쓱대고 윙크까지 해주는 여유를 보이기도 하네요.😊)

장난꾸러기 OO반 친구들은 워낙 사진찍는 걸 좋아한답니다.

"선생님 사진 언제 찍어요?"

"나 오늘 멋진거 입고 왔다~" 서로 입고 옷 옷차림과 소품을 구경하며 한껏 신난 모습입니다.

간식을 먹고 나서 자리를 정돈해 모두 모였어요. 자연스럽게 놀이하는 사진을 찍기도 하겠지만,

우리 친구들의 모습을 잘 담고 싶은 마음에 친구들과 약속도 해보았답니다! "애들아, 오늘은 우리 OO반 친구들이 어린이집/유치원을 졸업을 하게 되서.."

아이들한테 약속 이야기를 하다 그만 선생님은 마음이 또 울컥했네요!

아직 긴 시간이 남았지만, 문득 떠오르는 헤어질 시간에 마음이 아쉬울 때가 많아요. 그래도 밝게 웃으며 다시 이야기를 이어 나갔습니다.

"선생님이 이름을 부르면 네! 하고 달려와 멋지게 사진 찍어 보자"

OO반 친구들과 힘찬 발걸음으로 공원으로 이동하였어요.

가장 자연스럽고 예쁜 모습은 아이들이 놀이하는 평소의 모습을 남기고 싶었습니다.^^

다행히 어제보다 날씨도 많이 차갑지 않아서 놀이하기가 좋았습니다.

서로 웃고 떠들며 즐겁게 놀이하는 모습을 담은 후, 한명 씩 한명 씩, 또 반 친구들 모두 모여서, 몇몇의 친구들과 소그룹으로 아름다운 가을 공원을 배경으로 사진을 찍어보았습니다.

우리 친구들 오늘따라 더 즐겁고 신이 난 모습이에요.^^ 소리를 지르며 이곳 저곳 자유롭게 뛰어다니며 사진 촬영 후에도 실컷 놀이할 수 있는 시간을 가져보았어요.

친구들과 돌아오는 길에는 졸업은 헤어지는 것이 아니라 새로운 시작임을 알려주며
저 역시 즐거운 마음으로 놀이와 사진 촬영을 마무리 할 수 있었습니다!

역시 우리 00반 친구들, 매일 매일 성장하며 더 의젓한 형님이 되었다는 걸 보여주듯 선생님 말도 잘 이해하고 멋지게 따라 주어서 무리 없이 잘 찍을 수 있었습니다! ^^

아이들의 사진은 졸업식에 앨범으로 전달 될 예정이에요. 몇 장의 사진은 먼저 알림장으로 함께 전달드릴게요. 우리 친구들과 즐겁고 행복한 주말 되세요!

 KEYPOINT

특별한 날을 기념하여 사진을 촬영하는 날, 아이들의 즐거운 모습과 함께 일정을 멋지게 소화한 모습도 전해주세요. 내용만으로 교사에게 잘 배운 아이들의 모습을 알 수 있게 됩니다.
간혹 기관의 계획과 다르게 개별로 사진이나 영상등을 요구할 수 있습니다. 이에 대해서는 사전에 공지해 주시는 것이 좋습니다.

17 수료 사진 촬영

안녕하세요! 00반교사 000입니다.
오늘은 주말에 비해 조금은 포근한듯 해요. 친구들과 인사를 나누고 주말지낸 이야기를 해봅니다.
이제는 선생님 이야기에 옹알옹알 반응도 더 잘해주는 00반 귀요미들^^ 선생님이 "아이쿠 그랬어~??" "우와 재밌었겠다" 하는 말소리에 더 신이나서 엉덩이가 들썩들썩 손가락으로 여기저기를 가리켜보이네요.

오늘은 우리친구들과 수료사진을 찍는 날이에요. 선생님의 아쉬운 마음을 아는지, 놀이하느라 바쁜 아가들이지요. 한명 한명 이름을 불러 같이앉아서 가운도 입고 모자도 써보았답니다!

새로운 느낌의 옷이 신기한지 이리 저리 만져보기도 하고요. 친구들의 옷을 들춰보며 탐색하기도 합니다.
조금은 꺼끌한 느낌이 불편한지 울상을 짓는 친구들도 있었어요.

엄마, 아빠 보여드리게 얼른 찰칵찰칵하자! 하고 손으로 카메라 모양을 만들어 보여주며 달래주었더니 금세 미소짓고 옷 구경을 해요.😊 우리 아가들 아직은 머리가 작아서, 모자가 이리 저리 자리를 못잡고
움직이는데 아둥바둥 하는 아가들 반응이 너무 귀여웠어요!

포토존에 앉아서, 또 서서도 한번씩 찍어보고, 모두 모여서도 찍어보았습니다.^^
선생님을 보며 친구들이 예쁘게 미소지어주었어요.^^
불편하고 어색했는지 울음을 터뜨린 친구들도 있었지만, 이 또한 너무 소중한 추억이 될거라 생각하고 그대

로 모습을 담아주었답니다!

아직은 어려서, 만남과 헤어짐의 의미를 알기는 어렵겠지만, 사진을 찍으며 소곤소곤 전해준 선생님의 마음은 알아주길 바래요.

수료사진을 찍으니 정말 실감이 나는것 같습니다. 아쉬움은 마음에 담아두고, 남은 기간 지금처럼, 더 즐겁고 건강하고 안전하게 지낼수 있도록 하겠습니다!

우리 친구들의 수료 사진은 잘 준비해서 수료식에 전달드리겠습니다. 예쁘고 사랑스러운 아가들의 모습 기대해주세요! 감사합니다!

 **KEYPOINT**

부모님의 지속적인 이해와 협조에 대한 감사의 마음을 전하고, 수료식 후 사진 앨범 발송 등 후속 조치에 대한 계획을 공유해 주세요.

18 폐원, 졸업과 수료

안녕하세요! 000 어린이집/유치원 학부모님, 그리고 우리 사랑하는 친구들
오늘은 우리 친구들과 마지막을 기념하고, 앞날을 서로 응원하는 뜻깊은 날입니다.
우리 아이들과 부모님께 마음을 전할 수 있는 마지막 날임을 알기에 마음 담아 알림장을 작성합니다.
바쁘신 와중에도 귀한 시간 내주셔서 오늘 우리가 함께했던 자리를 빛내어 주신 부모님, 조부모님 감사합니다.
오늘까지 건강한 모습으로 잘 지내어준 우리 친구들 정말 사랑합니다.
하루에도 몇 번씩 여기 저기에서 웃음소리가 넘치던 우리 어린이집/유치원이 이제 이번 0월을 끝으로
추억속에 사라지게 되었습니다. 아쉬운 마음이 말할 수 없을 만큼 큽니다만, 서운한 마음을 고이 접어두고,
우리 행복과 행운을 빌어주는 시간이 되었으면 좋겠습니다.

우리 000의 부모님,
부족한 부분도 보듬어 주시며, 언제나 깊은 신뢰를 보여주시던 부모님
저희 원을 믿고 소중한 아이들을 보내주셔서 참 감사했습니다.

우리 친구들의 기억에선 점점 흐릿해질테지만 가끔은 저희를 웃으며 기억할 수 있도록 좋은 이야기만 마음속에 남겨주세요.
세상에서 가장 멋진 우리 000의 선생님들과 앞으로의 길을 함께 내딛지 못해 아쉬운 마음이 큽니다.
그래도 우리 행복했던 기억이 그 마음을 달래줄거라 믿고, 소중히 간직했으면 좋겠습니다.

모두가 정말 가족같이 서로 믿어주고, 의지하고, 또 소통해 나갔던 시간들이
행복한 선물이 되어 앞으로를 더 힘차게 나아갈 수 있도록 힘이 되어주었으면 좋겠습니다.
감사합니다.
우리 OOO 친구들의 졸업과 수료를 진심으로 축하합니다.

 KEYPOINT

부득이한 사정으로 폐원을 결정하게 되는 원이 많습니다. 폐원에 대한 알림장을 작성할 때는 먼저 기관의 폐원 사유와 일정은 사전에 명확히 전달하는 것이 중요합니다. 예상치 못한 변화에 대비할 수 있도록 도와주시고, 마지막까지 신뢰를 유지할 수 있도록 해 주세요. 졸업과 수료를 맞이한 아이들의 성장과 발전을 축하하고 그 동안의 시간을 잘 추억하는 것으로 마무리 해주시길 바랍니다.

요리 실습 및 활동

요리 실습 및 활동 관련 알림장 작성 시, 공통 KEYPOINT

① 활동의 목적과 기대 효과 명확히 전달하기

요리 실습의 교육적 의의와 목표를 분명히 설명하여 학부모님과 학생들이 활동의 중요성을 이해할 수 있도록 합니다. 활동의 교육적 의미와 함께 협동심 배양, 창의력 증진, 건강한 식습관 형성 등을 강조합니다.

② 활동 일정 및 내용 안내하기

요리 실습이 언제, 어디서 진행되는지 안내해 주세요. 모든 과정을 상세히 기록할 필요는 없습니다. 실습 등이 있는 날에는 교사가 준비-진행-마무리 하는 과정에 많은 시간이 소요되어 생략되거나 사진으로 대체할 수 있음을 안내해 주시는 것도 좋습니다.

③ 준비물 및 복장 안내하기

요리 실습에 참여하기 위해 필요한 준비물(예: 앞치마, 장갑, 개인 용기 등)과 적절한 복장(예: 편안한 옷, 신발 등)을 상세히 안내합니다. 알레르기 유발 식재료나 특별한 주의가 필요한 사항이 있을 경우 미리 공지하여 대비할 수 있도록 합니다.

④ 안전 관리 및 위생 지침 강조하기

요리 활동 중 발생할 수 있는 안전사고를 예방하기 위한 지도 사항에 대해 전달해 주세요.
활동을 하며 아이들이 안전할 수 있도록 환경을 정비한 내용을 전달하는 것도 중요합니다.
위생 관리 방안(손 씻기, 도구 소독 등)도 체계적으로 운영하고 있음을 안내해 주세요.

⑤ 활동 후 가정과의 활동 연계하기

완성된 요리를 집으로 가져가거나, 기관에서 먹는 등 다양한 방법이 있을 수 있습니다. 식재료에 대한 이해 및 관련 활동이 교육적으로 도움된다는 사실을 안내해 주시며, 가정에서도 아이들과 함께 요리를 먹어보거나 대화를 나누는 등의 활동을 독려해 주세요.

안녕하세요! 00반 교사 000입니다.

오늘은 우리 00반 친구들이 가장~ 좋아하는 요리실습이 있는 날이었답니다.^^ 아침부터 설레임 가득한 눈망울로 선생님에게 물어봅니다.^^ "오늘은 뭐 만들거예요?"

폴짝폴짝 개구리 모습을 흉내내며 개구리 버거를 만들거라고 이야기를 해주니 박수를 치며 콩콩콩! 좋아하는 우리 친구들이었어요.^^

요리 실습을 하기 전, 깨끗이 손을 닦아 보았어요. 바깥 놀이 후에도, 식사 전에도, 배변 후에도 손을 깨끗이 잘 씻는 우리 친구들은 음식을 만지기 전에도 깨끗이 씻어야 건강해진다는 사실도 잘 알고 있답니다.^^

비누로 뽀드득 뽀드득 씻은 후, 집에서 준비한 앞치마를 입어보았어요. 친구의 앞치마의 색과 모양 이야기도 하고, 엄마가 준비해주셨다며 자랑하기도 하며 즐겁게 준비할 수 있었어요.^^ 머리 두건을 쓴 모습까지 너무나 사랑스럽습니다!

요리를 시작하기 전 개구리 손유희를 해보며 까르르 웃어보았어요. 우리 친구들 선생님 손동작, 표정도 잘 따라할 수 있었어요.^^ 버거를 만드는 방법을 간단히 안내한 후, 실습을 시작해 보았답니다.^^

버거 빵 위에 하나하나 우리 00반 친구들이 원하는 대로, 또 좋아하는 재료를 듬뿍 넣었어요! 모두 똑같이 만들기 보다는, 개성 가득한 개구리 버거를 만들어 보는 시간을 가져보았답니다.^^ 어쩜 하나같이 귀엽고 사랑스럽게 만들었는지 몰라요^^ 눈이 땡그란 개구리, 입이 커~ 다란 개구리, 코구멍이 세개(?)인 개구리까지..😊 웃음이 가득했던 시간이었습니다.

형님반이 되어 처음으로 실시했던 요리실습!
멋지게 잘 참여해 준 우리 00반 친구들 고마워요.^^ 가정에서 우리 친구들과 개구리 버거의 모양 하나하나 함께 살펴보시며 사랑가득한 칭찬 전해주세요!

그리고 우리 00반 요리사님들의 어깨가 으쓱할 수 있도록 리액션이 가~득한 맛평가도 잘 부탁드립니다.^^
* 우리 친구들과 함께 버거를 먹는 사진을 보내주세요!
다음 주 역할 영역에 게시하여 함께 감상하며 요리 놀이를 하려고 합니다.^^

그럼 오늘도 우리 00반 친구들과 행복한 저녁 되세요.
감사합니다.^^

02 화전 만들기

안녕하세요! 00반 교사 000입니다.
우리 00어린이집/유치원의 귀염둥이들 00반 친구들과 "안녕!" 인사를 하며 즐겁게 오전 시간을 맞이했어요.

이제는 어린이집/유치원 생활에 많이 적응해 선생님을 보고 먼저 달려와 안기기도 하고, 선생님 앞치마를 끌고 교실로 가자고 이야기 하기도 해요 (얼마나 사랑스러운지, 선생님들에게도 인기 최고랍니다!)

우리 00반 친구들과 오늘은 화전 만들기를 해보았어요. 아직은 어리지만 다양한 놀이와 활동을 통해 생각과 몸이 쑥쑥 자라나는 걸 볼 수 있어요.^^

평소에 자주 놀이하던 반죽을 떠올리며 우리 00반 친구들에게 만드는 과정을 보여주었어요.
똑같이, 정해진 방법대로 만드는 것보다는 자유롭게 탐색하고 놀이하는 것에 의미를 두었답니다.^^

정형화 된 놀이 보다는 다양한 기회를 제공하고 지원하며 창의적으로 생각하고 행동할 수 있도록 도와주는 것이 우리 친구들에게는 가장 좋은 배움이니까요.^^

어린이집/유치원에서 자주 만지고 놀이하는 클레이, 찰흙과는 색도 질감도 다르지요.^^
찹쌀가루에 따뜻한 물을 넣어 반죽을 하는 과정을 보여주니, 우리 00반 친구들 너도 나도 손을 내밀어 봅니다. 함께 반죽을 하며 손가락 도장도 꾸욱! 찍어보고 입을 대어 맛을 보기도 했어요.^^
맛은 없는지 손에 뱉어 선생님을 주는 귀염둥이들이에요.😊

반죽 위에 예쁜 꽃을 올려보았어요! 빨강, 노랑, 파랑 여러 가지 색과 모양의 꽃을 함께 보고, 이야기를 나누어 보았어요. 봄꽃 동요를 들으며 반죽 위에 조심스럽게 꽃을 올렸답니다!

꽃잎을 찢어 붙이는 친구를 보고 따라하는 00반 사랑둥이들! "와! 찢어서 올리니까 더 귀엽고 예쁘네! 우리 00반 친구들같아!" 하고 웃으며 이야기 하니 모두들 꽃잎을 찢어 보입니다.^^

재미있는 시간으로 화전 만들기를 마무리 한 후, 조리사님이 맛있게 구워주셨어요! 감사 인사를 나누고, 달콤한 꿀에 콕 찍어 먹어보았답니다.^^ 예쁜 꽃이 가득한 봄날, 꽃보다 더 예쁜 우리 00반 친구들과 오늘 어린이집/유치원에서 화전을 만들었던 이야기도 나누어 보시고, 시간내어 꽃 구경도 다녀오시면 좋을 것 같아요.^^

우리 00반 친구들과 함께 행복한 주말 되시길 바랍니다.
감사합니다.^^

03 컵케이크 만들기 안내

안녕하세요 00반 부모님^^ 00반 교사 000입니다.

내일은 우리 친구들이 좋아하는 요리실습이 있는 날입니다.

오전에 30분가량 진행될 예정이랍니다. 내일 요리주제는 컵케이크만들기! 다양한 색의 초코볼과 꿈틀이 젤리로 봄을 표현해보려고 합니다. 우리 00반 친구들이 정~말 기대하고있어요. 준비물도 확인해주셔서 아이들이 즐겁게 요리실습에 참여할 수 있도록 준비해주세요!

- 준비물 : 앞치마, 머릿수건
- 유의사항 : 요리활동 하다가 옷이 지저분해질 수 있으니, 편하게 입는 옷을 입혀주세요.

04 과일 타르트 만들기

안녕하세요! 00반 교사 000입니다. 오늘은 우리 친구들이 정~ 말 좋아하는 요리 활동이 있는 날입니다!

아침에 등원하면서부터 "오늘은 어떤 맛있는거 만들어요?" 하고 물어보는 우리 귀염둥이 000반 친구들이에요~. 어떤 걸 만들면 좋겠냐고 물으니, 우리 친구들 함박웃음을 지으며 너도나도 좋아하는 음식을 잔뜩 이야기 합니다.😊 이야기만 나누어도 행복에너지가 넘쳐나는 것 같았답니다!

요리 활동 시간이 되었어요! 우리 친구들 앞치마도 입고, 손도 깨끗하게 씻었어요. 이제는 익숙하게 선생님 손을 잡고 화장실에 가서 물비누로 거품도 내어 꼼꼼하게 손도 잘 씻는 우리 친구들이에요.^^
머릿 수건까지 두르니, 정말 예쁘고 귀여운 요리사가 된 것 같습니다!

요리 방법에 대해 설명을 하는 동안에도 초롱초롱한 눈빛으로 선생님의 말을 집중합니다! 새콤달콤한 다양한 과일과 반죽으로 오늘은 프랑스식 파이 "타르트"를 만들어 보았답니다.
반죽틀 위에 반죽을 올려 두고, 우리 친구들이 좋아하는 과일을 하나 둘씩 살포시 올려보았어요. 선생님이 도와주지 않고 조심스럽게 정성껏 요리를 하는 우리 00반 친구들이었습니다.^^

타르트가 구워질 때 까지 요리하고 남은 과일도 냠냠 먹어보았어요. 우리 00반 친구들은 이 시간이 가장 행복한 것 같습니다.😊

엄마, 아빠에게 보여드리고 싶다며 정~ 말 먹고 싶었을 텐데도 한개씩만 먹고 예쁜 상자 안에 타르트를 담아보았어요.^^ 우리 꼬마 요리사들의 사랑이 가득 담긴 달콤한 간식 선물에 더더욱 행복함이 가득한 저녁 시간 되시길 바랍니다. 감사합니다.^^

05 과일청 만들기

오늘 우리 00반 친구들은 과일청 만들기를 해보았어요. 새콤달콤한 과일로 과일청을 만들어보자고 이야기를 하니 우리 00반친구들이 정말 좋아합니다.^^

여름에 먹을 수 있는 다양한 과일에 대해 알아보고, 각자 좋아하는 과일도 이야기해보았어요! 우리 반 친구들이 가장 좋아하는 과일은 바로 수박! 이었답니다.^^

"다음엔 수박화채도 만들고 싶어요~!" 하고 이야기하며 즐거운 마음으로 요리활동을 시작해 보았습니다.
머릿수건과 앞치마를 착용하고 손도 깨끗이 씻어보았습니다. 이번 주 "몸을 청결히 해요." 라는 주제로 이야기를 자주 나누어서, 우리 친구들 손 씻으며 건강에 대해서도 신경쓰는 모습! 정말 멋졌답니다.

요리 활동의 순서를 이야기해주니, 집중해서 선생님을 바라보네요.^^ 과일청으로 먹을 수 있는 다양한 음식에 대해서도 알려주었어요! 기대 가득한 눈빛으로 요리 활동 시작! 고사리같이 예쁜 손으로 과일도 닦아보고, 하나씩 잘 잘라보았어요.
플라스틱 칼이지만 조심히 도마위에 올려두고 하나하나 세심히 썰어볼 수 있었습니다.

준비해 둔 용기에 과일을 하나씩 정성스럽게 담고 설탕도 부어주었어요! 실온에 2-3일 두고 냉장고에서 2-3일 정도 숙성한 후 드시면 새콤달콤한 과일청을 맛보실 수 있을거에요.^^

우리 00반 친구들과 오늘 저녁 요리활동에 대한 즐거운 이야기도 나누어 보시기 바래요.

아이들과 행복한 저녁 되세요.
감사합니다.

06 수박 화채 만들기

안녕하세요! OO반 교사 OOO입니다.

무더운 여름 날씨이지만 항상 밝은 미소로 선생님을 행복하게 해주는 우리 OO반 친구들입니다.
아침에 만나 "안녕!" 하고 인사를 하니 선생님에게 달려와 꼭 안아주는 사랑둥이들이에요.^^

오늘은 시원하고 달콤한 여름 과일의 왕! 수박으로 놀이를 해보았어요.^^ 교실에 이미 수박 그림과 사진으로 만든 다양한 놀잇감이 있어서 익숙하답니다. 또 집에서도 자주 먹겠지만, 어린이집/유치원에서도 간식으로 몇 번 먹었던 적이 있어서인지 수박을 보자 마자 다가오며 흥미를 보이네요.^^

형님반 처럼 수박을 깍둑 썰기 하고, 모양틀로 찍는 것 까지는 어려워 자유롭게 손으로 놀잇감으로 탐색해 보았어요. 우리 귀여운 OO반 친구들은 수박씨 빼기 놀이 삼매경이었답니다.

수박씨를 빼서 손가락으로 잡아보려는 데 미끄러운 수박씨가 요리 조리 빠지자, 엄청 애를 쓰며 잡아보려고 해요.^^ 선생님이 작은 그릇에 씨앗을 담아 주었더니 그 안에 손을 넣고 휘휘 저으며 즐거워 하네요.^^

수박씨 놀이가 끝난 후, 본격적으로 수박 탐색을 해보았어요. 먹기 좋은 크기로 잘라주어 먹어볼 수 있도록 하였어요. 우리 친구들 양손으로 수박을 꼭 쥐고 냠냠 맛있게 먹었답니다.
즐거운 수박 동요를 들으며, 동요의 노랫말 처럼 "쓱쓱 싹싹" 좌우로 움직여 가며 수박을 먹는 모습을 보여주었어요. 우리 OO반 친구들은 "선생님이 왜 저러지?" 하는 듯 똥그래진 눈으로 바라보더라구요.^^

수박을 손으로 뭉개고 숟가락으로 속을 파보며 즐겁게 탐색해 볼 수 있었습니다. 새콤 달콤한 예쁜 후르츠 칵테일을 쏟아주었더니 박수를 치며 좋아합니다.^^ 후르츠 칵테일과 섞여서 색도 더 예뻐지고 맛도 더 달콤해졌답니다.

즐거운 탐색 놀이 후, 친구들과 냠냠 맛있게 화채를 먹고 손도 깨끗~이 씻었어요.^^
손에 끈적한 것이 사라지게 꼼꼼히 닦아 주자 선생님 손을 잡고 열심히 비누거품을 만들고, 물장구를 치네요.

오늘 수박놀이를 하며, 즐거웠던 경험이 우리 친구들에게 소중한 배움이 되었을 것 같습니다.
혹시 간식으로 수박을 준비하신다면 오늘의 놀이가 또 이어질 수 있도록 따로 떼어서 아이들이 직접 만지며 탐색하는 놀이를 할 수 있게 준비해 주시는 것도 좋겠습니다.

달콤한 수박향이 가득했던 오늘, 우리 친구들과 즐겁고 안전하게 하루를 보냈답니다.
감사합니다.^^

07 팥빙수 만들기

안녕하세요! OO반 교사 OOO입니다.

오늘은 즐거운 O요일입니다. 매일매일이 즐거운 우리 OO반 친구들 오늘도 씩씩한 모습으로 등원해 주었어요.^^ 선생님과 친구들과 인사를 나눈 후, 본인의 자리도 잘 찾아서 가방도 정리해 주었지요. 하나씩 배워 나가는 우리 OO반 친구들이 참 기특하고 예쁘답니다.

오늘은 즐거운 요리 실습 시간! 여름철 인기 최고인 팥빙수를 만들어 보았어요.^^
요리 실습을 하기 전, 여름에 자주 먹는 음식에 대해 함께 살펴보았어요. 복날에 먹어보았던 삼계탕부터 냉면, 화채 아이스크림, 빙수까지! 우리 친구들 사진을 보고 척척 대답도 잘해주네요!

친구들과 손을 깨끗이 씻고, 앞치마도 두르고 머릿수건도 써보았어요. 음식을 만들기 전 손을 씻는 이유에 대해서도 이야기 하고 여름철 더운 날씨이지만 차가운 음식을 너무 많이 먹으면 배탈이 날 수 있다고도 이야기를 나누어 보았어요.

책상에 옹기 종기 모여서, 오늘 만들 팥빙수에 대해 이야기를 나누는 우리 OO반 친구들이었답니다.^^

선생님의 설명에 귀기울여 들으며 재료 하나씩 맛보고 탐색해 보았어요.
시원한 얼음을 빙수기에 넣고 갈아보았어요. 뽀드득뽀드득 얼음이 갈아지는 소리가 재미있는지, 키득키득 웃는 장난꾸러기들이랍니다.

예쁜 그릇에 갈아진 얼음을 담고, 팥과 콩가루, 젤리, 빙수떡, 시리얼 등을 담아 보았어요. 그 위에 달콤한 과일 시럽과 연유를 뿌려보았습니다. 같은 팥빙수 재료인데도, 개성 넘치게 꾸며볼 수 있었어요.
우리 친구들이 좋아하는 재료도 듬~뿍 넣어 볼 수 있도록 해주었답니다. 재료를 모두 올려둔 후, 연유를 뿌리기 전에 손가락으로 콕 찍어 연유 맛을 한번 보더니, 엄지척! 하고 손을 들어 보이네요.😊

역시 우리 친구들 달콤한 맛을 정~ 말 좋아하는 것 같아요.^^ 팥빙수를 완성한 후 모두들 박수!!
예쁜 색의 젤리와 쫄깃쫄깃한 떡, 그리고 시리얼도 함께 먹어 보았는데, 빙수가게에서 파는 것과는 비교도 안될 정도로 정말 꿀맛이었답니다!

우리 친구들 숟가락으로 한가득 떠서 입속에 쏘옥~ 뿌듯해 하는 미소가 정말 사랑스러웠어요!
서로 자기가 만든 빙수가 맛있다고 자랑하는 모습도 정말 귀여웠어요.^^

오늘 요리 실습 시간은 우리 친구들이 평소에 좋아하는 음식이어서 더 집중도 잘하고, 즐겁게 할 수 있었던 것 같아요. 점심 시간에도 팥빙수 이야기를 하느라 수다 삼매경이었어요.😊

가족과 함께 하는 저녁, 친구들과 오늘 요리 이야기를 나누어 보시면 어떨까요? 더운 여름이 지나기 전에,

한번 더 만들어 먹어보아도 좋을 것 같아요!

점심 후, 양치도 꼼꼼히 하고 깨끗이 씻은 후 잠자리에 들었습니다. 우리 친구들 오후에도 즐겁고 편안한 일과 보내고 하원하겠습니다. 감사합니다.^^

08 레몬청 담그기

안녕하세요! 00반 교사 000입니다.

변덕스러운 겨울 날씨에 아침마다 무엇을 입을까 고민이 되는 요즘. 이번 주는 지난 주보다는 포근한 날씨인 것 같습니다. 그래서 바깥 놀이 하기에도 더 좋았지요.^^ 겨울 나무가 추울까 걱정하며 목도리를 둘러주는 사랑이 가득한 아이들과 이번 주도 즐겁게 보내고 있습니다!

오늘은 우리 친구들과 레몬청 담그기를 해보았습니다. 새콤달콤한 레몬으로 청을 담그기 전에,
친구들과 모여 앞치마를 두르고, 머릿 수건을 써보았어요. 친구들의 앞치마의 색과 모양을 보고
자신의 것과 비교하기도 하고, 꽁냥꽁냥 바꾸어 껴보기도 하고요. 이제는 정말 많이 친해진 친구들 마치 가족같은 느낌이랍니다!

모두 모여 앉아 재미있는 손유희를 불러본 후, 집중! 오늘 레몬청을 만드는 과정에 대해 이야기를 나누어 보았어요. 우리 친구들이 가장 좋아하는 요리 실습시간, 그 어떤 시간보다 집중하는 모습이 최고이지요.^^

선생님이 양손에 꺼내어 든 레몬을 보더니! "아! 엄청 셔!" "내가 좋아하는 레몬이다!" 하고 이야기를 하며
각자 자신의 생각을 자유롭게 표현해요. 친구가 이야기할 때에는 잠시 이야기를 들어 보기로 약속을 하고 있는데, 레몬을 보니 흥분되는 마음은 어쩔 수가 없었나 봅니다.

레몬청을 담아둘 용기는 미리 깨끗하게 소독하여 준비해 두었어요! 유리 병에 예쁜 우리 친구들 얼굴 사진이 붙여진 라벨을 붙여 두었지요.^^ 레몬을 굵은 소금으로 벅벅 닦아 보았어요.
소금을 손으로 맛보고는 짜다고 손사래를 치는 모습도 귀여워요.😊

따뜻한 물에 베이킹 소다를 뿌려 한번 더 깨끗하게 닦아 주었어요. 우리 친구들 입이 주욱~ 하게 나오며 집중을 하더라구요^^ 열심히 닦은 후, 얇게 슬라이스하여 잘라내어 보고(선생님이 도와주었어요.)
아이들과 레몬의 씨도 하나씩 내어 보았습니다.

우리 친구들이 좋아하는 달달한 설탕을 한 국자, 또 한국자 레몬 위에 뿌려주었어요. 꿀도 한 스푼 넣어 주었지요.^^ "우와! 맛있겠다!" 하고 박수를 치는 친구들에게 아직은 숙성되지 않아 2~3일은 기다려 주어야 한다

고 이야기했는데, 잘 이해했을까요?^^ 부모님께서 한번 더 잘 설명해 주세요!

숙성 후, 냉장고에 넣어 시원하게 탄산수에 타 먹거나 따뜻하게 차로 마셔도 너무너무 좋을 것 같습니다.
우리 친구들이 정말 정성 담아 열심히 만든 레몬청으로 이번 겨울 따뜻하게 보낼 수 있길 바래요.
비타민이 가득한 레몬청으로 감기도 물러가는 건강한 겨울이 될 수 있겠지요?^^

오늘도 멋지게 활동해준 꼬마 요리사 친구들! 저녁시간도 가족과 즐겁게 보내길 바랍니다. 감사합니다.

09 화분 컵케이크 만들기

언제나 재미있고 즐거운 요리활동 시간^^

친구들과 깨끗하게 손을 씻고 모여 앉아 손유희를 해보았어요. 선생님의 손동작을 유심히 보고 따라하는 우리 00반 친구들입니다.😊

오늘은 친구들과 화분컵케이크를 만들어 보기로 했어요. 다양한 요리 재료를 살펴보았답니다.

선생님이 질문하니 대답도 척척 잘하는 00반이에요. 예쁜 컵에 알록달록 색깔의 매직으로 그림을 그려 넣고, 그 위에 귀여운 모양의 스티커도 붙여 보았어요.

친구들과 함께 앞치마를 두르고, 토시를 껴보았어요. 불편해 하지도 않고 진지하게 앉아서 똘망똘망한 눈으로 언제 시작하나 기다리는 00반 귀염둥이랍니다.^^

선생님이 접시에 하나씩 재료를 올려 둔 후, 나누어 주었어요! "우와! 이거 맛있겠다"
"이거 내가 좋아하는 건데" "지렁이 젤리도 있어, 너도 있어?" 하며 즐거운 듯 이야기를 나누며 재료를 탐색해 봅니다.

하나씩 먹어 보며 어떤 맛인지도 표현해 보고, 색과 모양에 대해서도 이야기 해보았어요.
요리 활동 시간을 통해, 우리 친구들 다양한 언어 표현도 배워볼 수 있었지요.

초코빵 위에 생크림을 넣은 후, 그 위에 한겹 더 빵을 넣어 주었어요. 플라스틱 빵칼로 빵을 가르는 데, 어찌나 집중을 하는지, 입술을 오물오물 손가락에 힘을 주어 자르는 모습도 너무 사랑스럽네요.😊

좋아하는 재료를 자유롭게 하나씩 올려보며 맛있는 컵케이크를 완성해 보았어요.^^ 화분 모양의 컵케이크를 만든 후, 우리 친구들 짝짝짝 박추를 치며 좋아합니다!

오늘 만든 컵케이크를 서로 살펴보며, 친구들과 각자 만든 컵케이크를 자랑하기도 하고, 칭찬도 해주었어요. 따뜻한 봄이 되니, 우리 친구들의 놀이도 봄맞이를 하는 듯 합니다. 오늘 요리 활동을 통해 우리 친구들이 봄이 다가왔음을 실감할 수 있었어요. 친구들이 열심히 정성껏 만든 컵케이크 함께 맛보시며
즐거운 디저트 타임 보낼 수 있기를 바랍니다. 감사합니다! ^^

10 딸기 청 만들기

새콤 달콤 딸기향이 가득한 교실,
우리 친구들이 정말 좋아하는 딸기로 맛있는 과일청을 담그어 보려고 해요!

빨강색이 매력적인 딸기는 남녀노소 누구나 좋아하는 과일인 것 같아요! 친구들과 모여 앉아 앞치마와 머릿수건을 두르고 주의 집중 손유희를 해보았답니다.^^
딸기 씨가 촘촘히 박힌 아빠 딸기,
딸기 씨가 예쁘게 박힌 엄마 딸기,
딸기 씨가 귀엽게 박힌 아기 딸기까지!!
친구들과 즐거운 손유희를 한 후, 이야기를 나누어 보았어요.

우리 친구들에게 딸기의 효능에 대해 알려주었어요! 우리 몸을 건강하게 해주는 딸기는 피가 흐르는 혈관, 눈 건강에 탁월한 효과가 있다고 하더라구요.^^ 피로 회복에도 도움을 주는 비타민이 가득한 딸기를
그릇에 올려둔 후, 색과 모양, 향까지 맡아보았어요.

"우리가 먹어본 딸기로 만든 음식은 무엇이 있을까?" 하고 물어보니!
우리 친구들 자신있게 여러 가지 음식을 이야기 합니다.

딸기쨈 샌드위치, 딸기 주스, 딸기맛 과자, 딸기맛 아이스크림과 젤리까지! 😊
친구들이 좋아하는 딸기 음식을 함께 상상하고 먹어보았던 경험도 나누어 보았습니다.

이젠, 즐거운 요리 실습 시간^^ 친구들에게 딸기청을 만드는 방법에 대해 알려주었어요!

딸기 꼭지를 자르고, 식초를 살짝 떨어뜨린 물에 조심조심 닦아 주었어요!
딸기가 뭉그러지고 깨지지 않도록 딸기를 닦아내는 모습이 사뭇 진지했답니다.^^

딸기에 묻은 물기를 닦아 내고,미니 저울에 설탕의 무게를 재어보았어요! 우리 친구들은 새로운 물건의 등장에 언제나 즐거워 하고 관심을 많이 보인답니다! 저울 위의 숫자가 올라가는 게 재미있었는지, 한숟가락 한 숟가락 설탕을 담아 넣느라 정신이 없었어요.😊

딸기를 잘게 부수어 준 후, 설탕과 섞어주었어요! 빨간 딸기 과육과 설탕이 만나 달콤한 향이 더욱 잘 났답니다! 레몬즙을 살짝 넣어준 후, 깨끗하게 소독한 유리병에 조심히 담아보았어요!

일주일 정도 지나면 설탕이 녹기 시작하는데, 중간에 한번씩 아이들과 변화하는 모습도 보시고, 아랫부분과 잘 섞이게 저어주세요.^^ 딸기 라떼, 딸기 차, 딸기빵 등 다양한 음식과 함께 드셔보시길 바래요!!

우리 친구들과의 오늘 딸기 청 요리실습 시간도 정말 즐거웠습니다. 정성 가득한 모습으로 끝까지 열심히 집중해준 우리 00반 친구들 정말 칭찬합니다!! 딸기처럼 상큼하고 사랑스러운 우리 친구들과 오늘도 행복한 저녁 되세요.

감사합니다!

11 추석 맞이, 밤카롱 만들기

안녕하세요! 00반 교사 000입니다.
이번 추석을 맞이하여 다양한 전통 행사가 준비되어 있어요.😊 우리 친구들이 좋아하는 한복을 입고 전통 놀이도 하고 형님, 동생들과 모여 전통 그림 전시회도 준비해 보려고 해요.

오늘은 우리 친구들이 좋아하는 요리 실습 시간! 아이들과 함께 특별한 간식 만들기 활동을 해보았습니다!

약과와 밤, 마카롱이 조화를 이룬 '약과밤카롱' 만들기! 이름만 들어도 너무너무 근사하지 않나요?^^
아이들이 좋아하는 달콤 고소한 밤이 얹어진, 건강 간식을 만들어 보기로 했어요!

활동을 하기 위해 손도 깨끗이 씻고, 요리 실습 복장으로 갈아입었어요!
모두 모여 앉아서 추석에 대해 이야기를 하고, 우리 나라 전통 음식도 알아보았답니다!

그리고 다른 나라의 여러 간식도 이야기 해보았어요! 우리 친구들이 좋아하는 토스트, 아이스크림, 쿠키, 초콜렛 등 다양한 간식을 알아보는데 군침이 도는지 입맛을 다시는 우리 친구들입니다.

마카롱은 달걀 흰자, 설탕, 아몬드 가루로 만든 바삭하고 달콤한 프랑스 디저트이지요! 다양한 색과 맛으로

우리 친구들도 정말 좋아하는 간식이에요.^^

하지만 너무 많이 먹으면 건강에 좋지 않을 수 있으니 적당히 먹어보기로 약속을 하고 활동을 시작해 보았습니다.

마카롱에 우리 전통 재료를 더하여, 프랑스의 간식에 한국적인 풍미를 얹은 건강하고 매력적인 간식! 만들어 볼까요?^^

달콤한 향이 가득한 교실, 우리 친구들이 책상 위에 올려둔 간식을 구경합니다. 미리 구워진 마카롱 쉘을 관찰하고, 맛보기도 했어요. 그 위에 밤 다이스와 팥앙금을 작은 숟가락으로 발라보았어요!
우리 나라의 가을에 볼 수 있는 고소하고 달콤한 밤, 그리고 달달하고 부드러운 팥앙금까지!

아이들마다 저마다 다양한 모양으로 개성넘치는 마카롱을 만들어 보았어요!
마지막으로는 약과와 오란다를 올려 바삭하고 고소한 약과 밤카롱을 완성해보았어요!

"하나만 먹어봐도 되요?" 하고 물어보는 우리 친구들의 눈망울이 초롱초롱합니다!

직접 만든 약과밤카롱을 한입 베어물고는 엄지척! 하며 너무너무 좋아하네요! 즐겁게 맛보기 시간을 가지고, 집에 가져갈 간식은 따로 예쁜 포장지에 담아보았어요.

이번 활동은 전통 음식을 다루었던 기존의 추석 요리 활동과는 또 다른 배움이 있었던 시간이었습니다.
전통과 현대의 조화를 몸소 체험할 수 있었던 시간이었어요!

직접 만들어 더욱 뿌듯하고 즐거웠던 시간, 벌써부터 엄마, 아빠에게 자랑하고 싶다는 우리 OO반 친구들입니다. 하원을 할 때, 우리 친구들이 보여주는 맛있는 약과 밤카롱 간식을 보고 칭찬도 듬뿍! 감탄하는 모습을 보여주실거죠?^^

그럼 아이들과 약과밤카롱 디저트와 함께 하는 행복한 저녁 되시길 바래요!
그리고 간식을 먹는 즐거운 가족의 저녁 모습도 함께 사진으로 찍어 원으로 보내주세요.^^
아이들과 감상평을 나누는 시간도 가져보겠습니다. 오늘도 건강하고 안전하게, 그리고 다양한 활동을 하며 하루를 마무리 합니다.

감사합니다! ^^

12 꼬마 김밥 만들기

안녕하세요! 00반 교사 000입니다. 온 교실에 향긋한 참기름 냄새가 가득!
오늘은 즐거운 요리 활동시간이 있는 날이랍니다.^^

며칠 전부터 무엇을 만들건지 궁금해 하던 우리 친구들^^
고소하고 영양가도 높은 "귀여운 꼬마 김밥"을 만든다는 소식에 너무 좋아하네요.😊

오전 놀이를 마무리 하고, 모두 모여 손을 깨끗이 씻었어요! 음식을 먹기 전, 식재료를 다루기 전에는 손을 깨끗이 씻어야 한다는 사실을 배워보고, 꼼꼼히 비누칠을 해서 닦아보았습니다.😊

이제는 쓱싹쓱싹, 뽀드득 소리를 내며 잘 닦는 우리 친구들^^ 칭찬과 함께 즐거운 마음으로 책상 앞에 앉아봅니다. 바르게 앉았나~ 우리 친구들을 살펴보니, 어느 때보다 멋지게 앉아서 선생님들 바라보고 있네요! (역시, 요리 활동 시간의 집중력은 최고입니다.😊)

아이들과 함께 꼬마 김밥에 들어가는 각각의 재료를 살펴보았습니다. 가족과 함께, 또 어린이집에서 김밥을 먹어보았던 경험을 떠올리며 즐거운 대화도 나누어 보았어요. 꼬물꼬물 작은 손으로 햄, 맛살, 오이, 당근, 단무지 같은 재료들을 하나하나 만지며 탐색하는 시간!

"먹어도 되요?" 하고 물어보는 우리 친구들에게 먹으면서 즐겁게 만들자고 이야기 하였더니, 입으로 들어가는게 반이었어요.😊 김밥에 들어갈 재료를 남기고 맛보기로만 약속! 다 만든 김밥에는 모든 재료가 어우러져서 더욱 맛있고 건강한 음식이 된다고 알려주고, 본격적으로 탐색하며 활동을 시작해 보았어요.

각각의 재료를 만져보며 시원한 느낌, 고소하고 달큰한 냄새, 알록달록한 색깔을 살펴보았습니다.
그리고는 미니 도마에 김밥 김을 올리고, 고슬고슬한 밥을 올려둔 후, 재료를 하나씩 조심히 올려보았어요.

돌돌 말아 김밥! 재미있는 손유희 동요를 부르며 김위에 밥, 밥위에 재료를 얹어 보았습니다. 울퉁불퉁, 옆구리가 삐져나오기도 했지만, 그 과정이 모두 즐거운 놀이자 배움이 되었답니다. 친구들마다 개성이 넘치는 김밥을 만들어 볼 수 있었어요!

세모김밥, 당근 김밥, 단무지가 없는 김밥 등등 얼마나 재미있게 만들었는지, 웃음이 끊이질 않았습니다.^^

"누가 뭐라해도 내 김밥이 최고야!" 하는 표정으로 자부심을 느끼던 우리 친구들의 모습이 생생합니다.
누구보다 진지한 꼬마 요리사님이 되어 집중하는 모습도 정말 멋졌구요!

드디어 완성된 김밥!
이제 본격적으로 시식을 해봅니다. 꼬마김밥을 양손에 들고, 한입 베어물더니 "우와~" 하며 감탄을 합니다.^^
너무너무 맛있다고 이야기를 하며 환하게 미소를 보이는 우리 00반 친구들과 순식간에 모두 해치웠어요.😊

더 많이 먹고 싶다고 이야기 하는 우리 친구들에게 조리사님이 준비해 주신 맛있는 점심을 또 먹자고 이야기 한 후, 집에서도 만들어 보자고 꼭꼭 약속을 해보았습니다.

우리 친구들 정말 재미있었는지, 점심을 먹는 동안에도, 점심 후 놀이 시간에도 김밥 이야기를 계속 하고 있답니다.^^ 내일은 김밥 재료를 연상하여 놀이할 수 있도록 클레이와 검정 종이, 백업 등 다양한 활동 재료를 제공해 주며 함께 놀이해 보아야 겠습니다.

오늘도 행복하고 즐거운 하루를 보낸 우리 친구들! 피곤한지 벌써 새글새글 꿈나라로 여행을 떠났네요.^^
잘 자고 일어나, 활기찬 오후 시간을 보내도록 하겠습니다. 우리 친구들과 만나면 꼬마 김밥에 무엇이 들어갔는지, 어떤 맛이었는지 즐거운 대화 나누어 주시며 칭찬도 듬뿍 해주세요! 감사합니다.

13 주먹밥 만들기

우리 친구들 앞치마를 두르고 머릿수건을 하니, 꼬마 요리사가 되었네요.^^ 귀여운 우리 꼬마 요리사님들과 함께 오늘은 영양 주먹밥을 만들어 보았습니다!

평소 먹기 힘들던 야채들도 잘게 다져 넣어 주먹밥을 만들어 주면 잘 먹을 수 있어요!
요리 실습을 통해 직접 스스로 만드는 과정은 즐겁고 재미있을 뿐 아니라, 여러 가지 감각을 고르게 활용할 수 있다는 장점이 있어요!

다양한 식재료를 탐색하고 자연스럽게 경험하며 음식에 대한 거부감도 낮추고, 새로운 음식에 대한 시도도 좀 더 수월해지게 된답니다.^^

오늘 주먹밥에 들어갈 재료는 따뜻한 밥과 당근, 양파, 김, 애호박이었지요!

고슬고슬하게 지어진 따뜻한 밥에 깨소금을 넣어 간을 해보았어요. 눈이 오는 것 같다고 표현하며 솔솔 뿌려주었어요. 너무 많은 양을 넣으면 짜게 되어, 우리 친구들의 건강에 오히려 좋지 않다고 이야기를 해주니, 한 꼬집 집어 밥 사이에 뿌리는 꼬마요리사들이랍니다.

당근은 가늘게 채를 썰어 주어서, 우리 친구들이 직접 잘라보았어요. 조심조심 도마위에 올려두고 칼로 잘게 썰어볼 수 있었습니다. 삐뚤빼뚤해도 괜찮아요.^^ 달콤한 당근을 하나 집어 먹어보기도 하고,
즐겁게 당근을 잘라보았습니다. (우리 친구들 칼질하는 솜씨가 제법인걸요!^^)
양파는 매운맛이 사라지게 미리 물에 담그어 두었어요. 우리 친구들의 손에 올려준 후, 물기도 꼭 짜보았어

요. 두 손을 부들부들 떨면서 물기를 짜는 모습이 정말 귀여웠답니다.😊

그 다음은 당근! 당근은 우리 친구들의 눈건강에 도움을 준다고 해요.
소화도 잘될 뿐만 아니라, 위와 장의 점막을 보호해 주는 음식이라고 합니다.
친구들에게 애호박의 효능을 알려주었더니, "우와~ 많이 먹어야지!" 하고 이야기를 하네요.😊

평소 애호박 나물이 반찬이었을 때는 눈살을 찌푸리기도 했던 친구들도 오늘은 열심히 애호박을 자르고 냄새도 맡아보고 살짝 입에 대보기도 합니다. 생각보다 달콤한 맛에 우리 친구들이 맛있다고 표현을 해주네요. 😊 엄마, 조리사 선생님이 해주시던 애호박 반찬을 먹던 것과는 또 다른 반응이었습니다.

애호박은 쉽게 잘라져서 친구들이 좀 더 수월하게 조각을 낼 수 있었어요.

따다다다다! 선생님이 칼질을 하는 것을 보고는 그대로 따라서 따다다다! 듣기 좋은 도마소리가 교실을 꽉 채우네요. 친구들이 좋아하는 야채송을 들으며 즐겁게 야채를 준비해보았습니다.

이제는 밥 안에 야채들을 넣고 조물조물 동그랗게 뭉쳐보았어요.

친구들의 밥친구 김가루도 넣어보았어요. 입으로 들어가는게 반이었지만^^ 그래도 즐거웠던 시간이었어요.
밥안에 당근과 김, 깨, 양파, 애호박이 들어가니 알록달록 너무 예쁘게 색이 나오네요. 😊
친구들과 동글동글 주먹밥을 만들며, 응가 이야기도 해보았어요 ^^
냠냠 맛있게 먹으면 우리 몸에 에너지를 주고, 건강한 응가도 쑤욱 나올거야 하고 이야기를 해주니
하하호호 즐거워 하며 응가 노래를 하는 친구들입니다.😊

오늘도 재미있었던 즐거운 요리 활동 시간! 친구들이 주먹밥 안에 있던 야채도 골라내지 않고 잘 먹어주어 너무 기특하고 대견했답니다.^^

가정에서도 자주 식재료를 탐색하는 시간을 가져보면 좋을 것 같아요.
우리 친구들, 선생님의 모습을 관찰하고 스스로 시도하는 과정이 즐거웠던 모양입니다.
오후 놀이 시간에도 요리 놀이를 하며 여러 가지 야채 놀잇감을 탐색하더라구요. 😊

냠냠, 맛있게 주먹밥도 먹고 점심도 든든히 먹고 이제는 잠자리에 들려고 해요.
꿈속에서도 오늘 행복했던 시간이 떠오르길 바래봅니다.^^ 안전하고 편안하게 놀이하고 하원하겠습니다.

멋지게 한주를 시작한 우리 사랑둥이들, 하원할 때 만나면 칭찬도 많이 해주세요. 감사합니다!

귀여운 우리 OO반 사랑둥이들, 앞치마를 입고, 머릿수건을 써보았어요. 이제는 준비만 해도 요리 시간인 걸 아는지 입맛을 다시는 모습을 보입니다. 아가들과 모여 앉아 재미있는 손놀이도 해보고, 냄새를 맡아 보기도 하며 감각 놀이도 해보았지요.^^

모두들 모여 맛있는 소세지를 탐색해 보았어요. 말랑말랑한 떡도 만져 보고, 입으로 쏘옥 넣어서 맛도 보았어요.^^ 꼬치에 끼우는 게 어려울 수 있어서, 먼저 접시 위에 소세지와 떡을 넣고 자유롭게 놀이하도록 하고 한 명씩 한명씩 선생님과 조심조심 끼워보았답니다.

꼬치가 쏘옥 끼워지니, "오오~?!" 하면서 눈이 휘둥그레! 손에는 힘을 더 주어 깊이 끼워 보려고 합니다ㅎ 우리 OO반 친구들이 멋진 요리사가 된 것 같았어요.^^

맛있게 끼워진 꼬치는 친구들마다 개성 만점이었어요. 떡만 잔뜩 끼워진 친구들도 있었고, 소세지만 있던 친구들도 있었고요^^ 좋아하는 것은 다 먹고, 남은 것들만 끼워둔 친구도 있었지요. 모두 맛있게 만들어 먹어 보고 박수를 치며 즐거운 요리 활동을 마무리 했습니다.

우리 친구들에게 재미있는 경험이 되었어요.^^
앞치마와 머릿수건을 정리 한 후, 함께 손도 깨끗이 씻었어요. 우리 친구들 오늘 요리 활동을 통해 기본 생활습관도 잘 배워볼 수 있었답니다. 오늘 저녁 시간에 아이들에게도 요리 재료를 탐색해 볼 시간을 주어 보는 건 어떨까요? 주변의 모든 것들이 재미있고 신기할 우리 OO반 친구들에게 최고의 놀이, 즐거운 생활의 요소가 될 것 같습니다.

오늘도 즐겁게 어린이집/유치원 일과를 보낸 우리 친구들, 즐거운 저녁 보내고 만나요.^^

* 오늘 활동 후 마무리 시간이 길어지며, 알림장 전달이 늦은 점 양해 부탁드립니다.^^ *

15 김치 담그기

안녕하세요! 00반 교사 000입니다.

눈 깜짝할 새에 가을이 지나간 것 같아 정말 아쉽지만 또 겨울에는 겨울에 어울리는 다양한 이벤트와 놀이가 기다리고 있지요.^^
12월 첫주, 우리 00반 친구들은 선생님과 함께 김치를 담그어 보려고 합니다.
배추 김치 보다는 깍두기를 담그는 과정이 수월하고 아이들도 즐겁게 참여할 수 있을 것 같아
이번 해에는 깍두기를 담글 예정이랍니다.

아이들과 겨울의 날씨과 김치를 담그어 먹는 이유에 대해 미디어를 통해 살펴보고, 김치를 먹으면 우리 몸이 튼튼! 건강해 진다는 사실도 알아보려고 해요. 우리 00반 친구들 이제 어엿한 형님이 되면서 선생님과 함께 하는 미디어 활동에도 집중을 잘 할 수 있답니다.^^

가정에서도 등원하기 전 김장에 대해 이야기 해주시면 아이들이 더 자신감 있게 표현하고 적극적으로 참여할 수 있을 것 같습니다!^^

* 준비물 안내해 드립니다.
1) 앞치마와 머릿 수건 (어린이용 고무 장갑을 착용할 예정이라 팔토시는 생략합니다.)
2) 김치 속이 묻어도 괜찮은 옷 (양념이 묻어 잘 지워지지 않을 수 있어요.)
3) 깍두기를 담을 김치 통 (어른 손으로 두주먹 가량 들어갈 것 같습니다.) - 이름 기재 필수

16 김장 담그기 활동 후

안녕하세요! 00반 교사 000입니다.
오늘은 우리 00반 친구들이 두근두근! 기다리고 기다린 김장 날이었어요.

보통 요리실습 시간에는 우리 친구들이 좋아하는 달콤하고 맛있는 간식을 주제로 해서, 오늘 김치를 담그는 것에는 흥미를 보이지 않을까 염려했지만, 우와!! 우리 00반 친구들 김치를 만들어 보자는 이야기에 박수를 치며 "나 김치 잘 먹을 수 있어요" "엄마한테 줄꺼예요!" 하며 좋아하는 모습을 보이네요.^^

선생님과 함께 미디어를 살펴보는 동안에도 집에서 김치를 먹어본 경험을 표현하거나

김장을 하는 모습을 보았던 이야기도 해주었어요. 또 자주 접하는 배추김치나 무김치 외에 우리 나라의 다양한 김치 종류에 대해서도 관심을 보였답니다.

김치를 담그기 전! 유의사항에 대해 이야기를 하며 재료를 탐색해 보았습니다.
미리 준비한 무를 썰어보며 "먹어도 되요?" 하고 물어보는 우리 00반 친구들! 맵지 않고 단 무여서 친구들이 맛있게 먹어가며 요리를 해볼 수 있었어요.
양념도 너무 맵지 않은 고춧가루를 살짝만 뿌려 주어 우리 친구들이 직접 무쳐보았답니다.
오물 조물 고사리 같이 예쁜 손으로 열심히 집중하여 깍두기를 담그는 모습이 정말 사랑스러웠어요.^^ 맛있게 담그어진 깍두기도 정성껏 김치 통에 담아 보았습니다.
깍두기가 떨어져 떼구르르 구르는 모습도 재미있다고 하하호호 웃는 우리 00반 친구들, 선생님 입에도 넣어주고, 친구들과 서로 만든 깍두기도 보여주고 살펴보았지요.

00반 친구들과 즐거운 요리 실습 시간 보낼 수 있었습니다.
사랑과 정성이 가득했던 요리 시간, 세상에서 가장 맛있는 우리 00반 표 깍두기와 함께 오늘 저녁 맛있게 드시길 바랍니다.^^

감사합니다!

17 크리스마스 케이크 만들기

안녕하세요! 00반 교사 000입니다.

크리스마스가 코앞으로 다가온 이번 주, 유치원/어린이집에서는 우리 친구들과 함께 크리스마스를 더욱 특별하게 기념하기 위해 다양한 놀이와 활동을 하고 있어요!^^
매일 밝은 웃음을 보이며 "오늘은 뭐할거에요?" 하고 물어보는 우리 친구들에게
아마 선물 같은 일주일이 아니었을까 생각됩니다.😊

오늘은 우리 친구들이 좋아하는 달콤한 크리스마스 케이크 만들기 활동을 진행해 보았습니다.
아이들은 자신만의 케이크를 만들어 보고, 크리스마스의 의미와 즐거움을 배우고, 함께 하는 기쁨, 나누는 따뜻한 마음을 느낄 수 있었어요.

활동을 시작하기 전, 아이들과 함께 크리스마스의 유래와 의미에 대해 이야기를 나누어 보았어요!
"산타 할아버지가 오는 날이에요!"

"선물 받는 날이요!"

하며 씩씩하게 이야기 하는 우리 친구들^^

크리스마스는 예수님의 탄생을 기념하는 날로, 우리 나라 뿐만 아니라 전 세계 사람들이 함께 축하하고 기뻐하는 특별한 날이라는 사실을 알려주었어요.

서로 감사하고 축하하는 마음을 표현하기 위해 선물을 주고받고, 사랑하는 마음을 표현하며 예쁘게 트리를 꾸미고 소중한 가족과 함께 즐거운 시간을 보내는 날이라고 알려주었답니다.

우리 친구들은 가족과 함께 어떻게 크리스마스를 맞이할 준비를 하고 있는지,
간단하게 이야기를 나누어 보며 드디어 크리스마스 케이크 만들기를 시작해 보았습니다.

먼저 손을 깨끗하게 씻고 앞치마를 둘러보았어요. 요리 활동에 사용할 재료를 하나씩 소개하며 아이들이 만지고 관찰할 수 있는 시간을 가져보았습니다. 키트로 제공해 주어, 우리 친구들이 자신의 것을 더욱 잘 구분하고 아끼는 모습이 보이더라구요.😊

부드러운 스폰지 케이크를 만져보며 폭신 폭신한 느낌을 표현하고, 달콤한 생크림은 손가락에 콕 찍어 맛을 봅니다.

크리스마스 트리 모양의 젤리와 초콜릿 조각, 생딸기, 산타 모양 픽, 눈사람 장식 등
귀엽고 사랑스러운 다양한 토핑을 보여주자 00반 친구들이 더욱 신나하는 모습이었어요!

먼저 스폰지 케이크 위에 생크림을 바르기 시작했는데요! 우리 친구들 요리 실력이 많이 향상뇌었어요!
예전엔 도구 사용하는 것이 어려워 선생님의 도움을 받던 친구들도, 선생님의 시범을 유심히 살펴본 후, 스스로 시도하는 모습을 보입니다.

고사리 같이 작은 손으로 주걱을 사용하며 시트 위에 고르게 펴 바른 후, 각자 좋아하는 토핑을 여러 가지 모습으로 꾸미고 올려보았어요!

아이들의 케이크에 저마다의 즐거운 산타 이야기, 크리스마스 이야기가 가득합니다.
친구들과 함께 즐거운 요리 활동을 끝내고 난 후, 서로 만든 케이크의 모습을 감상해 보았어요!
친구들이 자신의 생각을 어떻게 표현했는지 이야기를 해주자, 고개를 끄덕이며 잘 들어주는 모습이 정말 사랑스러웠답니다!

모두 함께 모여 크리스마스를 기대하는 마음을 담아, 소중한 가족에게 선물할 케이크를 만들며 다양한 재료를 충분히 탐색하고 나의 마음을 표현하여 멋진 요리 작품을 만들어 보았던 오늘!

케이크를 꾸미며 자신만의 아이디어와 이야기를 표현하는 과정 역시 우리 친구들에게 큰 배움이 되었던 것 같아요! 서로 원하는 토핑이 있으면 의견을 조율하여 교환하거나 빌려주기도 하고,
크리스마스에 대해 잘 이해하고 케이크 위에 나만의 이야기를 표현하는 모습도 멋졌습니다.

OO반 부모님, 아이들과 따뜻한 봄을 보내던 3월이었는데, 정말 눈깜짝할 새에 계절이 세번이나 바뀌고 겨울이 되었어요! 그동안 우리 친구들과 건강하고 즐겁게 보낼 수 있도록 언제나 한결같은 마음으로 응원해주시고, 협조해 주신 우리 부모님들께 항상 감사드립니다.

오늘 소중한 우리 아이들과 함께 크리스마스 케이크를 만들며
크리스마스의 따뜻함과 즐거움을 느낄 수 있었는데요! 이 마음 그대로 가정에 전달되기를 바래봅니다.
다가오는 크리스마스와 연말, 가정에서도 아이들과 함께 따뜻하고 특별한 추억이 가득하시길 기원합니다.
우리 OO반 가족 모두에게 사랑과 행복이 가득한 크리스마스가 되시기를 진심으로 기원합니다. 감사합니다.

조은쌤 알림장 후기 이벤트 및 추가 PDF 신청 방법

안녕하세요, 조은쌤입니다!

이번 알림장 사례집 원고가 우리 선생님들께 많은 도움이 되길 기대합니다. 현장에서 사용하시기에 종이책이 번거로운 점이 있을 수 있지만, 수시로 들춰보며, 선생님만의 사례나 메모 등을 추가해 적어 나가보시다 보면 더욱 훌륭한 선생님만의 알림장 매뉴얼이 되지 않을까 기대해 봅니다.

알림장 사례집 이벤트 후기에 대해 안내해 드립니다.
지혜쌤카페의 이벤트 게시판에 구매 인증 사진과 함께 여러분의 소중한 후기를 남겨주시면, 추가 사례를 담은 PDF 자료와 특별 선물(AI활용 프롬프트 예제 33가지)를 드리고자 합니다.

이벤트 참여 방법

알림장 사례집 구매 사진 인증 & 후기 글 입력

- 사진은 필수 포함 되어야 합니다.
- 제목에 조은쌤/ 알림장 사례집 단어가 필수 포함되어야 합니다.
- 후기 글은 최소 6줄 이상 성의있게 작성해 주세요.

추가 PDF 신청

- 후기를 남기신 후, 아래의 링크를 통해 자료 신청을 완료해주세요.
  https://forms.gle/1ezCsQ3py7dhnrSv6
- 신청 시, 이메일과 성함을 정확히 입력해주셔야 합니다.
  (매월 2,4주차의 일요일 밤 22시 발송)

궁금하신 사항은 아래 메일주소로 문의해주세요.
문의: [goodeducenter@naver.com]
구매해 주신 모든 분들게 감사의 말씀 전합니다. 감사합니다.

어린이집/유치원/초등학교/놀이학교
알림장 쉽게쓰기 PART2

알림장 사례집 & 공지사항 + 투표 예시 모음집 1

사례272 & 예시120

발행일 2025년 3월 15일

발행처 인성재단(지식오름)

발행인 조순자

편저자 조은쌤 박조은

※ 낙장이나 파본은 교환해 드립니다.

※ 이 책의 무단 전제 또는 복제행위는 저작권법 제136조에 의거하여 처벌을 받게 됩니다.

ISBN 979 - 11 - 94539 - 49 - 0 [2SET]

정 가 33,000원 [2SET]